安徽省高等学校“十二五”规划教材

U1021129

新编经济法教程

主　编　韦　静

副主编　陶　琼　刘春胜　李　峰

编　者　（按姓氏笔画排序）

韦　静　王华兵　刘春胜

江源源　李　峰　陈　松

杨　蕾　陶　琼

北京师范大学出版集团
BEIJING NORMAL UNIVERSITY PUBLISHING GROUP
安徽大学出版社

图书在版编目(CIP)数据

新编经济法教程/韦静主编. —合肥:安徽大学出版社,2014.8(2015.6 重印)
安徽省高等学校“十二五”规划教材
ISBN 978-7-5664-0805-1

Ⅰ.①新… Ⅱ.①韦… Ⅲ.经济法—中国—高等学校—教材 Ⅳ.①D922.29

中国版本图书馆 CIP 数据核字(2014)第 167767 号

新编经济法教程

韦　静　主　编

出版发行:北京师范大学出版集团
安 徽 大 学 出 版 社
(安徽省合肥市肥西路 3 号 邮编 230039)
www.bnupg.com.cn
www.ahupress.com.cn
印　　刷:合肥现代印务有限公司
经　　销:全国新华书店
开　　本:184mm×260mm
印　　张:19.5
字　　数:421 千字
版　　次:2014 年 8 月第 1 版
印　　次:2015 年 6 月第 2 次印刷
定　　价:33.60 元
ISBN 978-7-5664-0805-1

策划编辑:朱丽琴　龚婧瑶
责任编辑:朱丽琴　龚婧瑶
责任校对:程中业
装帧设计:李　军　金伶智
美术编辑:李　军
责任印制:陈　如

版权所有　侵权必究

反盗版、侵权举报电话:0551—65106311
外埠邮购电话:0551—65107716
本书如有印装质量问题,请与印制管理部联系调换。
印制管理部电话:0551—65106311

前　言

经济法是高职高专财会类、经贸类专业重要的专业基础课程。为适应课程教学改革与发展的需要，反映最新的法律、法规内容，我们组织了多所高职高专院校的该课程专任教师，在总结多年教学经验基础上，集思广益、反复研讨，精心编写了这本教材。

本教材立足于国家“十二五”规划纲要对职业教育发展的新要求，根据高职高专经管类专业人才的特点及人才培养总目标，为加强和提高学生运用法律解决现实问题的能力，本教材在结构设计上采用了“模块化教学”的理念，以“必需、够用”为原则，突出经济法的新颖性、实用性、应用性及操作性的特点。在内容安排上，采用了最新修正、修订、通过的法律、法规，在侧重于经济法的基本理论、基本知识、基本技能的同时，强调对学生综合素质和实践能力的培养。在编排体例上，突破传统课程体系框架的限制，采取“模块划分、任务驱动”模式，体现“导、教、学、练、思”的鲜明特征。此外，每一模块均设定知识目标、技能目标和素质目标，每一任务均导入案例，设计问题，并在文中穿插典型案例进行应用分析，突出重点，内容简明扼要、深入浅出，增强了可读性，实现了理论与实践、知识与能力的有机结合。同时，每一模块后附“技能自测”、“观念应用”和“实训操作”栏目，以强化学生理解、应用及分析能力，突出以培养学生应用能力为主线的高职高专教育特色，体现本教材内容和形式的“双创新”。

本教材由安徽工商职业学院韦静任主编。安徽财贸职业学院刘春胜，安徽城市管理职业学院江源源，安徽林业职业技术学院陶琼，徽商职业技术学院杨蕾，安徽工商职业学院王华兵、陈松、李峰等参与了本书的编写。教材内容共分为八个模块：模块一　法的基础知识（韦静编写）；模块二　市场主体法（江源源编写）；模块三　市场行为法（刘春胜编写）；模块四　市场规制法（李峰编写）；模块五　宏观调控法（杨蕾编写）；模块六　劳动与社会保障法（陶琼编写）；模块七财产权法律制度（王华兵编写）；模块八　程序法（陈松编写）。本教材由全体编写人员共同商讨拟订编写大纲，由韦静负责整体结构设计、修改、总纂和定稿。

由于经济法涉及的领域十分广泛，加之时间仓促，编者水平限制，书中疏漏及不尽如人意处在所难免，敬请同行专家指教，以便再版修订。

编　者

2014 年 5 月

目　录

模块一
法的基础知识

◈知识目标

掌握“法”、“法律”及“经济法”的概念、特征和调整对象；掌握法律规范、法律关系与法律行为；熟悉法律责任、诉讼时效的相关规定；学会识别民事行为的种类及代理的类型；了解法的形式与分类、法律部门、法律体系和经济法律关系。

◈技能目标

能够运用所学知识，正确识别经济法的基础知识和相关范畴，准确判断社会经济生活中的法律现象和法律问题，学会选择适当的方式解决经济纠纷案件。

◈素质目标

了解我国的市场主体、运行过程以及国家对此进行的调控和监管都是由经济法规范的，增强依法经营的观念。

◈任务分项

任务一　法和经济法的基础知识

掌握“法”和“法律”的概念、法的本质与特征、法的形式与分类；掌握法律规范、法律体系、法律事实与法律关系的分类与构成；掌握经济法的相关基础知识。

任务二　相关民法基础知识

学会识别不同的民事行为的类型及其效力；学会分析代理的法律关系及代理权产生的依据。

任务三　法律责任

掌握违法行为、法律制裁与法律责任的关系；掌握违法的构成要件、法律责任承担方式与法律制裁的主要手段。

任务一　法和经济法的基础知识

◈任务导入

A公司将其注册商标转让给B公司，双方签订了转让合同。问：A、B之间是否形成了经济法律关系？如果形成了经济法律关系，那么请分析该经济法律关系的三要素。

一、法和法律

（一）法的本质和特征

1. 法和法律

一般来讲，法是由国家制定或认可，并由国家强制力保证实施的，反映统治阶级意志的规范体系。这一意志的内容由统治阶级的物质生活条件所决定，它通过规定人们在社会关系中的权利和义务，确认、保护和发展有利于统治阶级的社会关系和社会秩序。

我国古代的法字是"灋"，由三部分组成：氵、廌、去。"氵"，平之如水，喻示法像水一样平。"廌"（zhì），据说是一种独角神兽，又叫獬豸（xiè zhì），性中正，辨是非，在审判时被触者即被认为败诉或有罪，所以"击之，从去"。东汉许慎所著《说文解字》这样解析："灋，刑也。平之如水，从水；廌，所以触不直者去之，从去。"《说文解字》这一解释有三点值得注意：第一，在商周时代，法和刑是通用的；第二，"法"从古代起就有公平的象征意义，"水"不但有平整正直的意思，而且有"裁判"的功能性的含义，把罪者置于水上，随流漂去，有驱逐的意思；第三，古代法具有神明裁判的特点。

在古代文献中，法与刑通用。如夏朝之禹刑、商朝之汤刑、周朝之吕刑，春秋战国时期有刑书、刑鼎、竹刑。魏相李悝集诸国刑典，造《法经》六篇，改刑为法。"刑，常也，法也。""法，刑也。"这里的"刑"，出于井田，含有模范、秩序之意。因此，以刑释法，表明模范遵守法律（秩序）。刑，又指刑罚。《盐铁论》："法者，刑罚也，所以禁暴止奸也。"

在秦汉时期，改"法"为"律"，二字已同义。据我国《尔雅·释诂》记载，在秦汉时期，"法"与"律"二字已同义，都有"常规、均布、划一"的语义。据《说文解字》解释，"律，均布也"。"均布"是古代调音律的工具，把律解释为均布，说明"律"有规范人们行为的作用，是普遍的、人人遵守的规范。《唐律疏议》更明确指出："法亦律也，故谓之律。"在我国历史上很长一段时间，把"法"称为"律"，除"秦律"、"汉律"、"隋律"、"唐律"外，还有"明律"、"大清律"等。把"法"和"律"连用作为独立合成词，却是在清末民初由日本输入。

现代意义上的法律有广义和狭义的区分。狭义的法律专指拥有立法权的国家机关依照立法程序制定和颁布的规范性文件；而广义的法律则指法的整体，即国家制定或认可，并由国家强制力保证实施的各种行为规范的总和。在我国法学辞书中或一些法学著述中，通常又把广义的"法律"称之为"法"，而将狭义的"法律"仍称为"法律"。在一般情况下，"法"和广义的“法律”同义;但在某些场合,“法”又和狭义的“法律”同义,如《中华人民共和国合同法》、《中华人民共和国公司法》等。

在法学上,“法”和“法律”有时有严格区分的必要,“法”指的是特殊的规范体系,而“法律”则指的是法的渊源之一或法的表现形式。

2. 法的本质

法是统治阶级国家意志的体现。法作为统治阶级的意志,体现为统治阶级的一般意志、整体意志、普遍意志,是统治阶级的共同意志。这种阶级意志是通过规范化、制度化、法律化、系统化、一般化而成为法律的。所以,上升为法律的统治阶级意志,不是统治阶级意志的全部,而是经过国家中介而上升为国家意志的那部分意志。所以,国家意志是法律的本质属性。

3. 法的特征

法作为一种特殊的行为规范,不仅具有行为规则、社会规范的一般共性,还具有自己的特征。其特征主要有以下五个方面:

(1)法是经过国家制定或认可的行为规范,具有国家意志性。法律尽管是统治阶级意志的体现,但它还必须上升为国家意志,必须以国家的名义制定出来。国家创制法律主要体现为制定、认可、解释三种方式:

①法的制定是指国家机关通过立法活动产生规范性法律文件;

②法的认可是指国家赋予事先存在的习惯、经验、道德、宗教、习俗、礼仪等社会规范以法律效力或者以承认或签订国际条约的方式赋予国际法规范以国内法的效力;

③法律解释是指拥有法定权限的国家机关对现存的法律规范、规则的说明。如立法解释和司法解释本身就是法律,具有法律效力。

(2)法是由国家强制力保障实施的社会规范,具有强制性。国家强制力是以国家的强制机构(如军队、警察、法庭、监狱)为后盾,通过暴力工具实施国家制裁的强制措施。

(3)法是确定人们在社会关系中的权利和义务的行为规范,具有引导性。法通过规定人们在社会关系中的权利与义务来实现统治阶级的意志和要求,维持社会秩序。在社会生活中,没有无义务的权利,也没有无权利的义务。义务是权利的范围和界限,权利是义务的范围和界限。

(4)法是明确而普遍适用的社会规范,具有规范性。法律是以国家的名义颁布和执行的,对全体社会成员、全体公民具有普遍约束力。在特定的地域范围内,任何一个公民,甚至外国人、无国籍人都受该国法律的约束,都可以得到该国法律的保护,也就是法律面前,人人平等。

(5)法是由程序保障实施的行为规范,具有程序性。法律是通过合法主体在法定时间与法定空间上依据法定步骤和方式而实施的,这就是法律的程序性特征。法律的实施虽然是以国家强制力为保证的,但它是由专门的机关依照法定程序执行的。

(二)法的形式和分类

1. 法的形式

法的形式,是指法的具体的外部表现形态,即法是由何种国家机关,依照什么方式或程序创制出来的，并表现为何种形式，具有何种效力等级的法律文件。法的形式的种类，主要是依据创制法的部门不同、创制方式的不同而进行划分的。我国法的形式主要有以下几种：

(1)宪法。宪法是国家的根本大法，我国宪法是由全国人民代表大会制定和修改的，规定了国家的根本制度和任务，具有最高的法律效力，任何法律、法规等都不能和它相违背。

(2)法律。这里的法律指的是狭义的理解，即仅指全国人民代表大会及其常务委员会制定的规范性文件，其效力和地位仅次于宪法，是经济法最主要的表现形式，如《中华人民共和国合同法》。

(3)行政法规。行政法规是指作为国家最高行政机关的国务院根据宪法和法律或者最高权力机关的授权而制定的规范性文件，其效力和地位仅次于宪法和法律，如《企业财务会计报告条例》。

(4)地方性法规。省、自治区、直辖市和经国务院批准的较大的市的人民代表大会及其常委会可以根据本地方的具体情况和实际需要，在不同宪法、法律、行政法规相抵触的前提下，制定地方性法规，如《安徽省劳动保护条例》。

(5)自治条例、单行条例以及特别行政区的法律。自治条例和单行条例是指民族自治地方的人民代表大会在自治权的范围内，根据当地民族的政治、经济和文化特点，制定或批准的关于某一方面具体事项的规范性文件。自治区的自治条例和单行条例，报全国人民代表大会常务委员会批准后生效；自治州、自治县的自治条例和单行条例，报省或自治区人民代表大会常务委员会批准后生效，并报全国人民代表大会常务委员会备案。如《新疆维吾尔自治区自治条例》、《海北藏族自治州义务教育条例》等。特别行政区法律是指香港、澳门特别行政区立法机关制定实施的法律(包括与基本法不相抵触的原有法律)，是我国法的一部分和一种特殊形式，如《中华人民共和国香港特别行政区基本法》等。

(6)行政规章。规章是行政性法律规范文件，依其制定机关不同，可分为部门规章和地方规章。部门规章是指国务院各部、委、局及直属机构在本部门的许可权范围内所制定的规范性文件，内容主要限于执行法律或者国务院的行政法规、决定、命令的事项，如人力资源和社会保障部第67次部务会审议通过《实施〈中华人民共和国社会保险法〉若干规定》，部门规章的地位低于宪法、法律、行政法规，不得与它们相抵触。地方规章是指省、自治区、直辖市人民政府以及省、自治区人民政府所在地的市和经国务院批准的较大的市的人民政府依照法定职权和程序制定的规范性文件，如《安徽省工资支付规定》。政府规章除不得与宪法、法律和行政法规相抵触外，还不得与上级和同级地方性法规相抵触。行政规章在法院审理行政案件时仅起参照作用。

(7)国际条约与惯例。国际条约是指我国同外国签订的双边、多边协议和其他具有条约、协定性质的文件，如《保护工业产权巴黎公约》、《中美双边贸易协议》。国际惯例是指以国际法院等各种国际裁决机构的判例体现或确认的国际法规则和国际交往中形成的共同遵守的不成文的习惯，如《跟单信用证统一惯例》。国际条约一经生效，就对签订国产生法律约束力，国际惯例一经接受，即产生法律上的效力。

(8)司法解释。司法解释指的是最高司法机关，主要是最高人民法院就司法实践中有关案件的审理和法律适用提出的指导性意见或解释。这种解释通常是有关法律适用的普遍性指导意见，一般采取规范性文件的形式发布，对市场主体具有普遍的约束力。

【观念应用 1-1】小刘认为，在我国大陆地区，最高法院所作的判决书，也是法的表现形式之一。请分析小刘的观点是否正确。

【观念解析】小刘的观点是错误的。我国属于大陆法系，只有国家机关依照法定权限和程序制定的具有普遍约束力的规范性法律文件，才是法的形式。我国的法律形式主要表现为以宪法为核心的各种制定法。我国不实行判例制度，最高法院所作的判决书只是一种非规范性法律文件，不能作为法的表现形式。我国特别行政区香港例外，由于香港曾经被英国殖民，所以回归后实行的是"一国两制"，其法律适用以判例法为主。

2.法的分类

根据不同的标准，可以对法作不同的分类。

(1)成文法与不成文法。这主要是以法的创制方式和表现形式为标准对法所作的分类。成文法又称"制定法"，是指有立法权或立法性职权的国家机关制定或认可的、以规范化的文字表现的规范性法律文件。不成文法是指由国家有权机关认可的、不具有文字形式或虽有文字形式但却不具有规范化成文形式的法，一般指习惯法。

(2)根本法与普通法。这是以法的地位、效力、内容和制定程序为标准对法所作的分类。这种分类主要适用于成文法国家。根本法指的是在整个法的渊源体系中一般居于最高地位的一种规范性法律文件。在中国这样的单一制国家，"根本法"即宪法的别称。在中央和地方都有立宪权的联邦制国家，根本法是宪法的一种，即联邦宪法。普通法是宪法以外的所有法的统称。普通法中所包括的法的种类是繁多的，它们各自的地位、效力、内容和程序也有差别。

(3)国内法与国际法。这主要是以法的创制和适用范围为标准对法所作的分类。国内法是指由国内有立法权的主体制定的，其效力范围一般不超出本国主权范围的法律、法规和其他规范性法律文件。国际法是由参与国际关系的两个或两个以上国家或国际组织间制定、认可或缔结的确定其相互关系中权利和义务的，并适用于它们之间的法。其主要表现形式是国际条约。国际法律关系的主体主要是国家。

(4)公法与私法。这主要是以法所保护的利益是国家公益还是私人利益进行的划分。凡保护国家公益的法为公法，保护私人利益的法为私法。

(5)一般法与特别法。这是以法的适用范围为标准对法所作的分类。一般法指对一般人、一般事项、一般时间、一般空间范围有效的法，如刑法、民法、婚姻法。特别法指对特定的人、特定事项有效或在特定区域、特定时间有效的法，如劳动合同法、未成年人保护法等。

(6)实体法与程序法。这是以法所规定的内容不同为标准对法所作的分类。实体法一般是指以规定主体的权利、义务关系或职权、职责关系为主要内容的法，如民法、刑法、行政法等。程序法通常指以保证主体的权利和义务得以实现或保证主体的职权和职责得以履行所需程序或手续为主要内容的法，如民事诉讼法、刑事诉讼法、行政诉讼法等。

二、法律规范与法律体系

（一）法律规范

法律规范是由国家制定或认可，反映国家意志，具体规定权利义务及法律后果的行为准则。一般认为法律规范由假定（或条件）、行为模式、法律后果三个部分构成。从不同的角度，可以对法律规范进行不同的分类：

1. 按照法律规范的性质和调整方式分类

按照法律规范的性质和调整方式分类，将法律规范分为义务性规范、禁止性规范和授权性规范。

(1)义务性规范是要求人们必须作出一定行为，承担一定积极义务的法律规范。即“必须怎样”、“应当怎样”等。例如：婚姻法中要求结婚的男女应当亲自到婚姻登记机关登记。

(2)禁止性规范是“禁止”人们作出一定行为的法律规范，即“不能怎样”、“不得怎样”等。例如：《宪法》第五十一条规定：“中华人民共和国公民在行使自由和权利的时候，不得损害国家的、社会的、集体的利益和其他公民的合法的自由和权利。”

(3)授权性规范是授予人们“可以”作出某种行为或者要求别人作出某种行为的法律规范，即“可以怎样”、“享有……权利”等。例如：消费者购买商品可以索要发票。

2. 按照法律对人们行为的规定和限制范围、程度的不同分类

按照法律对人们行为的规定和限制范围、程度的不同，可以将法律规范分为强制性规范和任意性规范。强制性规范包括义务性规范和禁止性规范两种形式。任意性规范又称“授权性规范”或“允许性规范”，是指允许人们在法定的范围内自行确定其权利和义务的法律规范。例如：公司可以设立子公司。

【观念应用 1-2】我国《会计法》第二十二条规定：“会计记录的文字应当使用中文。在民族自治地方，会计记录可以同时使用当地通用的一种民族文字。在中华人民共和国境内的外商投资企业、外国企业和其他外国组织的会计记录可以同时使用一种外国文字。”分析这一条款包含了几个法律规范，各法律规范的类型是什么？

【观念解析】这一条款包括了三个法律规范：其一，“会计记录的文字应当使用中文。”它的假设即前提是对一般单位的会计记录文字而言的，处理部分是“应当使用中文”。这是一个义务性规范，也是强制性规范。其二，“在民族自治地方，会计记录可以同时使用当地通用的一种民族文字。”该条法律规范适用的情况是民族自治地方的单位的会计记录文字，处理部分是可以在使用中文的同时，使用当地通用的一种民族文字。该规范是授权性规范，也是任意性规范，即给民族自治地方的单位一个选择权，可以同时使用当地通用的一种民族文字，也可以不使用。其三，“在中华人民共和国境内的外商投资企业、外国企业和其他外国组织的会计记录可以同时使用一种外国文字。”该条法律规范的结构和类型同第二点，不再赘述。

(二)法律体系

一个国家现行的法律规范分类组合为若干法律部门，由这些法律部门组成的具有内在联系的、互相协调的统一整体即为法律体系。法律部门是根据一定标准和原则所划定的同类法律规范的总称，又称“部门法”。法律部门划分的标准首先是法律调整的对象，即法律调整的社会关系，如调整国家行政管理活动的法律规范的总和构成行政法部门，调整劳动关系、社会保障和社会福利关系的法律规范构成社会法部门；其次是法律调整的方法；最后还考虑一些原则。

我国现行法律体系可以划分为以下七个主要法律部门：宪法及宪法相关法法律部门、民商法法律部门、行政法法律部门、经济法法律部门、社会法法律部门、刑法法律部门、诉讼与非诉讼程序法法律部门。

三、法律关系

法律关系是法律规范在调整人们的行为过程中形成的一种特殊的社会关系，即法律上的权利与义务关系。法律关系由法律关系的主体、法律关系的内容和法律关系的客体三个要素构成。缺少其中任何一个要素，都不能构成法律关系。

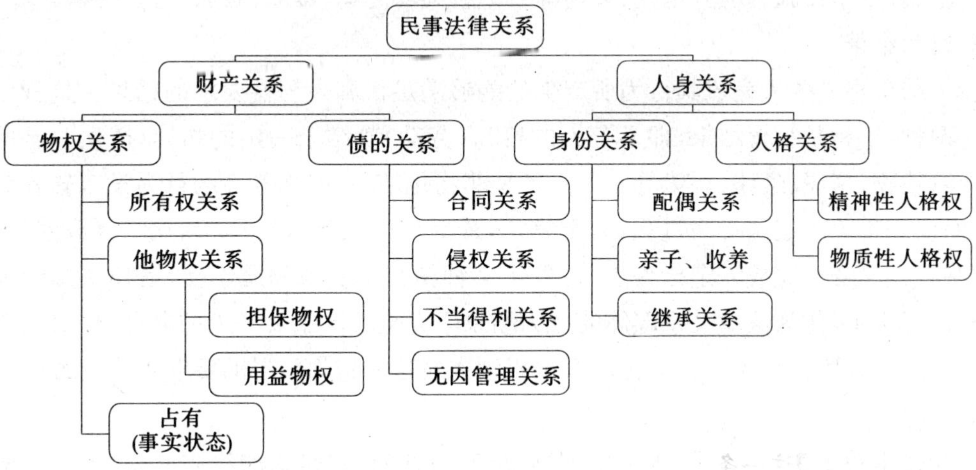

图 1-1　民事法律关系示例图

(一)法律关系的主体

法律关系主体，即法律关系的参加者，是在法律关系中依法享有权利和承担义务的人或组织。法律关系的主体包括：自然人、法人和其他组织、国家。个体工商户、农村承包经营户和个人合伙包括在自然人的范围内。在特殊情况下，国家可以作为一个整体成为法律关系的主体。在国内，国家是国家财产所有权唯一和统一的主体；在国际法上，国家是国际法关系的主体。外国企业、华侨、外籍人员和港、澳、台同胞，属于车船税的纳税人。

（二）法律关系的内容

法律关系的内容，是指法律关系主体间在一定条件下依照法律或约定所享有的权利和承担的义务，是人们之间利益的获取或付出的状态。它是法律规范的指示内容在实际社会生活中的具体落实，是法律规范在社会关系中实现的一种状态。

（三）法律关系的客体

法律关系客体，是指法律关系主体间权利义务所指向的对象。法律关系的客体可以分为以下几大类：

1.物

法律意义上的"物"是指法律关系主体支配的、在生产上和生活上所需要的客观实体。它可以是自然物，如森林、土地，也可以是人的劳动创造物，如建筑物、机器。物要成为法律关系的客体，须具备以下条件：第一，应得到法律认可。第二，应为人类所认识和控制。第三，能够给人们带来某种物质利益，具有经济价值。第四，须具有独立性。至于哪些物可以成为法律关系客体，应由法律予以规定。我国法律规定，以下几种物不得进入国内商品流通领域，成为私人法律关系的客体：人类公共物或国家专有之物（海洋、山川、水流、空气等）；文物或贵金属；军事设施、武器（枪支、弹药等）；危害人类之物（毒品、假药、淫秽书籍等）。

2.行为结果

行为结果指义务人完成其行为所产生的能够满足权利人利益要求的结果。这种结果一般分为两种：一种是物化结果，即义务人的行为（劳动）凝结于一定的物体，产生一定的物化产品或营建物（房屋、道路、桥梁等）；另一种是非物化结果，即义务人的行为没有转化为物化实体，而仅表现为一定的行为过程，直至终了，最后产生权利人所期望的结果（或效果）。例如，权利人在义务人完成一定行为后，得到了某种精神享受或物质享受，增长了知识和能力等。在此意义上，作为法律关系客体的行为结果不完全等同于义务人的义务，但又与义务人履行义务的过程紧密相关。义务正是根据权利人对这一行为结果的要求而设定的。

3.人身

人身是由各个生理器官组成的生理整体（有机体）。它是人的物质形态，也是人的精神利益的体现。在现代社会，随着现代科技和医学的发展，使得输血、植皮、器官移植等现象大量出现；同时，也产生了此类交易买卖活动及其契约，带来了一系列法律问题。这样，人身不仅是人作为法律关系主体的承载者，而且在一定范围内成为法律关系的客体。但须注意的是：第一，活人的（整个）身体，不得视为法律上之"物"，不能作为物权、债权和继承权的客体，禁止任何人（包括本人）将整个身体作为"物"参与有偿的经济法律活动，不得转让或买卖。

贩卖或拐卖人口、买卖婚姻，是法律所禁止的违法或犯罪行为，应受法律的制裁。第二，权利人对自己的人身不得进行违法或有伤风化的活动，不得滥用人身或自践人身和人格。例如，卖淫、自杀、自残行为属于违法行为或至少是法律所不提倡的行为。第三，对人身行使权利时必须依法进行，不得超出法律授权的界限，严禁对他人人身非法强行行使权利。例如，有监护权的父母不得虐待未成年子女的人身。人身是由各个生理器官组成的生理整体（有机体）。

人身（体）部分（如血液、器官、皮肤等）的法律性质，是一个较复杂的问题。它属于人身，还是属于法律上的“物”，不能一概而论。应从三方面分析：当人身之部分尚未脱离人的整体时，即属人身本身；当人身之部分自然从身体中分离，已成为与身体相脱离的外界之物时，亦可以视为法律上之“物”；当该部分已植入他人身体时，即为他人人身之组成部分。

4. 精神产品

精神产品是人通过某种物体（如书本、砖石、纸张、胶片、磁盘）或大脑记载下来并加以流传的思维成果。精神产品不同于有体物，其价值和利益在于物中所承载的信息、知识、技术、标识（符号）和其他精神文化。同时，它又不同于人的主观精神活动本身，是精神活动的物化、固定化。精神产品属于非物质财富。西方学者称之为“无体（形）物”。我国法学界常称为“智力成果”或“无体财产”。如文学艺术作品、科学著作、科学发明等。

四、法律事实

法律事实是由法律规范所确定的，能够产生法律后果，即能够直接引起法律关系发生、变更或者消灭。通常划分为法律事件和法律行为。

（一）法律事件

法律事件是不以当事人的主观意志为转移的能够引起法律关系发生、变更和消灭的法定情况或者现象。事件可以是自然现象，如地震、海啸、洪水、台风、泥石流、森林大火等非人为因素造成的自然灾害；也可以是某些社会现象，如爆发战争、重大政策的改变等，虽属人的行为引起，但其出现在特定法律关系中并不以当事人的意志为转移。自然灾害可引起保险赔偿关系的发生或合同关系的解除；人的出生可引起抚养关系、户籍管理关系的发生；人的死亡可引起抚养关系、婚姻关系、劳动合同关系的消灭，继承关系的发生；重大社会变革可引起多领域法律关系的变化。由自然现象引起的事实称“绝对事件”，由社会现象引起的事实称“相对事件”。它们的出现都是不以人们（当事人）的意志为转移的，具有不可抗力的特征。

（二）法律行为

法律行为，是指以法律关系主体意志为转移，能够引起法律后果，即引起法律关系发生、变更和消灭的人们有意识的活动。它是引起法律关系发生、变更和消灭的最普遍的法律事实。其对应的是“非法律行为”，即不受法律调整、不发生法律效力、不产生法律后果的行为。

简言之，即不具有法律意义的行为。根据不同的标准，可以对法律行为作不同的分类：

1. 根据行为是否符合法律的要求，可以分为合法行为与违法行为

合法行为，是指行为人所实施的具有一定的法律意义、与法律规范内容要求相符合的行为；违法行为，是指行为人所实施的违反法律规范的内容要求、应受惩罚的行为。

2. 根据行为的表现形式不同，可以分为积极行为与消极行为

积极行为，又称“作为”，是指以积极、主动作用于客体的形式表现的具有法律意义的行为；消极行为，又称“不作为”，是指以消极的、抑制的形式表现的具有法律意义的行为。

3. 根据行为是否通过意思表示所为，可以分为表示行为与非表示行为

表示行为，是指行为人基于意思表示而作出的具有法律意义的行为；非表示行为，是指非经行为者意思表示而是基于某种事实状态具有法律效果的行为，如拾得遗失物、发现埋藏物等。

4. 根据主体意思表示的形式，可以分为单方法律行为与多方法律行为

单方法律行为，是指由法律主体一方的意思表示即可成立的法律行为，如遗嘱、免除债务等；多方法律行为，是指两个以上的当事人并行的意思表示达成一致才能成立的法律行为。如合同、决议等。

5. 根据行为是否需要特定形式或实质要件，可以分为要式行为和非要式行为

要式行为，是指必须具备某种特定形式或程序才能成立的法律行为，如票据行为等；非要式行为，是指无需特定形式或程序即能成立的法律行为。

6. 根据主体实际参与行为的状态，可以分为自主行为和代理行为

自主行为，是指法律主体在没有其他主体参与的情况下，以自己的名义独立从事的法律行为；代理行为，是指法律主体根据法律授权或其他主体的委托而以被代理人的名义所从事的法律行为。

【观念应用 1-3】会计于某在单位领导的授意下，将一张空白发票填写金额后入账。问：会计于某与其单位领导的行为是否构成了法律行为？

【观念解析】会计于某虚开发票入账和其单位领导授意虚开发票入账的行为均构成了法律行为，属于违法行为，应承担违法责任。

五、经济法基础知识

（一）经济法的概念

“经济法”是调整宏观调控关系和市场规制关系的法律规范的总称。因而，经济法体系也包括两大部分，即宏观调控法和市场规制法。民商法、经济法这两个部门法主要是解决一定的财产关系和经济关系方面的法律问题。它们的异同就在于，民商法主要是解决平等（横向）主体之间财产关系、经济关系等方面的法律问题；经济法主要是解决纵向主体之间的财产关系、经济关系方面的问题，比如：税法、会计法、证券法。

（二）经济法的调整对象

经济法的调整对象主要是宏观经济调控关系和市场规制关系。

1. 宏观经济调控关系

宏观经济调控关系是指国家对国民经济和社会发展运行进行规划、调节和控制过程中发生的经济关系。其具体表现为国家计划调控关系、财政调控关系、金融调控关系等。

2. 市场规制关系

市场规制是指国家通过制定行为规范引导、监督、管理市场主体的经济行为，也同时规范、约束政府监管机关的市场监管行为，从而保护消费主体利益，保障市场秩序。具体表现为完善市场规则，有效地反对垄断，制止不正当竞争，保护消费者权益等。

（三）经济法的特征

1. 经济性

经济法的经济性是指经济法直接调整经济关系，与一个国家的经济生活联系最紧密。经济法把经济制度、经济活动的内容和要求直接规定为法律，使得市场经济秩序得以建立。

2. 综合性

经济法的综合性是指经济法调整手段的综合性，即经济法在调整手段上运用民事、行政和刑事等各种法律手段进行综合调整。在调整范围上，经济法调整的内容既包括宏观经济领域的管理关系，也包括微观经济领域的协作关系。

3. 干预性

市场调节有很大的盲目性和滞后性，对于经济生活不能放任自流、完全交给市场来调节，需要国家的干预与协调。经济法是国家对市场的干预之法，强调国家意志，不同于强调个体意志的民法。

4. 社会性

经济法的社会性是指经济法的"社会本位性"，即经济法注重保护社会利益，协调国家和个体利益，它调整的经济关系体现了社会的整体利益。

【观念应用 1-4】学生小赵认为，经济法就是立法机关颁布的相关经济法律。该观点正确吗？

【观念解析】该观点是错误的。经济法的渊源有很多，法律只是其中的一种表现形式，还有国际公约、国际商事惯例、行政法规、地方性法规、特别行政区法规、自治条例、单行条例和规章等多种表现形式。

（四）经济法律关系

经济法律关系是指经济法主体根据经济法律规范产生的、在国家管理与协调经济过程中形成的权利与义务关系。与法律关系的三要素相对应,经济法律关系也由主体、内容和客体三个要素构成。

1.经济法律关系的主体

经济法律关系主体简称“经济法主体”,是指国家在管理和协调经济运行过程中,依据经济法而享有权利和承担义务的当事人或参加者。经济法主体必须具备一定的资格。经济法的主体资格是由法律所赋予的。

在我国,经济法律主体主要包括:国家机关、企事业单位、社会团体、企业内部组织、公民(自然人)、个体工商户、农村承包经营户等。在特殊情况下,如以国家名义对内对外发行政府债券等,国家也可以成为经济法的主体。再如,国家以政府的名义与外国签订经济协议,国家也是经济法律关系主体。并非所有的内部组织和有关人员都可成为经济法主体,只有在实行经济责任制、内部承包经营的经济组织中,其内部机构和有关人员参与生产经营管理活动时,才可能成为经济法的主体。

【观念应用 1-5】经济法律关系的主体必须是市场主体,政府机关是行政主体,不能成为经济法律关系的主体。该观点是否正确?

【观念解析】该观点不正确。经济法的主体范围广泛,依法取得资格的单位、个人均可成为经济法的主体。

2.经济法律关系的内容

经济法律关系的内容指经济法律关系的主体所享有的权利和所承担的义务。它是经济法律关系的核心,直接体现了经济法主体的利益和要求。

(1)经济权利。经济权利,是指经济法所确认和保护的具有经济内容的权利。不同的经济法主体享有不同的经济权力,如经济职权、经营管理权、法人财产权、债权等。

(2)经济义务。经济义务,是指经济法律关系主体依照法律规定所担负的必须作出某种行为或者不得作出某种行为的负担或约束。如按时纳税的义务、不得拒绝国家机关依法检查的义务等。

3.经济法律关系的客体

经济法律关系的客体是经济法主体权利和义务所共同指向的对象,它是权利和义务关系形成的载体。没有经济法律关系的客体,权利和义务就失去了目标,经济法律关系也就不能成立。经济法律关系的客体包括物、行为和非物质财富。

(1)物。物是指人们能够控制的并具有使用价值和价值的物质资料。物包括自然存在的物品和人类劳动生产的产品,以及充当一般等价物的货币和有价证券等。

【观念应用 1-6】下列各项中,可以作为经济法律关系客体的有哪些?

A.阳光　　B.空气　　C.股票　　D.房屋

【观念解析】正确答案是C、D。并非所有物都能成为经济法的客体,必须是人们能够控制的、具有使用价值和价值的物质资料,所以A、B不能成为经济法的客体。

(2)经济行为。经济行为是指经济法律关系主体为达到一定的经济目的，实现其权利和义务所进行的经济活动。其包括经济管理行为、完成一定工作行为和提供一定劳务行为等。

经济管理行为是指经济法主体行使经济管理权或经营管理权所指向的行为，如经济决策行为、经济命令行为、监督检查行为等。

完成一定工作行为是指经济法主体的一方，利用自己的资金和技术设备为对方完成一定的工作任务，对方根据完成工作的质量和数量情况支付相应报酬。如加工行为、建筑行为等。

提供一定劳务行为是指经济法主体的一方为对方提供一定劳务或服务，满足对方的需求，由对方支付一定报酬的行为。如运输行为、保管行为等。

【观念应用 1-7】甲公司委托乙公司运输一批货物，请指出这一法律关系中的客体。

【观念解析】该法律关系的客体是运输行为，即提供一定的劳务。

(3)非物质财富。非物质财富也可称为“精神财富”或“精神产品”，包括智力成果、道德产品和经济信息等。智力成果是指经济法主体从事智力劳动所创造的成果，如科学发明、技术成果、艺术创作成果、商标、专利、学术论著等。道德产品是指人们在各种社会活动中取得的非物化的道德价值，如荣誉称号、嘉奖表彰等。经济信息是指反映社会活动发生、变化等情况的各种消息、数据、情报和资料等的总称。

【观念应用 1-8】A 公司将其注册商标转让给 B 公司，双方签订转让合同，A、B 之间是否形成了经济法律关系？如果形成了经济法律关系，那么请指出该经济法律关系的三要素。

【观念解析】A、B 之间形成了经济法律关系。该关系中主体为 A 公司与 B 公司；客体为注册商标，属于非物质财富；内容为双方的权利和义务，即 A 公司享有收取价款的权利和提供注册商标的义务，B 公司享有取得注册商标使用权的权利和支付价款的义务。

任务二　相关民法基础知识

任务导入

小明 11 周岁，趁母亲不注意，悄悄地拿了家里的 1000 元钱，到商场购买了一台电子游戏机。他母亲发现后，以小明太小不懂事为由，找商场退货，遭到商场营业员的拒绝，理由是在此项买卖中双方是公平交易的，而且所购游戏机质量并无问题。请分析：

(1)商场是否应当退货？为什么？

(2)民事主体资格有哪些规定？

(3)什么是民法？民法的主要规定有哪些？

一、民法概述

(一)民法的概念

我国“民法”是调整平等主体之间的财产关系和人身关系的法律规范的总称。

平等主体是指在民事法律关系中地位平等的当事人，也叫“民事主体”，包括自然人、法人和其他组织。

(二)民法的调整对象

民法以平等主体之间的财产关系和人身关系为调整对象。

财产关系是指平等主体之间基于财产的支配和流转所形成的社会关系。财产关系可分为财产归属关系和财产流转关系。财产归属关系主要是指财产所有权关系，即财产的占有、使用、收益和处分。财产流转关系是指财产由一个主体向另一个主体转移而发生的关系，如商品买卖、货物保管、财产租赁等。

人身关系是指平等主体之间基于人格和身份所形成的社会关系。其包括人格关系和身份关系。人格关系包括生命、健康、姓名、身体自由、名誉、隐私等社会关系。身份关系主要发生在亲属关系之间，如配偶关系、子女关系等。

二、民事主体

民事主体是指参加民事法律关系、享受民事权利和承担民事义务的人。其包括自然人、法人和其他组织等，其中，自然人和法人是最重要的民事主体。

(一)自然人

自然人是指基于自然生理规律出生的人，既包括我国的公民，也包括境内的外国人和无国籍人。作为民事主体的自然人必须具有民事权利能力和民事行为能力。

1.民事权利能力

民事权利能力是指法律赋予民事主体享有民事权利和承担民事义务的资格，它是民事主体参加民事活动的前提条件。权利能力不同于权利，它是法律赋予的，不能放弃。

我国公民的民事权利能力始于出生，终于死亡。公民的民事权利能力具有普遍性、平等性和不可转让性。

自然人只有在出生时是活着的，才能成为民事法律关系主体。胎儿不具有民事权利能力，但法律在一些特殊情况下也保护其利益，如遗产分割。

公民的权利能力终于公民的死亡。死亡可以分为生理死亡和宣告死亡。生理死亡也称“自然死亡”，应以医学上公认的死亡时间为准。宣告死亡是人民法院依照法定程序对失踪人死亡的推定。公民有下列情形之一的，利害关系人可以向人民法院申请宣告其死亡：一是下落不明满四年的；二是因意外事故下落不明，从事故发生之日起满两年的。战争期间下落不明的，下落不明时间从战争结束之日起计算。

2.民事行为能力

民事行为能力是指民事主体能够以自己的行为进行民事活动，取得民事权利和承担民事义务的资格。民事行为能力不仅是指实施法律行为的能力，也包括对违法行为承担责任的能力。

自然人的民事行为能力不是与生俱来的。根据自然人的年龄和智力发育的不同阶段和其他有关情况，我国民法将自然人的民事行为能力分为完全民事行为能力、限制民事行为能力和无民事行为能力三种。

(1)完全民事行为能力人。它是指可以独立进行民事活动的自然人。18周岁以上的成年人是完全民事行为能力人。另外，16周岁以上不满18周岁的公民，以自己的劳动收入为主要生活来源的，视为完全民事行为能力人。

【观念应用1-9】小张17周岁，初中毕业后，在一家商店工作，月收入650元。小张工作半年后，自作主张花了2000元为自己买了一条金项链。她父母得知此事后，以小张购买项链未征得父母同意为由，要求商场退货。商场是否应该退货？

【观念解析】商场不应该退货。我国《民法通则》规定，年满16周岁以上的公民，以其劳动收入作为主要生活来源的，视为完全民事行为能力人。小张已年满17周岁，已经有了工作，有权支配自己的收入，购买项链的行为有效，其父母不得要求退货。

(2)限制民事行为能力人。它是指只有部分民事行为能力的自然人。10周岁以上的未成年人和不能完全辨认自己行为的精神病人是限制民事行为能力人。限制民事行为能力人可以进行与其年龄、智力或精神状态相适应的民事活动，其他民事活动由其法定代理人代理或征得法定代理人的同意才能进行。

【观念应用1-10】小刘14周岁，用节省的零花钱购买了一支价值18元的钢笔。其母亲知道后，认为初中生不该用这么贵的笔，要求商场退货。商场是否应该退货？

【观念解析】商场不应该退货。10周岁以上的未成年人为限制民事行为能力人，可以从事与其年龄、智力相适应的民事活动，即小刘与商场的买卖关系成立并且有效。

(3)无民事行为能力人。它是指不具有以自己的行为独立进行民事活动能力的自然人。不满10周岁的未成年人和完全不能辨认自己行为的精神病人，是无民事行为能力人，其民事活动由其法定代理人代理，即监护人代理。被监护人造成他人损害的，由监护人承担民事责任。但是,无民事行为能力人和限制民事行为能力人接受奖励、赠予、报酬、赔偿费或者进行其他对本人有利而不损害他人权益的行为,应予以保护。

【观念应用 1-11】阿强是 15 周岁的痴呆人。某日,其父母外出办事,阿强一人在家,无人照管。他玩打火机不慎将邻居家的房屋烧毁。该责任应由谁来承担?若阿强是年满 18 周岁的智力正常的人,则责任应由谁承担?

【观念解析】由其父母承担赔偿责任。其父母是监护人应当承担监护不力的责任。若阿强是年满 18 周岁的正常人,则属于完全民事行为能力人,责任自负。

(二)法人

法人是具有民事权利能力和民事行为能力,依法独立享有民事权利和承担民事义务的社会组织。法人是与自然人相对应的另一类民事主体。我国法人分为企业法人、机关事业单位法人和社团法人三种。

1.法人的条件

法人是社会组织,但并非一切社会组织都是法人。只有具备法定条件,依法取得民事主体资格的社会组织,才是法人。法人应当具备下列条件:

(1)依法成立。一是指法人组织的设立必须合法,不得违反国家和社会公共利益的要求;二是指法人成立的审核和登记程序必须符合法律要求。

(2)有必要的财产或经费。这既是法人享有民事权利的物质基础,也是其承担民事责任的物质保障。

(3)有自己的名称、组织机构和场所。

(4)能够独立承担民事责任。法人是具有独立人格的民事主体,对自己的行为应当承担法律责任。法人的创立人和法人内部成员不承担法人的民事责任,即法人如果破产,则未偿还的债务不再偿还,其投资人、领导、职工等没有代为偿还的责任。

法人与非法人组织的关键区别就在于是否独立承担民事责任。非法人组织是指不具备法人资格的社会组织,如个人独资企业、合伙企业以及经济组织的内部机构、分支机构等。这些组织不能独立承担责任,由其投资者承担无限连带责任。

2.法人的民事权利能力与民事行为能力

法人依法成立后,便具有民事权利能力和民事行为能力。法人的权利能力与行为能力是统一的,均随法人的成立而产生,随其终止而消灭。法人的行为能力一般通过其法定代表人来实现。

3.法人的法定代表人

法人的法定代表人是指依照法律或者法人章程的规定,代表法人行使职权的正职负责人。法定代表人在其职权范围内,以法人的名义进行的各种活动(包括侵权行为)都是法人的行为。法人组织的其他成员在职权或职责范围内所进行的活动也属于法人的行为,由此产生的权利义务也由法人承担。

【观念应用 1-12】王某是 A 公司的董事长，因一时疏忽，以 A 公司的名义与 B 公司签订了一份对本公司不利的合同，遭到董事会坚决反对。A 公司以王某损害公司利益为由，拒绝履行与 B 公司签订的合同，试分析 A 公司的做法有无法律依据。若王某在合同中只签了自己的名字，没有加盖公司的公章，则结果会怎样？

【观念解析】A 公司的做法没有法律依据。A 公司应对法定代表人以法人名义从事的各种活动承担责任。若王某只签了自己的名字，则其行为属于个人行为，A 公司对此合同不承担责任。

三、民事行为与民事法律行为

（一）民事行为

民事行为是指民事主体在民事活动领域内基于其意思而实施的，能够产生一定民事法律后果的行为。其包括民事法律行为、无效民事行为、效力待定民事行为、可变更可撤销民事行为。凡是表意行为都是民事行为，民事行为是与事实行为相对应的，民事行为和事实行为统称为“民法上的行为”，民法上的行为又是与事件相对应的，民法上的事件与行为又统称为“民事法律事实”。

1. 无效的民事行为

无效的民事行为是指欠缺法律行为的有效要件且不能补救，而不发生行为人意思表示所预期的法律效果的民事行为。无效的民事法律行为是一种自始无效、当然无效、绝对无效的民事行为，不受法律的认可与保护。但是，需要注意的是，无效的民事行为有全部无效和部分无效之分，部分无效的民事行为，不影响其他部分的效力，其他部分仍然有效。

根据我国《民法通则》和《合同法》的规定，无效的民事行为主要包括以下几种：

(1)无民事行为能力的人实施的民事行为；无民事行为能力人实施的行为，除了接受奖励、赠与、报酬等纯获利的民事行为以外，一般来说，无民事行为能力人实施的行为都是无效的。

(2)意思表示不自由且损害国家利益的民事行为。

(3)恶意串通，损害国家、集体或者第三人利益的民事行为。

(4)以合法形式掩盖非法目的的民事行为。

(5)违反法律或者社会公共利益的民事行为。

民事行为被确认无效以后，会产生下列法律后果：停止履行；返还财产；赔偿损失；追缴财产。

2. 可变更、可撤销的民事行为

可变更、可撤销的民事行为，是指因行为人的意思表示存有法定的重大瑕疵，而授予表意人诉求变更或撤销的权利以决定其效力的民事行为。根据我国《民法通则》和《合同法》的规定，可变更、可撤销的民事行为主要包括以下几种：

(1)重大误解的民事行为。这是指行为人因对行为的性质、对方当事人、标的物的品种、质量、规格和数量等的错误认识，致使行为的后果与自己的意思相悖，并造成较大损失的民事行为。如把复制品误认为是真品予以购买的行为，就属于重大误解的民事行为。

(2)显失公平的民事行为。这是指一方当事人利用优势或利用对方没有经验，致使双方的权利与义务明显违反公平、等价有偿原则的民事行为。如古董商以极不合理的低价从农民手里收购古董的行为，即属于显失公平的民事行为。

(3)受欺诈、受胁迫的民事行为。这是指一方当事人故意告知对方虚假情况或者故意隐瞒真实情况诱使对方当事人作出错误的意思表示，或者以给其本人及亲友的生命健康、荣誉、名誉、财产等造成损害，或者以给法人的荣誉、名誉、财产等造成损害为要挟，迫使对方作出违背真实的意思表示的民事行为。

(4)乘人之危的民事行为。这是指一方当事人乘对方处于危难之机，为牟取不正当利益，迫使对方作出不真实的意思表示，严重损害对方利益的民事行为。需要注意的是，根据《合同法》的规定，乘人之危订立的合同，只有在不损害国家利益时才构成可撤销的合同，否则为无效合同。

对于可变更、可撤销的民事行为，受损害的一方当事人有权请求予以变更或撤销。变更权与撤销权的行使，须由人民法院或仲裁机构为之。如果当事人请求变更，则人民法院或仲裁机构不得撤销。当事人的变更权或撤销权，须在知道或者应当知道撤销事由之日起一年内行使，逾期则该权利消灭。同时，权利以明示或默示方式放弃变更权或撤销权的，自放弃之日起权利消灭。

3.效力待定的民事行为

效力待定的民事行为，是指已经成立，但效力尚处未确定，需由第三人来确定的民事行为。如果有形成权的第三人表示追认，则该民事行为即发生法律效力，成为民事法律行为；如果有形成权的第三人未予追认或者拒绝追认，则为无效的民事行为。根据我国《民法通则》和《合同法》的规定，效力待定的民事行为主要有以下几种：

(1)行为能力欠缺的民事行为，是指限制民事行为能力人超越其行为能力范围而实施的民事行为。自然人实施民事法律行为，需要具备相应的民事行为能力，如果超越行为能力范围而为，则其效力需要等待其法定代理人追认。

(2)无处分权的民事行为。这是指无处分权人以自己的名义对他人的权利标的进行处分的民事行为。这类行为一般为无效的民事行为，但经权利人追认或者事后取得处分权的，则该行为有效，且效力溯及处分之时。

(3)无代理权的民事行为。这是指行为人没有代理权、超越代理权或者代理权终止后以被代理人名义实施的民事行为。行为人在代理权限范围内以被代理人名义从事的民事法律行为，对被代理人产生法律效力，但无权代理仍以被代理人名义实施民事行为，对被代理人没有效力。但如果被代理人予以追认的，则对被代理人发生效力。在被代理人追认与否认之前，该民事行为的效力处于不确定状态。

(4)债务承担的民事行为。这是由第三人代替债务人向债权人承担清偿债务的民事行为。由于债务承担行为实质上更换债务人，而新债务人的偿债能力直接影响到债权人权利的实现，所以需要取得债权人的同意。在债权人表示同意之前，债务承担行为的效力同样处于不确定状态。

效力待定民事行为的相对人享有催告权和撤销权。催告权是指相对人将效力待定事由告知追认权人，催促其在法定或者合理期限内予以追认的权利。根据《合同法》的规定，相对人可以催促追认权人在一个月内予以追认，追认权人于此期间未作表示的，视为拒绝追认，该民事行为不发生法律效力。撤销权是指在效力待定的民事行为被追认之前，善意相对人可以撤销其意思表示的权利。善意相对人撤销权的行使，既可以向追认权人行使，也可以向行为人行使。善意相对人撤销其意思表示后，该民事行为自始无效。

(二)民事法律行为

民事法律行为，是指民事主体为设立、变更和终止民事利权和民事义务而实施的合法行为。民事法律行为的生效要件主要包括以下四个方面：

1.行为人具有相应的民事行为能力

对于自然人而言，完全民事行为能力人可以依法独立进行任何民事活动；限制民事行为能力人只能进行与其年龄和智力相适应的民事活动，其他活动由其法定代理人代为行使或者在征得法定代理人同意后方可行使；无民事行为能力人，原则上不得从事任何民事活动，其行为只能由其法定代理人代理。需要注意的是，限制民事行为能力人和无民事行为能力人接受奖励、赠与等纯获利益的行为，不能因其行为能力有缺陷而受到影响。对于法人和其他组织而言，要求其所为的民事法律行为不得违反法律的禁止性规范。如果法人或其法定代表人、其他组织或其负责人实施的超越其经营范围的行为，在相对人善意的情况下，则仍然有效。

2.意思表示真实

这种真实的意思表示包含两层含义：一是行为人的意思表示是自愿作出的，任何组织或个人均不得强迫行为人为或不为一定的民事法律行为；二是行为人的意思表示必须是真实的，是其内心主观意思的真实表现。因认识错误、误解或受欺诈所作出的行为，由于其效果意思与表示意思不一致，则会导致无效或撤销的后果。

3.不违反法律或社会公共利益

其一，民事法律行为的标的合法，即意思表示的内容要合法，不能违反法律的规定，也不能与善良风俗和公共秩序等社会公共利益相违背。其二，民事法律行为的形式要符合法律规定或当事人约定的要求。如果法律规定或当事人约定有特殊要求的，则当该要求满足时，民事法律行为方能生效。

4. 必须符合法定的形式

一般情况下，民事法律行为属于不要式行为，成立时具有法律效力，但是法律、行政法规规定必须以书面形式签订的，应当办理批准、登记等手续生效的，或者当事人约定生效条件的，则需要订立书面形式或履行完规定的手续或约定生效条件成就后方能生效。

（三）二者的区别

民事法律行为是合法的民事行为，而民事行为包括民事法律行为，也包括无效民事行为和可变更、可撤销民事行为。

民事法律行为能够产生行为人所预期的法律后果，而民事行为中无效民事行为和可撤销、可变更民事行为则不能产生行为人所预期的法律后果。

（四）附条件与附期限的民事法律行为

1. 附条件的民事法律行为

附条件的民事法律行为，是指当事人约定的、以某一条件的成就与否来决定其效力的产生或消灭的民事法律行为。例如，甲、乙双方签订房屋买卖合同，在合同中约定，当甲买到新房子后，该合同正式生效。这就是一个附条件的民事法律行为，房子买卖合同能否生效取决于甲能否买到新房子。如果买到了，则合同生效；如果没买到，则合同不发生法律效力。附条件的民事法律行为在符合所附条件时生效或者失效，但是，当事人为自己的利益不正当地阻止条件成就的，视为条件已成就；不正当地促成条件成就的，视为条件不成就。

2. 附期限的民事法律行为

附期限的民事法律行为，是指当事人约定以某一时间的到来作为决定其效力产生或消灭的民事法律行为。例如，甲、乙双方签订房屋租赁合同，在合同中约定，甲自合同签订之日起三十天后将房屋交付给乙方使用。这就是一个附期限的民事法律行为，在三十天到来之前，租赁合同并不生效；待三十天到来后，租赁合同正式生效。附期限的民事法律行为，在所附期限到来时生效或者解除。

3. 附条件和附期限的民事法律行为的区别

附条件的民事法律行为与附期限的民事法律行为的区别主要体现在条件与期限的区别上。附条件的民事法律行为中的“条件”是一个偶然性的事实，能否成就处于不确定当中；而附期限的民事法律行为中的“期限”是确定要到来的必然性事实。

四、代理

（一）代理的概念

代理，是指代理人在代理权限内，以被代理人的名义与第三人实施法律行为，由此产生的法律后果直接由被代理人承担的一种法律行为。代理具有以下特征：

(1)代理人以被代理人名义实施法律行为。代理人以自己的名义代替他人实施的法律行为，如行纪、寄售等不属于代理。

(2)代理人直接向第三人进行意思表示。只有第三人加入，才能形成代理行为。

(3)代理应在代理权限内进行。越权代理，一般被代理人不承担法律责任。

(4)由被代理人承担法律后果。代理人在其代理权限内依法进行的代理行为，均由被代理人享有权利和承担责任。

代理适用于民事主体之间设立、变更或终止权利义务的法律行为。但是，依照国家法律规定或行为性质必须由本人亲自进行的行为，则不能代理，如遗嘱、婚姻登记、收养子女、演出、约稿等。违法行为也不得适用代理。此外，根据法律规定，只有某些民事主体才能代理的行为，他人不得代理，如代理发售证券等。

(二)代理的种类

代理可分为法定代理、指定代理和委托代理。

法定代理，是指基于法律的直接规定而发生的代理，通常适用于被代理人是无行为能力人、限制行为能力人的情况，如法定监护人等。

指定代理，是指基于人民法院和有关单位的指定而发生的代理。一般适用于被代理人既无法定代理人，又无委托代理人而又有特定事项需要代理人代理的情况，如指定律师等。

委托代理，是指基于被代理人的委托而产生的代理。被代理人的委托可以基于授权行为发生，也可依据合伙关系、职务关系等发生。委托代理中的授权行为一般以代理证书(授权委托书)的形式表现。授权委托书授权不明的，被代理人应当对第三人承担民事责任，代理人负连带责任。

(三)代理权的行使

代理人行使代理权必须符合被代理人的利益，不得利用代理权为自己牟取私利。

代理人不得滥用代理权。滥用代理权的行为，视为无效代理。代理人滥用代理权给被代理人及他人造成损害的，必须承担相应的赔偿责任。滥用代理权的行为一般有三种：一是代理他人与自己进行民事活动；二是代理双方当事人进行同一民事行为；三是代理人与第三人恶意串通，损害被代理人的利益。

【观念应用 1-13】A 商场经理派采购员王某采购 100 台电暖气片，单价在 200 元以内。王某便以 A 商场的名义与 B 电器厂签订了单价为 199 元、数量为 99 台的电暖气片买卖合同。B 电器厂按期供货，商场经理以价位高为由拒绝收货。试分析：

(1)商场经理能否拒绝收货？为什么？

(2)若 B 电器厂同时委托王某代为推销该厂的电风扇，则商场经理能否拒绝收货？为什么？

(3)若B电器厂是王某个人投资设立的，则商场经理能否拒绝收货？为什么？

【观念解析】

(1)不能拒绝收货。代理人在代理权限内以被代理人的名义与善意第三人所发生的行为后果，由被代理人承受。

(2)可以拒绝收货。在这一买卖关系中，李某同时代理A、B进行同一民事行为，属于滥用代理权，代理行为无效。

(3)可以拒绝收货。代理人在代理权限内与自己进行的法律行为，属于滥用代理权，代理行为无效。

(四)无权代理

无权代理，是指没有代理权而以他人名义进行的民事行为。其包括三种情况：一是没有代理权的代理；二是超越代理权的代理；三是代理权终止后进行的代理。

在无权代理的情况下，如果经过被代理人追认或者被代理人知道他人以本人名义实施民事行为而不作否认表示的，那么无权代理后果由被代理人承担。否则，应由行为人自己承担民事责任。

【观念应用1-14】A建筑公司委托退休的高级工程师赵某到外地采购一批钢材，每吨在1300元以内即可，质量为一级。赵某来到A市，便以A公司的名义与物资公司签订了每吨1250元的钢材合同。他发现当地水泥便宜，便又与物资公司签订了100吨水泥的购销合同。试分析：

(1)赵某的代理行为是否有效？为什么？

(2)若建筑公司经理认为水泥合同签订得很及时，则应该怎么做？

【观念解析】

(1)签订钢材合同的代理行为有效。签订水泥的合同因超越代理权，属于效力待定行为。若A公司认可并追认，则该合同对A公司有效。否则，后果由赵某自负。

(2)A公司可以追认赵某采购水泥的代理权。

(五)表见代理

表见代理，是指行为人虽然没有代理权，但善意第三人客观上有充分理由相信行为人具有代理权，而与其进行民事法律行为，该行为的后果由被代理人承担。《合同法》第四十九条规定："行为人没有代理权、超越代理权或者代理权终止后以被代理人名义订立合同，相对人有理由相信行为人有代理权的，该代理行为有效。"

表见代理是广义上的无权代理。表见代理的情形包括：

(1)被代理人对第三人表示已将代理权授予他人,而实际并未授权。

(2)被代理人将某种有代理权的证明文件(如盖有公章的空白介绍信、空白合同文本、合同专用章等)交给他人,他人以该种文件使第三人相信其有代理权并与之进行法律行为。

(3)代理授权不明。

(4)代理人违反被代理人的意思超越代理权,第三人无过失地相信其有代理权而与之进行法律行为。

(5)代理关系终止后未采取必要的措施而使第三人仍然相信行为人有代理权,并与之进行法律行为。

客观上有使相对人相信无权代理人具有代理权的情形,在实践中通常表现为:

(1)合同签订人持有被代理人的介绍信或盖有印章的空白合同书,使得相对人相信其有代理权。

(2)无权代理人此前曾被授予代理权且代理期限尚未结束,但实施代理行为时,代理权已经终止。

(3)被代理人对第三人表示已将代理权授予他人,而实际并未授权。

任务三　法律责任

任务导入

刘明与王刚对于"法律责任"的概念理解产生了歧义。刘明认为,法律责任是不行使法律权利的一种后果;王刚则认为,法律责任是不履行法律义务的一种后果。请分析刘明与王刚的说法是否正确。

一、法律责任、违法行为与法律制裁

法律责任,是指法律关系主体由于违法行为、违约行为或者由于法律规定而应承受的某种不利的法律后果,即经济法主体在违反经济义务时应当承担的法律后果。

违法行为,是指一切违反现行法律要求的或超出现行法律所允许范围的危害社会的活动。对违法的理解也有广义和狭义之分。广义的违法包括一般违法和犯罪;狭义的违法是指违反刑法、构成犯罪之外的一般违法行为。

法律制裁是由特定国家机关对违法者依其所应负的法律责任而实施的强制性惩罚措施,是承担法律责任的重要方式。法律制裁与法律责任有着密切的联系。法律责任是前提,法律制裁是结果或体现。法律制裁的目的,是强制责任主体承担否定的法律后果,惩罚违法者,恢复被侵害的权利和法律秩序。法律制裁与法律责任又有明显的区别,有法律责任不等于受法律制裁。当责任人主动履行了其应承担的法律责任时,就不存在法律制裁,只有由特定国家机关凭借国家强制力追究违法者的法律责任时,才称为"法律制裁"。

违法行为、法律责任、法律制裁三者中,违法行为是首要因素,它是法律责任和法律制裁的原因和前提。

二、违法的构成要素

违法行为由主体、客体、主观方面、客观方面四个要素构成,这些要素也是法律责任、法律制裁的构成要素。

(一)违法主体

违法主体,是指实施了违法行为、侵犯了法律所保护的客体的人(包括自然人和其他法律主体)。按照法律规定,只有达到法定责任年龄、具有责任能力的人,才能构成违法主体。反过来说,未达到法律责任年龄的幼儿、少年以及不能理解和控制自己行为、缺乏责任能力的精神病患者,都不能构成违法主体;那些缺乏应有的财产责任能力的分支机构也难以作为违法主体。

(二)违法的主观方面

违法的主观方面,是指实施违法行为的主体主观上必须有过错。过错包括故意和过失。故意,是指明知自己的行为会发生危害社会的后果,但却希望或者放任这种结果发生。过失,是指应当预见自己的行为可能发生危害社会的后果,因为疏忽大意而没有预见或者已经有所预见而轻信能够避免,以致发生危害社会的结果。

行为人主观上无过错,即便在客观上有不符合法律要求造成损害后果的行为,也不能认定为违法。如由于不可抗力而为的行为,正当防卫、紧急避险、意外事件等行为,都不构成违法。

(三)违法的客观方面

违法的客观方面,是指必须是具有一定社会危害性的违反现行法律规定的行为,而且违法行为和危害后果之间具有因果联系,包括作为和不作为。

(四)违法客体

违法客体,是指为我国法律所保护而为违法行为所侵害的社会关系。任何违法行为都必须有被侵害了的客体。

三、法律责任的种类

经济法律责任具有综合性,它是由不同性质的多种责任形式构成的统一体。承担经济法律责任的形式包括:民事责任、行政责任和刑事责任。

(一)民事责任

民事责任,是指经济法主体违反经济法律、法规,给对方造成损害时依法应承担的民事法律后果。承担民事责任的方式主要有:停止侵害;排除妨碍;消除危险;返还财产;恢复原状;修理、重做和更换;赔偿损失;支付违约金;消除影响以及恢复名誉等。

(二)行政责任

行政责任,是指经济法主体违反经济法律、法规应承担的行政法律后果,包括行政处罚和行政处分。行政处罚的种类有:警告;罚款;没收违法所得;没收非法财物;责令停产、停业;暂扣或者吊销许可证;暂扣或者吊销执照;行政拘留以及法律、行政法规规定的其他行政处罚。行政处分的种类有:警告、记过、记大过、降职、留用察看、开除等。

(三)刑事责任

刑事责任,是指经济法主体违反经济法律、法规构成犯罪依法应承担的刑事法律后果,即刑罚。刑罚分为主刑和附加刑。主刑包括:管制(3 个月以上 2 年以下);拘役(1 个月以上 6 个月以下);有期徒刑(6 个月以上 15 年以下)、无期徒刑和死刑。附加刑包括:罚金;没收财产;剥夺政治权利;驱逐出境(强迫犯罪的外国人离开中国境内的刑罚)。附加刑可以附加于主刑之后作为主刑的补充,同主刑一起适用,也可以独立适用。单位犯罪的,将对单位判处罚金,并对直接负责的主管人员和其他直接责任人员判处刑罚。

复习思考题

1. 简述法的本质与特征。
2. 简述法律关系的构成要素。
3. 简述民事法律行为生效的要件。
4. 简述经济法律责任。

技能自测

一、单项选择题

1. 无民事行为能力人包括(　　)

A. 不满 10 周岁的未成年人　　B. 不满 16 周岁的未成年人

C. 不满 18 周岁的未成年人　　D. 不能完全辨认自己行为的精神病人

2. 下列具有法人资格的是(　　)

A. 合伙企业　　B. 某股份公司的销售部

C. 个体工商户　　D. 有限责任公司

3. 下列关于法人民事行为能力的描述不正确的是(　　)

A. 法人的民事行为能力与民事权利能力同时发生

B. 法人的民事行为能力与民事权利能力在范围上不一致

C. 法人的民事行为能力只能由其机关来实现

D. 法人的民事行为能力和民事权利能力同时开始,同时终止

4. 本人知道他人以本人的名义实施民事行为而不作否认表示的,视为(　　)

A. 不同意代理　　B. 同意代理　　C. 放弃追认权　　D. 以上说法都不对

5. 下列各项中属于事件的有(　　)

A. 签订合同　　B. 地震　　C. 发行股票　　D. 商品买卖

6. 经济法律关系的内容是(　　)

A. 经济权利和经济义务　　B. 非物质财富

C. 物　　D. 经济组织

7. 行政法规是由(　　)制定

A. 国务院各部委　　B. 国务院

C. 全国人民代表大会　　D. 地方人民政府

8. 罚款属于(　　)

A. 民事责任　　B. 刑事责任　　C. 行政处分　　D. 行政处罚

二、多项选择题

1. 法人应当具备的条件有(　　)

A. 依法成立　　B. 有必要的从业人员

C. 有自己的名称、组织机构和场所　　D. 能够独立承担民事责任

2. 下列行为中,属于滥用代理权的有(　　)

A. 代理他人与自己进行民事活动　　B. 代理双方当事人进行同一民事行为

C. 越权代理　　D. 无权代理

3. 下列各项中,哪些属于经济法的表现形式?

A. 宪法　　B. 法律　　C. 地方性法规　　D. 行政法规

4. 下列选项中,属于经济法律关系主体的权利是(　　)

A. 经济职权　　B. 债权　　C. 知识产权　　D. 所有权

5. 下列选项中,可以作为经济法律关系主体的是(　　)

A. 某股份有限公司　　B. 中国银行

C. 消费者　　D. 某律师事务所

6. 下列选项中,属于经济法律事实的有(　　)

A. 某公司因战争导致合同无法履行　　B. 某企业因台风导致供货日期推迟

C. 某商场大量抛售伪劣商品　　D. 某企业严重拖欠农民工工资

7. 经济法律关系的构成要素有(　　)

A. 主体　　B. 客体　　C. 内容　　D. 法律事实

8. 下列可以作为经济法律关系客体的有(　　)

A. 阳光　　B. 嘉奖、表彰　　C. 专有技术　　D. 商品

三、辨析题

1. 我国民法的调整对象是调整所有的财产关系和人身关系。

2. 公民的民事行为能力始于出生，终于死亡。

3. 无民事行为能力人、限制行为能力人接受奖励、赠与，他人不得以行为人无民事行为能力、限制民事行为能力为由，主张上述行为无效。

4. 因委托人授权不明确，所以受托人的行为后果只能由委托人承担。

5. 代理人在代理权限内，以被代理人的名义实施的民事行为受法律保护。

6. 经济组织的内部机构，不具备法人资格，不能成为经济法律关系的主体。

7. 最高法院对法律的解释也是经济法的形式之一。

观念应用

1. 小张年满 17 周岁，初中毕业后在 A 厂务工，月收入 600 元。为增加收入，业余时间小张开始学做生意，并向其同事借现金 5000 元。事后，生意做砸了，无法还款，其同事便找小张父母追要。试分析：小张父母是否应替小张还款，并说明理由。

2. 张某是 ABC 公司销售部连任三届的经理。2012 年 10 月 8 日，他到外地洽谈业务，随身携带盖有本公司合同专用章的空白合同书若干和自己的任职证书。10 月 11 日，ABC 公司召开董事会，罢免了张某销售部经理一职，并当即电话通知张某返回，并告知其人事变动一事，但并未发布公告或通知老客户。张某得知后十分气愤，迟迟不归，并于 10 月 12 日至 10 月 16 日以低于成本 40%的价格签订了 9 份产品销售合同。ABC 公司得知此事后，以张某无代理权为由拒不接受合同。试分析：ABC 公司的主张有无法律依据，并说明理由。

实训操作

1. 实地调查本校一年级学生的年龄和身体状况，分析他们的民事行为能力及其所产生的法律后果，统计并绘制报表。

2. 以班级为单位，分成若干小组，调查校园代理的种类及其效力，尝试分析代理的法律关系，以小组为单位形成实训报告。

模块二
市场主体法

◈知识目标

掌握市场主体的类型、法律特征、设立条件与程序、合并与分离、解散和清算等相关法律规范；掌握公司资本的组成方式、内部组织机构及职责；了解公司发行股票和债券的条件及转让要求；掌握合伙企业的财产性质、事务管理规定与责任分担方式；了解违反市场主体法所应当承担的相关法律责任。

◈技能目标

能够运用所学知识，掌握各种类型企业的特征、设立要求、企业事务管理与执行、债务处理等规范，树立个人投资的责任与风险意识。为从事公司法律事务奠定理论基础。能够从实际出发，选择申请创办合适的企业形式；学会运用所学知识指导就业或创业过程中遇到的法律问题。

◈素质目标

能清晰地认识到市场主体法是保障和明确市场主体的法律地位，权利义务，法律责任及其设立、变更和终止的法律规范。认识到只有规范市场主体行为、依法经营，才能实现公平竞争，维持正常的市场经济秩序。

◈任务分项

任务一　个人独资企业法

了解个人独资企业的概念和特征；了解投资人的责任承担、权利义务；掌握个人独资企业的设立条件及事务管理；能按法定程序模拟办理个人独资企业的设立事宜及起草相关文件。

任务二　合伙企业法

了解合伙企业的概念和特征；了解合伙人的责任承担、权利义务；掌握合伙企业、个人独资企业的设立条件及事务管理。能按法定程序模拟办理合伙企业的设立事宜；能根据本法规定分析合伙企业对外债务承担的相关案例。

任务三　公司法

了解公司的概念及种类、公司财务与会计制度；理解公司的基本特征、基本制度；掌握有限责任公司和股份有限公司的设立、组织机构及运作过程的相关法律制度。能运用《公司法》的知识，分析解决公司运作过程中的实际问题；能按法定程序模拟申请设立、组建公司。

任务一　个人独资企业法

◈任务导入

张某以夫妻共有的5间门面房作为出资设立个人独资企业。3年后，该企业经营不善，欠李某货款60万元无力偿还，张某的妻子用个人账户买卖股票获利100万元，李某得知此情况后要求张某用妻子炒股获利来偿还借款。试分析李某要求张某用妻子炒股所获收益偿还企业债务是否有法律依据。

一、个人独资企业概述

个人独资企业是一种很古老的企业形式，我国早在明末清初时就已经有具备这种形式雏形的手工作坊出现。作为私营企业的其中一种组织形式，至今仍广泛运用于商业经营中，其典型特征是个人出资、个人经营、个人自负盈亏和自担风险。

（一）个人独资企业的概念和特征

个人独资企业，是指依照《中华人民共和国个人独资企业法》(以下称《个人独资企业法》)在中国境内设立的由一个自然人投资，财产为投资人个人所有，投资人以其个人财产对企业债务承担无限责任的经营实体。

根据"个人独资企业"的概念，可以概括出个人独资企业有如下法律特征：

1.投资人为一个自然人且只能是中国公民

根据《个人独资企业法》的规定，设立个人独资企业的只能是一个自然人，国家机关、国家授权投资的机构或者国家授权的部门、企业、事业单位等都不能作为个人独资企业的设立人。这里的自然人是指中国公民。

2.投资人以个人全部财产对企业的债务承担无限责任

当企业的资产不足以清偿到期债务时，投资人应以个人全部财产用于清偿。如果投资人是以家庭共有财产作为个人出资的，则应当依法以家庭共有财产对企业债务承担无限责任。

3.企业的财产为投资人个人所拥有，内部机构设置简单

投资人对本企业的财产依法享有所有权，其权利可以依法被继承和转让，个人独资企业的投资人同时是企业的所有者和经营者。因此，经营管理方式较为灵活，投资人可以自己决定内部的机构设置和生产经营。

4.个人独资企业是非法人企业

个人独资企业不具有法人资格，也无独立承担法律责任的能力，但却是独立的民事主体，可以以自己的名义对外进行相应的民事活动。

(二)个人独资企业法

从广义的角度来说，个人独资企业法是指国家在确认个人独资企业的法律地位，调整个人独资企业生产经营活动的各种法律规范的总称；狭义的个人独资企业法，是指1999年8月30日第九届全国人民代表大会常务委员会第11次会议通过，自2000年1月1日起施行的《中华人民共和国个人独资企业法》。

二、个人独资企业的设立

(一)设立条件

根据《个人独资企业法》的规定，设立个人独资企业应当具备下列条件：

1.投资人为一个具有中国国籍的自然人

投资人为不包括法律、行政法规禁止从事营利性活动的人。由于个人投资企业的投资人对企业债务承担无限责任，所以应由具有完全民事行为能力的自然人担任。

2.有合法的企业名称

个人独资企业的名称应当符合法律的规定，不能使用“有限”、“有限责任”或者“公司”这些与企业的责任形式和经营范围不相一致的字样。

3.有投资人申报的出资

设立个人独资企业可以用货币作为出资，也可以用实物、土地使用权、知识产权或者其他财产权利出资，但不可以劳务形式出资。对于投资人申报的出资额无最低数额的规定，但应当与企业的生产经营规模相适应。投资人申请企业设立登记时明确注明以家庭共有财产作为个人出资的，应当依法以家庭共有财产对企业的债务承担无限责任。

4.有固定的生产经营场所和必要的生产经营条件

5.有必要的从业人员

【观念应用2-1】根据《个人独资企业法》的规定，下列哪些人员，可以投资设立个人独资企业(　　)

A.派出所民警　　B.下岗工人　　C.人民法院法官　　D.大学教师

【观念解析】B、D可以投资设立个人独资企业。根据我国有关法律、行政法规规定，禁止从事营利性活动的人包括国家公务员、党政机关领导干部、警官、法官、检察官、商业银行工作人员等，不得作为投资人申请设立个人独资企业。

(二)设立程序

1.提出申请

设立个人独资企业,应当由投资人或其代理人向个人独资企业所在地的登记机关提出设立申请,并提交下列文件:

(1)设立申请书。申请书应当载明:企业的名称和住所、投资人的姓名和住所、投资人的出资方式和出资额、企业经营范围及方式、以个人财产出资还是以其家庭共有财产作为个人出资等内容。

(2)各种证明材料。投资人身份证明、企业住所证明等有关证明材料。

(3)由委托代理人申请设立登记的,应提交委托书和代理人的身份证明或者资格证明等文件。

(4)国家工商行政管理局规定提交的其他文件。

2.工商登记

登记机关应在收到投资人设立申请文件之日起十五日内,对符合《个人独资企业法》规定条件的予以登记,颁发营业执照;对不符合规定条件的,不予登记,并发给企业登记驳回通知书。个人独资企业成立日期就是营业执照的签发日期。

3.分支机构登记

个人独资企业设立分支机构,应当由投资人或者其委托的代理人向分支机构所在地的登记机关提出设立申请,登记机关应在收到投资人设立申请文件之日起十五日内,作出核准登记或不予登记的决定,分支机构经核准登记后,应将登记情况报个人独资企业的原登记机关备案。分支机构的民事责任由设立该分支机构的个人独资企业承担。

三、个人独资企业的财产及事务管理

(一)企业财产

根据《个人独资企业法》的规定,个人独资企业的财产不论是投资人的出资还是企业营业所得,均归投资人所有,投资人对企业财产依法享有所有权。

(二)事务管理

个人独资企业投资人可以自行管理企业事务,也可以委托或者聘用其他具有民事行为能力的人管理企业事务,但应与受委托或者被聘用的人签订书面合同,明确委托的具体内容和授权范围。投资人对受托人或被聘用的人员职权的限制,不得对抗善意的第三人。

《个人独资企业法》还对受托人和被聘用管理个人独资企业事务的人员作出下列限制性规定:

(1)不得利用职务上的便利,索取或者收受贿赂;

(2)不得利用职务或者工作上的便利侵占企业财产；

(3)不得挪用企业的资金归个人使用或者借贷给他人；

(4)不得擅自将企业资金以个人名义或者以他人名义开立账户储存；

(5)不得擅自以企业财产提供担保；

(6)未经投资人同意，不得从事与本企业相竞争的业务；

(7)未经投资人同意，不得同本企业订立合同或者进行交易；

(8)未经投资人同意，不得擅自将企业商标或者其他知识产权转让给他人使用；

(9)不得泄露本企业的商业秘密；

(10)法律、行政法规禁止的其他行为。

【观念应用 2-2】个人独资企业投资人王某聘用李某管理企业事务，并在聘用合同中规定李某对外签订金额大于100万元的合同必须经过王某的同意。李某在任职后，与某纸品公司签订一单标的额为150万元的采购合同，李某未告知纸品公司其对外签订合同金额受限的情况，也并未征得王某的同意，试分析该合同是否有效。

【观念解析】王某不能以李某未征得其同意，以擅自超越聘用合同所赋职权的限制为由，对抗善意的第三人纸品公司，因此，合同的效力不受影响。

四、个人独资企业的解散和清算

(一)解散

个人独资企业终止活动，使其民事主体资格归于消灭的行为即为解散。有下列情形之一时，个人独资企业应当解散：投资人决定解散；投资人死亡或被宣告死亡，无继承人或继承人放弃继承；被依法吊销营业执照；法律、行政法规规定的其他情形。

(二)清算

个人独资企业解散时，应当依法进行清算，清算可由投资人自行进行，也可由个人独资企业的债权人申请人民法院指定清算人进行清算。

1.债权人申报债权

根据《个人独资企业法》的规定，投资人自行清算的，应当在清算前十五日内书面通知债权人；无法通知的，应当予以公告，债权人在接到通知之日起三十日内，未接到通知的在公告之日起六十日内，向投资人申报债权。

2.财产清偿的顺序

个人独资企业解散的，财产应当按照下列顺序清偿：

(1)所欠职工工资和社会保险费用；

(2)所欠税款；

(3)其他债务。

当个人独资企业财产不足以清偿债务时，投资人应当以其个人的其他财产予以清偿。个人独资企业在清算期间，不得开展与清算无关的经营活动，不得转移和隐匿财产。

3.持续清偿责任

根据《个人独资企业法》的规定，企业解散后，原投资人对个人独资企业存续期间的债务仍应承担偿还责任，但债权人在五年内未向债务人提出偿债请求的，该责任消灭。

4.注销

清算结束后，个人独资企业的投资人或受人民法院指定的清算人应当编制清算报告，并于十五日内到原登记机关去办理注销登记，并交回营业执照。

任务二　合伙企业法

任务导入

赵某、李某、方某3人拟共同出资设立1个普通合伙企业，3人订立了1份合伙协议，部分内容如下：赵某现金出资5万元；李某现金出资5万元和劳务作价1万元，现金出资于合伙企业成立后半年内缴付；方某以一间价值10万元的厂房作价出资，但方某保留对该厂房的处分权，不办理财产权转移手续；合伙企业的经营期限暂不确定，于合伙企业成立满1年时再协商确定。试分析该协议的上述内容是否符合《合伙企业法》的规定。

一、合伙企业法律制度概述

(一)合伙企业的概念及分类

根据《合伙企业法》的规定，合伙企业是指在中国境内依法设立，由两个以上的自然人、法人和其他组织，在合伙协议的基础上共同出资、共同经营、共享收益、共担风险的企业组织形式。

合伙企业包括普通合伙企业和有限合伙企业两种类型。普通合伙企业由普通合伙人组成，全体合伙人对合伙企业债务承担无限连带责任。有限合伙企业由普通合伙人和有限合伙人共同组成，普通合伙人对合伙企业债务承担无限连带责任，有限合伙人以其认缴的出资额为限对合伙企业债务承担责任。

(二)合伙企业的法律特征

1.合伙企业是非法人企业

合伙企业不具有法人最基本的特征，不能独立对外承担法律责任。而在合伙企业中，普通合伙人对合伙企业债务承担无限连带责任。

2.以合伙协议为法律基础

合伙协议，是指由各合伙人通过协商一致确定的、决定相互间的权利义务等事项的、具有法律约束力的书面协议。

3.合伙人共同出资、共同经营、共享收益、共担风险

合伙企业的财产由全体合伙人共同出资而来，这也就决定全体合伙人均享有平等的参与执行企业事务的权利，也决定了企业的收益和风险由全体合伙人共享共担，但在有限合伙中，这一情况有所差别。

4.至少有一个以上的合伙人承担无限连带责任

无限连带责任，包括两个方面的含义：连带责任是指不管合伙协议如何规定，所有的合伙人对合伙企业的债务都有偿还责任，但是，当某一合伙人偿还合伙企业的债务超过自己所应承担的数额时，有权向其他合伙人追偿。无限责任则是指合伙人要以其所有的财产对债权人承担清偿责任。无论是普通合伙企业还是有限合伙企业，都至少得有一个以上承担无限连带责任的合伙人。

（三）合伙企业法

广义的合伙企业法是指调整与合伙企业相关的各种社会关系的法律规范的总称。《中华人民共和国合伙企业法》由第八届全国人民代表大会常务委员会第24次会议于1997年2月23日通过，第十届全国人民代表大会常务委员会第23次会议于2006年8月27日修订。

二、普通合伙企业

（一）普通合伙企业的设立

1.设立条件

设立普通合伙企业，应当具备下列条件。

(1)有两个以上合伙人。根据《合伙企业法》规定，合伙人可以为自然人、法人和其他组织。合伙人为自然人的，应当具有完全民事行为能力。国有独资公司、国有企业、上市公司以及公益性的事业单位、社会团体不得成为普通合伙人。

(2)有书面合伙协议。合伙协议应当载明下列事项：合伙企业的名称和主要经营场所；合伙人的姓名或者名称、住所；合伙的目的和经营范围；合伙人的出资额、出资方式和缴付期限；利润分配和亏损承担方式；合伙企业事务的执行；入伙与退伙；争议的解决办法；合伙企业的解散与清算；违约责任等。合伙协议经全体合伙人签名、盖章后生效。

(3)有合伙人认缴或者实际缴付的出资。合伙人可以用货币、实物、知识产权、土地使用权或其他财产权利出资，也可以用劳务出资。合伙人以实物、知识产权、土地使用权或者其他财产权利出资，需要评估作价的，可以由全体合伙人协商确定，也可以由全体合伙人委托法定评估机构评估。合伙人以劳务出资的，其评估办法由全体合伙人协商确定，并在合伙协议中载明。合伙人应当按照合伙协议约定的出资方式、数额和缴付期限履行出资义务。以非货币财产出资的，依照法律、行政法规的规定，需要办理财产权转移手续的，应当依法办理。

(4)有合伙企业的名称和生产经营场所。普通合伙企业应当在其名称中标明“普通合伙”字样，不能有“有限”和“有限责任”字样。

(5)法律、行政法规规定的其他条件。

2.设立登记

符合上述条件要求的，可以依法向企业登记机关申请设立普通合伙企业，需要提交的文件包括设立申请书、合伙协议、全体合伙人的身份证明等文件，法律、行政法规规定设立合伙企业须经批准的，还应当提交有关批准文件。企业登记机关自收到申请登记文件之日起三十日内，作出是否登记的决定。合伙企业的营业执照签发日期，就是合伙企业的成立日期。

(二)合伙企业财产

1.财产的构成和性质

根据《合伙企业法》的规定，合伙企业的财产由三大部分构成：全体合伙人所认缴的出资；以合伙企业的名义所取得的收益；合伙企业根据法律、行政法规的规定合法取得的其他财产。

由于合伙企业不具备法人资格，不能形成统一的法人财产所有权，所以合伙企业财产由全体合伙人共同管理使用，具有共有财产的性质。除非有合伙人退伙等法定事由的发生，否则合伙人在合伙企业清算前，不得请求分割合伙企业的财产。

2.财产份额的转让

合伙企业的合伙人向他人转让其在合伙企业中的全部或者部分财产份额的行为被称为财产份额的转让。财产份额的转让有内部转让和外部转让两种形式。

(1)内部转让，即在合伙人之间转让财产份额，是指合伙人将其在合伙企业中的全部或部分财产份额转让给其他合伙人。由于内部转让不涉及合伙人以外的其他人，所以无需经过其他合伙人的同意，只需通知其他合伙人即可。

(2)外部转让，是指合伙人把其在合伙企业中的全部或者部分财产份额转让给合伙人以外的第三人的行为。由于外部转让涉及其他合伙人的共同利益，所以根据《合伙企业法》的规定，除合伙协议另有约定外，合伙人向合伙人以外的人转让其在合伙企业中的全部或者部分财产份额时，必须征得其他合伙人的一致同意。

(3)优先购买权，合伙人向合伙人以外的人转让其在合伙企业中的财产份额的，除非合伙协议另有约定，否则其他合伙人享有优先购买权，即其他合伙人享有基于同等受让条件可优先购买被转让的财产份额的权利。

合伙人以外的人依法受让合伙人在合伙企业中的财产份额的，在修改合伙协议后可以成为合伙企业的合伙人。

3.财产份额质押的限制

合伙人以其在合伙企业中的财产份额作为质押物来设立担保，必须经过其他合伙人一致同意；未经其他合伙人一致同意，其质押行为无效，由此给善意第三人造成损失的，由行为人依法承担赔偿责任。

（三）合伙企业事务执行

1.合伙事务的执行方式

合伙事务执行人是指对外代表合伙企业进行民事活动的人，在普通合伙企业中全体合伙人对于执行合伙事务都具有同等权利，但并不意味着每一个合伙人都必须执行合伙事务，合伙企业的事务执行可以有两种形式：

（1）全体合伙人共同为合伙事务执行人，直接参与经营，对外代表合伙企业处理合伙企业的事务，这种方式适用于合伙人数较少的情况。

（2）由一名或数名合伙人执行合伙事务，即按照合伙协议的约定或经全体合伙人决定委托一名或数名合伙人对外代表合伙企业执行合伙事务。根据《合伙企业法》的规定，委托一名或数名合伙人执行合伙事务的，其他合伙人不再执行合伙事务，但并非所有的合伙事务都可以委托给部分合伙人决定。除了合伙协议另有约定的，下列事项必须通过全体合伙人的一致同意：

①改变合伙企业的名称；

②改变合伙企业的经营范围、主要经营场所的地点；

③处分合伙企业的不动产；

④转让或者处分合伙企业的知识产权和其他财产权利；

⑤以合伙企业名义为他人提供担保；

⑥聘任合伙人以外的人担任合伙企业的经营管理人员。

2.合伙事务的执行规则

（1）合伙人无论出资多少，都平等地享有执行合伙企业事务的权利。执行合伙事务的合伙人对外代表合伙企业，不执行合伙事务的合伙人有权对其执行合伙事务的情况进行监督。

（2）依据《合伙企业法》的规定，合伙人分别执行合伙事务的，执行事务合伙人可以对其他合伙人执行的事务提出异议，提出异议时，应当暂停该项事务的执行。如果合伙人之间因此发生争议，则应当按照合伙协议约定的办法进行表决。

（3）竞业的绝对禁止和自我交易的相对禁止等限制性规定。

①竞业的绝对禁止。《合伙企业法》规定，合伙人不得自营或者和他人合作经营与本合伙企业相竞争的业务，以免损害合伙企业和其他合伙人的利益。

②自己交易的相对禁止。除合伙协议另有约定或者经全体合伙人一致同意外，合伙人不得同本合伙企业进行交易。

③特别限制。合伙人不得从事损害本合伙企业利益的活动。

3.合伙事务执行的决议

合伙企业的事务依法可以由全体合伙人执行，也可以由一名或数名合伙人代表全体合伙人执行，但合伙事务的决议只能由合伙人依法作出，而不得委托其他合伙人或合伙人以外的人进行。

《合伙企业法》规定，合伙人对合伙企业有关事务作出决议，按照合伙协议约定的表决方式办理。合伙协议未约定或者约定不明确的，实行合伙人一人一票并经全体合伙人过半数通过的表决办法办理。至于合伙协议中所约定的决议办法，由全体合伙人视所决议的事项而作出约定，可以是采取全体合伙人一致通过，也可以采取三分之二以上多数通过，或者采取其他办法。

4.合伙企业的利润分配和亏损的分担

合伙企业的利润分配、亏损分担，应当按照合伙协议的约定办理，但合伙协议不得约定将全部利润、全部亏损集中分配给部分合伙人；合伙协议未约定或者约定不明确的，由合伙人协商决定；协商不成的，由合伙人按照实际缴纳的出资比例分配、分担；无法确定出资比例的，由合伙人平均分配、分担。

（四）合伙企业的债务清偿

1.合伙企业的债务

合伙企业的债务，是指在合伙企业存续期间以企业名义所欠的一切债务。

2.合伙企业和合伙人的债务清偿

(1)合伙企业的债务清偿。《合伙企业法》规定，合伙企业对其债务，应先以其全部财产进行清偿。也就是说，在合伙企业存在自己的财产时，应先由合伙企业的财产来承担。

《合伙企业法》规定，合伙企业不能清偿到期债务的，合伙人承担无限连带责任。也就是说，债权人在债务到期后，不应立即向各合伙人承担其全部债务的清偿责任，而是要先以合伙企业的财产清偿，不足的部分，才可以向各合伙人承担无限连带责任。

各合伙人承担合伙企业的债务并不以其出资额为限，而是以其自有的所有可执行财产来清偿合伙企业的债务。债权人可以向合伙人中的任何一人或数人要求清偿全部债务，也可以按照自己确定的比例向各合伙人分别追索，被主张的合伙人不得拒绝，所清偿数额超过自己按合伙协议约定分担比例的合伙人，有权向其他合伙人追索。

(2)合伙人个人债务的清偿。在合伙企业存续期间，合伙人个人所负债务不应当影响其他合伙人的正当权益：

①合伙人发生与合伙企业无关的债务。相关债权人不得以该债权抵销其对合伙企业的债务，也不得代位行使合伙人在合伙企业中的权利。

②合伙人的自有财产不足清偿个人所负与合伙企业无关的债务的，该合伙人只能用其从合伙企业中分取的收益用于清偿；债权人也可以依法请求人民法院强制执行该合伙人在

合伙业中的财产份额用于清偿，其他合伙人对于该合伙人的财产份额有优先受让的权利。

（五）入伙与退伙

1.入伙

入伙，是指在合伙企业存续期间，合伙人以外的第三人加入合伙，并取得合伙人资格的法律行为。

（1）入伙条件。《合伙企业法》规定，新合伙人入伙，应当经全体合伙人一致同意，并依法订立书面入伙协议。订立入伙协议时，原合伙人应当向新合伙人如实告知原合伙企业的经营状况和财务状况。作为典型的人合公司，合伙人之间相互信任是企业存在的基础，因此，新的合伙人加入合伙必须征得其他合伙人的同意，但合伙协议另有约定的从其约定。

（2）入伙的法律后果。入伙的新合伙人在签订入伙协议后，即取得合伙人资格，与原合伙人享有同等权利，承担同等责任，但入伙协议中另有约定的除外。根据《合伙企业法》规定，新合伙人对入伙前合伙企业的债务承担无限连带责任。

2.退伙

退伙，是指合伙人在合伙企业存续期间退出合伙企业，从而丧失合伙人资格的法律行为。

（1）退伙的形式。退伙的原因一般有两种，自愿退伙和法定退伙。自愿退伙又分为协议退伙和通知退伙；法定退伙又分为当然退伙和除名。

①协议退伙。合伙协议约定合伙期限的，在合伙企业存续期间，有下列情形之一出现的，合伙人可以退伙：合伙协议约定的退伙事由出现；经全体合伙人一致同意；发生合伙人难以继续参加合伙的事由；其他合伙人严重违反合伙协议约定的义务。

②通知退伙。合伙协议未约定合伙期限的，合伙人在不给合伙企业事务执行造成不利影响的情况下可以单方面退伙，但应提前三十日通知其他合伙人。

③当然退伙。合伙人有下列情形之一的，当然退伙：作为合伙人的自然人死亡或者被依法宣告死亡的；个人丧失偿债能力的；作为合伙人的法人或者其他组织依法被吊销营业执照、责令关闭、撤销或者被宣告破产的；法律规定或者合伙协议约定合伙人必须具有相关资格而丧失该资格；合伙人在合伙企业中的全部财产份额被人民法院强制执行的。合伙人被依法认定为无民事行为能力人或者限制民事行为能力人的，经其他合伙人一致同意，可以依法转为有限合伙人，普通合伙企业依法转为有限合伙企业。未经其他合伙人一致同意的，该无民事行为能力或者限制民事行为能力的合伙人退伙。

④除名。有下列情形之一的，经其他合伙人一致同意，可以决议将该合伙人除名：未履行出资义务的；因故意或者重大过失给合伙企业造成损失的；执行合伙事务时有不正当行为的；发生合伙协议约定的事由的。对合伙人除名的决议应当书面通知被除名人。被除名人接到通知之日，除名生效。被除名人对除名决议有异议的，可以自接到除名通知之日起三十日内，向人民法院起诉。

(2)退伙的法律后果。根据《合伙企业法》的规定，退伙人对基于其退伙前的原因发生的合伙企业债务，承担无限连带责任。

①退伙结算。合伙人退伙，其他合伙人应当与该退伙人按照退伙时的合伙企业财产状况进行结算，退还退伙人的财产份额。退伙人对给合伙企业造成的损失负有赔偿责任的，相应扣减其应当赔偿的数额。退伙时有未了结的合伙企业事务的，待该事务了结后进行结算。

退伙人在合伙企业中财产份额的退还办法，由合伙协议约定或者由全体合伙人决定，可以退还货币，也可以退还实物。合伙人退伙时，合伙企业财产少于合伙企业债务的，退伙人应当依照合伙协议的约定或法律规定分担亏损。

②财产继承。合伙人死亡或者被依法宣告死亡的，该合伙人在合伙企业中的财产份额可以被依法继承，继承人按照合伙协议的约定或者经全体合伙人一致同意，从继承开始之日起，取得合伙人资格。有下列情形之一的，合伙企业应当向合伙人的继承人退还被继承合伙人的财产份额：继承人不愿意成为合伙人；法律规定或者合伙协议约定合伙人必须具有相关资格，而该继承人未取得该资格；合伙协议约定不能成为合伙人的其他情形。合伙人的继承人为无民事行为能力人或者限制民事行为能力人的，经全体合伙人一致同意，可以依法成为有限合伙人，该普通合伙企业依法转为有限合伙企业，若全体合伙人未能一致同意，则合伙企业退还该继承人应当继承的财产份额。

【观念应用 2-3】甲、乙、丙 3 人共同投资设立一家普通合伙企业，企业成立 1 年后，因经营不善欠债 70 万元，后丁经 3 人同意入伙，丁入伙后该合伙企业经营状况并未改善，债务增至 120 万元，后丁提出退伙，得到甲、乙、丙 3 人的同意，丁退出合伙，丁退伙后企业继续亏损。于是，甲、乙、丙 3 人决议解散该合伙企业，加上丁退伙前已欠下的债务，直至解散时该企业债务总额达 200 万元，该企业解散后丁是否要对合伙企业的债务承担清偿责任？

【观念解析】丁应当对该合伙企业 120 万元的债务承担无限连带责任。根据《合伙企业法》的规定，普通合伙人入伙，对入伙前合伙企业的债务承担无限连带责任；普通合伙人退伙，对基于其退伙前的原因发生的合伙企业债务，同样承担无限连带责任。本案中丁入伙前合伙企业已欠债 70 万元，直至其退伙，合伙企业累计欠债 120 万元，因此，丁应当对 120 万元的债务承担无限连带责任。

(六)特殊的普通合伙企业

特殊的普通合伙企业，是指以专业知识和专门技能为客户提供有偿服务的专业服务机构，如会计师事务所、律师事务所等。这样的企业设立通常有资质要求，在名称中应当标明“特殊普通合伙”字样。特殊普通合伙企业的合伙人在执业活动中非因故意或重大过失造成的合伙企业的债务，由全体合伙人承担无限连带责任。

按照《合伙企业法》的规定，一个合伙人或者数个合伙人在执业活动中因故意或者重大过失造成合伙企业债务的，应当承担无限责任或者无限连带责任，其他合伙人以其在合伙企业中的财产份额为限承担有限责任，这一规定也反映了特殊普通合伙企业作为以专业知识、技能提供服务的专业机构的特殊性。

《合伙企业法》规定，合伙人执业活动中因故意或者重大过失产生合伙企业债务的，当合伙企业财产对外承担责任后，应当按照合伙协议的约定，赔偿合伙企业的损失。

三、有限合伙企业

（一）概念

有限合伙企业，是指由普通合伙人和有限合伙人共同组成的，普通合伙人对合伙企业债务承担无限连带责任，有限合伙人以其认缴的出资额为限承担有限责任的合伙组织。有限合伙企业名称中应当标明“有限合伙”字样。

（二）有限合伙企业的特殊规定

1.有限合伙企业设立的条件

（1）合伙人符合法定人数。《合伙企业法》规定，有限合伙企业由两个以上五十个以下合伙人设立，法律另有规定的除外，在有限合伙企业中应当至少有一个普通合伙人。

（2）合伙协议记载事项符合法律要求。有限合伙企业的合伙协议除了要符合普通合伙企业合伙协议的有关规定，还应当载明：普通合伙人和有限合伙人的姓名或者名称、住所；执行事务合伙人应具备的条件和选择程序；执行事务合伙人的权限与违约处理办法；执行事务合伙人的除名条件和更换程序；有限合伙人入伙、退伙的条件、程序以及相关责任；有限合伙人和普通合伙人相互转变的程序。

（3）有限合伙人的出资符合法律要求。有限合伙人可以用货币、实物、知识产权、土地使用权或者其他财产权利作价出资，但不得以劳务出资。

2.有限合伙企业的事务执行

《合伙企业法》规定，有限合伙人不参与有限合伙企业合伙事务的执行，由普通合伙人执行合伙事务。但有限合伙人的下列行为，不视为执行合伙事务：

（1）参与决定普通合伙人入伙、退伙；

（2）对企业的经营管理提出建议；

（3）参与选择承办有限合伙企业审计业务的会计师事务所；

（4）获取经审计的有限合伙企业财务会计报告；

（5）对涉及自身利益的情况，查阅有限合伙企业财务会计账簿等财务资料；

（6）在有限合伙企业中的利益受到侵害时，向有责任的合伙人主张权利或者提起诉讼；

（7）执行事务合伙人怠于行使权利时，督促其行使权利或者为了本企业的利益以自己的名义提起诉讼；

(8)依法为本企业提供担保。

另外,《合伙企业法》规定,第三人有理由相信有限合伙人为普通合伙人并与其交易的,则该有限合伙人对该笔交易承担与普通合伙人同样的责任。有限合伙人未经授权以有限合伙企业名义与他人进行交易,给有限合伙企业或者其他合伙人造成损失的,则由有限合伙人承担赔偿责任。

3.有限合伙人权利

(1)有限合伙人可以同本企业进行交易,合伙协议另有约定的除外。

(2)有限合伙人一般不承担竞业禁止义务,有限合伙人可以自营或者同他人合作经营与本有限合伙企业相竞争的业务,合伙协议另有约定的除外。

(3)有限合伙人可以将其在有限合伙企业中的财产份额出质,合伙协议另有约定的除外。

(4)有限合伙人可以按照合伙协议的约定向合伙人以外的人转让其在合伙企业中的财产份额,但应当提前30日通知其他合伙人,有限合伙企业的其他合伙人有优先购买权。

4.有限合伙人的个人债务清偿

有限合伙人清偿个人债务时,首先应当以自有财产进行清偿。当有限合伙人的自有财产不足以清偿其与合伙企业无关的债务时,依据《合伙企业法》的规定,该合伙人可以以其从有限合伙企业中分取的收益清偿,债权人也可以依法请求人民法院强制执行该合伙人在有限合伙企业中的财产份额用于清偿。

人民法院强制执行该有限合伙人的财产份额时,应当通知全体合伙人,其他合伙人在同等条件下,有优先购买权。

5.有限合伙人的入伙

与新入伙的普通合伙人对入伙前合伙企业的债务承担无限连带责任不同,新入伙的有限合伙人对入伙前合伙企业的债务,以其认缴的出资额为限承担责任。

6.有限合伙人的退伙

有限合伙人出现下列情形时当然退伙:

(1)作为合伙人的自然人死亡或者被依法宣告死亡;

(2)作为合伙人的法人或者其他组织依法被吊销营业执照、责令关闭、撤销或者被宣告破产;

(3)法律规定或者合伙协议约定合伙人必须具有相关资格而丧失该资格;

(4)合伙人在合伙企业中的全部财产份额被人民法院强制执行。

由于有限合伙人不执行合伙事务,所以当作为有限合伙人的自然人在合伙企业存续期间丧失民事行为能力时,其他合伙人不得因此要求其退伙。

《合伙企业法》规定,作为有限合伙人的自然人死亡、被依法宣告死亡或者作为有限合伙人的法人及其他组织终止时,其继承人或者权利承受人可以依法取得该有限合伙人在有限合伙企业中的资格。

有限合伙人退伙后，对基于其退伙前的原因发生的有限合伙企业债务，以其退伙时从有限合伙企业中取回的财产为限承担责任。

（三）合伙人性质转变的特殊规定

有限合伙人转变为普通合伙人或普通合伙人转变为有限合伙人，应当经全体合伙人一致同意，合伙协议另有约定的除外。

有限合伙人转变为普通合伙人的，对其作为有限合伙人期间有限合伙企业发生的债务承担无限连带责任。普通合伙人转变为有限合伙人的，对其作为普通合伙人期间合伙企业发生的债务承担无限连带责任。

如转变后有限合伙企业仅剩有限合伙人，则该企业应当解散；如转变后有限合伙企业仅剩普通合伙人的，则该企业应当转变为普通合伙企业。

四、合伙企业的解散和清算

（一）解散

合伙企业的解散，是指各合伙人解除合伙协议，合伙企业终止活动。根据《合伙企业法》的规定，合伙企业有下列情形之一的，应当解散：

（1）合伙期限届满，合伙人决定不再经营；

（2）合伙协议约定的解散事由出现；

（3）全体合伙人决定解散；

（4）合伙人已不具备法定人数满三十天；

（5）合伙协议约定的合伙目的已经实现或者无法实现；

（6）依法被吊销营业执照、责令关闭或者被撤销；

（7）法律、行政法规规定的其他原因。

（二）合伙企业的清算

合伙企业解散后应当进行清算，清算期间合伙企业存续，但不得开展与清算无关的营业活动。

1.清算人的确定

合伙企业解散，应当由清算人进行清算。清算人由全体合伙人担任；经全体合伙人过半数同意，可以自合伙企业解散事由出现后十五日内指定一个或者数个合伙人或者委托第三人担任清算人。

自合伙企业解散事由出现之日起十五日内未确定清算人的，合伙人或者其他利害关系人可以申请人民法院指定清算人。

2.清算人职责

清算人在清算期间执行下列事务：

(1)清理合伙企业财产,分别编制资产负债表和财产清单；

(2)处理与清算有关的合伙企业未了结事务；

(3)清缴所欠税款；

(4)清理债权、债务；

(5)处理合伙企业清偿债务后的剩余财产；

(6)代表合伙企业参加诉讼或者仲裁活动。

3.债权申报

清算人自被确定之日起十日内将合伙企业解散事项通知债权人,并于六十日内在报纸上公告。债权人应当自接到通知书之日起三十日内,未接到通知书的自公告之日起四十五日内,向清算人申报债权。债权人申报债权,应当说明债权的有关事项并提供证明材料。清算人应当对债权进行登记。

4.财产清偿和分配

(1)合伙企业的财产应首先用于支付合伙企业的清算费用。合伙企业的财产支付合伙企业的清算费用后的清偿顺序如下:合伙企业职工工资、社会保险费用和法定补偿金;缴纳所欠税款;清偿债务。

(2)合伙企业财产依法清偿后仍有剩余时,对剩余财产依照《合伙企业法》关于利润分配和亏损分担的规定进行分配。进行分配,即按照合伙协议的约定办理;合伙协议未约定或者约定不明的,由合伙人按照实缴出资比例分配;无法确定出资比例的,由合伙人平均分配。

5.注销登记

清算结束后,清算人应当编制清算报告,经全体合伙人签名、盖章后,在十五日内向企业登记机关报送,并申请办理合伙企业注销登记。合伙企业注销后,原普通合伙人对合伙企业存续期间的债务仍应承担无限连带责任。

任务三　公司法

任务导入

孙某、李某、张某和万某4人打算共同投资开办一家汽车修理公司。孙某拟出资现金人民币15万元。李某用几套设备出资,经评估作价16万元。张某是高级技工,拟用自己的维修技术作价5万元出资。万某拟用一批汽修零配件出资,经评估作价10万元。4人共同签订了公司章程,拟出资46万元申请设立康辉汽车修理有限责任公司。孙某召集和主持了首次股东会,会上选举孙某、李某担任公司董事并组成董事会,由孙某担任董事长,选举万某担任公司经理。试问:该公司在设立过程中有哪些违反《公司法》规定的内容?

一、公司法律制度概述

(一)公司的概念和种类

公司是指依照公司法设立的,以营利为目的,股东以其认缴的出资额或认购的股份为限对公司承担有限责任,公司以其全部财产对公司债务承担责任的企业法人。

根据不同的标准,可以对公司作出以下分类:

(1)以公司资本结构和股东责任范围为标准,可把公司分为无限责任公司、有限责任公司、两合公司、股份有限公司和股份两合公司。我国《公司法》规定的公司的形式为有限责任公司和股份有限公司,不包括无限公司和两合公司。

(2)以公司内部的组织关系为标准,可把公司分为总公司与分公司。总公司是指管辖公司全部组织的总机构,分公司是指总公司为了扩大经营范围而设立的分支机构。分公司不具有法人资格,其民事责任由总公司承担。

(3)以公司外部的股权关系为标准,可把公司分为母公司与子公司。母公司是指拥有另一公司一定比例的股份或通过协议能对另一公司实行控制的公司。子公司是股权被持有或通过协议受到另一公司控制的公司。子公司具有法人资格,依法独立承担民事责任。

(4)以公司的信用基础为标准,可以将公司分为资合公司、人合公司和资合兼人合的公司。资合公司是指以资本的结合作为信用基础的公司,其典型的形式为股份有限公司。人合公司是指以股东个人的财力、能力和信誉作为信用基础的公司。资合兼人合的公司是指同时以公司资本和股东个人信用作为公司信用基础的公司。

(二)公司法的概念

广义的公司法是规定各类公司的设立、活动、解散及其他对外关系的法律规范的总称,狭义的公司法是指 1993 年 12 月 29 日第八届全国人大常委第五次会议通过的《中华人民共和国公司法》,该法于 1999 年、2004 年、2005 年和 2013 年进行了 4 次修订完善,经过了较大规模的修订后,新的《公司法》修正案自 2014 年 3 月 1 日起正式实施。

(三)公司的法律人格

根据《公司法》的规定,公司是企业法人,有独立的法人财产,享有法人财产权。公司以其全部财产对公司的债务承担责任。这意味着法律赋予公司法律人格地位,公司的财产虽然来源于股东投资,但股东一旦将自有财产用于投资后,便丧失了对该财产的直接支配权利转而享有股权,而公司独立的拥有财产,以自己的名义参与经济法律关系并独立承担法律责任。

1. 法人财产权的限制

我国《公司法》对于股东的出资和资产流出进行了明确的限制,如股东出资在公司成立后不得撤回，股东通过各种方式抽逃出资的，应当承担法律责任，对公司对外投资、担保等行使法人财产权的行为作出一定的限制等，保证了公司财产的稳定性。

(1)对外投资。公司可以向其他企业投资，除法律另有规定外，不得成为对所投资企业的债务承担连带责任的出资人；公司向其他企业投资，按照公司章程的规定由董事会或者股东会、股东大会决议。

(2)对外担保。公司为他人提供担保，按照公司章程的规定由董事会或者股东会、股东大会决议；公司为公司股东或者实际控制人提供担保的，必须经股东会或者股东大会决议，接受担保的股东或者受实际控制人支配的股东不得参加表决，该项表决由出席会议的其他股东所持表决权的过半数通过。

公司章程对投资或者担保的总额及单项投资或者担保的数额有限额规定的，不得超过规定的限额。

(3)借款。除公司章程有特别规定或经股东会、股东大会批准，公司董事、经理不得擅自将公司资金借贷给他人；股份有限公司不得直接或通过其子公司向董事、监事、高级管理人员提供借款。

2.公司的有限责任及人格否认制度

根据《公司法》的规定，有限责任公司的股东以其认缴的出资额为限对公司承担责任；股份有限公司的股东以其认购的股份为限对公司承担责任。有限责任制度使得股东除了对公司负有出资义务，不再对公司的债务承担责任，将投资的风险与其他自有财产相分离，但由此发生的公司股东滥用有限责任逃避债务的行为，也增加了公司债权人的风险。公司股东应当遵守法律、行政法规和公司章程，依法行使股东权利，不得滥用公司法人独立地位和股东有限责任损害公司债权人的利益。公司股东滥用公司法人独立地位和股东有限责任，逃避债务，严重损害公司债权人利益的，应当对公司债务承担连带责任，公司的人格否认制度是在特定情况下对股东有限责任原则的修正和补充。

(四)公司股东的权利

股东权利是指股东通过向公司出资或认购股份而对公司享有的权利。《公司法》规定，公司股东依法享有资产收益、参与重大决策和选择管理者等权利，归纳起来主要包括：

1.表决权

股东通过亲自出席或者委托代理人出席股东(大)会，对会议议决事项有表示同意或者表示不同意的权利。

2.选举权和被选举权

股东有权通过股东(大)会选举公司的董事或者监事，也有权在符合法定任职资格的条件下，被选举为公司的董事或者监事。

3. 依法转让出资额或者股份的权利

4. 知情权

《公司法》规定，有限责任公司的股东有权查阅、复制公司章程、股东会会议记录、董事会会议决议、监事会会议决议、财务会计报告和公司会计账簿。股份有限公司的股东有权查阅公司章程、股东名册、公司债券存根、股东大会会议记录、董事会会议决议、监事会会议决议、财务会计报告。

5. 建议和质询权

股份有限公司的股东有权对公司的经营提出建议和质询。

6. 新股优先认购权

公司发行新股时，股东有权以确定的价格按照持股比例优先购买公司发行的新股。

7. 股利分配请求权

股东有权按照出资比例或者股份比例请求分得股利。

8. 提议召开临时股东(大)会和自行召集的权利

9. 临时提案权

10. 异议股东股份收买请求权

股东大会作出对股东利害关系产生实质性影响的决议时，对该决议有异议的股东，有权要求公司以公平价格回购其所持出资额或者股份，从而退出公司。

11. 申请法院解散公司的权利

12. 公司剩余财产的分配请求权

二、有限责任公司

(一)有限责任公司的设立

有限责任公司也称“有限公司”，是依照《公司法》设立的，股东以其认缴的出资额为限对公司承担责任，公司以其全部资产对公司债务承担责任。

1. 设立条件

(1)股东符合法定人数。有限责任公司由五十个以下股东出资设立，允许设立一人有限公司。有限责任公司设立时的股东相当于股份公司的发起人，承担发起人的责任。

(2)有符合公司章程规定的全体股东认缴的出资额。2013 年，新修订的有限责任公司的注册资本为在公司登记机关登记的全体股东认缴的出资额，法律、行政法规以及国务院决定对有限责任公司注册资本实缴、注册资本最低限额另有规定的，从其规定。

有限责任公司的出资形式和缴纳方式的要求与股份有限公司基本相同。

(3)股东共同制定公司章程。章程应当载明下列事项：

①公司名称和住所；

②公司经营范围；

③公司注册资本；

④股东的姓名或者名称；

⑤股东的出资方式、出资额和出资时间；

⑥公司的机构及其产生办法、职权、议事规则；

⑦公司法定代表人；

⑧股东会会议认为需要规定的其他事项。全体股东应当在公司章程上签名、盖章。

(4)有符合要求的公司名称及组织机构。有限责任公司的名称中应有“有限”、“有限责任”字样，应当建立符合有限责任公司要求的组织机构。

(5)有公司住所。公司住所是公司主要办事机构，经公司登记机关登记的住所只能有一个。

2.设立程序

(1)订立公司章程。

(2)缴纳出资。公司的资本来源于股东的出资，股东必须按章程的规定履行出资义务。

(3)登记公告。由全体股东指定的代表或者共同委托的代理人向公司登记机关申请设立登记，公司登记机关核准登记后，发给营业执照，并发布公司登记公告，公司营业执照签发日期为公司成立日期。公告内容一般包括公司名称、住所、法人代表、公司类型、注册资本、经营范围和经营方式、注册号等。公告后，公司设立程序完成，公司登记的事项可以对抗第三人。

(4)向股东签发出资证明书，置备股东名册。出资证明书是确认股东出资的凭证，股东名册是公司记载股东情况及其出资事项的簿册，记载于股东名册的股东，可以依股东名册主张行使股东权利。

(二)组织机构

1.股东会

有限责任公司股东会是公司的权力机构，由全体股东组成。除《公司法》有明确规定，有限责任公司必须设立股东会。股东会对公司的重大事项进行决议，按《公司法》规定行使职权，有限责任公司股东会的职权和股份有限公司的股东大会类似。

(1)召开。股东会会议分为定期会议和临时会议。定期会议应当按照公司章程的规定按时召开，一般每年召开一次。临时会议可以根据法定事由或根据法定人员、机构的提议召开：代表十分之一以上表决权的股东，三分之一以上的董事，监事会或者不设监事会的公司的监事提议召开临时会议的，应当在两个月内召开临时股东会议。

首次股东会会议由出资最多的股东召集和主持，依法行使职权。以后的股东会会议，由董事会召集，董事长主持，会议的召集形式与股份有限公司类似，公司不设董事会的，股东会会议由执行董事召集和主持。董事会或者执行董事不能履行或者不履行召集股东会会议职责的，由监事会或者不设监事会的公司的监事召集和主持；监事会或者监事不召集和主持的，代表十分之一以上表决权的股东可以自行召集和主持。

召开股东会会议，应当于会议召开十五日前通知全体股东；但是，公司章程另有规定或者全体股东另有约定的除外。股东会应当对所议事项的决定作成会议记录，出席会议的股东应当在会议记录上签名。

(2)决议。股东会会议由股东按照出资比例行使表决权，股东会的议事方式和表决程序，除《公司法》有规定的外，都由公司章程规定。股东会会议作出修改公司章程，增加或者减少注册资本的决议，以及公司合并、分立、解散或者变更公司形式的决议，必须经代表三分之二以上表决权的股东通过。

2.董事会

(1)组成。有限责任公司设董事会，其成员为三至十三人；股东人数较少或者规模较小的有限责任公司，可以设一名执行董事，不设立董事会，执行董事的职权与董事会相当；两个以上的国有企业或者其他两个以上的国有投资主体投资设立的有限责任公司，其董事会成员中应当有公司职工代表；其他有限责任公司董事会成员中也可以有公司职工代表。董事会设董事长一人，可以设副董事长。董事长、副董事长的产生办法由公司章程规定。有限责任公司董事的任期和董事会职权、任期以及召集方式与股份有限公司相同。

(2)表决。董事会的议事方式和表决程序由公司章程规定，《公司法》有规定的除外。董事会应当对所议事项的决定作成会议记录，出席会议的董事应当在会议记录上签名。董事会决议的表决，实行一人一票。

3.经理

经理是由董事会聘任的负责公司日常经营管理工作的高级管理人员，在有限责任公司中，经理并不是必设机构。公司章程可以规定不设经理，改设总裁等职务，行使公司的管理职权。执行董事可以兼任公司经理。经理列席董事会会议。《公司法》对有限责任公司经理职权的规定与股份有限公司相同。公司章程对经理职权另有规定的，从其规定。

4.监事会

(1)组成。有限责任公司监事会的成员不得少于三人，股东人数较少或规模较小的有限责任公司，可以设一至两名监事，不设立监事会。监事会应当包括股东代表和适当比例的公司职工代表，其中，职工代表的比例由公司章程规定，但不得低于三分之一，董事、高级管理人员不得兼任监事。监事会设主席一人，由全体监事过半数选举产生。有限责任公司监事的任期和监事会的职权与股份有限公司相同。

(2)监事会的决议。监事会每年度至少召开一次会议，监事可以提议召开临时监事会会议。监事会的议事方式和表决程序，除《公司法》有规定的外，都由公司章程规定。监事会决议应当经半数以上监事通过。监事会应当把所议事项的决定作成会议记录，出席会议的监事应在会议记录上签名。

（三）一人有限责任公司

一人有限责任公司，是指只有一个自然人股东或者一个法人股东的有限责任公司。一人有限责任公司是独立的企业法人，具有完全的民事权利能力、民事行为能力、民事责任能力，是有限责任公司的特殊组织形式。《公司法》对一人有限责任公司作出了几方面的特别规定。

1.投资人的限制

一个自然人只能投资设立一个一人有限责任公司，该一人有限责任公司不能投资设立新的一人有限责任公司。

2.设立登记的规定

一人有限责任公司应当在公司登记中注明自然人独资或者法人独资，并在公司营业执照中载明。一人有限责任公司章程由股东制定。

3.组织机构的规定

一人有限责任公司不设股东会，法律规定的股东会职权由股东行使。当股东行使相应职权作出决定时，应当采用书面形式，并由股东签字后置备于公司。

4.审计的规定

一人有限责任公司应当在每一会计年度终了时编制财务会计报告，并经会计师事务所审计。

5.法人人格否认的规定

一人有限责任公司的股东不能证明公司财产独立于股东自己财产的，应当对公司债务承担连带责任。

（四）国有独资公司

我国《公司法》所称“国有独资公司”，是指国家单独出资、由国务院或者地方人民政府授权本级人民政府国有资产监督管理机构履行出资人职责的有限责任公司。国有独资公司的特殊规定表现在如下几方面。

1.章程的制定

国有独资公司章程由国有资产监督管理机构制定或者由董事会制定报国有资产监督管理机构批准。

2.股东权的行使

国有独资公司不设股东会，由国有资产监督管理机构行使股东会职权。国有资产监督管理机构可以授权公司董事会行使股东会的部分职权，决定公司的重大事项，但公司的合并、分立、解散，增加或者减少注册资本和发行公司债券，必须由国有资产监督管理机构决定；其中，重要的国有独资公司因合并、分立和解散申请破产的，应当由国有资产监督管理机构审核后，报本级人民政府批准。

3.董事会

国有独资公司设董事会，董事每届任期不得超过三年。董事会成员中应当有公司职工代表。董事会成员由国有资产监督管理机构委派；但是，董事会成员中的职工代表由公司职工代表大会选举产生。董事会设董事长一人，可以设副董事长。董事长、副董事长由国有资产监督管理机构从董事会成员中指定。

4.经理

国有独资公司设经理，由董事会聘任或者解聘。经国有资产监督管理机构同意，董事会成员可以兼任经理。

5.兼职禁止义务

国有独资公司的董事长、副董事长、董事和高级管理人员，未经国有资产监督管理机构同意，不得在其他有限责任公司、股份有限公司或者其他经济组织兼职。

6.监事会

国有独资公司监事会成员不得少于五人，其中，职工代表的比例不得低于三分之一，具体比例由公司章程规定。监事会成员由国有资产监督管理机构委派；但是，监事会成员中的职工代表由公司职工代表大会选举产生。监事会主席由国有资产监督管理机构从监事会成员中指定。

监事会行使的职权包括：检查公司财务；对董事、高级管理人员执行公司职务的行为进行监督，对违反法律、行政法规、公司章程或者股东会决议的董事、高级管理人员提出罢免的建议；当董事、高级管理人员的行为损害公司的利益时，要求董事、高级管理人员予以纠正；国务院规定的其他职权。

（五）有限责任公司的股权转让

股权转让，是指有限责任公司的股东依照一定程序将自己持有的股权让与受让人，受让人取得该股权而成为公司股东或增加持有公司的出资额的法律行为。有限责任公司的股权转让包括以下几项内容：

1.一般的股权转让

(1)《公司法》规定，有限责任公司的股东之间可以相互转让其全部或者部分股权，只要双方协商一致即可。

(2)股东向股东以外的人转让股权，应当经其他股东过半数同意。股东应就其股权转让事项书面通知其他股东征求同意，其他股东自接到书面通知之日起满三十日未答复的，视为同意转让。其他股东半数以上不同意转让的，不同意的股东应当购买该转让的股权；不购买的，视为同意转让。经股东同意转让的股权，在同等条件下，其他股东有优先购买权。2个以上股东主张行使优先购买权的，协商确定各自的购买比例；协商不成的，按照转让时各自的出资比例行使优先购买权。但公司章程对股权转让另有规定的，从其规定。

2.强制执行的股权转让

人民法院依照法律规定的强制执行程序转让股东的股权时,应当通知公司及全体股东,其他股东在同等条件下有优先购买权。其他股东自人民法院通知之日起满二十日不行使优先购买权的,视为放弃优先购买权。

3.异议股东的股份回购请求权

有下列情形之一的,对股东会该项决议投反对票的股东可以请求公司按照合理的价格收购其股权:公司连续五年不向股东分配利润,而公司这五年连续盈利,并且符合本法规定的分配利润条件;公司合并、分立和转让主要财产的;公司章程规定的营业期限届满或者章程规定的其他解散事由出现,股东会会议通过决议修改章程使公司存续的。

自股东会会议决议通过之日起六十日内,股东与公司不能达成股权收购协议的,股东可以自股东会会议决议通过之日起九十日内向人民法院提起诉讼,要求公司回购股权。

4.股权的继承

自然人股东死亡后,其合法继承人可以继承股东资格;但公司章程另有规定的除外。

有限责任公司股东转让股权后,公司应当注销原股东的出资证明书,向新股东签出资证明书,并相应修改公司章程和股东名册中有关股东及其出资额的记载。对公司章程的该项修改不需要再由股东会表决。

【观念应用 2-6】宋某、江某、纪某、张某都是某有限责任公司股东,各占 50%、25%、15%和 10%的股份。宋某欲对表哥齐某转让其拥有的股份,江某表示同意,张某、钱某表示不同意。该有限责任公司的股权转让事宜应如何处理?

【观念解析】宋某向股东以外的人齐某转让股权,按《公司法》规定,应当经其他股东过半数同意,而张某、钱某不同意,则宋某不能向齐某转让。但不同意转让的股东张某和钱某,应当购买宋某的股权。

三、股份有限公司

股份有限公司是依照《公司法》设立的,全部资本分成等额股份,股东以其认购的股份为限对公司承担责任,公司以其全部资产对公司债务承担责任的公司。

(一)股份有限公司的设立

1.设立条件

(1)发起人符合法定人数。根据《公司法》规定,股份有限公司发起人为 2 人以上 200 人以下,其中,有半数以上的发起人在中国境内有住所。

(2)有符合公司章程规定的全体发起人认购的股本总额或募集的实收股本总额。股份有限公司采取发起设立方式设立的,注册资本为在公司登记机关登记的全体发起人认购的股本总额;采取募集设立方式设立的,注册资本为在公司登记机关登记的实收股本的总额。

法律、行政法规以及国务院决定对股份有限公司注册资本实缴、注册资本最低限额另有规定的，从其规定。

根据《公司法》的规定，股东可以用货币出资，也可以用实物、知识产权、土地使用权等可以用货币估价并可以依法转让的非货币财产作价出资；但是，法律规定不得作为出资的财产除外。

(3)股份发行、筹办事项符合法律规定。

(4)发起人制定公司章程，采用募集方式设立的股份有限公司章程须经创立大会通过。股份有限公司章程应当载明下列事项：

①公司名称和住所；

②公司经营范围；

③公司设立方式；

④公司股份总数、每股金额和注册资本；

⑤发起人的姓名或者名称、认购的股份数、出资方式和出资时间；

⑥董事会的组成、职权和议事规则；

⑦公司法定代表人；

⑧监事会的组成、职权、任期和议事规则；

⑨公司利润分配办法；

⑩公司的解散事由与清算办法；

⑪公司的通知和公告办法；

⑫股东大会会议认为需要规定的其他事项。

(5)有公司名称、符合股份有限公司要求的组织机构。股份有限公司必须在公司名称中标明“股份有限公司”或“股份公司”字样。

(6)有公司住所。

2.设立方式

股份有限公司的设立，可以采取发起设立或者募集设立两种方式。发起设立，是指由发起人认购全部公司应发行的股份而设立公司；募集设立，是指由发起人认购一部分公司应发行的股份，其余部分向社会公开募集或者向特定对象募集的方式来设立公司。

3.设立程序

(1)签订发起人协议。股份有限公司发起人承担公司筹办事务，应当签订发起人协议，明确各自在公司设立过程中的权利和义务。

(2)报批。法律、行政法规规定，设立公司必须报经有关部门批准的，应当在公司登记前办理报批手续。法律、行政法规无特殊规定的，可直接向企业登记机关申请注册登记。

(3)申请名称预先核准，发起人订立公司章程。

(4)认购股份。以发起方式设立的，发起人应当书面认足公司章程规定其认购全部股份并按照公司章程的规定缴纳出资。如果发起人以非货币财产出资，则应当依法办理财产权利的移转。如果发起人不按照规定缴纳出资,则应按照发起人协议承担责任。在发起人认购的股份缴足前,不得向他人募集股份。

以募集方式设立的,发起人认购的股份不得少于公司股份总数的百分之三十五。但是,法律、法规另有规定的,从其规定。以募集方式设立股份有限公司的注册资本应当经过验资机构的验资。发起人向特定对象募集的,应该要求其认股并交纳股款。发起人向社会公开募集股份,必须公告招股说明书,并制作认股书。认股书由认股人填写认购股数、金额、住所并签名、盖章。认股人按所认购股数缴纳股款。发起人向社会公开募集股份,应当由依法设立的证券公司承销,签订承销协议,还应当同银行签订代收股款协议。代收股款的银行应当按照协议代收、保存股款,向缴纳股款的认股人出具收款单据,并负有向有关部门出具收款证明的义务。

(5)召开创立大会。发起人应当自股款缴足之日起三十日内主持召开公司创立大会。创立大会由发起人、认股人组成。发行的股份超过招股说明书规定的截止期限尚未募足的,或者在发行股份的股款缴足后三十日内未召开创立大会的,或者创立大会作出不设立公司决议的,认股人可以要求发起人返还所缴股款及银行同期存款利息。

发起人应当在创立大会召开十五日前将会议日期通知各认股人或者予以公告。创立大会应由代表股份总数过半数的发起人、认股人出席,方可举行。创立大会可以行使下列职权:审议发起人关于公司筹办情况的报告;通过公司章程;选举董事会成员;选举监事会成员;对公司的设立费用进行审核;对发起人用于抵作股款的财产的作价进行审核;发生不可抗力或者经营条件发生重大变化直接影响公司设立的,可以作出不设立公司的决议。创立大会作出上述决议,必须经出席会议的认股人所持表决权过半数通过。

(6)设立登记。董事会应于创立大会结束后三十日内,向公司登记机关报送相关文件,申请设立登记,营业执照的签发日期就是该股份有限公司的成立日期。

(二)组织机构

1.股东大会

(1)股东大会的性质与职权。股东大会是股份有限公司的权力机构,由全体股东组成。股东大会按《公司法》的规定行使下列职权:

①决定公司的经营方针和投资计划。

②选举和更换由非职工代表担任的董事、监事,决定有关董事、监事的报酬事项。

③审议批准董事会的报告。

④审议批准监事会或者监事的报告。

⑤审议批准公司的年度财务预算方案、决算方案。

⑥审议批准公司的利润分配方案和弥补亏损方案。

⑦对公司增加或者减少注册资本作出决议。

⑧对发行公司债券作出决议。

⑨对公司合并、分立、解散、清算或者变更公司形式作出决议。

⑩修改公司章程。

⑪公司章程规定的其他职权。

根据中国证券监督管理委员会发布的《上市公司章程指引》的规定，上市公司的股东大会还有权对公司聘用、解聘会计师事务所作出决议、审议代表公司发行在外有表决权股份总数的百分之五以上的股东的提案及公司对外担保行为。

(2)股东大会的召开和主持。股东大会分为股东年会和临时股东大会，年会应当每年召开一次，有下列情形之一的，应当在两个月内召开临时股东大会：董事人数不足本法规定人数或者公司章程所定人数的三分之二时；公司未弥补亏损达实收股本总额三分之一时；单独或者合计持有公司百分之十以上股份的股东请求时；董事会认为必要时；监事会提议召开时；公司章程规定的其他情形。

股东大会的会议由董事会召集，董事长主持；董事长不能或者不履行职务的，由副董事长主持；副董事长不能或者不履行职务的，由半数以上董事共同推举一名董事主持。董事会不能履行或者不履行召集股东大会会议职责的，监事会应当及时召集和主持；监事会不召集和主持连续九十日以上，单独或者合计持有公司百分之十以上股份的股东可以自行召集和主持。

召开股东大会会议，应当将会议时间、地点和审议的事项提前二十日通知各股东；临时股东大会应当于会议召开十五日前通知各股东；发行无记名股票的，应当于会议召开三十日前公告会议召开的时间、地点和审议事项。

单独或者合计持有公司百分之三以上股份的股东，可以在股东大会召开十日前提出临时提案并书面提交董事会；董事会应当在收到提案后两日内通知其他股东，并将该临时提案提交股东大会审议。临时提案的内容应当属于股东大会职权范围，并有明确议题和具体决议事项。股东大会不得对上述通知中未列明的事项作出决议。无记名股票的持有人出席股东大会会议的，应当于会议召开五日前至股东大会闭会时将股票交存于公司。

(3)股东大会的议事规则。

①股东表决权：股东出席股东大会会议，所持每一股份有一表决权。股东可以委托代理人出席股东大会会议，代理人应当向公司提交股东授权委托书，并在授权范围内行使表决权。公司持有的本公司股份没有表决权。上市公司董事会、独立董事和符合有关条件的股东可向上市公司股东无偿征集其在股东大会上的投票权。

股东大会作出决议，必须经出席会议的股东所持表决权过半数通过；但如果要对修改公司章程、增加或者减少注册资本、公司合并分立、解散或者变更公司形式的特别事项作出决议，必须经出席会议的股东所持表决权的三分之二以上通过。

②累积投票制。累积投票制，是指股东大会选举董事或者监事时，每一股份拥有与应选董事或者监事人数相同的表决权，股东拥有的表决权可以集中使用。根据《上市公司治理准则》的规定，控股股东控股比例在百分之三十以上的上市公司，应当采用累积投票制。

2.董事会

(1)董事会的性质与组成。董事会是股份有限公司股东大会的执行机关。董事会的成员为5人至19人,依法由股东大会选举产生的董事组成,董事会成员中可以有职工代表,职工代表由公司职工通过职工代表大会等形式民主选举产生。董事会设董事长一人,可以设副董事长。董事长、副董事长由董事会以全体董事的过半数选举产生。董事长负责召集和主持董事会会议,检查董事会决议的实施情况,副董事长协助董事长工作。

(2)董事的任期。公司章程规定董事任期,每届董事任期不得超过三年。董事任期届满,经连选可以连任。

(3)董事会职权。董事会对股东大会负责,行使下列职权:召集股东大会会议,并向股东大会报告工作;执行股东大会的决议;决定公司的经营计划和投资方案;制定公司的年度财务预算方案、决算方案;制定公司的利润分配方案和弥补亏损方案;制定公司增加或者减少注册资本以及发行公司债券的方案;制定公司合并、分立、解散或者变更公司形式的方案;决定公司内部管理机构的设置;决定聘任或者解聘公司经理及其报酬事项,并根据经理的提名决定聘任或者解聘公司副经理、财务负责人及其报酬事项;制定公司的基本管理制度;公司章程规定的其他职权。

(4)董事会的召开。股份有限公司董事会会议分为定期会议和临时会议两种,定期会议每年度至少召开两次,每次会议应当于会议召开前提前十日通知全体董事和监事。代表十分之一以上表决权的股东、三分之一以上董事或者监事会,可以提议召开董事会临时会议。董事长应当自接到提议后十日内,召集和主持董事会会议。董事会召开临时会议,召集董事会的通知方式和通知时限可以另定。

(5)董事会表决。董事会会议应有过半数的董事出席方可举行。董事会表决,实行一人一票,必须经全体董事的过半数通过方可作出决议。董事本人应出席董事会会议;董事因故不能出席,可以书面委托其他董事代为出席,委托书中应载明授权范围。

董事会应当对会议所议事项的决定制成会议记录,有出席会议的董事的签名,董事应当对董事会的决议承担责任。董事会的决议违反法律、行政法规或者公司章程、股东大会决议,使公司遭受严重损失的,参与决议的董事对公司负赔偿责任,但经证明在表决时曾表明异议并记载于会议记录的董事可以免除责任。

【观念应用2-4】某股份有限公司的董事会由5名董事组成,分别为董事长赵某、董事王某、李某、张某、齐某。该公司于2013年10月9日召开董事会会议,出席该次会议的有董事长赵某、董事李某和张某,王某、齐某因事无法出席会议,董事王某电话委托董事李某代为出席会议并表决,董事齐某书面委托其好友宋某代为出席会议并表决,会上讨论了如下问题:

(1)根据总经理提名,聘任刘某为公司财务总管,表决时,董事李某反对,其他参会的董事和人员表示同意。

(2)该次董事会会议记录，由出席董事会会议的全体董事和列席会议的监事签名后存档。

分析本案中的哪些内容不符合《公司法》的相关规定，并说明理由。

【观念解析】上述案例中不符合《公司法》规定的内容有：

(1)董事王某电话委托董事李某代为出席会议并表决，董事齐某书面委托其好友宋某代为出席会议并表决不符合规定。根据《公司法》的规定，董事因故不能出席董事会会议时，可以书面的形式委托其他董事代为出席，不能以电话委托，也不能委托董事之外的人出席。

(2)聘任刘某为财务主管不符合规定，根据《公司法》的规定，董事会作出决议必须经全体董事的过半数通过，公司董事会由5人组成，董事李某反对，董事王某、齐某的委托不符合法律规定，实际只有2名董事同意，未达到全体董事的过半数同意的要求。

(3)该次会议记录无需列席会议的监事签名。根据《公司法》的规定，董事会的会议记录由出席会议的董事签名。

3. 经理

经理负责公司日常的经营管理，由董事会决定聘任或者解聘，对董事会负责，经理列席董事会会议，董事会成员可以兼任经理。

经理依法行使下列职权：主持公司的生产经营管理工作，组织实施董事会决议；组织实施公司年度经营计划和投资方案；拟订公司内部管理机构设置方案；拟订公司的基本管理制度；制订公司的具体规章；提请聘任或者解聘公司副经理、财务负责人；决定聘任或者解聘除应由董事会决定聘任或者解聘以外的负责管理的人员；董事会授予的其他职权；公司章程对经理职权另有规定的，从其规定。

4. 监事会

股份有限公司应当依法设立监事会，它代表全体股东对公司经营管理进行监督，行使监督职能，是公司的监督机构。

(1)监事会的组成。监事会的成员不得少于三人，其中，应当包括股东代表和适当比例的公司职工代表且职工代表的比例不得低于三分之一，具体比例由公司章程规定。监事会中的职工代表由公司职工通过职工代表大会等形式的民主选举产生。股份有限公司的董事、高级管理人员不得兼任监事。

监事会设主席一人，可以设副主席。监事会主席和副主席由全体监事过半数选举产生。监事会主席召集和主持监事会会议；监事会主席不能履行职务或者不履行职务的，由监事会副主席召集和主持监事会会议；监事会副主席不能履行职务或者不履行职务的，由半数以上监事共同推举一名监事召集和主持监事会会议。

(2)监事会的职权。根据《公司法》规定，监事会行使下列职权：检查公司财务；对董事、高级管理人员执行公司职务的行为进行监督；对违反法律、行政法规、公司章程或者股东会决议的董事、高级管理人员提出罢免的建议；当董事、高级管理人员的行为损害公司的利益时，要求董事、高级管理人员予以纠正；提议召开临时股东大会会议，在董事会不履行召集和主持股东大会会议职责时召集和主持股东会会议；向股东大会会议提出提案；依照《公司法》第一百五十一条规定，对董事、高级管理人员提起诉讼；公司章程规定的其他职权。

监事可以列席董事会会议，并对董事会决议事项提出质询或者建议。监事会发现公司经营情况异常时可以进行调查；必要时可以聘请会计师事务所等协助其工作；监事会行使职权所必需的费用，由股份有限公司承担。

(3)监事会的召开。监事会每六个月至少召开一次会议。监事可以提议召开临时监事会会议。监事会的议事方式和表决程序由公司章程规定，《公司法》有特别规定的除外。监事会应当把决议的事项作成会议记录，并由出席会议的监事签名。

5.上市公司组织机构的特别规定

上市公司，是指其股票在证券交易所上市交易的股份有限公司。《公司法》对其组织机构有以下特别规定：

(1)上市公司在一年内购买、出售重大资产或者担保金额超过公司资产总额百分之三十的，应由股东大会作出决议，并经参会股东所持表决权的三分之二以上通过。

(2)上市公司设立独立董事。《公司法》要求上市公司设独立董事，中国证券监督管理委员会发布《关于在上市公司建立独立董事制度的指导意见》的通知，要求上市公司要建立独立董事制度，要求上市公司的董事会成员中至少应有三分之一为独立董事。

独立董事不是公司股东，也不在公司担任除董事外的其他职务，与其受聘的上市公司及其主要股东不存在可能妨碍其进行独立客观判断的关系。独立董事除了应履行董事的一般职责外，主要职责在于对控股股东及其选任的上市公司的董事、高级管理人员，以及其与公司进行的关联交易等进行监督。

①职权。独立董事除依法行使股份有限公司董事的职权外，还行使下列职权：对公司关联交易、聘用或者解聘会计师事务所等重大事项进行审核并发表独立意见；就上市公司董事、高级管理人员的提名、任免、报酬、考核事项以及其认为可能损害中小股东权益的事项发表独立意见。独立董事发表的独立意见应作成记录，并经独立董事书面签字确认。如有关事项属于需要披露的事项，则上市公司应当将独立董事的意见予以公告。独立董事无法达成一致意见时，董事会应将各独立董事的意见分别披露。股东有权查阅独立董事发表的独立意见。

②任职条件。担任独立董事应当符合下列基本条件：根据法律、行政法规及其他有关规定，具备担任上市公司董事的资格；具有法律及相关规定所要求的独立性；具备上市公司运作的基本知识，熟悉相关法律、行政法规、规章及规则；具有五年以上法律、经济或者其他履行独立董事职责所必需的工作经验；公司章程规定的其他条件。

下列人员不得担任独立董事：在上市公司或者其附属企业任职的人员及其直系亲属、主要社会关系;直接或间接持有上市公司已发行股份百分之一以上或者是上市公司前十名股东中的自然人股东及其直系亲属;在直接或间接持有上市公司已发行股份百分之五以上的股东单位或者在上市公司前五名股东单位任职的人员及其直系亲属;最近一年内曾经具有前三项所列举情形的人员;为上市公司或者其附属企业提供财务、法律、咨询等服务的人员;公司章程规定的其他人员;中国证监会认定的其他人员。

③产生及任期。上市公司董事会、监事会、单独或者合并持有上市公司已发行股份百分之一以上的股东可以提出独立董事候选人,并经股东大会选举决定。

独立董事的任期与其他董事的任期相同,任期届满,经连选可以连任,但是连任时间不得超过六年。

④撤换和辞职。独立董事如果连续三次未亲自出席董事会会议,应由董事会提请股东大会予以撤换。除出现上述情况及《公司法》中规定的不得担任董事的情形外,独立董事在任期届满前不得无故被免职。提前免职的,上市公司应将其作为特别披露事项予以披露,被免职的独立董事认为公司的免职理由不当的,可以作出公开的声明。

独立董事在任期届满前可以提出辞职,应向董事会提交书面的辞职报告,对任何与其辞职有关或其认为有必要引起公司股东和债权人注意的情况进行说明。如因独立董事辞职导致公司董事会中独立董事所占的比例低于规定的最低要求时,则该独立董事的辞职报告应当在下任独立董事填补其缺额后生效。

(3)董事会秘书。上市公司设董事会秘书,是公司的高级管理人员,负责股东大会和监事会的筹备、掌管董事会文件、管理股东资料、办理信息披露等,并协助董事会成员处理日常事务。

(4)增设关联关系董事的表决权排除制度。上市公司的董事与董事会会议决议事项所涉及的企业有直接或者间接的关联关系的,不得对该项决议行使表决权,也不得代理其他董事行使表决权。该董事会会议由过半数的无关联关系董事出席即可举行,董事会会议所作决议须经无关联关系董事过半数通过。出席董事会的无关联关系董事人数不足三人的,应将该事项提交上市公司股东大会审议。

(三)股份发行和转让

1.股份和股票的概念

股份就是等额划分的股金,是公司资本最基本的组成单位,是股东权利和义务的基础。股份有限公司的资本划分为股份,每一股的金额相等。

股票是股份的表现形式,是股份有限公司签发的证明股东所持股份的凭证。依据不同的标准,可以将股票分为以下几类:

(1)以股东权利、义务的不同进行分类,可以分成普通股和优先股:普通股是指享有普通权利、承担普通义务的一般股权的股份;优先股是指享有优先权的股份。

《公司法》规定,国务院可以对公司发行本法规定以外的其他种类的股份,另行作出规定。2013 年 11 月 30 日，国务院发布《关于开展优先股试点的指导意见》，对开展优先股试点作出了规定。在试点阶段，只有上市公司和非上市公司才可以发行优先股，其中，只有上市公司才可以公开发行优先股。

在发行条件上，《指导意见》规定，公司已发行的优先股不得超过普通股股份总数的百分之五十且筹资金额不得超过发行前净资产的百分之五十。

优先股股东的权利主要体现在优先分配利润和剩余财产。在利润分配上，优先股股东按照约定的票面股息率，优先于普通股股东分配公司利润。公司应当以现金的形式向优先股股东支付股息，在完全支付约定的股息之前，不得向普通股股东分配利润。优先股股东的利润分配优先权也可以采取多种形式，应当在公司章程中作出明确规定。公司对优先股的股利须按约定的股利率支付，不受该公司盈利大小的影响，当年可供分配股利的利润不足以按约定的股利率支付优先股利的，由以后年度可供分配股利的利润补足。在公司进行清算时，优先股股东先于普通股股东取得公司剩余财产。相应的优先股股东在公司经营管理上一般不再享有表决权，不参与公司决策。

(2)以票面上是否记载股东的姓名或名称进行分类，可以分为记名股票和无记名股票。记名股票，是指在票面上记载股东姓名或名称的股票，如公司向发起人、法人发行的股票；无记名股票，是指在票面上不记载股东姓名或名称的股票。

(3)以投资主体性质的不同进行分类，可以分为国有股和非国有股。

除上述分类以外，还可根据发行对象的不同分为 A 股、B 股、H 股等；根据股东有无表决权分为表决权股和无表决权股等。

2.股份发行

股份的发行实际上就是股票的发行，是指股份有限公司通过法定方式，为了筹集公司资本而出售和分配股份的法律行为。

(1)发行原则。《公司法》规定："股份的发行，实行公平、公正的原则，同种类的每一股份应当具有同等权利。同次发行的同种类股票，每股的发行条件和价格应当相同；任何单位或者个人所认购的股份，每股应当支付相同价额。"可见，在股份的发行中，应当遵循公平、公正、同股同价的原则。

(2)股份的发行一般包括两种类型。股份有限公司设立时发行股票称为设立发行；股份有限公司成立以后发行股票称为新股发行，发行新股是向社会募集股份，增加公司注册资本的行为。

股份有限公司发行新股，依照公司章程的规定，由股东大会或者董事会对下列事项作出决议：新股种类及数额；新股发行价格；新股发行的起止日期；向原有股东发行新股的种类及数额。

公司经国务院证券监督管理机构核准公开发行新股时，必须公告新股招股说明书和财务会计报告，并制作认股书。公司公开发行新股应当由依法设立的证券公司承销，签订承销协议，并同银行签订代收股款协议。公司发行新股，可以根据公司经营情况和财务状况，确定其作价方案。公司发行新股募足股款后，必须向公司登记机关办理变更登记并公告。

（3）发行价格。股票的发行价格，是指股票发行时所使用的价格，也是投资者认购股票时所支付的价格。我国《公司法》规定，股票发行价格可以按票面金额，也可以超过票面金额，但不得低于票面金额，也就是说，股票可以平价发行、溢价发行，但不可以折价发行。

3.股份转让

股份有限公司的股份持有人依法自愿将自己所拥有的股份转让给他人，使他人取得股份成为股东或增加股份数额的法律行为被称为股份的转让。股东持有的股份可以依法转让，《公司法》对股份有限公司的股份转让作出了具体的规定：

（1）转让地点。股东转让其股份，应当在依法设立的证券交易场所进行或者按照国务院规定的其他方式进行。

（2）转让方式。记名股票，由股东以背书方式或者法律、行政法规规定的其他方式转让，转让后由公司将受让人的姓名或者名称及住所记载于股东名册。无记名股票的转让，由股东将该股票交付给受让人后即发生转让的效力。

（3）股份转让的限制。

①发起人转让股票的限制。根据《公司法》的规定，发起人持有的本公司股份，自公司成立之日起一年内不得转让。因司法强制执行、继承、遗赠、依法分割财产等导致股份变动的除外。

②非公开发行股份转让的限制。公司公开发行股份前已发行的股份，自公司股票在证券交易所上市交易之日起一年内不得转让。因司法强制执行、继承、遗赠、依法分割财产等导致股份变动的除外。

③董事、监事、高级管理人员转让股票的限制。公司董事、监事、高级管理人员应当根据公司申报所持有的本公司的股份及其变动情况，在任职期间每年转让的股份不得超过其所持有本公司股份总数的百分之二十五；所持本公司股份自公司股票上市交易之日起一年内不得转让。上述人员离职后半年内，不得转让其所持有的本公司股份；另外，公司章程还可以作出其他限制性规定；但是，因司法强制执行、继承、遗赠、依法分割财产等导致股份变动的除外。上市公司董事、监事和高级管理人员所持股份不超过1000股的，可一次全部转让，不受上述转让比例的限制。上市公司董事、监事和高级管理人员在以下期间不得买卖本公司股票：上市公司定期报告公告前三十日内；上市公司业绩预告、业绩快报公告前十日内；自可能对本公司股票交易价格产生重大影响的重大事项发生之日或在决策过程中至依法披露后两个交易日内；证券交易所规定的其他期间。

④公司收购自身股票的限制。根据《公司法》的规定，公司不得收购本公司股份，但有下列情形之一的除外：减少公司注册资本；与持有本公司股份的其他公司合并；将股份奖励给本公司职工；股东因对股东大会作出的公司合并、分立决议持异议，要求公司收购其股份的。公司因上述第一项至第三项的原因收购本公司股份的，应当经股东大会决议。公司依照上述规定收购本公司股份后，属于第一项情形的，应当自收购之日起十日内注销；属于第二项、

第四项情形的，应当在六个月内转让或者注销。公司依照上述第三项规定收购的本公司股份，不得超过本公司已发行股份总额的百分之五；用于收购的资金应当从公司的税后利润中支出；所收购的股份应当在一年内转让给职工。

【观念应用 2-5】钱某为某股份有限公司董事，任期到 2014 年 3 月，持有公司股份 20 万股。钱某准备在董事任期届满后，设立一个人独资企业。由于恰逢利好消息，所以该股份有限公司在 2013 年 9 月初上市后股价一路上涨。钱某为了筹集资金，打算于 10 月份卖掉手中持有公司股票的一半，等董事任期届满后再利用一周的时间卖掉剩余的一半股票。分析钱某的计划是否符合法律规定，并说明理由。

【观念解析】钱某的计划不符合法律规定。《公司法》规定，公司董事、监事和高级管理人员在任职期间每年转让的股份不得超过其所持有本公司股份总数的 25%，所持本公司股份自公司股票上市交易之日起 1 年内不得转让，且在离职后半年内不得转让其所持有的本公司股份。

四、公司董事、监事、高级管理人员

(一)公司董事、监事、高级管理人员的资格

高级管理人员，是指公司的经理、副经理、财务负责人、上市公司董事会秘书和公司章程规定的其他人员。公司董事、监事、高级管理人员是代表公司组织机构行使职权的人员，在公司中处于重要地位并依法具有法定的职权。因此，为了保证这类人员具有正确履行职责的能力与条件，我国《公司法》对公司董事、监事和高级管理人员的资格作了明确的限制。有下列情形之一的，不得担任公司的董事、监事和高级管理人员。

(1)无民事行为能力或者限制民事行为能力。

(2)因贪污、贿赂、侵占财产、挪用财产或者破坏社会主义市场经济秩序，被判处刑罚，执行期满未逾五年，或者因犯罪被剥夺政治权利，执行期满未逾五年。

(3)担任破产清算的公司、企业的董事或者厂长、经理，对该公司、企业的破产负有个人责任的，自该公司、企业破产清算完结之日起未逾三年。

(4)担任因违法被吊销营业执照、责令关闭的公司、企业的法定代表人，并负有个人责任的，自该公司、企业被吊销营业执照之日起未逾三年。

(5)个人所负数额较大的债务到期未清偿。公司违反前款规定选举、委派董事、监事或者聘任高级管理人员的，该选举、委派或者聘任无效，公司的董事、监事和高级管理人员在任职期间出现上述第(1)项所列情形的，公司应当解除其职务。

(二)公司董事、监事、高级管理人员的忠实义务和勤勉义务

我国《公司法》规定，董事、监事和高级管理人员应当遵守法律、行政法规和公司章程，对

公司负有忠实义务和勤勉义务。董事、监事和高级管理人员不得利用职权收受贿赂或者其他非法收入,不得侵占公司的财产。《公司法》规定,公司董事、高级管理人员不得有下列行为:

(1)挪用公司资金。

(2)将公司资金以其个人名义或者以其他个人名义开立账户存储。

(3)违反公司章程的规定或者未经股东会、股东大会或者董事会同意,将公司资金借贷给他人或者以公司财产为他人提供担保。

(4)违反公司章程的规定或者未经股东会、股东大会同意,与本公司订立合同或者进行交易。

(5)未经股东会或者股东大会同意,利用职务便利为自己或者他人谋取属于公司的商业机会,自营或者为他人经营与所任职公司同类的业务。

(6)接受他人与公司交易的佣金归为己有。

(7)擅自披露公司秘密。

(8)违反对公司忠实义务的其他行为。

公司董事、高级管理人员违反前款规定所得的收入应当归公司所有。董事、监事和高级管理人员执行公司职务时违反法律、行政法规或者公司章程的规定,给公司造成损失的,应当承担赔偿责任。

公司股东会或者股东大会要求董事、监事、高级管理人员列席会议的,董事、监事、高级管理人员应当列席并接受股东的质询。董事、高级管理人员应当如实向公司监事会和不设监事会的有限责任公司的监事提供有关情况和资料,不得妨碍监事会或者监事行使职权。

五、公司的财务会计

(一)财务与会计制度

公司应当依照法律、行政法规和国务院财政部门的规定建立本公司的财务、会计制度。

公司的财务会计,是指在会计法规、会计原则或者会计制度的指导下,以货币为主要计量形式,对公司的整个财务活动和经营状况进行记账、算账、报账,为公司管理者和其他利害关系人提供公司财务信息的活动。

(二)财务会计报告

公司应当在每一会计年度终了时编制财务会计报告并依法经会计师事务所审计。财务会计报告应当依照法律、行政法规和国务院财政部门的规定制作。有限责任公司应当依照公司章程规定的期限,将财务会计报告送交各股东;股份有限公司的财务会计报告应当在召开股东大会年会的二十日前置备于公司,供股东查阅。公司财务会计报告主要包括以下内容:

1. 资产负债表

资产负债表反映的是公司的资产规模、资产构成情况、公司的权益结构，进而反映公司的短期偿债能力和支付能力，同时，通过公司前后期资产负债表的对比，反映公司财务状况的变化。

2. 利润表

利润表反映的是公司在一定经营期间的经营成果及其分配情况，也反映公司的长期偿债能力，是缴纳国家各项税收的依据。

3. 现金流量表

现金流量表反映的是公司在一定期间的现金和现金等价物流入和流出的会计报表，有利于判断公司的现金流量和资金周转情况。

4. 附注

附注是对会计报表列示内容的进一步说明，以便于向知晓公司财务会计信息的使用者提供更加全面的财务会计信息。

公司除法定的会计账簿外，不得另立会计账簿。对公司资产不得以任何个人名义开立账户存储。

（三）利润分配

利润，是指公司在一定会计期间的经营成果，包括营业利润、投资净收益和营业外收支净额等。公司利润依法应当按如下顺序进行分配：

（1）弥补以前年度的亏损，但不得超过税法规定的弥补期限。

（2）缴纳所得税。

（3）弥补在税前利润弥补亏损之后仍存在的亏损。

（4）提取法定公积金。公积金是公司在资本之外所保留的资金金额，又称为附加资本或准备金，公司的公积金主要有弥补公司亏损、扩大公司生产经营、转增公司资本等作用，提取公积金制度是国家规定的一项强制性制度。

法定公积金按照公司税后利润的百分之十提取，当公司法定公积金累计额为公司注册资本的百分之五十以上时可以不再提取。公司的法定公积金不足以弥补以前年度亏损的，在按照规定提取法定公积金之前，应当先用当年利润弥补亏损。

（5）提取任意公积金。任意公积金按照公司股东会或者股东大会决议，从公司税后利润中提取。

（6）向股东分配利润。有限责任公司弥补亏损和提取公积金后所余税后利润，依照股东按照实缴的出资比例分取红利；但全体股东约定不按照出资比例分取的除外。股份有限公司按照股东持有的股份比例分配；但股份有限公司章程规定不按持股比例分配的除外。

六、公司债券

(一)公司债券的概述

公司债券,是指公司依照法定程序发行,约定在一定期限还本付息的有价证券,是能够证明经济权益的法律凭证。公司以实物券方式发行公司债券的,必须在债券上载明公司名称、债券票面金额、利率和偿还期限等事项,并由法定代表人签名,公司盖章。

公司债券与公司股票有如下不同的法律特征:

(1)公司债券的持有人是公司的债权人,对于公司享有债权,而股票的持有人则是公司的股东,享有股权;

(2)公司债券的持有人,无论公司是否有盈利,对公司享有按照约定给付利息请求权,而股票持有人,则必须在公司有盈利时才能依法获得股利分配;

(3)公司债券到了约定期限,公司必须偿还债券本息,而股票持有人仅在公司清偿全部债务后,方可就剩余财产请求分配;

(4)债券的利率一般是固定不变的,风险较小,而股票股利分配的高低,与公司经营好坏密切相关,风险较大。

(二)公司债券的发行

公司发行债券应当符合《证券法》规定的发行条件:股份有限公司的净资产不低于人民币3000万元,有限责任公司的净资产不低于人民币6000万元;累计债券余额不超过公司净资产的百分之四十;最近三年平均可分配利润足以支付公司债券一年的利息;筹集的资金投向符合国家产业政策;债券的利率不超过国务院限定的利率水平;国务院规定的其他条件。

公开发行公司债券筹集的资金,必须用于核准的用途,不得用于弥补亏损和非生产性支出。有限责任公司、股份有限公司发行公司债券,由公司董事会制定方案,公司股东会、股东大会作出决议;国有独资公司发行债券,由国有资产监督管理机构作出决定。

上市公司发行可转换为股票的公司债券,除应当符合上述规定的条件外,还应当符合《证券法》关于公开发行股票的条件,并报国务院证券监督管理机构核准。

有下列情形之一的,不得再次公开发行公司债券:前一次公开发行的公司债券尚未募足;对已公开发行的公司债券或者其他债务有违约或者延迟支付本息的事实,仍处于继续状态;违反规定,改变公开发行公司债券所募资金的用途。

发行公司债券的申请经国务院授权的部门核准后,公司应当公告债券募集办法,公司债券募集办法中应当载明下列主要事项:公司名称;债券募集资金的用途;债券总额和债券的票面金额;债券利率的确定方式;还本付息的期限和方式;债券担保情况;债券的发行价格、发行的起止日期;公司净资产额;已发行的尚未到期的公司债券总额;公司债券的承销机构。公司发行公司债券应当置备公司债券存根簿。

【观念应用 2-7】某股份有限公司截至 2011 年 8 月 31 日的净资产额为 6000 万元，2010 年 5 月成功发行了 3 年期公司债券 1000 万元，1 年期公司债券 1000 万元，到期需要偿还的债券本息均已偿还。该公司计划于 2011 年 9 月再次发行公司债券。分析该公司此次发行公司债券额最多不得超过多少万元，并说明理由。

【观念解析】该公司此次发行公司债券额最多不得超过 1400 万元。根据《证券法》规定，发行公司债券时，其累计债券余额不超过公司净资产额的 40%，即不得超过 2400 万元。本案例中，该公司 2010 年发行的 1 年期公司债券已偿还完毕，2010 年发行的尚未偿还的 3 年期债券为 1000 万元，因此，本次发行的公司债券不得超过 1400 万元。

(三)公司债券的转让

公司债券可以转让，转让价格由转让人与受让人约定。公司债券在证券交易所上市交易的，按照证券交易所的交易规则转让。

公司债券的转让根据公司债券种类的不同有不同的方式。记名公司债券，由债券持有人以背书方式或者法律、行政法规规定的其他方式转让；转让后由公司将受让人的姓名或者名称及住所记载于公司债券存根簿，以备公司存查。无记名公司债券的转让，由债券持有人将该债券交付给受让人后即发生转让的效力。受让人一经持有该债券，即成为公司的债权人。

发行可转换为股票的公司债券的，公司应当按照其转换办法向债券持有人换发股票，但债券持有人对转换股票或者不转换股票有选择权。

七、公司的合并、分立、减资

(一)公司的合并

公司的合并是指两个以上的公司依照法定程序变为一个公司的行为。它有两种形式：一是吸收合并，是指一个公司吸收其他公司后存续，被吸收的公司解散；二是新设合并，是指两个以上公司合并设立一个新的公司，合并各方解散。公司合并时，合并各方的债权、债务，应当由合并后存续的公司或者新设的公司承继。

公司合并，应当由合并各方签订合并协议，并编制资产负债表及财产清单。公司应当自作出合并决议之日起十日内通知债权人并于三十日内在报纸上公告。债权人自接到通知书之日起三十日内，未接到通知书的自公告之日起四十五日内，可以要求公司清偿债务或者提供相应的担保。

(二)公司的分立

公司的分立是指一个公司依法分为两个以上的公司。公司分立前的债务由分立后的公司承担连带责任。但是，公司在分立前与债权人就债务清偿达成的书面协议另有约定的除外。

公司分立有两种形式：一种是派生式分立，即公司以其部分财产另设一个或数个新的公司，原公司存续；另一种是新设式分立，即公司以其全部财产分别归入两个以上的新设公司，原公司解散。

公司分立，其财产作相应的分割应当编制资产负债表及财产清单。公司应当自分立决议之日起十日内通知债权人，并于三十日内在报纸上公告。

公司合并或者分立，登记事项发生变更的，应当依法向公司登记机关办理交更登记；公司解散的，应当依法办理公司注销登记；设立新公司的，应当依法办理公司设立登记。

（三）公司注册资本的减少

注册资本的减少，是指公司根据需要，依照法定条件和程序，减少公司的资本总额。一般情况下，公司的注册资本不能减少，但如果出现净资产大大小于注册资本或者在派生式分立的情况下原公司的资产减少等情况，公司就可以减少注册资本。

公司需要减少注册资本时，应当由公司的股东会或股东大会作出减资的决议，必须编制资产负债表及财产清单，并应当依法向公司登记机关办理变更登记。

公司应当自作出减少注册资本决议之日起十日内通知债权人，并于三十日内在报纸上公告。债权人自接到通知书之日三十日内，未接到通知书的自公告之日起四十五日内，有权要求公司清偿债务或者提供相应的担保。

八、公司的解散与清算

（一）公司的解散

公司的解散，是指已成立的公司发生章程规定或法律规定的除破产以外的解散事由而停止业务活动，并进入清算程序的过程。

《公司法》规定，公司的解散原因包括：

（1）公司章程规定的营业期限届满或者公司章程规定的其他解散事由出现；

（2）股东会或者股东大会决议解散；

（3）因公司合并或者分立需要解散；

（4）依法被吊销营业执照、责令关闭或者被撤销；

（5）人民法院依股东请求对公司予以解散。

公司经营管理发生严重困难，继续存续会使股东利益受到重大损失，通过其他途径不能解决的，持有公司全部股东表决权百分之十以上的股东，可以请求人民法院解散公司。

(二)公司的清算

清算是终结已解散公司的一切法律关系,处理公司剩余财产的程序。清算期间,公司存续,但不得开展与清算无关的经营活动。

依照我国《公司法》的规定,公司除因合并或分立解散无需清算,以及被依法宣告破产的公司,依照有关企业破产的法律实施破产清算程序外,其他解散的公司,都应当按公司法的规定进行清算。

1.成立清算组

解散的公司,应当在解散事由出现之日起十五日内成立清算组,开始清算。有限责任公司的清算组由股东组成,股份有限公司的清算组由董事或者股东大会确定的人员组成。逾期不成立清算组进行清算的,债权人可以申请人民法院指定有关人员组成清算组进行清算。人民法院应当受理该申请并及时组织清算组进行清算。

2.清算组在清算期间行使下列职权

(1)清理公司财产,分别编制资产负债表和财产清单。

(2)通知、公告债权人。

(3)处理与清算有关的公司未了结的业务。

(4)清缴所欠税款以及清算过程中产生的税款。

(5)清理债权、债务。

(6)处理公司清偿债务后的剩余财产。

(7)代表公司参与民事诉讼活动。

3.债权人申报债权

清算组应当自成立之日起十日内通知债权人并于六十日内在报纸上公告。债权人应当自接到通知书之日起三十日内,未接到通知书的自公告之日起四十五日内,向清算组申报其债权。

债权人申报债权,应当说明债权的有关事项并提供证明材料。清算组应当对债权进行登记。在申报债权期间,清算组不得对债权人进行清偿。

4.清算分配财产

清算组在清理公司财产、编制资产负债表和财产清单后,应当制定清算方案并报股东会、股东大会或者人民法院确认。

清算组在清理公司财产、编制资产负债表和财产清单后,发现公司财产不足清偿债务的,应当依法向人民法院申请宣告破产。公司经人民法院裁定宣告破产后,清算组应当将清算事务移交给人民法院。

公司财产在分别支付清算费用、职工的工资、社会保险费用和法定补偿金,缴纳所欠税款,清偿公司债务后的剩余财产,有限责任公司按照股东的出资比例分配,股份有限公司按照股东持有的股份比例分配。

5.注销登记

公司清算结束后,清算组应当制作清算报告,报股东会、股东大会或者人民法院确认并报送公司登记机关,申请注销公司登记,公告公司终止。

复习思考题

1. 简述个人独资企业的概念与特征。

2. 简述合伙企业的事务管理规定及对外的法律效力。

3. 简述我国公司的类型及设立程序。

技能自测

一、单项选择题

1. 个人独资企业投资人吴某聘请同学陈某管理企业事务。1年后,吴某因车祸意外身亡,因企业负债较多,吴某的儿子作为唯一继承人,长期居住在美国,不愿回国继承该企业,所以该独资企业只能解散。请问下列表述中正确的是(　　)

A. 由吴某的儿子进行清算

B. 由陈某进行清算

C. 由企业的债权人进行清算

D. 由债权人申请人民法院指定清算人进行清算

2. 甲为合伙企业的普通合伙人,甲因家庭购房向朋友乙借款人民币50万元,约好1年后偿还。1年后,甲炒股亏损严重,无力向乙偿还借款,且甲从合伙企业分得的收益只有20万元,不足以清偿全部借款,乙可以(　　)

A. 代位行使甲在合伙企业的权利

B. 直接接管甲在合伙企业的财产份额

C. 依法请求人民法院强制执行甲在合伙企业的财产份额用于清偿

D. 直接变卖甲在合伙企业的财产份额用于清偿

3. 甲、乙是有限合伙企业的有限合伙人。丙、丁是普通合伙人。该有限合伙企业由甲、乙、丙、丁4人共同出资设立,企业成立后从银行贷款500万元。1年后,由于身体原因甲从合伙企业退伙。甲退伙后的第3年该合伙企业由于经营不善而解散,所以对于500万元的银行贷款,甲(　　)

A. 以其退伙时从合伙企业取回的财产为限承担责任

B. 不承担责任

C. 以其对合伙企业的出资为限承担责任

D. 以其从合伙企业取回的收益为限承担责任

4. 有限责任公司股东张某欲转让出资,于2012年4月1日向其他股东发出书面转让通知，4月5日，股东刘某收到通知，刘某应当在(　　)之前对该转让通知作出答复，否则视为同意转让。

A. 2012年4月25日　　B. 2012年5月5日

C. 2012年5月25日　　D. 2012年4月30日

5. 下列关于一人有限责任公司的表述正确的是(　　)

A. 一人有限责任公司的投资人只能是一个自然人

B. 一个自然人只能投资设立一个一人有限责任公司

C. 一人有限责任公司的股东应当对公司的债务承担无限连带责任

D. 一人有限责任公司的注册资本为人民币10万元

二、多项选择题

1. 下列各项中，可以用作个人独资企业名称的有(　　)

A. 星星纺织品有限公司　　B. 佳人减肥中心

C. 丽人婚纱摄影工作室　　D. 拓海冷饮批发部

2. 下列关于有限合伙企业的表述，正确的是(　　)

A. 有限合伙企业名称中应当标明“有限”字样

B. 有限合伙企业至少应当有一个普通合伙人

C. 有限合伙人可以用劳务出资

D. 有限合伙企业登记事项中应当载明有限合伙人的姓名或者名称及实缴的出资数额

3. 不能担任上市公司独立董事的有(　　)

A. 持有该上市公司已发行股份3%的股东董某的儿子

B. 该公司财务负责人的妻子

C. 持有该上市公司已发行股份8%的甲公司的经理

D. 持有该上市公司已发行股份2%的股东曹某的哥哥

4. 某股份有限公司的董事会由13人组成，某日在董事会议上讨论公司的下季度经营计划。在下列哪种情形下，董事会的决议可以获得通过(　　)

A. 13名董事出席，7名董事同意

B. 7名董事出席，一致同意

C. 6名董事出席，4名董事同意

D. 8名董事出席，7名董事同意

三、辨析题

1. 个人独资企业的投资人只能为一个自然人且为中国公民。

2. 个人独资企业解散后，其财产不足以清偿债务的，投资人应当以其个人的其他财产予以清偿；仍不足清偿的，投资人应当以其家庭共有财产予以清偿。

3. 合伙协议不得约定将全部利润分配给部分合伙人或者由部分合伙人承担全部亏损。

4. 合伙企业对合伙人执行合伙企业事务以及对外代表合伙企业权利的限制，可以对抗第三人。

5. 所有的股份有限公司董事会的成员中都应当有适当比例的职工代表。

◇观念应用

1. 2009 年 4 月 5 日，王某设立个人独资企业，共出资 10 万元，王某聘请亲戚孙某管理企业事务。2013 年 10 月 10 日，王某因该企业严重亏损，无力偿还到期债务，决定解散该企业，并请求人民法院指定清算人。2013 年 10 月 23 日，人民法院指定张某为清算人对该企业进行清算，经查，该企业和王某的资产及债权债务情况如下：

(1)该企业欠孙某工资 7000 元，欠缴税款 3 万元，欠缴全体职工社会保险费用共计 1.1 万元，欠债权人福兴公司 5 万元；

(2)该企业的银行存款 2.5 万元，实物折价 5 万元；

(3)王某其他个人财产价值 4 万元。请问：王某应如何偿还各项债务？

2. 案情：甲、乙、丙 3 人各出资 5 万元组成合伙企业松美汽车配件厂。合伙协议中规定了对利润分配和亏损分组办法：甲分配或分担 3/5，丙、乙各自分配或分担 1/5，争议由合伙人通过协商或调解解决。该合伙企业的负责人是甲，对外代表该合伙企业，合伙企业经营汽车配件生产、销售，经营期限为 2 年。问：

(1)乙、丙在执行该合伙企业事务中拥有什么权利？

(2)甲在担当合伙企业负责人期间，能否与王某再合作建立一个经营汽车配件的门市部，将门市部的货卖给松美汽车配件厂？为什么？

(3)假如合伙协议中明确规定，甲不得代表合伙企业签订标的额 10 万元以上的合同，后来，甲与某机械公司签订了 12 万元的合同，此合同是否有效？为什么？

3. 2011 年 6 月，甲、乙、丙、丁共同发起设立了 A 股份有限公司，注册资本为人民币 4000 万元，甲、乙为企业法人，丙、丁为自然人，截至 2013 年 1 月，A 公司的净资产为人民币 8000 万元。2013 年 2 月，A 公司召开股东大会，会上作出了下列决议：

(1)决定于 2013 年 3 月发行 3500 万元公司债券，用于扩大公司的生产经营；

(2)公司成立以来已提取法定公积金 2200 万元，2013 年不再提取法定公积金；

(3)由甲企业的代表吴某代替乙企业的代表王某担任公司董事，由 A 公司职工贾某代替原职工代表李某担任监事。2013 年 5 月，A 公司财务负责人朱某未经股东大会的同意，与亲戚共同经营与 A 公司相同的业务，获利 20 万元。要求：根据上述事实及有关法律规定，回答下列问题，并说明理由。

①A 公司股东大会决议发行 3500 万元公司债券是否符合规定？

②A 公司不再提取法定公积金的做法是否符合规定？

③股东大会作出的更换董事和监事的决议是否符合规定？

④A 公司的财务负责人朱某与亲戚共同经营业务的行为是否符合规定？

◈实训操作

任务一　设立一个合伙企业

内容：某同学打算大学毕业后自主创业，和两个好朋友黎某、王某一起出资设立一个有限合伙企业，经营豆制品的加工业务。

要求：以班级为单位，分成若干小组，以模拟设置该有限合伙企业为任务，起草一份合伙协议书。

任务二　设立一个有限责任公司

内容：某同学打算大学毕业后自主创业，和宿舍好友黎某、王某、刘某、范某、谷某一起出资设立一个有限责任公司，经营豆制品的加工业务。

要求：以寝室为单位，分成若干小组，以模拟设置该有限责任公司为任务，起草一份公司章程。

模块三
市场行为法

◇知识目标

掌握合同的概念、分类，合同法的调整对象和基本原则；掌握合同订立的程序及合同履行的规则；了解合同的担保制度；了解合同的违约形式及责任承担。

掌握破产的概念、破产原因、破产申请与受理、破产管辖等相关法律规定；了解管理人与债权人会议的职能；掌握破产程序、破产财产分配等相关制度。

◇技能目标

能够订立普通的商事合同；能分析不同效力合同的法律后果；会应用合同的担保，在一方违约后，知道应该如何追究违约方的责任；学会分析企业破产的原因，了解破产程序，学会规避创业过程中出现的公司亏损风险以及如何避免破产清算。

◇素质目标

系统、准确理解合同法的基本原则及其调整范围，并能够在实践中运用相关知识签订简单的书面合同，分析审查合同条款，判断合同的效力；了解破产法律制度的意义，知道破产法是国家通过法律制度对经济的调控，使得企业能够真正通过市场这只“看不见的手”达到优胜劣汰。

◇任务分项

任务一　合同法

掌握合同的概念、特征、分类；掌握合同法的基本原则和适用范围；掌握合同订立的主要程序和基本内容；掌握合同履行的原则和规则；掌握合同履行中的保全措施；了解合同担保的作用和种类；了解合同的变更、转让和终止的条件；掌握违约的形式及违约责任的承担方式。

任务二　破产法

掌握破产法的适用范围；了解破产案件的管辖及破产的界限；了解管理人制度和债权人会议的相关规定；了解破产程序及其法律效力；掌握破产财产的界定范围和清偿顺序。

任务一　合同法

◈任务导入

农民张某的父母收藏了一幅徐悲鸿的画，一直秘而不宣。其父母去世后，张某收拾遗物时发现了该画。由于张某文化程度不高，所以不知道该幅画的价值。某日，文化局干部刘某下乡检查工作，住在张某家，发现了这幅画。刘某以500元的价格买下了这幅画。后来，张某通过观看电视频道知道了该幅画的实际价值有50万元，便找到刘某，要求刘某退回这幅画。刘某以双方都是自愿买卖，不存在欺诈、胁迫为由，拒绝退回。张某遂向人民法院提起诉讼，要求刘某返还该画。问：

(1)张某与刘某是否构成合同关系？

(2)张某与刘某的买卖合同效力如何？为什么？

(3)张某的诉讼请求，人民法院是否应该支持？为什么？

一、合同与合同法概述

(一)合同的概念和特征

1.合同的概念

合同，又称"契约"、"协议"，是平等的当事人之间设立、变更、终止民事权利义务关系的协议。《中华人民共和国合同法》(以下简称《合同法》)所称"合同"，是指平等主体的自然人、法人、其他组织之间设立、变更、终止民事权利义务关系的协议。

2.合同的法律特征

(1)合同是两个或两个以上平等民事主体之间的协议。根据《合同法》规定，合同是平等主体之间的民事法律关系，任何一方不论其所有制性质及行政地位，都不能将自己的意志强加给对方。

(2)合同是平等主体在平等自愿基础上意思表示一致的民事行为。民事法律行为以意思表示为要素，这意味着合同是在双方或多方意思表示一致的条件下成立。真实的意思产生于当事人的自由和自愿，因此，当事人必须在平等自愿的基础上进行协商，才能使其意思表达一致，如果不存在平等自愿，也就没有真正的一致。因而，因欺诈、胁迫、乘人之危、重大误解、显失公平等意思表示不真实而成立的合同，在法律上都属于无效或可撤销的合同。

(3)合同以设立、变更或终止民事权利义务关系为内容。当事人订立合同都有一定的目的，即产生、变更或者终止一定民事权利义务关系。合同法上的合同所涉及的权利、义务都是民事性质的，非民事性质的行政关系中的权利、义务不属于民事合同的内容。同时，有关身份关系的协议，如婚姻、收养、监护等，也不由合同法调整，民事合同的内容实际就是民事财产关系中的债权债务关系。

(二)合同的分类

1.有偿合同与无偿合同

以当事人取得权益是否须付相应代价为标准,可将合同分为有偿合同与无偿合同。前者指当事人一方享有合同规定的权益,须向双方当事人偿付相应代价的合同。后者指当事人一方享有合同规定的权益,不必向对方当事人偿付相应的对价的合同。

2.单务合同和双务合同

根据合同当事人是否互负义务为标准,可将合同分为单务合同和双务合同。单务合同,是指仅有一方当事人承担义务的合同,如赠与合同。双务合同,是指双方当事人互负义务的合同,如买卖合同、承揽合同、租赁合同等。

3.诺成合同与实践合同

根据合同是否以交付标的物为生效要件,可将合同分为诺成合同和实践合同。前者是指当事人意思表示一致即告成立的合同,如一般的买卖合同。后者是指除当事人意思表示一致,须以实际交付标的物才能生效的合同。常见的实践合同有保管合同、自然人之间的借贷合同、定金合同等。

4.要式合同与不要式合同

根据合同的成立是否需要特定的法律形式,可将合同分为要式合同和不要式合同。前者是指须采用特殊法定形式才能成立的合同,如有些合同需要书面形式,有些需要登记(房地产买卖合同)。后者是指法律没有特别规定,当事人也没有特别约定需采用特殊形式或手续的合同。

5.主合同与从合同

根据合同间的主从关系,可将合同分为主合同与从合同。前者是指不依赖其他合同而独立存在的合同。后者是指以主合同的存在为存在前提的合同。

6.有名合同和无名合同

根据法律上有无规定一定的名称,可将合同分为有名合同和无名合同。有名合同,是指法律上规定了一定名称的合同,又称“典型合同”。如《合同法》在其分则中规定的买卖合同、赠与合同、借款合同等十五类有名合同。无名合同,是指法律上尚未规定有确定名称与规则的合同,又称“非典型合同”。无名合同只能在适用《合同法》总则中规定的一般规则的同时,参照该法分则或者其他法律中相类似的规定执行。

(三)合同法

1.合同法的概念

合同法是调整平等主体的自然人、法人、其他组织之间设立、变更、终止民事权利义务关系的法律规范的总称。中国现行合同法是指于1999年3月15日第九届全国人民代表大会第二次会议通过，1999 年 10 月 1 日起正式实施的《中华人民共和国合同法》(以下简称《合同法》)。

2. 合同法的适用范围

《合同法》第二条规定："本法所称合同是平等主体的自然人、法人、其他组织之间设立、变更、终止民事权利义务关系的协议。婚姻、收养、监护等有关身份关系的协议，适用其他法律的规定。"

3. 合同法的原则

《合同法》总则第一章对合同法的基本原则作了明确的规定。

(1)平等原则。《合同法》第三条规定："合同当事人的法律地位平等，一方不得将自己的意志强加给另一方。"可见，当事人无论具有何种身份，其在合同关系中相互之间的法律地位是平等的。

(2)自愿原则。《合同法》第四条规定："当事人依法享有自愿订立合同的权利，任何单位和个人不得非法干预。"自愿原则是贯彻合同活动全过程的，在实践中，只要不违背法律、行政法规强制性的规定，合同当事人就有权自愿决定。

(3)公平原则。《合同法》第五条规定："当事人应当遵循公平原则确定各方的权利和义务。"这就要求：第一，在订立合同时，要根据公平原则确定双方的权利和义务，不得滥用权利，不得欺诈，不得假借订立合同恶意进行磋商；第二，根据公平原则确定风险的合理分配；第三，根据公平原则确定违约责任。

(4)诚实信用原则。《合同法》第六条规定："当事人行使权利、履行义务应当遵循诚实信用原则。"诚实信用原则具体包括：第一，在订立合同时，不得有欺诈或其他违背诚实信用的行为；第二，在履行合同义务时，当事人应当遵循诚实信用的原则，根据合同的性质、目的和交易习惯履行及时通知、协助、提供必要的条件、防止损失扩大、保密等义务；第三，合同终止后，当事人也应当遵循诚实信用的原则，根据交易习惯履行通知、协助、保密等义务。

(5)合法原则。《合同法》第七条规定："当事人订立、履行合同，应当遵守法律、行政法规，尊重社会公德，不得扰乱社会经济秩序，损害社会公共利益。"合同主体、标的、内容、形式都必须合法，违法合同都将不受法律保护。

(6)公序良俗原则。公序，即社会一般利益，包括国家利益、社会经济秩序和社会公共利益。良俗，即一般道德观念或良好道德风尚，包括社会公德、商业道德和社会良好风尚。公序良俗，是指民事主体的行为应当遵守公共秩序，符合善良风俗，不得违反国家公共秩序和社会的一般道德。

二、合同的订立

合同订立是当事人之间依法就合同的主要条款经协商达成一致的行为。订立合同的当事人既可以是自然人，也可以是法人或其他组织，但应当具备相应的资格，即应具有相应的民事权利能力和民事行为能力。除依据合同性质不能代理的，当事人都可以委托代理人订立合同。

(一)合同订立的程序

《合同法》第十三条规定:“当事人订立合同,采取要约、承诺方式。”

1.要约

(1)要约的含义及构成。要约是希望和他人订立合同的意思表示,该意思表示应当符合下列规定:

①内容具体确定;

②表明经受要约人承诺,要约人即受该意思表示约束。

要约不同于要约邀请。要约邀请是希望他人向自己发出要约的意思表示。寄送的价目表、拍卖公告、招标公告、招股说明书、商业广告等为要约邀请。但商业广告的内容符合要约的规定,如悬赏广告则视为要约。

【观念应用 3-1】某粮食公司向大米加工厂发出以下电报:现有本年度新产中稻杂交大米 50 吨,每吨 2000 元,如有意购买,请于 8 月 10 日前回复有效。本电报属于要约还是要约邀请?

【观念解析】本电报属于要约,内容具体明确,表明经加工厂承诺该公司即受该要约约束。

(2)要约的生效。要约到达受要约人时生效。因此,要约开始对要约人产生约束力。

采用数据电文形式订立合同,收件人指定特定系统接收数据电文的,该数据电文进入该特定系统的时间,视为到达时间;未指定特定系统的,该数据电文进入收件人的任何系统的首次时间,视为到达时间。

(3)要约的撤回与撤销。要约可以撤回,条件是撤回要约的通知应当在要约到达受要约人之前或者与要约同时到达受要约人。要约可以撤销。当生效之后,如果受要约人还没有作出承诺,则要约就可以撤销,但撤销要约的通知应当在受要约人发出承诺通知之前到达受要约人。但为保护受要约人的合法权益,出现下列情形之一的,要约不得撤销:

①要约人确定了承诺期限或者以其他形式明示要约不可撤销;

②受要约人有理由认为要约是不可撤销的,并已经为履行合同作了准备工作。

(4)要约的失效。要约失效是指要约失去了对当事人(要约人)的法律约束力,出现下列情形之一的,要约失效:

①拒绝要约的通知到达要约人;

②要约人依法撤销要约;

③承诺期限届满,受要约人未作出承诺;

④受要约人对要约的内容作出实质性变更。

2. 承诺

(1)承诺的含义及构成要件。《合同法》第二十一条规定:"承诺是受要约人同意要约的意思表示。"其法律效力在于一经承诺并送达要约人,合同便告成立。由于承诺一旦生效,将导致合同的成立,所以承诺须符合以下生效要件:

①承诺必须由受要约人向要约人作出。由于要约原则上是向特定人发出的,所以只有接受要约的特定人即受要约人才有权作出承诺,第三人因不是受要约人,当然无资格向要约人作出承诺,否则视为发出新要约。当然,如果基于法律规定和要约本身就是向不特定人发出的,则不特定人有资格作出承诺。承诺是对要约人发出的要约所作的答复,因此,只有向要约人作出承诺,才能导致合同成立。

②承诺必须在规定的期限内到达要约人。如果要约规定了承诺期限,则应当在规定的承诺期限内到达;要约没有确定承诺期限的,则承诺应当依照下列规定到达:要约以对话方式作出的,应当即时作出承诺,但当事人另有约定的除外;要约以非对话方式作出的,则承诺应当在合理期限内到达。《合同法》第二十四条规定:"要约以信件或者电报作出的,承诺期限自信件载明的日期或者电报交发之日开始计算。信件未载明日期的,自投寄该信件的邮戳日期开始计算。要约以电话、传真等快速通讯方式作出的,承诺期限自要约到达受要约人时开始计算。"

对于承诺延迟问题,我国《合同法》第二十八条规定:"受要约人超过承诺期限发出承诺的,除要约人及时通知受要约人该承诺有效的以外,为新要约。"

对于意外超期到达承诺,我国《合同法》第二十九条规定:"受要约人在承诺期限内发出承诺,按照通常情形能够及时到达要约人,但因其他原因承诺到达要约人时超过承诺期限的,除要约人及时通知受要约人因承诺超过期限不接受该承诺的以外,该承诺有效。"

③承诺的内容必须与要约的内容一致。承诺的内容应当与要约的内容一致。受要约人对要约的内容作出实质性变更的,为新要约。对有关合同标的、数量、质量、价款或者报酬、履行期限、履行地点和方式、违约责任和解决争议方法等的变更,是对要约内容的实质性变更。承诺对要约的内容作出非实质性变更的,除要约人及时表示反对或者要约表明承诺不得对要约的内容作出任何变更的,该承诺有效,合同的内容以承诺的内容为准。

④承诺的方式符合要约的要求。承诺应当以通知的方式作出。但受要约人应采取何种通知方式,应根据要约的要求确定。例如,要约要求承诺应以发电报的方式作出,则不应采取邮寄的方式。如果要约没有特别规定承诺的方式,则不能将承诺的方式作为有效承诺的特殊要求。根据《合同法》第二十二条规定:"承诺应当以通知的方式作出,但根据交易习惯或者要约表明可以通过行为作出承诺的除外。"这就是说,如果根据交易习惯或者要约的内容并不禁止以行为承诺,则受要约人可通过一定的行为作出承诺。

【观念应用 3-2】某机关单位向某自行车厂去函:欲向贵厂订购 50 辆 JAT-WS027 型号的跑车,每辆价格为 1500 元,如果同意请于 1 个月内给予明确答复。

自行车厂没有回函，但却于10天后向该机关单位发送了该型号的自行车。该机关单位认为，“明确答复”是指回函，而发送车辆不是明确答复，因而，拒绝收货。该机关单位的观点正确吗？

【观念解析】该机关单位观点不正确。一般认为，如果根据交易习惯或者要约的内容并不禁止以行为作出承诺，则受要约人可通过一定的行为作出承诺。本例中，机关单位在要约中没有明文禁止以行为承诺，也没有相应交易习惯，因此，自行车厂通过发货的方式作出承诺是一种以行为方式作出的承诺，是有效的。

（2）承诺的生效。承诺的生效采用“到达生效”原则，即承诺通知到达要约人时生效。承诺不需要通知的，根据交易习惯或者要约的要求作出承诺的行为时生效。当事人采用信件、数据电文等形式订立合同的，可以在合同成立之前要求签订确认书。签订确认书时合同成立。

3.承诺的撤回

承诺可以撤回。条件是撤回承诺的通知应当在承诺到达要约人之前或者与承诺同时到达要约人。由于承诺一经到达，合同即告成立，所以承诺只可以撤回，而不可以撤销。

（二）合同的内容与形式

1.合同的内容

合同内容即合同条款规定的当事人各自的权利义务。《合同法》规定，合同的内容由当事人约定，一般包括以下条款：

（1）当事人的名称或者姓名和住所。这包括两项：一是当事人的名称和姓名，这是区别于其他民事主体的代表符号，以固定合同主体；二是当事人的住所，这是民事主体发生民事法律关系的地理区域。自然人以其户籍所在地的居住地为住所，经常居住地与住所不一致的，经常居住地视为住所；法人和其他组织的主要办事机构所在地为住所。

（2）标的。标的是合同双方当事人的权利和义务所共同指向的对象。这是一切合同的主要条款，可分为三大类：一是物；二是行为；三是智力成果，如著作权、专利权、商标权。

（3）数量。数量是标的量的规定。标的数量用法定单位履行起来才不易发生纠纷。

（4）质量。它是合同标的特征的具体化，一般以品种、规格、型号、登记等形式体现，合同对此作出规定越明确，执行起来越方便。

（5）价款或者报酬。价款是指对提供财产的一方当事人支付的货币，如购销合同中买方向卖方支付的货币，借款合同中借款人向贷款人支付的本息；报酬是指向提供劳务或完成特定工作成果的当事人支付的货币，如货物运输合同中的运费。

（6）履行期限、地点和方式。它是享有权利的一方要求对方履行义务的法律依据，也是确定双方当事人在没有完全履行合同的情况下承担法律责任的依据。

（7）违约责任。它是促使当事人履行合同义务，减少由于一方违约给对方造成的损失的法律救济手段。一般来说，违约责任由法律规定，也可以由当事人自己约定。

（8）解决争议的方法。其不是合同的必备条款，即使当事人没有事先约定，在发生纠纷后，也可以再协商，如协商不成，则可以按法律规定处理。

2. 订立合同的形式

当事人订立合同，有书面形式、口头形式和其他形式。订立合同一般宜采用书面形式。

（1）口头形式。即当事人只用语言为意思表示协议内容来订立合同。它简便、直接、快速、易行，采用广泛，如买菜、买生活用品等。但采用口头形式订立合同发生纠纷时当事人举证难，难以分清责任。

（2）书面形式。即要式形式，是指合同书、信件和数据电文（包括电报、电传、传真、电子数据交换和电子邮件）等可以有形地表现所载内容的形式。合同采用书面形式，虽然手续比较复杂、不够便捷，但它的权利义务记载清楚，便于履行，发生纠纷时也容易举证和分清责任，因此，无论法定还是约定，书面形式合同是经济活动的各个领域应用最广的合同。

（3）其他形式。它是指除书面形式和口头形式以外的其他合同形式，如推定形式、默示形式。这种合同形式是根据当事人实施某种作为或者不作为的行为来推定合同成立。例如，在房屋租赁期满后，承租人和出租人都没有明确表示，但原来租金照收照付，由此推定，原有合同继续生效。

3. 格式条款

格式条款是当事人为了重复使用而预先拟订，并在订立合同时未与对方协商的条款。格式条款的使用可以简化签约程序、加快交易速度、减少交易成本、避免道德风险。因此，往往有利于交易双方当事人。但是，为公平起见，《合同法》对格式条款作如下规定：

（1）采用格式条款订立合同的，提供格式条款的一方应当遵循公平原则确定当事人之间的权利和义务，并采取合理的方式提请对方注意免除或者限制其责任的条款，按照对方的要求，对该条款予以说明。提供格式条款一方对已尽合理提示及说明义务承担举证责任。

（2）格式条款具有合同法规定的合同无效和免责条款无效的情形，或者提供格式条款一方免除其责任、加重对方责任、排除对方主要权利的，该条款无效。

（3）对格式条款的理解发生争议的，应当按照通常理解予以解释。对格式条款有两种以上解释的，应当作出不利于提供格式条款一方的解释。格式条款和非格式条款不一致的，应当采用非格式条款。

（三）合同的成立于缔约过失责任

1. 合同的成立

依法成立的合同，自成立时生效。法律、行政法规规定应当办理批准、登记等手续生效的，则依照其规定。但是，对于一个已经成立的合同，以下几点需要注意：

（1）成立的时间。合同成立的时间随合同订立方式而不同：

①承诺生效时合同成立。这是大部分合同成立的时间标准。

②采用合同书形式订立合同的，双方当事人签字或者盖章时合同成立。如双方未同时在合同书上签字或盖章，则以当事人中最后一方签字或盖章的时间为合同的成立时间。

③当事人采用信件、数据电文等形式订立合同的，可以要求在合同成立之前签订确认书。签订确认书时合同成立。

对于第②、③种情况，如果程序没完成，但一方当事人履行了主要义务，对方接受的，则合同仍然成立。需要注意的是，当事人在合同书上按手印具有与签字或者盖章同等的法律效力。

(2)成立的地点。由于合同订立方式的不同，所以合同成立地点的确定标准也不同：

①承诺生效的地点为合同成立的地点。这是大部分合同成立的地点标准。

②采用数据电文形式订立合同的，收件人的主营业地为合同成立的地点；没有主营业地的，其经常居住地为合同成立的地点。当事人另有约定的，则按照其约定。

③采用合同书形式订立合同的，双方当事人签字或者盖章的地点为合同成立的地点。如双方未在同一地点签字或盖章，则以最后一方签字或盖章的地点为合同成立的地点。

④采用书面形式订立合同，合同约定的签订地与实际签字或者盖章地点不符的，约定的签订地为合同签订地；合同没有约定签订地，双方当事人签字或者盖章不在同一地点的，最后签字或者盖章的地点为合同签订地。

2.缔约过失责任

缔约过失责任，亦称“缔约过错责任”，是指当事人在订立合同过程中，因故意或者过失致使合同未成立、未生效、被撤销或无效，给他人造成损失而应承担的损害赔偿责任。由此可见，缔约过失的法律特征有：

(1)缔约过失责任发生在合同缔结的过程中；

(2)一方当事人违反了以诚实信用为基础的先契约义务；

(3)违反先契约义务的行为造成了对方的损失；

(4)违反先契约义务的一方当事人具有过失。

《合同法》规定，当事人在订立合同过程中给对方造成损失的有下列情形之一，应当承担损害赔偿责任：

(1)假借订立合同，恶意进行磋商；

(2)故意隐瞒与订立合同有关的重要事实或者提供虚假情况；

(3)当事人泄露或者不正当地使用在订立合同过程中知悉的商业秘密；

(4)有其他违背诚实信用原则的行为。

三、合同的效力

合同的效力就是依法成立的合同所具备的法律约束力。根据实际情况，一份依法成立的合同其效力可能有四种情形：有效合同、无效合同、可变更可撤销合同和效力待定合同。

(一)合同的生效

合同的生效是指合同具备了法律生效要件，在当事人之间产生了权利义务关系。显然，合同的生效就必然意味着合同具有法律效力，也就是有效合同。根据《合同法》，合同的一般生效要件如下：

1. 当事人具有相应的订立合同的能力

它又叫“合同主体合格原则”，即作为合同主体的当事人必须具有订立合同的权利能力和行为能力。

2. 意思表示真实

意思表示，是指意思表示的行为人即表意人的表示行为应当真实反映其内心的效果意思。其中，表示行为是表意人将其效果意思表达于外部的行为，效果意思是表意人内心所想要发生一定效果的意思。在意思表示不真实的情况下，不能仅以行为人表示于外部的意思为根据，而不考虑行为人的内心意思。

3. 不违反法律和社会公共利益

合同能产生法律效力就在于当事人的意思表示符合法律的规定，不合法的合同显然不能受到法律保护，也不能产生当事人所期待的法律效果。同时，合同不仅应当符合法律，而且在内容上也不得违反社会公共利益。

合同生效的特殊要件：

1. 批准登记生效

依法成立的合同，自成立时生效。法律、行政法规规定应当办理批准、登记等手续生效的，依照其规定办理。

2. 附条件生效

当事人对合同的效力可以约定附条件。附生效条件的合同，自条件成就时生效。附解除条件的合同，自条件成就时失效。当事人为自己的利益不正当地阻止条件成就的，视为条件已成就；不正当地促成条件成就的，视为条件不成就。

3. 附期限生效

当事人对合同的效力可以约定附期限。附生效期限的合同，自期限届至时生效。附终止期限的合同，自期限届满时失效。

(二)无效合同

合同无效，是指合同虽然成立，但因其违反法律、行政法规、社会公共利益，被确认为无效。由于其违法性，无效合同自成立时起就不具有法律效力，所以也就无需履行。

合同无效的原因可能是效力待定合同未得到确认，根据《合同法》第五十二条的规定，有下列情形之一的，合同无效：

1. 一方以欺诈、胁迫的手段订立合同，损害国家利益

欺诈一般指一方当事人故意欺骗他人，使他人陷入错误认识而与之订立合同的行为。构成欺诈应当符合以下4个构成要件：

(1)须有欺诈行为，包括陈述虚构事实或隐瞒真实情况，一般情况下，欺诈都表现为积极的作为，但依照法律或交易习惯负有告知义务时，沉默也可构成欺诈。

(2)须欺诈人有欺诈的故意，这种故意是指虚构事实的故意和隐瞒事实的故意。

(3)须相对人因欺诈而陷于错误，而这种错误与欺诈行为之间具有因果联系。

(4)须受欺诈人基于错误而与欺诈人订立合同。胁迫是指一方当事人以将来要发生的损害或者以直接施加损害相威胁，而使对方当事人产生恐惧并与之订立合同的行为。

2. 恶意串通，损害国家、集体或者第三人利益

构成恶意串通的合同须具备以下成立要件：

(1)须订立损害国家、集体或者第三人利益的合同。

(2)须合同当事人为恶意，恶意是指当事人明知或者应当知道其所订立的合同会损害国家集体或者第三人利益。

(3)须当事人之间有通谋。

3. 以合法形式掩盖非法目的

在这类合同中，不仅当事人表达出来的意思表示与真实意思表示不一致，而且他所要达到的真实目的是违法的，即当事人表达出来的意思表示是合法的形式，而他的真实意思表示却是非法目的的内容。

【观念应用 3-3】某企业在申请破产之前，将企业财产低价销售、设置担保、赠与他人，试分析该企业行为性质。

【观念解析】在外在形式上，企业从事的是合同的买卖、担保和赠与行为，但它从事这些行为的目的是企图不正常地减少破产财产的范围，损害债权人的利益，是以合法的形式掩盖非法的目的，因而是无效的。

4. 损害社会公共利益

违反社会公序良俗和社会公共利益的合同无效，这已经成为世界各国立法的普遍原则。

5. 违反法律、行政法规的强制性规定

合同法司法解释第四条规定："合同法实施以后，人民法院确认合同无效，应当以全国人大及其常委会制定的行政法规为依据。"例如：关于买卖毒品的合同，违反了我国《刑法》及《治安管理处罚法》的有关规定，所以合同无效。

(三)可变更、可撤销合同

可变更、可撤销合同指合同欠缺生效要件，但一方当事人基于自己的意思使合同的内容变更或者使合同的效力归于消灭的合同。

《合同法》第五十四条规定，下列合同，当事人一方有权请求人民法院或者仲裁机构变更或者撤销：

1.因重大误解订立的合同

构成重大误解的要件有：

(1)合同的一方当事人对于合同的重要事项产生了认识上的错误。其中，主要包括对合同性质、合同当事人、合同标的的误解。

(2)该当事人基于误解而与对方当事人订立了合同。

(3)误解是由于误解一方当事人的过失所造成的，而不是因为对方的欺骗或者不正当影响造成的。

2.在订立合同时显失公平的合同

显失公平的合同的构成要件包括：

(1)该合同必须是有偿合同，无偿合同一般不发生显失公平的问题。

(2)合同内容须明显违反公平原则，双方当事人的权利与义务明显不对等，使一方遭受重大不利。

(3)这种显失公平的结果是由于一方当事人没有经验或者在交易中处于劣势所致。

3.一方以欺诈、胁迫的手段或者乘人之危，使对方在违背真实意思的情况下订立的合同

受损害方有权请求人民法院或者仲裁机构变更或者撤销。当事人请求变更的，人民法院或者仲裁机构不得撤销。构成乘人之危的合同应当具备以下几个构成要件：

(1)须合同相对人处于危难境地。

(2)须乘危之人有乘人之危的行为。

(3)须乘危之人有乘危的故意。

(4)须合同内容对相对人严重不利。

《合同法》第五十五条规定，有下列情形之一的，撤销权消灭：

(1)具有撤销权的当事人自知道或者应当知道撤销事由之日起一年内没有行使撤销权；

(2)具有撤销权的当事人知道撤销事由后明确表示或者以自己的行为放弃撤销权。

(四)效力待定合同

效力待定合同，是指合同虽然已经成立，但因其欠缺生效要件，能否发生当事人预期的法律效力尚未确定，一般需经过有权人的追认，才能生效的合同。效力待定的情形有如下几种：

1.限制民事行为能力人独立订立的与其年龄、智力、精神状况不相适应的合同

限制民事行为能力人订立的合同，经法定代理人追认后，该合同有效，但纯获利益的合同或者与其年龄、智力、精神健康状况相适应而订立的合同，不必经法定代理人追认。

法律在保护限制民事行为能力人合法权益的同时，为避免合同相对人的利益因为合同效力待定而受损，特别规定了相对人的催告权和善意相对人的撤销权。相对人可以催告法定代理人在一个月内予以追认。法定代理人未作表示的，视为拒绝追认。合同被追认之前，善意相对人有撤销的权利。撤销应当以通知的方式作出。其中的善意是指相对人在订立合同时不知道与其订立合同的人欠缺相应的行为能力。

2. 无权代理人订立的合同

行为人没有代理权、超越代理权或者代理权终止后以被代理人名义订立的合同，未经被代理人追认，对被代理人不发生效力，由行为人承担责任。相对人可以催告被代理人在一个月内予以追认。被代理人未作表示的，则视为拒绝追认。被代理人已经开始履行合同义务的，视为对合同的追认。合同被追认之前，善意相对人有撤销的权利。撤销应当以通知的方式作出。

3. 无处分权人订立的合同

无处分权的人处分他人财产，经权利人追认或者无处分权的人订立合同后取得处分权的，视为该合同有效。

（五）合同无效、被撤销后的法律后果

合同无效或者被撤销后，因该合同取得的财产，应当予以返还；不能返还或者没有必要返还的，则应当折价补偿。有过错的一方应当赔偿对方因此所受到的损失，双方都有过错的，则应当各自承担相应的责任。当事人恶意串通，损害国家、集体或者第三人利益的，因此取得的财产收归国家所有或者返还集体、第三人。

四、合同的履行

合同的履行，是指当事人根据合同规定完成各自应承担义务的行为。合同的履行是生效合同必然发生的法律行为，是实现合同利益的根本措施，也是合同关系消灭的正常原因。因此，合同的履行是整个合同制度的核心内容。

（一）合同履行的原则

《合同法》第六十条规定："当事人应当遵循诚实信用原则，根据合同的性质、目的和交易习惯履行通知、协助、保密等义务。"

1. 全面履行原则

该原则是指合同当事人应在适当的时间、适当的地点，以适当的方式，按照合同中约定的数量和质量，履行合同中约定的义务。本原则包括三个方面的具体内容：一是履行主体适当，即当事人一般应亲自履行合同，不能由第三人代为履行，但当事人另有约定的除外；二是标的适当，即当事人交付的标的物、提供的工作成果、提供的劳动应符合合同约定或交易惯例；三是履行方式和地点适当，即当事人应按合同约定的数量、质量、品种等全面履行，不得部分履行而部分不履行，如在买卖合同中，双方当事人约定卖方向买方交付 100 吨钢材，如果卖方只向买方交付了 500 吨钢材，就要承担违约责任。

2.诚实信用原则

该原则是指根据合同的性质、目的和交易习惯履行通知、协助、保密等义务。这些附随义务是基于诚实信用原则而产生的一项合同义务，虽然当事人在合同中可能没有约定此义务，但任何合同的当事人在履行时都必须遵守。

3.经济合理原则

该原则是指合同当事人履行合同应讲求经济效益，付出最小的成本而取得最佳的合同利益。这项原则在合同法中有很多体现，如《合同法》第一百一十九条规定："当事人一方违约后，对方应当采取适当措施防止损失的扩大；没有采取适当措施致使损失扩大的，不得就扩大的损失要求赔偿。当事人因防止损失扩大而支出的合理费用，由违约方承担。"

4.情事变更原则

根据《合同法司法解释(二)》第二十六条规定："合同成立以后客观情况发生了当事人在订立合同时无法预见的、非不可抗力造成的不属于商业风险的重大变化，继续履行合同对于一方当事人明显不公平或者不能实现合同目的，当事人请求人民法院变更或者解除合同的，人民法院应当根据公平原则，并结合案件的实际情况确定是否变更或者解除。"在实践中，适用情事变更原则应符合以下几个条件：

(1)具有情事变更的客观事实。

(2)情事变更发生在合同成立生效以后，履行终止以前。

(3)情事变更非当事人所能预见。

(4)情事变更不可归责于双方当事人。

(5)因情事变更而使原合同的履行显失公平。

【观念应用3-4】甲、乙双方签订1份分期交货的设备买卖合同后，制作设备的主要原材料市场价格暴涨，超过签约时的价格近4倍，如果仍按原合同履行，甲方就将承受近90万元的损失，于是向乙方提出增加合同价款的要求，你认为乙方会接受吗?

【观念解析】根据情事变更原则，本案应修改合同，将设备价格适当提高或解除合同。

(二)合同履行的规则

《合同法》第六十一条规定："合同生效后，当事人就质量、价款或者报酬、履行地点等内容没有约定或者约定不明确的，可以协议补充；不能达成补充协议的，按照合同有关条款或者交易习惯确定。"

《合同法》第六十二条规定："当事人就有关合同内容约定不明确，依照本法第六十一条的规定仍不能确定的，适用下列规定，其一，质量要求不明确的，按照国家标准、行业标准履行；没有国家标准、行业标准的，按照通常标准或者符合合同目的的特定标准履行。其二，价款或者报酬不明确的，按照订立合同时履行地的市场价格履行；依法应当执行政府定价或者政府指导价的，按照规定履行。其三，履行地点不明确的，给付货币的，在接受货币一方所在地履行；交付不动产的，在不动产所在地履行；其他标的，在履行义务一方所在地履行。其四，履行期限不明确的，债务人可以随时履行，债权人也可以随时要求履行，但应当给对方必要的准备时间。其五，履行方式不明确的，按照有利于实现合同目的的方式履行。其六，履行费用的负担不明确的，由履行义务一方负担。”

《合同法》第六十三条规定：“执行政府定价或者政府指导价的，在合同约定的交付期限内政府价格调整时，按照交付时的价格计价。逾期交付标的物的，遇价格上涨时，按照原价格执行；价格下降时，按照新价格执行。逾期提取标的物或者逾期付款的，遇价格上涨时，按照新价格执行；价格下降时，按照原价格执行。”

【观念应用 3-5】甲公司与某石油公司签订购油合同，签订合同时，90 号汽油的政府指导价是 7800 元/吨。若履行期内汽油价格上涨到 8500 元/吨或者降至 7500 元/吨，则：①应该按多少结算？②石油公司因无货可供而导致逾期交货，应该按多少结算？③甲公司因未提货而导致逾期提货，又应该按多少结算？

【观念解析】①应该按 8500 元/吨结算；②涨价时应该按 7800 元/吨结算，跌价时按 7500 元/吨结算；③涨价时应该按 8500 元/吨结算，跌价时按 7800 元/吨结算。

(三)涉及第三人合同的履行原则

涉及第三人合同又叫“涉他合同”，是指当事人约定，向第三人履行债务或者由第三人向债权人履行债务的合同。

1. 向第三人履行债务履行原则

《合同法》第六十四条规定：“当事人约定由债务人向第三人履行债务的，债务人未向第三人履行债务或者履行债务不符合约定，应当向债权人承担违约责任。”

2. 由第三人履行债务履行原则

《合同法》第六十五条规定：“当事人约定由第三人向债权人履行债务的，第三人不履行债务或者履行债务不符合约定，债务人应当向债权人承担违约责任。”

(四)债务人提前履行债务或部分履行债务的处理原则

1. 债务人提前履行债务的处理原则

《合同法》第七十一条规定：“债权人可以拒绝债务人提前履行债务，但提前履行不损害债权人利益的除外。债务人提前履行债务给债权人增加的费用，由债务人负担。”

2. 债务人部分履行债务的处理原则

《合同法》第七十二条规定：“债权人可以拒绝债务人部分履行债务，但部分履行不损害债权人利益的除外。债务人部分履行债务给债权人增加的费用，由债务人负担。”

部分履行的构成要件是：

(1)部分履行是在履行期限内的履行，在履行期限之前履行就是提前履行，在履行期限之后履行就是迟延履行；

(2)可以部分履行的合同标的物是可分的，如买卖合同的标的物是100套西服，西服按套数可以分成不同部分，而不影响性质和作用；

(3)部分履行有两种情况：一是债务人在履行期限内将应当一次履行的债务采用分批履行的办法而全部履行，二是债务人虽然没有分批履行，但履行标的物的数量不够。

(五)合同履行中的抗辩权

抗辩权，又称“异议权”，是对抗对方的请求权或否认对方权利主张的权利。抗辩制度主要适用于双务合同，其功能在于通过行使权利而使对方请求权消灭或使效力延期发生。我国《合同法》第六十六条、第六十七条、第六十八条、第六十九条规定了同时履行抗辩权、先履行抗辩权、不安抗辩权三种类型。

1. 同时履行抗辩权

《合同法》第六十六条规定：“当事人互负债务，没有先后履行顺序的，应当同时履行。一方在对方履行之前有权拒绝其履行要求。一方在对方履行债务不符合约定时，有权拒绝其相应的履行要求。”该条规定即为同时履行抗辩权。

2. 先履行抗辩权

《合同法》第六十七条规定：“当事人互负债务，有先后履行顺序，先履行一方未履行的，后履行一方有权拒绝其履行要求。先履行一方履行债务不符合约定的，后履行一方有权拒绝其相应的履行要求。”该条规定即为先履行抗辩权。

3. 不安抗辩权

不安抗辩权，是指负有先为给付义务的一方当事人，在有确切证据证明对方当事人已经丧失或可能丧失履行债务能力或者到期后将不履行合同的情况下，中止履行并在法定条件下依法定程序解除合同的权利。规定不安抗辩权是为了切实保护当事人的合法权益，防止借合同进行欺诈，促使对方履行义务。

《合同法》第六十八条规定，应当先履行债务的当事人，有确切证据证明对方有下列情形之一的，可以中止履行：经营状况严重恶化；转移财产、抽逃资金，以逃避债务；丧失商业信誉；有丧失或者可能丧失履行债务能力的其他情形。

当事人没有确切证据中止履行的，应当承担违约责任。

当事人依照本法第六十八条的规定中止履行的，应当及时通知对方。对方提供适当担保时，应当恢复履行。中止履行后，对方在合理期限内未恢复履行能力并且未提供适当担保的，中止履行的一方可以解除合同。

【观念应用 3-6】甲公司订购了一批木材，约定于 4 月 25 日到货。乙公司于 4 月 25 日晚上将货送到，但第二天发现，该批木材有不少经过雨淋。甲公司应怎样维权？

【观念解析】这里乙公司虽然按时按量交货了，但所交货物不符合质量要求，因而，甲公司可以行使先履行抗辩权。

(六)合同的保全

合同保全也称“合同的对外效力”，是指为防止因债务人的财产不当减少而给债权人的债权带来危害，允许债权人为保全其债权的实现而采取的法律措施。其包括行使代位权和行使撤销权。

在合同生效后，债务人的财产除设定担保物权的，都应作为债权的一般担保。不论合同的履行期限是否到来了或债务人是否实施了违反合同的行为，只要债务人实施了不正当处分财产的行为而有害于债权人债权的实现时，债权人就可以采取保全措施。

1. 代位权

代位权，是指因债务人怠于行使其到期债权，对债权人造成损害的，债权人可以向人民法院请求以自己的名义代位行使债务人的债权，但该债权专属于债务人自身的除外。

代位权的行使条件有：债权合法；债权到期；债务人怠于行使；造成损害；债务非专属于债务人自身，主要是指基于抚养、赡养关系、继承关系产生的给付请求权和劳动报酬、退休金、养老金、抚恤金、安置费、人寿保险、人身伤害赔偿请求权等权利。代位权的行使范围以债权人的债权为限。债权人行使代位权的必要费用，由债务人负担。

2. 撤销权

撤销权，是指因债务人放弃其到期债权或者无偿转让财产，对债权人造成损害的，债权人可以请求人民法院撤销债务人的行为。债务人以明显不合理的低价转让财产，对债权人造成损害，并且受让人知道该情形的，债权人也可以请求人民法院撤销债务人的行为。

撤销权的行使范围以债权人的债权为限。债权人行使撤销权的必要费用，由债务人负担。

撤销权自债权人知道或者应当知道撤销事由之日起一年内行使。自债务人的行为发生之日起五年内没有行使撤销权的，则该撤销权消灭。

【观念应用 3-7】甲公司为债权人，乙公司为债务人，所欠金额为 30 万元。乙、丙间有一笔到期合同，丙欠乙 35 万元，但乙认为，甲以前也经常故意拖欠自己的钱，这次暂时叫丙别还了，让甲记住这个教训。请问，甲应该行使代位权还是撤销权，应该怎样做？

【观念解析】根据定义，应行使代位权，请求法院以自己的名义请求丙偿还 30 万元。注意，这只能在债权范围内行使，即要求丙偿还 30 万元加上因此产生的额外费用，而不是35万元。

五、合同的担保

合同担保，是指当事人根据法律规定或合同约定，为确保合同的履行和债权的实现而采取的法律措施。《中华人民共和国担保法》(以下简称《担保法》)，规定了五种担保方式，即保证、抵押、质押、留置和定金。(因抵押、质押、留置已在物权法中讲述，本文只论述保证和定金)。

(一)保证

保证，是指保证人和债权人约定，当债务人不履行债务时，保证人按照约定履行债务或者承担责任的行为。

1.保证人

具有代为清偿债务能力的法人、其他组织或者公民，可以作为保证人。下列机构不能作为保证人：

(1)国家机关不得为保证人，但经国务院批准为使用外国政府或者国际经济组织贷款进行转贷的除外。

(2)学校、幼儿园、医院等以公益为目的的事业单位、社会团体不得为保证人。

(3)企业法人的分支机构、职能部门不得为保证人。但企业法人的分支机构有法人书面授权的，可以在授权范围内提供保证。

2.保证合同

保证人与债权人应当以书面形式订立保证合同，他们可以就单个主合同分别订立保证合同，也可以协议在最高债权额限度内就一定期间连续发生的借款合同或者某项商品交易合同订立一个保证合同。不论选择哪种形式，保证合同内容一般包括：被保证的主债权种类、数额；债务人履行债务的期限；保证的方式；保证担保的范围；保证的期间；双方认为需要约定的其他事项。保证合同不完全具备前款规定内容的，可以补充。

3.保证方式

(1)一般保证。当事人在保证合同中约定，当债务人不能履行债务时，保证人承担保证责任的，为一般保证。一般保证的保证人在主合同纠纷未经审判或者仲裁，并就债务人财产依法强制执行仍不能履行债务前，对债权人可以拒绝承担保证责任。有下列情形之一的，保证人不得行使前款规定的权利：

①债务人住所变更，致使债权人要求其履行债务发生重大困难的；

②人民法院受理债务人破产案件，中止执行程序的；

③保证人以书面形式放弃前款规定的权利的。

(2)连带责任保证。当事人在保证合同中约定保证人与债务人对债务承担连带责任的，为连带责任保证。连带责任保证的债务人在主合同规定的债务履行期届满没有履行债务的，债权人可以要求债务人履行债务，也可以要求保证人在其保证范围内承担保证责任。当事人对保证方式没有约定或者约定不明确的，按照连带责任保证承担保证责任。一般保证和连带责任保证的保证人享有债务人的抗辩权。债务人放弃对债务的抗辩权的，保证人仍有权抗辩。

4.保证责任

保证责任，是指当债务人不履行债务时，保证人按照约定履行债务或承担责任的行为。

(1)保证责任的范围。保证责任的范围，是指保证担保的范围，它包括主债权及利息、违约金、损害赔偿金和实现债权的费用。保证合同另有约定的，按照约定。当事人对保证担保的范围没有约定或者约定不明确的，保证人应当对全部债务承担责任。

同一债权既有保证又有物的担保的，保证人对物的担保以外的债权承担保证责任。

(2)保证责任的承担。保证人应当在合同约定的范围内承担保证责任。保证期间内债权人依法将主债权转让给第三人的，保证人在原保证担保的范围内继续承担保证责任。保证合同另有约定的，按照约定执行。

两人以上保证时保证责任的承担。同一债务有数个保证人的，保证人应当按照保证合同约定的份额，承担保证责任。没有约定保证份额的，保证人承担连带责任。

(3)保证期间。保证期间，是指保证人依法定或约定承担代为履行或其他责任的期间，始于债务履行期满之日，终止于保证责任消灭之日，可以由双方自行约定。保证期间一般因保证方式不同而有所差别：

①一般保证的保证人与债权人未约定保证期间的，保证期间为主债务履行期届满之日起六个月。

②连带责任保证的保证人与债权人未约定保证期间的，债权人有权自主债务履行期届满之日起六个月内要求保证人承担保证责任。

③保证人依法就连续发生的债权作保证，未约定保证期间的，保证人可以随时书面通知债权人终止保证合同，但保证人对于通知到债权人前所发生的债权，承担保证责任。

(4)保证责任的承担和免除。在保证期间内，债务人不能履行债务时，保证人应在保证范围内承担保证责任。保证责任承担后，有权向债务人追偿。在下列情形下，保证人的保证责任免除或消灭：

①债务人转让债务未经保证人同意；

②主合同变更未经保证人同意的；

③保证期间届满而债权人没有请求保证人承担保证责任的；

④债权人免除了债务人的债务；

⑤主债务消灭或保证合同终止；

当有下列情形之一的，保证人也不承担民事责任：

①主合同当事人双方串通，骗取保证人提供保证的；

②主合同债权人采取欺诈、胁迫等手段，使保证人在违背真实意思的情况下提供保证的。

(二)定金

定金是当事人一方于合同未履行前，为了证明合同的成立和保证合同的履行，在应支付的规定数额内，把预先支付一定金额的款项作为债权的担保。

定金应当以书面形式约定。当事人在定金合同中应当约定交付定金的期限。定金合同从实际交付定金之日起生效。定金的数额由当事人约定，但不得超过主合同标的额的百分之二十，超过部分不发生法律效力。

当事人可以约定一方向对方给付定金作为债权的担保。债务人履行债务后，定金应当抵作价款或者收回。给付定金的一方不履行约定的债务的，无权要求返还定金；收受定金的一方不履行约定的债务的，应当双倍返还定金。关于此原则的适用，按以下股则：

因当事人一方延迟履行或其他行为致使合同目的不能实现，可以适用定金罚则。但法律另有规定或当事人另有约定的除外。当事人一方不完全履行合同的，应按照未履行部分所占合同约定的比例适用定金罚则。

因不可抗力、意外事件致使主合同不能履行的，不适用定金罚则。因合同关系以外第三人的过错，致使主合同不能履行的，适用定金罚则。受定金处罚的一方当事人，可以依法向第三人追偿。

当事人约定以交付定金作为订立主合同担保的，给付定金的一方拒绝订立主合同的，无权要求返还定金；收受定金的一方拒绝订立合同的，应当双倍返还定金。实际交付的定金数额多于或者少于约定数额，则视为变更定金合同；收受定金一方提出异议并拒绝接受定金的，定金合同不生效。

在同一合同中，当事人既约定违约金，又约定定金的，在一方违约时，当事人只能选择适用违约金条款或者定金条款，不能同时要求适用两个条款。

六、合同的变更、转让与终止

(一)合同的变更

《合同法》所称合同的变更，是指合同内容的变更，它是依法成立的合同尚未履行或未完全履行之前，当事人按照法定条件和程序，就合同内容进行补偿和修改的行为。这种变更不包括合同主体的变更，合同主体的变更属于合同的转让。

合同是双方当事人合意的体现，因此，经当事人协商一致，当然可以变更合同。但法律、行政法规规定变更合同应当办理批准、登记等手续的，应当办理相应手续。《合同法》规定，当事人对合同变更的内容约定不明确的，推定为未变更。除了双方通过合意变更合同，还存在法定变更的情形，即一方当事人单方通知对方变更合同的权利。

合同的变更，仅对变更后未履行的部分有效，对已履行的部分无溯及力。

（二）合同的转让

合同的转让，是指合同当事人一方依法将合同权利、义务全部或部分地转让给第三人。它包括合同权利的转让、合同义务的转让和合同权利义务的一并转让。

1. 合同权利的转让

合同权利转让，是指债权人将合同的权利全部或者部分转让给第三人的法律制度。其中，债权人是转让人，第三人是受让人。《合同法》规定，债权人转让权利的，无须债务人同意，但应当通知债务人。未经通知，该转让对债务人不发生效力。债权人转让权利的通知不得撤销，但经受让人同意的除外。据此，债权转让不以债务人的同意为生效条件，但是要对债务人发生效力，则必须通知债务人。

（1）禁止转让的情形。《合同法》规定，下列情形的债权不得转让：根据合同性质不得转让，主要是指基于当事人特定身份而订立的合同，如出版合同、赠与合同等；按照当事人约定不得转让；依照法律规定不得转让。

（2）债权转让的效力。对债权人而言，在全部转让的情形下，原债权人脱离债权债务关系，受让人取代债权人地位。在部分转让的情形下，原债权人就转让部分丧失债权。

对受让人而言，债权人转让权利的，受让人取得与债权有关的从权利，如抵押权，但该从权利专属于债权人自身的除外。

对债务人而言，债权人权利的转让，不得损害债务人的利益，不应影响债务人的权利。

债务人接到债权转让通知后，债务人对让与人的抗辩可以向受让人主张，如提出债权无效、诉讼时效已过等事由的抗辩。

债务人接到债权转让通知时，债务人对让与人享有债权，并且其债权先于转让的债权到期或者同时到期的，债务人可以向受让人主张抵销。

2. 合同义务的转让

《合同法》规定，债务人将合同义务的全部或者部分转移给第三人的，应当经债权人同意。这是因为新债务人的资信情况和偿还能力须得到债权人的认可，以免债权人的利益受到不利影响。债务人转移义务的，新债务人可以主张原债务人对债权人的抗辩。新债务人应当承担与主债务有关的从债务，但该从债务专属于原债务人自身的除外。

3. 合同权利义务的一并转让

合同权利义务的一并转让，又称“概括转移”，是指合同一方当事人将自己在合同中的权利义务一并转让的法律制度。《合同法》规定，当事人一方经他方当事人同意，可以将自己在合同中的权利义务一并转让给第三人。概括移转有约定的概括移转和法定的概括移转两种情形。约定的概括移转基于转让合同的方式进行。而法定的概括移转往往是因为某一法定事实的发生而导致。最典型的就是合同当事人发生合并或分立时，就会有法定的概括移转的发生。《合同法》规定，当事人订立合同后合并的，由合并后的法人或者其他组织行使合同权利，并履行合同义务。当事人订立合同后分立的，除债权人和债务人另有约定的，其余都由分立的法人或者其他组织对合同的权利和义务享有连带债权，承担连带债务。

【观念应用 3-8】甲公司欲分立成乙和丙两家公司，现订立了一个债务划分协议：将原甲公司欠 A、B 的债务交由乙来偿还，欠 C、D 公司的债务交由丙偿还，请问这种划分有效吗？

【观念解析】无效，按照《合同法》的规定，债务转让必须经由债权人同意才有效，未经同意，不得转让。

（三）合同的终止

合同的终止，是指因发生法律规定或当事人约定的情况，使当事人之间的权利义务关系消灭，而使合同终止法律效力。合同消灭的效力，除当事人之间的权利义务终止，从属于主债的权利义务也随之消灭。

《合同法》规定，有下列情形之一的，合同的权利义务终止：

1. 债务已经按照约定履行

当债务已经按照约定履行，债务人依照合同的约定圆满完成约定义务，债权已得到满足，合同目的已实现，合同本身已经没有继续约束当事人的理由。它是合同消灭的最主要和最常见的原因。

2. 合同解除

合同解除，是指合同成立以后，尚未履行或者未完全履行之前，双方当事人通过协议或者一方行使解除权的方式，使得合同关系终止的法律制度。合同的解除，分为合意解除与法定解除两种情况。

（1）合意解除。合意解除，也称“约定解除”，是指根据当事人事先约定或经当事人协商一致而解除合同的情况。其中，协商解除是以一个新的合同解除旧的合同。而约定解除则是一种单方解除，即双方在订立合同时，约定了合同当事人一方解除合同的条件。一旦该条件成就，解除权人就可以通过行使解除权而终止合同。

（2）法定解除。法定解除，是指根据法律规定行使解除权而解除合同。根据《合同法》第九十四条的规定，在下列情形下，当事人可以单方面解除合同：

①因不可抗力不能实现合同的；

②在履行期限届满之前，当事人一方明确表示或者以自己的行为表明不履行主要债务；

③当事人一方迟延履行主要债务，经催告后在合理期限内仍未履行；

④当事人一方迟延履行债务或者有其他违约行为致使不能实现合同的；

⑤法律规定的其他情形。

合同解除后，尚未履行的，终止履行；已经履行的，根据履行情况和合同性质，当事人可以要求恢复原状、采取其他补救措施，并有权要求赔偿损失。

3. 债务相互抵销

抵销分为法定抵销和约定抵销。

按照《合同法》的规定，当事人互负到期债务，该债务的标的物种类、品质相同的，任何一方可以将自己的债务与对方的债务抵销，但依照法律规定或者按照合同性质不得抵销的除外。当事人主张抵销的，应当通知对方。通知自到达对方时生效。抵销不得附条件或者附期限。

当事人互负债务，标的物种类、品质不相同的，经双方协商一致，也可以抵销。

4. 债务人依法将标的物提存

提存，是指非因可归责于债务人的原因，导致在债务人无法履行债务或者难以履行债务的情况下，债务人将标的物交由提存机关保存，以终止合同权利义务关系的行为。《合同法》规定的提存是以清偿为目的，所以是债务消灭的原因。

《合同法》规定，有下列情形之一，难以履行债务的，债务人可以将标的物提存。

(1)债权人无正当理由拒绝受领；

(2)债权人下落不明；

(3)债权人死亡未确定继承人或者丧失民事行为能力未确定监护人；

(4)法律规定的其他情形。

标的物提存后，毁损、灭失的风险由债权人承担。提存期间，标的物的孳息归债权人所有。提存费用由债权人负担。标的物不适于提存或者提存费用过高的，债务人依法可以拍卖或者变卖标的物，提存所得的价款。

提存成立的，视为债务人在其提存范围内已经履行债务，但债务人还负有后合同义务。除债权人下落不明，债务人应当及时通知债权人或者债权人的继承人、监护人。债权人可以随时领取提存物，但债权人对债务人负有到期债务的，在债权人未履行债务或者提供担保之前，提存部门根据债务人的要求应当拒绝其领取提存物。债权人领取提存物的权利，自提存之日起年内不行使则消灭，提存物扣除提存费用后归国家所有。此处规定的“年”时效为不变期间，不适用诉讼时效中止、中断或者延长的规定。

5. 债权人免除债务

债权人免除债务人部分或者全部债务的，合同的权利义务部分或者全部终止。

6. 债权债务同归于一人

债权和债务同归于一人，即债权债务混同时，合同的权利义务终止，但涉及第三人利益的除外。

7. 法律规定或者当事人约定终止的其他情形

合同终止后，合同本身的权利义务都消灭，依附于该主合同的从合同的权利义务也终止，但因违约而终止的合同被解除后，担保合同的权利义务关系则不终止。《合同法》规定，合同的权利义务终止后，当事人应当遵循诚实信用原则，根据交易习惯履行通知、协助、保密等义务。

七、违约责任

(一)违约责任的概念与归责原则

违约责任，是指合同当事人不履行合同义务或者履行合同义务不符合约定所应承担的法律后果。违约责任以合同的有效存在为前提，是合同当事人不履行合同义务所产生的责任。如果当事人违反的不是合同义务，而是法律规定的其他义务，则应负其他责任。

《合同法》总则规定的违约责任采用严格责任。因此，只要合同当事人有违约行为存在，无论导致违约的原因是什么，除了法定或者约定的免责事由，均不得主张免责。同时，《合同法》分则又对有些违约须以主观上存在过错为主导。由此，我国的违约责任实际上实施的是严格责任为主，过错责任为辅的原则。

(二)违约形态

根据合同当事人违反义务的性质、特点的不同，《合同法》将违约行为区分为预期违约和实际违约两种类型。

1.预期违约

预期违约，是指在履行期限到来之前，一方无正当理由而明确表示其在履行期到来后将不履行合同，或者其行为表明其在履行期到来以后将不可能履行合同。《合同法》第一百零八条规定了预期违约，并将预期违约分为明示的预期违约和默示的预期违约两种。明示与默示的区别在于违约的合同当事人是否通过意思表示明确表达自己不再履行合同的意愿。

2.实际违约

在履行期限到来以后，当事人不履行或不完全履行合同义务的，将构成实际违约。实际违约可以分为不履行和不适当履行两类。

另外，《合同法》规定，因当事人一方的违约行为，侵害对方人身、财产权益的，受损害方有权选择依照《合同法》规定要求其承担违约责任或者依照其他法律要求其承担侵权责任。根据《合同法解释(一)》的规定，债权人向人民法院起诉时作出选择后，在一审开庭以前又变更诉讼请求的，人民法院应当准许。但如对方当事人对变更后的诉讼请求提出管辖权异议，经审查异议成立的，人民法院应当驳回起诉。

(三)违约责任的承担方式

违约责任的承担方式主要有：继续履行、补救措施、损害赔偿三种方式。

1.继续履行

继续履行，又称“实际履行”，是指债权人在债务人不履行合同义务时，可请求人民法院或者仲裁机构强制债务人实际履行合同义务。

《合同法》规定，当事人一方未支付价款或者报酬的，对方可以要求其支付价款或者报酬。当事人一方不履行非金钱债务或者履行非金钱债务不符合约定的，对方可以要求履行，但有下列情形之一的除外：法律上或者事实上不能履行；债务的标的不适于强制履行或者履行费用过高；债权人在合理期限内未要求履行。

2.采取补救措施

采取补救措施，是债务人履行合同义务不符合约定，债权人在请求人民法院或者仲裁机构强制债务人实际履行合同义务的同时，可根据合同履行情况要求债务人采取的补救履行措施。《合同法》规定，当事人履行合同义务，质量不符合约定的，应当按照当事人的约定承担违约责任。对违约责任没有约定或者约定不明确，受损害方根据标的的性质以及损失的大小，可以合理选择要求对方承担修理、更换、重作、退货、减少价款或者报酬等违约责任。

3.损害赔偿

当事人一方不履行合同义务或者履行合同义务不符合约定的，在履行义务或者采取补救措施后，对方还有其他损失的，应当承担损害赔偿责任。损害赔偿的具体方式主要有赔偿损失、支付违约金和适用定金罚则等。

(1)赔偿损失。损失赔偿额应当相当于因违约所造成的损失，包括合同履行后可以获得的利益，但不得超过违约方订立合同时预见到或者应当预见到的因违反合同可能造成的损失。当事人可以在合同中约定因违约产生的损失赔偿额的计算方法。

经营者对消费者提供商品或者服务有欺诈行为的，依照《中华人民共和国消费者权益保护法》的规定承担损害赔偿责任，即按照购买商品的价款或者接受服务的费用承担双倍赔偿责任。

当事人一方违约后，对方应当采取适当措施防止损失的扩大；没有采取适当措施致使损失扩大的，不得就扩大的损失要求赔偿。当事人因防止损失扩大支出的合理费用由违约方承担。

(2)支付违约金。违约金，是按照当事人约定或者法律规定，一方当事人违约时应当根据违约情况向对方支付的一定数额的货币。约定的违约金低于造成的损失的，当事人可以请求人民法院或者仲裁机构予以增加；约定的违约金过高造成损失的，当事人可以请求人民法院或者仲裁机构予以适当减少。根据《商品房买卖合同解释》的规定，当事人以约定的违约金过高为由请求减少的，应当以违约金超过造成的损失为标准适当减少；当事人以约定的违约金低于造成的损失为由请求增加的，应当以违约造成的损失确定违约金数额。当事人就迟延履行约定违约金的，违约方支付违约金后，还应当履行债务。

(3)定金。当事人在合同中既约定违约金，又约定定金的，一方违约时，对方可以选择适用违约金或者定金条款，但两者不可同时并用。

当事人一方违约后，对方应当采取适当措施防止损失的扩大；没有采取适当措施致使损失扩大的，不得就扩大的损失要求赔偿。

(四)违约责任的免除

《合同法》规定的免责事由仅限于不可抗力。

不可抗力，是指不能预见、不能避免并不能克服的客观情况。常见的不可抗力有：

(1)自然灾害。如地震、台风、洪水、海啸等。

(2)政府行为。政府行为，是指当事人在订立合同以后发生且不能预见的情形。如运输合同订立后，由于政府颁布禁运的法律，所以使合同不能履行。

(3)社会异常现象。一些偶发的事件阻碍合同的履行，如罢工、骚乱等。

不可抗力虽为合同的免责事由，但有关不可抗力的具体事由很难由法律作出具体列举式的规定，因此，根据合同自由原则，当事人可以在订立不可抗力条款时，具体列举各种不可抗力的事由。

不可抗力发生后对当事人责任的影响，要注意几点：

(1)不可抗力并非当然免责，要根据不可抗力对合同履行的影响决定。《合同法》规定，因不可抗力不能履行合同的，根据不可抗力的影响，部分或者全部免除责任。

(2)当事人迟延履行后发生不可抗力的，不能免除责任。

(3)不可抗力事件发生后，主张不可抗力一方要履行两个义务：一是及时通报合同不能履行或者需要迟延履行、部分履行的事由；二是取得有关不可抗力的证明。

《合同法》规定的免责事由仅限于不可抗力，但《合同法解释(二)》还特别规定了情势变更制度。所谓“情势变更”，是指在合同成立以后，如果客观情况发生了当事人在订立合同时无法预见的、非不可抗力造成的不属于商业风险的重大变化，那么继续履行合同对于一方当事人明显不公平或者不能实现合同目的，当事人请求人民法院变更或者解除合同的，人民法院应当根据公平原则，并结合案件的实际情况确定是否变更或者解除。

(五)违约责任与侵权责任的竞合

违约责任与侵权责任竞合，是指合同当事人一方的违约行为同时又符合侵权要件，导致违约责任与侵权责任一并产生，违约责任的请求权与侵权责任的索赔请求权发生重叠，形成请求权的竞合。例如：甲委托乙看家，乙却把甲家电视机擅自卖给了善意第三人丙，此时，甲既可以追究乙侵犯财产的侵权责任，也可以要求乙承担不履行合同的违约责任。如果允许受损害方当事人不受限制地行使两种请求权，就会导致违约方当事人承担双重责任，这显然是不公平的。因此，我国《合同法》第一百二十二条规定：“因当事人一方的违约行为，侵害对方人身、财产权益的，受损害方有权选择依照本法要求其承担违约责任或者依照其他法律要求其承担侵权责任。”这就是说，在违约责任与侵权责任竞合的情况下，受损害方只能任择其一；或者提起违约之诉，追究对方的违约责任；或者提起侵权之诉，追究对方的侵权责任，而不能同时行使两个请求权。

任务二　破产法

◈任务导入

甲企业因不能清偿到期债务，向法院申请破产，法院受理了该破产案件。甲企业是乙企业向银行借款的保证人，银行在得知甲企业破产情况后，决定将其债权作为破产债权申报受偿。丙企业是甲企业的债权人，丙企业由于担心自己的债权得不到全额清偿，一再要求甲企业以部分财产偿还所欠丙企业的未到期债务，甲企业同意了丙企业的要求，并进行了清偿。根据上述情况和企业破产法律制度的有关规定，回答下列问题：

(1)银行能否将其担保债权作为破产债权申请受偿？为什么？

(2)甲企业提前偿还丙企业未到期债务的行为是否符合法律规定？为什么？

一、破产法概述

(一)破产的概念与特征

所谓“破产”，是指在债务人不能清偿到期债务时，经债权人或者债务人申请，由人民法院依法定程序宣告其破产并强制执行其全部财产，公平清偿给全体债权人，或者在人民法院的监督下，由债权人会议达成和解协议或重整计划以使企业复苏，避免企业倒闭清算的法律制度。破产具有如下法律特征：

1.破产必须以债务人不能清偿到期债务为前提

“不能清偿到期债务”是指：债务的履行期限已届满；债务人明显缺乏清偿债务的能力。当债务人停止清偿到期债务并呈连续状态时，如无相反证据，也可推定为“不能清偿到期债务”。

2.存在两个以上的债权人

如果只有一个债权人，则采用一般的民事执行程序即可清偿债务。当存在多数债权人时，如何对债务人的财产进行公正的分配，满足债权人的清偿要求，一般的民事执行程序无法解决，必须由法律进行特别规定。

3.破产以公平清偿债权为宗旨

破产主要的目的是将债务人的财产按照一定的程序和比例公平合理地分配给各债权人，不能清偿的部分也由各债权人公平分担。

4.按诉讼程序处理

从破产申请到破产宣告，从债权申报到财产清理，从破产分配到破产终结，有关当事人的活动均应在法院的主持和监督下按法定程序进行。

(二)破产法的概念与适用范围

1.企业破产法的概念

企业破产法，是指调整破产债权人和债务人、法院、管理人以及其他破产参加人相互之间在破产过程中所发生的社会关系的法律规范的总称。其主要包括破产程序规范和破产实体规范。在我国，狭义上的企业破产法是指中华人民共和国第十届全国人民代表大会常务委员会第二十三次会议于2006年8月27日通过，自2007年6月1日起施行的《中华人民共和国企业破产法》(以下简称《企业破产法》)。广义上的企业破产法还包括其他处理破产案件的程序规范和实体规范，如1991年4月9日公布实施的《中华人民共和国民事诉讼法》中关于企业法人破产还债程序的规定以及《公司法》、《合伙企业法》、《保险法》等单行法中关于破产的实体性规范。

2.企业破产法的适用范围

根据《企业破产法》第二条、第一百三十四条、第一百三十五条的规定，《企业破产法》适用范围为：

(1)企业法人，即适用于所有具有法人资格的企业。

(2)商业银行、证券公司、保险公司等金融机构出现破产原因后，国务院金融监督管理机构可以向人民法院提出对该金融机构进行重整或者破产清算的申请。但由于其特殊性，所以特别规定：国务院金融监督管理机构依法对出现重大经营风险的金融机构采取接管、托管等措施的，可以向人民法院申请中止以该金融机构为被告或者被执行人的民事诉讼程序或者执行程序。金融机构实施破产的，国务院可以依据《企业破产法》和其他相关法律的规定制定实施办法。

(3)为缓解其他非法人组织的破产无法可依的问题，规定企业法人之外的其他组织(如合伙企业)如果属于破产清算的，则可以参照适用《企业破产法》规定的程序。

二、破产申请与受理

(一)破产界限

破产界限，也称“破产原因”，是指适用破产程序所依据的特定的法律条件或法律事实，也就是受理破产案件的实质条件。我国《企业破产法》第二条规定：“企业法人不能清偿到期债务，并且资产不足以清偿全部债务或者明显缺乏清偿能力的，依照本法规定清理债务。企业法人有前款规定情形，或者有明显丧失清偿能力可能的，可以依照本法规定进行重整。”

(二)破产申请的提出

破产申请，是指破产申请人向法院请求受理破产案件，适用破产程序，宣告破产的意思表示。我国现行《破产法》采用了申请主义，即债务人在符合破产界限时，可以向人民法院提出重整、和解或者破产清算申请；债务人不能清偿到期债务，债权人可以向人民法院提出对债务人进行重整或者破产清算的申请；企业法人已解散但未清算或者未清算完毕，资产不足以清偿债务的，依法负有清算责任的人应当向人民法院申请破产清算。向人民法院提出破产申请，应当提交破产申请书和有关证据。破产申请应当向债务人住所地人民法院提出。

（三）破产申请的受理

破产案件的受理，是指人民法院在收到破产申请后，认为申请符合法定条件而予以接受，并由此开始破产程序的司法行为。破产案件受理的程序如下：

1.审查和处理

债权人提出破产申请的，人民法院应当自收到申请之日起五日内通知债务人。债务人对申请有异议的，应当自收到人民法院的通知之日起七日内向人民法院提出。人民法院应当自异议期满之日起十日内裁定是否受理。除前述情形，人民法院应当自收到破产申请之日起十五日内裁定是否受理。有特殊情况需要延长前两款规定的裁定受理期限的，经上一级人民法院批准，可以延长十五日。

人民法院受理破产申请的，应当自裁定作出之日起五日内送达申请人。债权人提出申请的，人民法院应当自裁定作出之日起五日内送达债务人。债务人应当自裁定送达之日起十五日内，向人民法院提交财产状况说明、债务清册、债权清册、有关财务会计报告以及职工工资的支付和社会保险费用的缴纳情况。

人民法院裁定不受理破产申请的，应当自裁定作出之日起五日内送达申请人并说明理由。人民法院受理破产申请后至破产宣告前，经审查发现债务人不符合破产界限的，可以裁定驳回申请。申请人对裁定不服的，可以自裁定送达之日起十日内向上一级人民法院提起上诉。

2.指定管理人

管理人，是指在破产程序进行过程中，负责债务人或破产人财产的管理、处分、业务经营以及破产方案拟订和执行的专门机构。人民法院裁定受理破产申请的，应当同时指定管理人。这一规定使债务人财产从破产程序一开始就置于专门管理人的管理和控制之下，有效地避免了部分债务人因某种目的采取不当或非法的手段处置财产、损害债权人利益的事情发生，从而可以最大限度地保障债权人的利益。

(1)管理人的组成及报酬。管理人由人民法院指定。债权人会议认为，管理人不能依法、公正执行职务或者有其他不能胜任职务情形的，可以申请人民法院予以更换。

《企业破产法》规定，可以担任管理人的有：

①由有关部门、机构的人员组成的清算组；

②依法设立的律师事务所、会计师事务所、破产清算事务所等社会中介机构；

③人民法院根据债务人的实际情况，可以在征询有关社会中介机构的意见后，指定该机构具备相关专业知识并取得执业资格的人员担任管理人。

同时,《企业破产法》还规定了不得担任管理人的情形:

①因故意犯罪受过刑事处罚;

②曾被吊销相关专业执业证书;

③与本案有利害关系;

④人民法院认为不宜担任管理人的其他情形。个人担任管理人的,应当参加执业责任保险。

管理人的报酬由人民法院确定。债权人会议对管理人的报酬有异议的,有权向人民法院提出。指定管理人和确定管理人报酬的办法,由最高人民法院规定。

【观念应用 3-9】根据《企业破产法》的规定,下列主体中,可以担任管理人的是(　　)

A. 与债权人有尚未了结债务的人

B. 曾被吊销注册会计师证书的人

C. 破产案件受理的 4 年前曾担任债务人董事的人

D. 破产案件受理前 2 年内曾担任债务人法律顾问的人

【观念解析】正确答案 C。判断会计师事务所是否存在利害关系:与债务人、债权人有未了结的债权债务关系;在人民法院受理破产申请前 3 年内,曾为债务人提供相对固定的中介服务;现在是或者在人民法院受理破产申请前 3 年内曾经是债务人、债权人的控股股东或者实际控制人;现在担任或者在人民法院受理破产申请前 3 年内曾经担任债务人、债权人的财务顾问、法律顾问。判断会计师事务所派出的注册会计师是否存在利害关系:现在担任或者在人民法院受理破产申请前 3 年内曾经担任债务人、债权人的董事、监事、高级管理人员;与债权人或者债务人的控股股东、董事、监事、高级管理人员存在夫妻、直系血亲、三代以内旁系血亲或者近姻亲关系。

(2)管理人的职责与义务。

管理人履行下列职责:

①接管债务人的财产、印章和账簿、文书等资料;

②调查债务人财产状况,制作财产状况报告;

③决定债务人的内部管理事务;

④决定债务人的日常开支和其他必要开支;

⑤在第一次债权人会议召开之前,决定继续或者停止债务人的营业;

⑥管理和处分债务人的财产;

⑦代表债务人参加诉讼、仲裁或者其他法律程序;

⑧提议召开债权人会议;

⑨管理人经人民法院许可,可以聘用必要的工作人员;

⑩人民法院认为管理人应当履行的其他职责。

管理人应当履行下列义务：

①管理人依照本法规定执行职务，向人民法院报告工作，并接受债权人会议和债权人委员会的监督；

②管理人应当列席债权人会议，向债权人会议报告职务执行情况，并回答询问；

③在第一次债权人会议召开之前，管理人决定继续或者停止债务人的营业或者有《企业破产法》第六十九条规定的行为之一的，应当经人民法院许可；

④管理人应当勤勉尽责，忠实执行职务；

⑤管理人没有正当理由不得辞去职务。管理人辞去职务应当经人民法院许可。

3.通知和公告

人民法院应当自裁定受理破产申请之日起二十五日内通知已知债权人，并予以公告。通知和公告应当载明法律规定的事项。自人民法院受理破产申请的裁定送达债务人之日起至破产程序终结之日，债务人的有关人员（如企业的法定代表人；经人民法院决定，可以包括企业的财务管理人员和其他经营管理人员）承担下列义务：

（1）妥善保管其占有和管理的财产、印章和账簿、文书等资料。

（2）根据人民法院、管理人的要求进行工作，并如实回答询问。

（3）列席债权人会议并如实回答债权人的询问。

（4）未经人民法院许可，不得离开住所地。

（5）不得新任其他企业的董事、监事、高级管理人员。

4.破产受理裁定的法律效力

破产受理后将产生下列法律效力：

（1）债务人对个别债权人的债务清偿无效。

（2）债务人的债务人或者财产持有人应当向管理人清偿债务或者交付财产。债务人的债务人或者财产持有人故意违反前述规定向债务人清偿债务或者交付财产，使债权人受到损失的，不免除其清偿债务或者交付财产的义务。

（3）管理人对破产申请受理前成立而债务人和对方当事人均未履行完毕的合同有权决定解除或者继续履行，并通知对方当事人。管理人自破产申请受理之日起两个月内未通知对方当事人，或者自收到对方当事人催告之日起三十日内未答复的，视为解除合同。管理人决定继续履行合同的，对方当事人应当履行，但是，对方当事人有权要求管理人提供担保，管理人不提供担保的，视为解除合同。

（4）有关债务人财产的保全措施应当解除，执行程序应当中止。

（5）已经开始而尚未终结的有关债务人的民事诉讼或者仲裁应当中止，在管理人接管债务人的财产后，该诉讼或者仲裁继续进行。

（6）有关债务人的民事诉讼，只能向受理破产申请的人民法院提起。

三、债权人会议与债权人委员会

债权人会议是由全体债权人组成，以维护债权人共同利益为目的，在法院监督下对有关破产事宜表达债权人意思的临时性机构。它伴随着破产程序的开始而产生，破产程序终结后，其使命也宣告结束。

（一）债权申报

人民法院受理破产申请后，应当确定债权人申报债权的期限。债权申报期限自人民法院发布受理破产申请公告之日起计算，最短不得少于三十日，最长不得超过三个月。

债权人应当在人民法院确定的债权申报期限内向管理人申报债权。债务人所欠职工的工资和医疗、伤残补助、抚恤费用，所欠的应当划入职工个人账户的基本养老保险、基本医疗保险费用，法律、行政法规规定应当支付给职工的补偿金等不必申报，由管理人调查后列出清单并予以公示。职工对清单记载有异议的，可以要求管理人更正，管理人不予更正的，职工可以向人民法院提起诉讼。

在人民法院确定的债权申报期限内，债权人未申报债权的，可以在破产财产最后分配前补充申报。但是，此前已进行的分配，不再对其补充分配。为审查和确认补充申报债权的费用，由补充申报人承担。债权人未依法申报债权的，不得行使权利。

管理人收到债权申报材料后，应当登记造册，对申报的债权进行审查，并编制债权表。债权表和债权申报材料由管理人保存，供利害关系人查阅，并应当提交第一次债权人会议核查。

债务人、债权人对债权表记载的债权无异议的，由人民法院裁定确认。债务人、债权人对债权表记载的债权有异议的，可以向受理破产申请的人民法院提起诉讼。

（二）债权人会议

1. 债权人会议的组成

依法申报债权的债权人为债权人会议的成员，有权参加债权人会议，享有表决权。债权尚未确定的债权人，除人民法院能够为其行使表决权而临时确定债权额，不得行使表决权。债权人会议设主席一人，由人民法院从有表决权的债权人中指定。债权人会议主席主持债权人会议。债权人会议应当由债务人的职工和工会的代表参加，对有关事项发表意见。

2. 债权人会议的职权

债权人会议行使下列职权：

（1）核查债权。

（2）申请人民法院更换管理人，审查管理人的费用和报酬。

（3）监督管理人。

（4）选任和更换债权人委员会成员。

(5)决定继续或者停止债务人的营业。

(6)通过重整计划。

(7)通过和解协议。

(8)通过债务人财产的管理方案。

(9)通过破产财产的变价方案。

(10)通过破产财产的分配方案。

(11)人民法院认为应当由债权人会议行使的其他职权。

其中,对债务人的特定财产享有担保权的债权人,未放弃优先受偿权利的,对于和解协议和破产财产的分配方案不享有表决权。

3.债权人会议的召集与决议

(1)债权人会议的召集。第一次债权人会议由人民法院召集,自债权申报期限届满之日起十五日内召开。以后的债权人会议,在人民法院认为必要时或者管理人、债权人委员会、占债权总额四分之一以上的债权人向债权人会议主席提议时召开。召开债权人会议,管理人应当提前十五日通知已知的债权人。

(2)债权人会议的决议。债权人会议的决议,由出席会议的有表决权的债权人过半数通过,并且其所代表的债权额占无财产担保债权总额的二分之一以上。但是,《企业破产法》另有规定的除外。债权人会议的决议,对于全体债权人均有约束力。

债权人认为债权人会议的决议违反法律规定,损害其利益的,可以自债权人会议作出决议之日起十五日内,请求人民法院裁定撤销该决议,责令债权人会议依法重新作出决议。

对于债务人财产的管理方案和破产财产的变价方案,经债权人会议表决未通过的或者债权人会议对所议事项经两次表决仍未通过的,由人民法院裁定。对此裁定,人民法院可以在债权人会议上宣布或者另行通知债权人。

(三)债权人委员会

1.债权人委员会的组成

债权人会议可以决定设立债权人委员会。债权人委员会由债权人会议选任的债权人代表和一名债务人的职工代表或者工会代表组成。债权人委员会成员不得超过九人。债权人委员会成员应当经人民法院书面决定认可。

2.债权人委员会的职权

债权人委员会行使下列职权:

(1)监督债务人财产的管理和处分。

(2)监督破产财产分配。

(3)提议召开债权人会议。

(4)债权人会议委托的其他职权。

债权人委员会执行职务时,有权要求管理人、债务人的有关人员对其职权范围内的事务作出说明或者提供有关文件。管理人、债务人的有关人员违反法律规定拒绝接受监督的,债权人委员会有权就监督事项请求人民法院作出决定,人民法院应当在五日内作出决定。

3.债权人委员会对管理人的约束

管理人实施下列行为,应当及时报告债权人委员会:

(1)涉及土地、房屋等不动产权益的转让。

(2)探矿权、采矿权、知识产权等财产权的转让。

(3)全部库存或者营业的转让。

(4)借款。

(5)设定财产担保。

(6)债权和有价证券的转让。

(7)履行债务人和对方当事人均未履行完毕的合同。

(8)放弃权利。

(9)担保物的取回。

(10)对债权人利益有重大影响的其他财产处分行为。未设立债权人委员会的,管理人实施前述规定的行为应当及时报告人民法院。

四、重整与和解

(一)重整

重整,是指已具破产界限或有破产界限之虞而又有再生希望的债务人实施的旨在挽救其生存的法律程序。其目的不在于公平分配债务人财产,因而有别于破产程序。其手段为调整债权人、股东及其他利益关系人与重整企业的利益关系,并限制担保物权的行使,故又有别于和解程序。

1.重整申请的提出

债务人或者债权人可以依照《企业破产法》的规定,直接向人民法院申请对债务人进行重整。债权人申请对债务人进行破产清算的,在人民法院受理破产申请后、宣告债务人破产前,债务人或者出资额占债务人注册资本十分之一以上的出资人,可以向人民法院申请重整。

2.重整期间

(1)重整期间的时间界定。人民法院经审查认为重整申请符合《企业破产法》规定的,应当裁定债务人重整,并予以公告。自人民法院裁定债务人重整之日起至重整程序终止,为重整期间。

(2)重整期间的相关内容。

①在重整期间,经债务人申请,人民法院批准,债务人可以在管理人的监督下自行管理财产和营业事务。已接管债务人财产和营业事务的管理人应当向债务人移交财产和营业事

务，管理人的职权由债务人行使。

②管理人负责管理财产和营业事务的，可以聘任债务人的经营管理人员负责营业事务。

③在重整期间，对债务人的特定财产享有的担保权暂停行使。但是，担保物有损坏或者价值明显减少的可能，足以危害担保权人权利的，担保权人可以向人民法院请求恢复行使担保权。

④在重整期间，债务人或者管理人为继续营业而借款的，可以为该借款设定担保。

⑤债务人合法占有的他人财产，该财产的权利人在重整期间要求取回的，应当符合事先约定的条件。

⑥在重整期间，债务人的出资人不得请求投资收益分配。债务人的董事、监事、高级管理人员不得向第三人转让其持有的债务人的股权。但是，经人民法院同意的除外。

3.重整计划的制定和批准

(1)重整计划的制定。债务人或者管理人应当自人民法院裁定债务人重整之日起六个月内，同时向人民法院和债权人会议提交重整计划草案。上述规定的期限届满，经债务人或者管理人请求，有正当理由的，人民法院可以裁定延期三个月。

债务人自行管理财产和营业事务的，由债务人制作重整计划草案。管理人负责管理财产和营业事务的，由管理人制作重整计划草案。重整计划草案应当包括下列内容：债务人的经营方案；债权分类；债权调整方案；债权受偿方案；重整计划的执行期限；重整计划执行的监督期限；有利于债务人重整的其他方案。

(2)重整计划的表决。下列各类债权的债权人参加讨论重整计划草案的债权人会议，依照下列债权分类，分组对重整计划草案进行表决：

①对债务人的特定财产享有担保权的债权；

②债务人所欠职工的工资和医疗、伤残补助、抚恤费用，所欠的应当划入职工个人账户的基本养老保险、基本医疗保险费用，以及法律、行政法规规定应当支付给职工的补偿金；

③债务人所欠税款；

④普通债权。人民法院在必要时可以决定在普通债权组中设小额债权组对重整计划草案进行表决。

人民法院应当自收到重整计划草案之日起三十日内召开债权人会议，对重整计划草案进行表决。出席会议的同一表决组的债权人过半数同意重整计划草案，并且其所代表的债权额占该组债权总额的三分之二以上的，即为该组通过重整计划草案。债务人或者管理人应当向债权人会议就重整计划草案作出说明，并回答询问。债务人的出资人代表可以列席讨论重整计划草案的债权人会议。重整计划草案涉及出资人权益调整事项的，应当设出资人组，对该事项进行表决。

(3)重整计划的通过。各表决组均通过重整计划草案时，重整计划即为通过。自重整计划通过之日起十日内，债务人或者管理人应当向人民法院提出批准重整计划的申请。

部分表决组未通过重整计划草案的，债务人或者管理人可以同未通过重整计划草案的表决组协商。该表决组可以在协商后再表决一次。双方协商的结果不得损害其他表决组的利益。未通过重整计划草案的表决组拒绝再次表决或者再次表决仍未通过重整计划草案，但重整计划草案符合法律特别规定的，债务人或者管理人可以申请人民法院批准重整计划草案。人民法院经审查认为，重整计划草案符合法律规定的，应当自收到申请之日起三十日内裁定批准，终止重整程序，并予以公告。

4.重整计划的效力与执行

经人民法院裁定批准的重整计划，对债务人和全体债权人均有约束力。债权人未依法申报债权的，在重整计划执行期间不得行使权利，在重整计划执行完毕后，可以按照重整计划规定的同类债权的清偿条件行使权利。债权人对债务人的保证人和其他连带债务人所享有的权利，不受重整计划的影响。

重整计划由债务人负责执行。人民法院裁定批准重整计划后，已接管财产和营业事务的管理人应当向债务人移交财产和营业事务。自人民法院裁定批准重整计划之日起，在重整计划规定的监督期内，由管理人监督重整计划的执行。在监督期内，债务人应当向管理人报告重整计划的执行情况和债务人财务状况。监督期届满时，管理人应当向人民法院提交监督报告，自监督报告提交之日起，管理人的监督职责终止。管理人向人民法院提交的监督报告，重整计划的利害关系人有权查阅。经管理人申请，人民法院可以裁定延长重整计划执行的监督期限。

5.重整计划的终止

(1)在重整期间，有下列情形之一的，经管理人或者利害关系人请求，人民法院应当裁定终止重整程序并宣告债务人破产：

①债务人的经营状况和财产状况继续恶化，缺乏挽救的可能性；

②债务人有欺诈、恶意减少债务人财产或者其他显著不利于债权人的行为；

③由于债务人的行为致使管理人无法执行职务。

(2)债务人或者管理人未按期提出重整计划草案的，人民法院应当裁定终止重整程序并宣告债务人破产。

(3)重整计划草案未获得通过且未依法获得批准或者已通过的重整计划未获得批准的，人民法院应当裁定终止重整程序，并宣告债务人破产。

(4)债务人不能执行或者不执行重整计划的，人民法院经管理人或者利害关系人请求，应当裁定终止重整计划的执行，并宣告债务人破产。但为重整计划的执行提供的担保继续有效。人民法院裁定终止重整计划执行的，债权人在重整计划中作出的债权调整的承诺失去效力。债权人因执行重整计划所受的清偿仍然有效，债权未受清偿的部分作为破产债权。前述规定的债权人，只有在其他同顺位债权人同自己所受的清偿达到同一比例时，才能继续接受分配。按照重整计划减免的债务，自重整计划执行完毕时起，债务人不再承担清偿责任。

(二)和解

和解，是指人民法院在受理破产案件后，债务人与债权人之间在延期、分期清偿债务或者免除或部分免除债务人的债务达成协议，以中止破产程序，防止债务人破产的制度。和解协议一经法院认可，即对全体债权人具有约束力。

1.和解申请

债务人可以依照《企业破产法》的规定，直接向人民法院申请和解，也可以在人民法院受理破产申请后、宣告债务人破产前，向人民法院申请和解。债务人申请和解，应当提出和解协议草案。人民法院经审查认为和解申请符合法律规定的，应当裁定和解，予以公告，并召集债权人会议讨论和解协议草案。对债务人的特定财产享有担保权的权利人，自人民法院裁定和解之日起可以行使权利。

2.和解协议的通过

债权人会议通过和解协议的决议，由出席会议的有表决权的债权人过半数同意，并且其所代表的债权额占无财产担保债权总额的三分之二以上。

债权人会议通过和解协议的，由人民法院裁定认可，终止和解程序，并予以公告。管理人应当向债务人移交财产和营业事务，并向人民法院提交执行职务的报告。

和解协议草案经债权人会议表决未获得通过或者债权人会议通过的和解协议未获得人民法院认可的，人民法院应当裁定终止和解程序，并宣告债务人破产。

3.和解协议的效力

经人民法院裁定认可的和解协议，对债务人和全体和解债权人（即人民法院受理破产申请时对债务人享有无财产担保债权的人）均有约束力。和解债权人未依法申报债权的，在和解协议执行期间不得行使权利，在和解协议执行完毕后，可以按照和解协议规定的清偿条件行使权利。和解债权人对债务人的保证人和其他连带债务人所享有的权利，不受和解协议的影响。

债务人应当按照和解协议规定的条件清偿债务。因债务人的欺诈或者其他违法行为而成立的和解协议，人民法院应当裁定和解协议无效，并宣告债务人破产。和解债权人因执行和解协议所受的清偿，在其他债权人所受清偿同等比例的范围内，不予返还。

债务人不能执行或者不执行和解协议的，人民法院经和解债权人请求，应当裁定终止和解协议的执行，并宣告债务人破产，但为和解协议的执行提供的担保继续有效。人民法院裁定终止和解协议执行的，和解债权人在和解协议中作出的债权调整的承诺失去效力。和解债权人因执行和解协议所受的清偿仍然有效，和解债权未受清偿的部分作为破产债权，该债权人只有在其他债权人同自己所受的清偿达到同一比例时，才能继续接受分配。

4.和解协议的终结

人民法院受理破产申请后，债务人与全体债权人就债权债务的处理自行达成协议的，可以请求人民法院裁定认可，并终结破产程序。按照和解协议减免的债务，自和解协议执行完毕时起，债务人不再承担清偿责任。

五、破产清算

(一)破产宣告

破产宣告，是指受理破产案件的法院依法定程序对已具备破产要件的债务人所作出的宣告其为破产人的司法审判行为。

人民法院依法宣告债务人破产的，应当自裁定作出之日起五日内送达债务人和管理人，自裁定作出之日起十日内通知已知债权人，并予以公告。债务人被宣告破产后，债务人称为“破产人”，债务人财产称为“破产财产”，人民法院受理破产申请时对债务人享有的债权称为“破产债权”。

破产宣告前，有下列情形之一的，人民法院应当裁定终结破产程序并予以公告：第三人为债务人提供足额担保或者为债务人清偿全部到期债务的；债务人已清偿全部到期债务的。

(二)破产财产与破产债权

1.破产财产

破产财产，是指在破产宣告后，依法定程序对债权人的债权进行清偿的破产企业的财产。根据我国《企业破产法》的规定，破产申请受理时属于债务人的全部财产，以及破产申请受理后至破产程序终结前债务人取得的财产，为破产财产。

人民法院受理破产申请前一年内，涉及债务人财产的下列行为，管理人有权请求人民法院予以撤销，并有权追回：

(1)无偿转让财产的。

(2)以明显不合理的价格进行交易的。

(3)对没有财产担保的债务提供财产担保的。

(4)对未到期的债务提前清偿的。

(5)放弃债权的。

人民法院受理破产申请前六个月内，债务人符合破产界限时，仍对个别债权人进行清偿的，管理人有权请求人民法院予以撤销并有权追回。但是，个别清偿使债务人财产受益的除外。为逃避债务而隐匿、转移财产或虚构债务或者承认不真实的债务的行为无效，管理人有权追回由此取得的债务人财产。债务人的董事、监事和高级管理人员利用职权从企业获取的非正常收入和侵占的企业财产，管理人应当追回。

人民法院受理破产申请后，管理人可以通过清偿债务或者提供为债权人接受的担保，取回质物、留置物。前款规定的债务清偿或者替代担保，在质物或者留置物的价值低于被担保的债权额时，以该质物或者留置物当时的市场价值为限。人民法院受理破产申请后，债务人的出资人尚未完全履行出资义务的，管理人应当要求该出资人缴纳所认缴的出资，而不受出资期限的限制。人民法院受理破产申请后，债务人占有的不属于债务人的财产，该财产的权利人可以通过管理人取回。但是，《企业破产法》另有规定的除外。人民法院受理破产申请时，出卖人已将买卖标的物向作为买受人的债务人发运，债务人尚未收到且未付清全部价款的，出卖人可以取回在运途中的标的物。但是，管理人可以支付全部价款，请求出卖人交付标的物。上述追回或取回的财产列入破产财产。

2. 破产债权

人民法院受理破产申请时对债务人享有的债权称为“破产债权”。对破产人的特定财产享有担保权的权利人，对该特定财产享有优先受偿的权利。具有优先受偿权利的债权人未能完全受偿的，其未受偿的债权作为普通破产债权，放弃优先受偿权利的，其债权作为普通破产债权。

债权人在破产申请受理前对债务人负有债务的，可以向管理人主张抵销。但是，有下列情形之一的，不得抵销：

(1)债务人的债务人在破产申请受理后取得他人对债务人的债权的。

(2)债权人已知债务人有不能清偿到期债务或者破产申请的事实，对债务人负担债务的。但是，债权人因为法律规定或者有破产申请一年前所发生的原因而负担债务的除外。

(3)债务人的债务人已知债务人有不能清偿到期债务或者破产申请的事实，对债务人取得债权的。但是，债务人的债务人因为法律规定或者有破产申请一年前所发生的原因而取得债权的除外。

(三)破产财产的变价和分配

1. 破产财产的变价

管理人应当及时拟订破产财产变价方案，提交债权人会议讨论。管理人应当按照债权人会议通过的或者人民法院依照《企业破产法》的规定裁定的破产财产变价方案，适时变价出售破产财产。变价出售破产财产应当通过拍卖进行。但是，债权人会议另有决议的除外。破产企业可以全部或者部分变价出售。企业变价出售时，可以将其中的无形资产和其他财产单独变价出售。按照国家规定不能拍卖或者限制转让的财产，应当按照国家规定的方式处理。

2. 破产费用和共益债务

破产费用，是破产程序开始后，为破产程序的顺利进行以及破产财产的管理、估价、变卖和分配等处分而产生的各项费用的总称。《企业破产法》第四十一条规定，人民法院受理破产申请后发生的下列费用，为破产费用：破产案件的诉讼费用；管理、变价和分配债务人财产的费用；管理人执行职务的费用、报酬和聘用工作人员的费用。

共益债务，是指破产程序中为全体债权人的共同利益而发生的债务。与共益债务相对应的权利为共益债权。《破产法》第四十二条规定，人民法院受理破产申请后发生的下列债务，为共益债务：因管理人或者债务人请求对方当事人履行双方均未履行完毕的合同所产生的债务；债务人财产受无因管理所产生的债务；因债务人不当得利所产生的债务；为债务人继续营业而应支付的劳动报酬和社会保险费用以及由此产生的其他债务；管理人或者相关人员执行职务致人损害所产生的债务；债务人财产致人损害所产生的债务。

破产费用和共益债务由债务人财产随时清偿。债务人财产不足以清偿所有破产费用和共益债务的，先行清偿破产费用。债务人财产不足以清偿所有破产费用或者共益债务的，按照比例清偿。债务人财产不足以清偿破产费用的，管理人应当提请人民法院终结破产程序。

3.破产财产的清偿顺序

破产财产在优先清偿破产费用和共益债务后，依照下列顺序清偿：

(1)破产人所欠职工的工资和医疗、伤残补助、抚恤费用，所欠的应当划入职工个人账户的基本养老保险、基本医疗保险费用，以及法律、行政法规规定应当支付给职工的补偿金。

(2)破产人欠缴的除前项规定以外的社会保险费用和破产人所欠税款。

(3)普通破产债权。破产财产不足以清偿同一顺序的清偿要求的，按照比例分配。同时，对于破产企业的董事、监事和高级管理人员的工资按照该企业职工的平均工资计算。破产财产的分配应当以货币分配方式进行。但是，债权人会议另有决议的除外。

(四)破产程序的终结

破产人无财产可供分配的，管理人应当请求人民法院裁定终结破产程序。管理人在最后分配完结后，应当及时向人民法院提交破产财产分配报告，并提请人民法院裁定终结破产程序。人民法院应当自收到管理人终结破产程序的请求之日起十五日内作出是否终结破产程序的裁定。裁定终结的，应当予以公告。管理人应当自破产程序终结之日起十日内，持人民法院终结破产程序的裁定，向破产人的原登记机关办理注销登记。

自破产程序终结之日起两年内，发现有应当追回或其他可供分配的财产，债权人可以请求人民法院按照破产财产分配方案进行追加分配，但财产数量不足以支付分配费用的，不再进行追加分配，由人民法院将其上交国库。

破产人的保证人和其他连带债务人，在破产程序终结后，对债权人依照破产清算程序未受清偿的债权，依法继续承担清偿责任。

复习思考题

1.简述合同订立的程序、生效要件和履行规则。

2.简述合同履行中三大抗辩权的含义及使用时的注意要点。

3.简述合同违约的情形及违约责任承担的方式。

4.简述破产的原因、破产申请及破产程序。

5.简述破产财产的范围及分配顺序。

◈技能自测

一、单项选择题

1.《合同法》不适用于(　　)

A. 出版合同　　B. 收养合同　　C. 土地使用权合同　　D. 质押合同

2. 按照《合同法》规定,合同自(　　)成立。

A. 承诺发出时　　B. 承诺生效时

C. 受要约人作出承诺时　　D. 要约人告诉受要约人时

3. 合同被撤销的,自(　　)时起没有法律约束力。

A. 确认　　B. 撤销　　C. 订立　　D. 履行

4. 合同法律效力的主要内容和整个《合同法》的核心是(　　)

A. 合同的签订　　B. 合同的标的

C. 当事人的要约和承诺的效力　　D. 合同的履行

5. 合同当事人将合同义务的全部或部分转让给第三者的(　　)

A. 应当取得另一方同意　　B. 应当通知另一方

C. 不必通知也不必征得许可　　D. 应当解除合同

6. 破产界限的实质是(　　)

A. 经营管理不善　　B. 造成严重亏损

C. 不能清偿到期债务　　D. 资不抵债

7. 根据企业破产法律制度的规定,人民法院受理债务人的破产申请后,在下列各项中,债权人不能申报债权的是(　　)

A. 附条件、附期限的债权　　B. 诉讼、仲裁未决的债权

C. 未到期的债权　　D. 债务人所欠职工的工资

8. 关于债权人会议主席的产生,下列表述符合《企业破产法》规定的是(　　)

A. 由债权人会议成员选举产生

B. 由债权人会议成员从有表决权的债权人中选举产生

C. 由管理人从有表决权的债权人中指定产生

D. 由人民法院从有表决权的债权人中指定产生

9. 根据《破产法》的规定,附利息的债权停止计息的期限是(　　)

A. 自破产申请时起　　B. 自破产申请受理时起

C. 自破产宣告时起　　D. 自破产清算时起

10. 下列属于共益债务的是(　)

A. 管理人对破产企业财产进行分配而发生的费用

B. 管理人为破产财产的做人聘请的资产评估专业人员而支付的劳动费用

C. 债务人的财产在债务人自己的仓库保管时发生火灾,殃及了近邻,造成了他人的财产

损害，为此，债务人需要承担的赔偿费用

D. 人民法院受理债务人的破产案件依照职权发生的债务人负担的调查费用、公告费用、文件送达费用

二、多选题

1. 以下(　　)不受《合同法》调整。

A. 劳动合同　　B. 买卖合同　　C. 行政合同　　D. 抚养协议

2. 下列关于合同订立程序说法中，说法正确的有(　　)

A. 要约发出以后可以后悔，只要撤回来就可以

B. 广告属于要约邀请

C. 承诺一旦到达就产生法律效力

D. 要约发出之后受要约人承诺前都有机会后悔

3. 下列情形中不属于效力待定合同的有(　　)

A. 10 周岁的少年出售劳力士金表给 40 岁的李某

B. 5 周岁的儿童因发明创造而接受奖金

C. 成年人甲误将本为复制品的油画当成真品购买

D. 出租车司机借抢救重病人急需租车之机将车价提高 10 倍

4. 下列合同中，可撤销的情形是(　　)

A. 因重大误解而订立

B. 因显失公平而订立

C. 因一方受欺诈而订立

D. 损害国家利益的行为

E. 恶意串通损害第三人利益的

5. 甲、乙两公司签订了一份买卖合同，约定甲方向乙方交付 1000 公斤小麦，但甲方的履行迟延了 1 个月，则(　　)

A. 遇到价格上涨时，按照原价格执行

B. 遇到价格上涨时，按照新价格执行

C. 遇到价格下降时，按照新价格执行

D. 遇到价格下降时，按照原价格执行

6. 根据企业破产法律制度的规定，债权人申请对债务人进行破产清算的，在人民法院受理破产申请后、宣告债务人破产前，下列各项中，可以向人民法院申请重整的是(　　)

A. 债务人

B. 占债权总额 1/4 以上的债权人

C. 占无财产担保债权总额 2/3 以上的债权人

D. 出资额占债务人注册资本 10%以上的出资人

7. 整顿期间，企业有下列(　　)情形经人民法院裁定，可终结该企业的整顿，宣告其

破产。

A. 不执行和解协议的

B. 财务状况继续恶化，债权人会议申请终结整顿的

C. 非正常压价出售财产，严重损害债权人利益的

D. 放弃自己的债权，严重损害债权利益的

8. 根据《企业破产法》的规定，对债务人的特定财产享有担保权的债权人，未放弃优先受偿权利的，下列事项中，不享有表决权的有(　　)

A. 通过和解协议　　B. 通过重整计划

C. 通过破产财产的分配方案　　D. 通过破产财产的管理方案

9. 人民法院受理破产案件前 1 年至破产宣告之日的期间内，破产企业的下列(　　)行为可行使撤销权。

A. 无偿转让财产　　B. 非正常压价出售财产

C. 对未到期的债务提前清偿　　D. 放弃自己的债权

三、辨析题

1. 迟到的承诺对于要约人仍属于承诺，如果要约人拒绝，则有义务立即将承诺迟到的情况通知承诺人。

2. 受要约人对要约的主要内容变更属于实质性变更，否则属于非实质性变更。

3. 合同权利义务关系是相互的，未经当事人双方一致同意不得转让，否则构成违约。

4. 可撤销的合同自撤销之日起无效。

5. 故意提供虚假情况或者故意掩盖真实情况，以使他人产生错误认识的行为是欺诈。

6. 货物运单是证明货主对货物的所有权和提货人提货依据的书面文件。

7. 破产财产在清偿破产费用和共益债务后，对破产人所欠职工的工资和税款，按同一比例予以清偿。

8. 重整计划由管理人执行。

9. 破产财产的变价方案，经债权人会议表决，其结果为有出席会议的无债务人特定财产担保的债权人过半数同意，但是其所代表的债权额未达到无财产担保债权总额的 1/2 以上，该方案未能通过。在二次表决仍未通过的情况下，由法院裁定通过。债权人对该裁定不服的，可以向法院申请复议。

10. 重整期间，债务人自行管理财产和营业事务的，债务人应当制作重整计划草案，并自法院裁定重整之日起 3 个月内，同时向人民法院和债权人会议提交重整计划草案。

观念应用

1. 张某欲卖给李某旧房一间，双方于 2013 年 4 月 1 日签订了合同，并决定在 4 月 15 日去办理过户手续。双方还在合同中约定了标的额 20%的违约金。李某全家 2013 年 4 月 10

日入住该房。4月14日，张某通知李某房子不卖了，要求退回。问题：

(1)该合同的效力如何？标的物的所有权是否已转移？

(2)李某起诉主张：第一，要把房屋的产权过户；第二，张某违约，得按标的物价款的20%支付违约金。对他的要求，法院应不应该支持？

(3)若张、李履行合同，则没有解除合同的事由发生。但李某入住后发现少了一扇门，就提起诉讼，要求张某加一扇门或减少价款。法官判决，合同并未约定有门，李某败诉。请问：法官观点是否正确？

2.甲、乙于2011年10月5日签订借款合同，丙作为担保方在借款合同上签字。合同约定乙的还款日期为2012年2月5日，到期未还由丙对借款本金500万元承担连带责任。2011年12月1日，甲、乙双方经协商将还款期延至2012年4月5日，并通知丙，丙对此未置可否。2012年5月1日，甲因乙未按期还款而首次要求丙偿还借款本息。根据上述案情，请判断下列说法是否正确。

(1)就保证范围而言，丙对本金的利息不承担保证责任。

(2)由于丙对延期还款期未置可否，故丙不再承担保证责任。

(3)根据约定的保证方式，甲应该先向乙主张权利后才能向丙主张权利。

(4)若丙不同意变更还款期，则甲向丙主张权利的保证期间止于2012年8月5日。

(5)若丙书面同意变更还款期，则甲向丙主张权利的保证期间止于2012年10月5日。

3.2007年9月1日，人民法院裁定受理债务人甲公司的破产申请，并指定乙律师事务所担任破产管理人。在12月10日召开的第一次债权人会议上，管理人将甲公司的有关情况汇报如下：

(1)全部财产的变现价值为2000万元。其中包括：已作为丁银行贷款担保物的财产价值为250万元；管理人发现甲公司于2007年1月10日无偿转让140万元的财产，遂向人民法院申请予以撤销、追回财产，并于2008年3月1日将该财产全部追回；甲公司综合办公楼价值800万元，已用于对所欠乙企业500万元货款的抵押担保，货款尚未支付。

(2)欠发职工工资和社会保险费用200万元、欠交税款100万元；管理人于10月15日解除了甲公司与丙公司所签的一份买卖合同，给丙公司造成了120万元的经济损失。

(3)人民法院的诉讼费用30万元，管理人报酬20万元，为继续营业而支付的职工工资及社会保险40万元。

根据破产法律制度的规定，分别回答以下问题：

(1)哪些属于破产费用？哪些属于共益债务？

(2)对甲公司无偿转让财产的行为，管理人是否有权请求人民法院予以撤销？请说明理由。

(3)丙公司是否可以就其120万元的经济损失申报债权？请说明理由。

(4)如果有财产担保的债权人丁银行、乙企业均不放弃优先受偿权，那么在债权人会议上就破产财产分配方案的表决是否享有表决权？

(5)根据本题的具体数字，简述破产财产的清偿顺序。

(6)如果丙公司自最后分配公告之日起满 2 个月仍不领取其破产财产分配额，则其分配额应如何处理？请说明理由。

实训操作

1. 以某楼盘买房合同为对象，要求同学分组模拟合同签订过程，并对合同的格式和非格式条款加以讨论。

2. 某国有服装公司，因经营不善，所以已经资不抵债，有意向法院申请破产。如果聘请你为律师代理破产中的法律事务，则经过一段时间工作后，你掌握了以下情况：

(1)服装公司欠当地工商银行货款 2200 万元，贷款时曾提供服装公司一套进口生产流水线作抵押，该套设备现值 1500 万元。

(2)服装公司的债权人之一甲公司因追索 250 万元货款而在 1 个月前起诉服装公司，此案尚在审理中。根据以上情况，回答下列问题：

(1)工商银行的 2200 万元贷款应如何处理？

(2)甲公司与服装公司之间尚未审结的追索货款之诉应如何处理？

(3)应从企业财产中优先拨付的破产费用包括哪些？

模块四
市场规制法

◈知识目标

了解和掌握市场规制法的立法目的和适用范围；掌握生产者、销售者关于产品质量的义务和责任；知晓消费者的权利和经营者的义务；学会区分不正当竞争行为与垄断行为；掌握反不正当竞争和反垄断法的立法目的；了解产品侵权、消费侵权、不正当侵权、垄断侵权的法律保护机制和解决途径。

◈技能目标

准确判断和分析市场经济中的市场行为和法律问题，学会用适当的法律方式方法解决经济活动中多样化的纠纷案件。学会运用有关法律知识处理日常生活中遇到的产品质量问题、消费侵权问题、市场垄断行为等，维护自身的合法权益，引导市场良性运行。

◈素质目标

通过本模块的学习，使学生能够了解我国的市场规制法律、法规的基本内涵和制度，增强法治观念，提高依法维权意识，增强依法经营的思维，学会用法律知识分析和解决社会经济活动中的相关问题，培养遵法、守法、护法的法律意识，促进经济社会法治化进程。

◈任务分项

任务一　产品质量法

了解产品质量法的立法目的和调整范围；了解产品质量的监督制度、管理制度及检查制度；掌握生产者、销售者关于产品质量的义务和责任；熟知生产者、销售者违反产品质量法所承担的法律责任；了解产品质量责任的损害赔偿程序。

任务二　消费者权益保护法

了解消费者权益保护法的立法目的和调整范围；掌握消费者的权利和经营者的义务；知道如何解决消费过程中引起的纠纷；能够运用所学知识通过合法渠道进行消费维权。

任务三　反不正当竞争法

了解反不正当竞争法的立法目的和调整范围；掌握不正当竞争行为的类型；了解国家对

不正当竞争行为的监督检查和责任处罚；学会运用相关法律知识进行维权。

任务四　反垄断法

掌握“垄断”的含义、特征及产生的原因；了解反垄断法立法情况；掌握垄断的概念和种类；了解对涉嫌垄断行为的调查程序及法律责任。

任务一　产品质量法

任务导入

张某和民丰电动自行车电瓶公司的元某是好朋友。某日，张某骑电动自行车去找元某办事。临走时，张某发现自己的电动自行车电瓶坏了，就问元某有没有电瓶可以临时用下。元某就顺手拿了一个电瓶给张某说：“这是我们公司新出的一批电动自行车电瓶的样品，你用吧。”张某换上电瓶骑着回家，后在充电过程中，电瓶发生爆炸，导致张某脸部受伤，并花去医药费10000多元，遂要求民丰公司赔偿。该案应如何处理？

一、产品质量法概述

（一）产品和产品质量

1. 产品

产品是市场的一个基本要素，产品质量是产品的主要内容，通过市场竞争机制可以提高产品质量，通过市场认同决定产品的销路。我国《产品质量法》第二条明确规定，产品是指经过加工、制作，用于销售的物品。

因此，种植业、畜牧业、渔业等初级农产品，狩猎品和原始矿产品等未经过加工、制作的自产自用的天然产品，虽然经过加工、制作，但不是用于销售的物品均不属于我国《产品质量法》的调整范围。

建设工程虽然经过加工、制作，并用于销售，但因其具有特殊性并且加工、制作的过程也与一般的产品有很大的不同，考虑到建设工程的特殊性以及对建设工程的质量要求也与一般产品的质量要求有区别。所以，本法不适用于建设工程。建设工程使用的建筑材料、建筑构配件和设备，都属于我国《产品质量法》规定的产品范围。

2. 产品质量

产品质量，是指产品适应社会生产和生活消费需要而具备的特性，它是产品使用价值的具体体现。它包括产品内在质量和外观质量两个方面，是依据国家的有关法规、质量标准以及合同规定的对产品适用、安全和其他特性的要求。

产品的内在质量，是指产品的内在属性，包括性能、寿命、可靠性、安全性、经济性五个方面。

产品的外观质量，是指产品的外部属性，包括产品的光洁度、造型、色泽、包装等，如自行车的造型、色彩、光洁度等。

产品的内在质量与外观质量特性比较，内在质量是主要的、基本的，只有在保证内在特性的前提下，外观质量才有意义。

（二）产品质量法概述

1. 含义

《中华人民共和国产品质量法》（以下简称《产品质量法》），是规定产品质量监督管理和生产者、销售者对其生产销售的缺陷产品所致他人人身伤害或财产损失应承担的赔偿责任所产生的社会关系的法律规范的总称。

我国产品质量法调整的社会关系包括两方面：一是产品质量监督管理机构及产品质量认证、检验机构与生产者、销售者之间因产品质量发生的监督管理关系；二是生产者、销售者与产品用户及消费者之间因产品质量而产生的责任关系。这两种社会关系具有很强的关联性，以产品质量为中心，相互联系，相互制约。

2. 立法概述

1993 年 2 月 22 日，第七届全国人民代表大会常务委员会第三十次会议通过了《中华人民共和国产品质量法》。根据 2000 年 7 月 8 日第九届全国人民代表大会常务委员会第十六次会议《关于修改〈中华人民共和国产品质量法〉的决定》进行第一次修正，自 2000 年 9 月 1 日起施行。

《产品质量法》的立法目的是为了加强对产品质量的监督管理，提高产品质量水平，明确产品质量责任，保护消费者的合法权益，维护社会经济秩序。

《产品质量法》适用范围：

(1)空间范围。本法适用的区域是中华人民共和国境内。凡是在我国境内从事产品生产、销售活动的，必须遵守本法。本法适用于除台湾、香港、澳门地区以外的我国其他所有地区。

(2)主体范围。它是指在中华人民共和国境内从事产品生产、销售活动的一切单位和个人。这些单位和个人，既包括一切生产者（如从事产品生产、制造、加工、装配、修理的单位和个人），也包括一切销售者（如从事产品批发、零售、进出口贸易的单位和个人），还包括与生产、销售活动有关的其他单位和个人（如从事产品的运输、仓储和产品质量的管理等）。

(3)产品范围。一切经过加工、制作，用于销售的产品均适用产品质量法。但是，种植业、畜牧业、渔业等初级农产品、狩猎品和原始矿产品等未经过加工、制作的自产自用的产品，建设工程不适用本法。建筑材料、建筑构配件和设备，属于经过加工、制作，用于销售的产品范围的，适用产品质量法。

(4)特别规定。军工产品质量监督管理办法，由国务院、中央军事委员会另行制定。因核设施、核产品造成损害的赔偿责任，法律、行政法规另有规定的，依照其规定。

二、产品质量的监督管理

(一)产品质量的监督管理体制概述

产品质量监督管理体制,是指划分部门之间、中央与地方之间产品质量监督管理权限的法律制度,它的内容是对产品质量监督管理机构的设置和职权划分的制度。按照《产品质量法》第八条规定,国务院产品质量监督部门主管全国产品质量监督工作。国务院有关部门在各自的职责范围内负责产品质量监督工作。县级以上地方产品质量监督部门主管本行政区域内的产品质量监督工作。县级以上地方人民政府有关部门在各自的职责范围内负责产品质量监督工作。法律对产品质量的监督部门另有规定的,依照有关法律的规定执行。目前,我国的产品质量监督管理机构主要有两类:一类是专门机构,即各级技术监督局;另一类是其他部门,包括工商、食品、卫生、医药等管理部门。

(二)产品质量管理制度

1.产品质量标准制度

产品质量标准是根据产品生产的技术要求,将产品主要的内在质量和外观质量从数量上加以规定,即对一些主要的技术参数所作的统一规定。它是衡量产品质量高低的基本依据,也是企业生产产品的统一标准。我国采用的产品质量标准有:国家标准、行业标准(部颁标准)、企业标准、地方标准。

国家标准是对需要在全国范围内统一的技术要求,由国务院标准化行政主管部门制定的标准,以 GB 表示。国家标准和行业标准又分为强制性标准和推荐性标准。企业产品如果违反了上述标准,企业就要承担产品质量法上的责任。

行业标准又称为“部颁标准”,由国务院有关行政主管部门制定并报国务院标准行政主管部门备案,在公布国家标准之后,该项行业标准即行废止。当某些产品没有国家标准而又需要在全国某个行业范围内统一的技术要求,则可以制定行业标准。

地方标准是对没有国家标准和行业标准而又需要在省级区域范围内统一的工业产品的安全、卫生要求,可以制定地方标准,由省级标准化行政主管部门制定,并报国务院标准化行政主管部门和国务院有关行政主管部门备案。在公布国家标准或者行业标准之后,该项地方标准即行废止。

企业标准主要是针对企业生产的产品没有国家标准和行业标准的,制定企业标准作为组织生产的依据而产生的。企业的产品标准须报当地政府标准化行政主管部门和有关行政主管部门备案。已有国家标准或者行业标准的,国家鼓励企业制定严于国家标准或者行业标准的企业标准。企业标准只能在企业内部适用。

国际标准是指国际标准化组织(ISO)、国际电工委员会(IEC)以及其他国际组织所制定的标准。

把产品实际达到的质量水平与规定的质量标准进行比较，凡是符合或超过标准的产品称为“合格品”，不符合质量标准的称为“不合格品”。合格品中按其符合质量标准的程度不同，又分为一等品、二等品等等。不合格品中包括次品和废品。

我国《产品质量法》规定，产品质量应当检验合格，不得以不合格产品冒充合格产品。可能危及人体健康和人身、财产安全的工业产品，必须符合保障人体健康和人身、财产安全的国家标准、行业标准；未制定国家标准、行业标准的，必须符合保障人体健康和人身、财产安全的要求。禁止生产、销售不符合保障人体健康和人身、财产安全的标准和要求的工业产品。可见，对于生产的产品涉及保障最基本的人体健康和人身及财产安全，产品质量的标准是强制性标准，除此之外，可以采用推荐性标准。

2. 企业质量体系认证制度

企业质量体系认证制度是由国务院产品质量监督部门认可的或者其授权的部门认可的认证机构，依据国际通行的由国际标准化组织（ISO）发布的 ISO9000 系列标准，对企业的质量管理和企业的质量保证能力进行独立的评审，对于符合该系列标准要求的，颁发认证证书的制度。它的目的是，通过审查评定和监督来证明和保证企业质量体系符合特定的标准，对其质量保证能力给予证明。推行质量体系认证制度是国际通行的保证和提高质量管理水平的基本手段和基本方法，是国际通行的企业制度保障能力的评价制度，有利于提高企业管理水平，提高企业的质量信誉，增加企业在产品市场的竞争能力。

我国《产品质量法》规定，国家根据国际通用的质量管理标准，推行企业质量体系认证制度。企业根据自愿原则可以向国务院产品质量监督部门认可的或者国务院产品质量监督部门授权的部门认可的认证机构申请企业质量体系认证。经认证合格的，由认证机构颁发企业质量体系认证证书。可见，企业质量体系认证可以由企业自愿提出，一旦获得认证证书，就能进一步增强企业在竞争中的整体实力。

3. 产品质量认证制度

产品质量认证制度，是指依据产品标准和相应技术要求，经认证机构确认并通过颁发认证证书和认证标志来证明某一产品符合相应标准和相应技术要求的制度。产品质量认证分为安全认证和合格认证。安全认证，是指以安全标准为依据进行的认证或者是仅对产品中有关安全的项目进行的认证；合格认证，是指对产品的全部性能要求，依据标准进行的认证。

我国《产品质量法》规定，国家参照国际先进的产品标准和技术要求，推行产品质量认证制度。企业根据自愿原则可以向国务院产品质量监督部门认可的或者国务院产品质量监督部门授权的部门认可的认证机构申请产品质量认证。经认证合格的，由认证机构颁发产品质量认证证书，准许企业在产品或者其包装上使用产品质量认证标志。可见，产品质量认证也由企业自愿提出，由第三方认证，保证了公正性，推行产品质量认证制度有利于提高产品的质量、竞争力和产品的市场信誉，更好地开拓市场。

4. 产品质量监督检查制度

产品质量监督检查制度，是指国务院产品质量监督部门和县级以上地方产品质量监督部门依据国家法律、法规的规定，以及人民政府赋予的行政职权，按照特定的标准、方法和程序，对产品质量进行检测，以判明产品是否符合国家产品质量标准的法律制度。我国《产品质量法》第十二条规定，产品质量应当检验合格，不得以不合格产品冒充合格产品。

产品质量监督检查制度的法律依据是国家现行有效的法律、法规对产品依据国家标准、行业标准、地方标准、企业标准或者国家有关规定进行检查。依据我国《产品质量法》的规定，国家对产品质量实行以抽查为主要方式的监督检查制度，对可能危及人体健康和人身、财产安全的产品，影响国计民生的重要工业产品以及消费者、有关组织反映有质量问题的产品进行抽查。抽查的样品应当在市场上或者企业成品仓库内的待销产品中随机抽取。监督抽查工作由国务院产品质量监督部门规划和组织。县级以上地方产品质量监督部门在本行政区域内也可以组织监督抽查。产品质量检验机构必须具备相应的检测条件和能力，经省级以上人民政府产品质量监督部门或者其授权的部门考核合格后，方可承担产品质量检验工作，检验抽取样品的数量不得超过检验的合理需要，并不得向被检查人收取检验费用。

（三）产品质量监督制度

产品质量监督制度，是指由国家机构、社会组织、用户、消费者以及企业按照一定技术标准对产品质量和产品质量认证体系所做的检验、检查、评价、措施等一系列活动的总称。我国产品质量监督有下面几种形式。

1.国家监督

它是指国家通过立法，授权特定的国家机关，以国家名义代表人民政府进行的产品质量监督。国家监督的重要形式之一是国家监督抽查制度，《产品质量法》中规定了国家监督抽查的目的及国家监督抽查的范围、方式和性质等。国家监督从国家整体利益出发进行的监督，是行使国家权力的监督，具有法律的权威性，受国家强制力保护，不受部门和行业的限制。

2.企业监督

它是企业的一种自我约束和监督，是企业按照法律规定，依据一定技术标准对企业产品质量管控和监督，如企业内部的质检，包括自检和互检等多种形式。企业监督可以保证产品质量合乎标准，维护企业股东和职工利益，维持企业生产经营活动正常运行。

3.行业监督

它是指产品的主管部门和企业的主管部门对本行业、本系统产品质量的监督。行业监督与国家监督的主要区别是，行业监督的主管部门不能依照《产品质量法》的规定行使行政处罚权。

4.社会监督

它包括新闻媒介监督、消费者及消费者组织等社会团体对产品质量进行的多种形式的监督。《产品质量法》规定：任何单位和个人有权对违反《产品质量法》的行为，向产品质量监督部门或者其他有关部门检举。产品质量监督部门和有关部门应当为检举人保密，并按规定给予奖励；消费者有权就产品质量问题，向产品的生产者、销售者查询，向产品质量监督部门、工商行政管理部门及有关部门申诉，接受申诉的部门应当负责处理；保护消费者权益的社会组织可以就消费者反映的产品质量问题建议有关部门负责处理、支持消费者对因产品质量造成的损害向人民法院起诉。

【观念应用 4-1】国家产品质量监督检查制度主要以(　　)为主要方式。

A. 重点抽查　　B. 出厂检查　　C. 全面检查　　D. 抽查

【观念解析】正确答案是 D。《产品质量法》中规定了国家产品质量监督检查制度的主要方式是抽查。

三、生产者、销售者的产品质量责任和义务

(一)产品质量义务和产品质量责任的概述

1. 产品质量义务

产品质量义务是产品质量法律关系的主要内容之一，是指法律、法规所规定的产品质量法律关系的主体即生产者和销售者等必须作出或不得作出一定质量行为，以满足对方利益需要的责任。产品质量义务通常分为积极义务和消极义务。积极义务，是指行为人必须作出一定行为的义务，如销售者应当执行进货检查验收制度，验明产品的合格证明和其他标识等。消极义务，是指行为人不得作出一定行为的义务，如生产者不得生产国家明令淘汰的产品等。产品质量义务是法律义务的一种，与基于道德、宗教教义或其他社会规范所产生的义务不同，它根据产品质量法律规范产生，并以国家强制力保障履行。

2. 产品质量责任

产品质量责任是产品当事人即生产者、销售者以及对产品质量负有直接责任的人违反产品质量法律规范，不履行产品质量义务所应当承担的法律后果。法律规范规定了人们应该做什么和不应该做什么，即规定应当实施的行为和不应当实施的行为。同时，法律规范也规定了行为人不实施法律规范要求履行的义务应当承担的法律后果，这就是法律责任。因此，产品质量责任不是产品质量义务本身，而是不履行产品质量义务的后果。

3. 产品责任及其构成要件

(1)产品责任。产品责任又称“产品侵权损害赔偿责任”，是指产品存在有可能危及他人人身、财产安全的不合理危险，造成消费者、使用者或其他第三者人身或者除缺陷产品以外的其他财产损失，由生产者、销售者承担侵权法律责任。由于在开发、设计、加工、制作过程中，生产者对其产品质量比销售者和消费者了解得更多，所以生产者是产品质量第一监管者，应承担其生产的产品的质量责任，承担保证产品质量的义务。目前，对产品责任可分为两类：一是生产者应当承担的产品责任，即缺陷产品导致人身或者除缺陷产品以外的其他财产损失由生产者承担的赔偿责任；二是销售者应当承担的产品责任，即由于销售者的过错、

缺陷产品导致人身或除缺陷产品以外的其他财产损失，销售者应承担的赔偿责任。

(2)产品责任构成要件。它是指侵权损害赔偿责任主体，因为产品存在有可能危及他人人身、财产安全的不合理危险，造成消费者人身或者除缺陷产品以外的其他财产损失，所承担侵权法律责任所必备的要件。产品质量责任的构成要件：存在缺陷的产品；存在缺陷的产品造成他人人身、财产损害事实；产品的缺陷与损害事实之间存在因果关系。

(3)产品质量责任与产品责任的区别。

第一，概念不同。产品质量责任，是指生产者、销售者以及其他对产品质量负有责任的人违反《产品质量法》规定的产品质量义务应承担的法律责任。根据《产品质量法》第二十六条规定，引起产品质量责任的原因主要有以下三个方面：

①违反默示担保义务。默示担保义务，是指法律、法规对产品质量所作的强制性要求，也是对产品内在质量的基本要求。比如，强制性产品质量认证制度当事人必须规定的义务。

②违反明示担保义务。明示担保义务，是指生产者、销售者以各种公开的方式，就产品质量向消费者所作的说明或陈述。其包括合同约定、产品标识、说明书、展示实物样品以及广告宣传等。

③产品存在缺陷。即产品存在危及人身、他人财产安全的不合理的危险，因产品存在缺陷，无论是否造成消费者的损害，均应承担产品质量责任。产品责任仅指因产品存在缺陷造成人身、他人财产损害应承担的侵权赔偿责任，产品质量责任是包含产品责任在内的一种综合的法律责任。

第二，责任性质和范围不同。两者都是产品经营者违反产品质量法应承担的法律责任，但产品质量责任着重于质量责任，即产品的生产者、经营者违反《产品质量法》第三章规定的产品质量责任和义务而应承担的法律后果。产品质量责任包括产品瑕疵担保责任、产品侵权赔偿责任、行政责任、刑事责任等，可以是民事责任、行政责任、刑事责任，既调整平等主体之间的责任，又调整不平等主体之间的关系，是一种综合责任；产品责任强调民事侵权赔偿责任，即因产品存在缺陷造成人身、他人财产损害，生产者、销售者应当承担的损害赔偿责任，调整平等主体之间的关系，对应于《产品质量法》第四十一条至第四十六条的规定，属于民事责任。

第三，责任主体不同。产品质量责任的责任主体包括产品的生产者、销售者以及其他对产品质量负有责任的人，如《产品质量法》第六十一条规定的产品运输者、保管者、仓储者。产品责任的责任主体一般仅限于产品的生产者与销售者。

第四，责任形式不同。产品质量责任的责任形式包括修理、重作、更换、减少价款或报酬、赔偿损失、罚款以及追究刑事责任等；而产品责任仅指赔偿损失，它包括精神损害赔偿，而产品质量责任中的其他责任形式不包括精神损害赔偿。

第五，归责原则不同。产品责任的归责原则，对生产者适用严格责任原则，对销售者适用推定过错责任原则且必须有损害事实。而产品质量责任不同责任形式的归责原则不同。如产品瑕疵担保责任，适用一般归责原则且不以有损害事实为要件。

第六，免责事由不同。产品责任的免责事由，对生产者的免责条件，《产品质量法》第四十一条规定，一是未将产品投入流通；二是产品投入流通时，引起损害的缺陷尚不存在；三是将产品投入流通时的科学技术水平尚不能发现缺陷的存在。对销售者的免责条件，是其能够证明产品缺陷并非出于自己的过错且能够指明缺陷产品的生产者或供货者。而产品质量责任免责事由不同，如产品瑕疵担保责任，以不可抗力为免责事由。

第七，举证责任不同。产品责任的受侵害人，不需证明加害人的过错，生产者也不能通过证明自己无过错而免责，受侵害人只需证明损害事实及因果关系。产品质量责任则不同，如产品瑕疵担保责任，一般是“谁主张谁举证”。

第八，诉讼时效不同。产品责任的诉讼时效为两年，自当事人知道或应当知道其权益受到损害时起计算。而产品质量责任则不同，如产品瑕疵担保责任的诉讼时效为一年。

【观念应用 4-2】李阳家中的燃气灶具在使用中突然着火，致使橱柜损坏。后经检测，是因为灶具存在缺陷所致，但厂家拒绝赔偿，李阳向法院提起诉讼。根据《产品质量法》规定，因产品存在缺陷造成损害要求赔偿的诉讼时效期间为（　　），自当事人知道或者应当知道其权益受到损害时起计算。

A. 半年　　B. 1 年　　C. 2 年　　D. 3 年

【观念解析】正确答案是 C。根据《产品质量法》规定，因产品存在缺陷造成损害要求赔偿的诉讼时效期间为 2 年，自当事人知道或者应当知道其权益受到损害时起计算。

（二）生产者产品质量责任的义务性规定

生产者应当对其生产的产品质量负责，并依据法律、法规规定在产品质量方面应当承担作为和不作为的责任。我国《产品质量法》对生产者的产品质量责任义务作了如下规定：

1. 保证产品的内在质量

保证产品的内在质量，是指生产者应当对其生产的产品质量负责。产品质量应当符合下列三方面的要求：

（1）产品不存在危及人身、财产安全的不合理危险。有保障人体健康、人身财产安全的国家标准、行业标准的，应当符合该标准。这是要求生产者在产品的设计、制造过程中按国家或行业标准进行。在产品设计方面，确保各种系数做到安全可靠；在产品制造方面，确保精度要求；在产品标识方面，保证清晰、完整。没有制定标准的，应以人们使用、消费该产品不会给人身、财产带来危害的要求作为判别依据。

（2）产品质量应当具备的使用性能，但是，对产品存在使用性能上的瑕疵作出说明的除外。产品的使用性能是产品存在的前提，其使用性能应达到在产品说明书中阐明的功效。当然，这要与产品标准一致。对由于主观或客观原因而使产品性能有缺陷，但生产者已说明的，生产者可免除承担责任。

(3)产品质量符合在产品或者包装上注明采用的产品标准，符合以产品说明等方式表明的质量状况。产品的内在质量应当与生产者对自身产品作出的说明一致，与该产品的国家、行业标准一致，与实物样品一致。

2.提供符合规定的标识

产品标识，是在产品上或包装上用于识别产品或其特征、特性所做的各种表述和指示的统称。产品标识可以用文字、符号、标号、标志、标记、数字、图案等表示。产品标识包括：产品质量检验合格证明，产品名称、规格、型号，生产厂厂名、厂址，标准编号，产品的成分名称、含量，生产日期、安全使用期、失效日期，警示标志、中文警示说明等等。

根据不同产品的特点和使用要求，产品标识可以标注在产品上，也可以标注在产品包装上。生产者所提供的产品或者其包装上的标识应当符合下列要求：

(1)有产品质量检验合格证明。生产者对产品质量以合格证、合格印章方式作出保证，证明产品质量检验结果符合出厂要求。未经检验或检验不合格的，不得使用产品质量检验合格证明。

(2)有中文标明的产品名称、生产厂厂名和厂址。其目的是让消费者识别产品，特别是使用同种商标的联营企业地产品质量存在差异，产品质量出现问题后，可以找到生产者。

(3)根据产品的特点和使用要求，需要标明产品规格、等级、所含主要成分的名称和含量的，用中文相应予以标明；需要事先让消费者知晓的，应当在外包装上标明，或者预先向消费者提供有关资料。

(4)限期使用的产品，应当在显著位置清晰地标明生产日期和安全使用期或者失效日期。

(5)使用不当，容易造成产品本身损坏或者可能危及人身、财产安全的产品，应当有警示标志或者中文警示说明。

裸装的食品和其他根据产品的特点难以附加标识的裸装产品，可以不附加产品标识。

3.符合产品包装的要求

产品包装，是指为在产品运输、储存、销售过程中保护产品，方便储运，促进销售，按一定技术方法而采用的容器、材料及辅助物并在包装物上附加有关标识的总称。生产者的产品包装，法律没有明确规定。但是，对于特殊产品的包装，《产品质量法》规定：易碎、易燃、易爆、有毒、有腐蚀性、有放射性等危险物品以及储运中不能倒置和其他有特殊要求的产品，其包装质量必须符合相应要求，依照国家有关规定作出警示标志或者中文警示说明，标明储运注意事项。

4.不得生产假冒伪劣产品

生产者不得生产国家明令淘汰的产品；不得伪造产地，不得伪造或者冒用他人的厂名、厂址；不得伪造或者冒用认证标志等质量标志(现有的认证标志有方圆认证标志、长城认证标志和 PRC 认证标志等)；不得掺杂、掺假，不得以假充真、以次充好，不得以不合格产品冒充合格产品。

(三)销售者产品质量责任的义务性规定

销售者是产品流转过程中的重要主体,在保证产品质量方面具有重要地位,法律规定销售者应承担以下产品质量义务:

1.执行进货验收制度

销售者应当执行进货验收制度,验明产品合格证明和其他合格标识。通过产品质量验收,可以确定产品流转过程中产品质量状况,保证销售产品的质量,也能够分清生产者和销售者的责任。

2.保持销售产品的质量

销售者在进货后在向用户、消费者出售产品之前的一段时间内,应当根据产品的性质、特点采取必要的措施,保持销售产品的质量。如果进货时产品质量符合要求,而销售时出现缺陷,那么销售者就要承担相应的责任。

3.销售符合质量要求的产品

销售者最重要的义务,是保证所销售的产品符合规定的质量要求。不销售假冒伪劣产品,对用户和消费者来说,销售者这一义务是最直接的。对此,《产品质量法》规定:

(1)销售者不得销售国家明令淘汰并停止销售的产品和失效、变质的产品;

(2)销售者所销售产品的标识应符合下述规定的要求:不得伪造产地,伪造或冒用他人厂名、厂址;销售者不得伪造或者冒用认证标志等质量标志;

(3)销售产品不得掺杂、掺假,不得以假充真、以次充好,不得以不合格产品冒充合格产品。

四、损害赔偿

产品质量损害赔偿是指产品的生产者和销售者因违反法律、法规规定质量标准以及合同约定的质量要求,给用户和消费者造成损失而依法应当承担的民事赔偿责任。当产品质量发生民事纠纷时,当事人可以通过协商或者调解解决。当事人不愿通过协商、调解解决或者协商、调解不成的,可以根据当事人各方的协议向仲裁机构申请仲裁;当事人各方没有达成仲裁协议或者仲裁协议无效的,可以直接向人民法院起诉。仲裁机构或者人民法院可以委托有资质的产品质量检验机构,对有关产品质量进行检验。我国《产品质量法》关于损害赔偿的规定:

1.销售者损害赔偿情况

售出的产品有下列情形之一的,销售者应当负责修理、更换、退货;给购买产品的消费者造成损失的,销售者应当赔偿损失:

(1)不具备产品应当具备的使用性能而事先未作说明的。

(2)不符合在产品或者其包装上注明采用的产品标准的。

(3)不符合以产品说明、实物样品等方式表明的质量状况的。

由于销售者的过错使产品存在缺陷，造成人身、他人财产损害的，销售者应当承担赔偿责任。销售者不能指明缺陷产品的生产者也不能指明缺陷产品的供货者的，销售者应当承担赔偿责任。

2.生产者损害赔偿情况

因产品存在缺陷造成人身、缺陷产品以外的其他财产损害的，生产者应当承担赔偿责任。生产者能够证明有下列情形之一的，不承担赔偿责任：

(1)未将产品投入流通的。

(2)产品投入流通时，引起损害的缺陷尚不存在的。

(3)将产品投入流通时的科学技术水平尚不能发现缺陷的存在的。

【观念应用4-3】以下哪些不属于生产者损害赔偿情况(　　)

A. 企业生产的样品造成的伤害

B. 小孩打击啤酒瓶造成的爆炸伤害

C. 消费者饮用了有明确保质期的过期牛奶造成的伤害

D. 企业生产的假冒伪劣产品造成的伤害

【观念解析】正确答案是A、B、C。依据《产品质量法》规定，因产品存在缺陷造成人身、缺陷产品以外的其他财产损害的，生产者应当承担赔偿责任。而A、B、C均不属于此范畴。

因产品存在缺陷造成他人人身、财产损害的，受害人可以向产品的生产者要求赔偿，也可以向产品的销售者要求赔偿。属于产品的生产者的责任，产品的销售者赔偿的，产品的销售者有权向产品的生产者追偿。属于产品的销售者的责任，产品的生产者赔偿的，产品的生产者有权向产品的销售者追偿。

3.赔偿范围

因产品存在缺陷造成受害人人身伤害的，侵害人应当赔偿医疗费、治疗期间的护理费、因误工减少的收入等费用；造成残疾的，还应当支付残疾者生活自助器具费、生活补助费、残疾赔偿金以及由其扶养的人所必需的生活费等费用；造成受害人死亡的，并应当支付丧葬费、死亡赔偿金以及由死者生前扶养的人所必需的生活费等费用。因产品存在缺陷造成受害人财产损失的，侵害人应当恢复原状或者折价赔偿。受害人因此遭受其他重大损失的，侵害人应当赔偿损失。

4.诉讼时效

因产品存在缺陷造成损害要求赔偿的诉讼时效期间为两年，自当事人知道或者应当知道其权益受到损害时起计算。因产品存在缺陷造成损害要求赔偿的请求权，在造成损害的缺陷产品交付最初消费者满十年丧失；但是，尚未超过明示的安全使用期的除外。

任务二　消费者权益保护法

◈任务导入

李某是大四学生，酷爱时装，2014 年 4 月，他通过网络购买了一套价值 1000 元的衣服，当收到衣服试穿时，发现衣服明显偏小不适合自己，于是，李某向网店提出退货并要求其承担运费。网店以衣服已经拆封，不适合再销售为由拒绝李某的要求。请运用消费者权益保护法知识对该案进行分析。

一、消费者权益保护法概述

(一)消费与消费者

1. 消费

消费是社会再生产过程中的一个重要环节，也是最终环节。它是指利用社会产品来满足人们各种需要的过程。消费又分为生产消费和个人消费。前者指物质资料生产过程中的生产资料和活劳动的使用和消耗。后者是指人们把生产出来的物质资料和精神产品用于满足个人生活需要的行为和过程，它是恢复人们劳动力和劳动力再生产必不可少的条件。

2. 消费者

《消费者权益保护法》规定，消费者是指为了生活需要而购买、使用商品或者接受服务的社会成员，包括个人或单位，在特殊情况下，也指生产资料的消费者，如农民的生产性消费活动等。因此，只要是用于生活消费的，不管是个人、单位或集体，都属于消费者范畴。

(二)消费者权益保护立法概述

消费者权益保护法，是国家为保护消费者的合法权益而制定的调整人们在消费过程中发生的以权利义务为内容的各种社会关系的法律规范的总称。

消费者权益保护法有广义和狭义之分，广义的消费者权益保护法，是有关消费者权益保护的法律规范的总称，包括《民法通则》、《消费者权益保护法》、《进出口检验法》、《合同法》、《价格法》、《食品卫生法》、《产品质量法》、《计量法》等法律、法规；而狭义上的消费者权益保护法，是指国家有关消费者权益保护的专门立法，即《消费者权益保护法》，本教材所指的就是狭义的。

《中华人民共和国消费者权益保护法》于 1993 年 10 月 31 日八届全国人大常委会第 4 次会议通过，自 1994 年 1 月 1 日起施行。2009 年 8 月 27 日，第十一届全国人民代表大会常务委员会第十次会议进行第 1 次修正。根据 2013 年 10 月 25 日十二届全国人大常委会第 5 次会议进行第 2 次修正。2014 年 3 月 15 日，由全国人大修订的新版《消费者权益保护法》

(简称《新消法》)正式实施,这是消法实施20年来的首次全面修改。《消费者权益保护法》分总则、消费者的权利、经营者的义务、国家对消费者合法权益的保护、消费者组织、争议的解决、法律责任、附则8章63条。

二、消费者的权益和经营者的义务

(一)消费者的权益

消费者权益,是指消费者在有偿获得商品或接受服务时,以及在以后的一定时期内依法享有的权益。它是在一定社会经济关系下适应经济运行的客观需要赋给商品最终使用者享有的权益。消费者的权益也就是经营者的义务,《消费者权益保护法》明确规定了消费者的权益,主要包括以下内容:

1.安全保障权

消费者在购买、使用商品和接受服务时享有人身、财产安全不受损害的权利。消费者有权要求经营者提供的商品和服务,符合保障人身、财产安全的要求。

2.知情权

消费者享有知悉其购买、使用的商品或者接受的服务的真实情况的权利。消费者有权根据商品或者服务的不同情况,要求经营者提供商品的价格、产地、生产者、用途、性能、规格、等级、主要成分、生产日期、有效期限、检验合格证明、使用方法说明书、售后服务,或者服务的内容、规格、费用等有关情况。

3.自主选择权

消费者享有自主选择商品或者服务的权利。消费者有权自主选择提供商品或者服务的经营者,自主选择商品品种或者服务方式,自主决定购买或者不购买任何一种商品,接受或者不接受任何一项服务。消费者在自主选择商品或者服务时,有权进行比较、鉴别和挑选。

【观念应用4-4】汪某在一家商店选购化妆品时,发觉不喜欢该化妆品的气味。正欲离开时,被该化妆品促销员拦住,称汪某试用了化妆品必须要购买,不允许离开。促销员的行为是否侵权?

【观念解析】构成侵权,构成侵害消费者的自主选择权。《消费者权益保护法》第九条规定:消费者享有自主选择商品或者服务的权利。消费者有权自主选择提供商品或者服务的经营者,自主选择商品品种或者服务方式,自主决定购买或者不购买任何一种商品、接受或者不接受任何一项服务。消费者在自主选择商品或者服务时,有权进行比较、鉴别和挑选。

4.公平交易权

公平交易权是消费者在购买商品或者接受服务时所享有的与生产经营者进行公平交易的权利,其包括获得质量保障和价格合理、计量正确等公平交易条件的权利,有权拒绝经营者的强制交易行为。公平交易的核心，是消费者以一定数量的货币换得同等价值的商品或服务。

5.获取赔偿权

获取赔偿权指消费者因购买、使用商品或者接受服务受到人身、财产损害的，享有依法获得赔偿的权利。消费者受到的损害包括：人身损害和财产损害。

经营者提供商品或者服务有欺诈行为的，应当按照消费者的要求增加赔偿其受到的损失，增加赔偿的金额为消费者购买商品的价款或者接受服务的费用的三倍；增加赔偿的金额不足五百元的，为五百元。法律另有规定的，依照其规定。

经营者明知商品或者服务存在缺陷，仍然向消费者提供，造成消费者或者其他受害人死亡或者健康严重损害的，受害人有权要求经营者依照本法第四十九条、第五十一条等法律规定赔偿损失，并有权要求所受损失两倍以下的惩罚性赔偿。

6.依法结社权

消费者享有依法成立维护自身合法权益的社会组织的权利。消费者作为弱者，有时靠自己单个力量是难以维护自己权利的，任何公民在行使结社自由权，成立社会团体时，都必须依法向国家有关主管部门进行申请登记，遵守宪法和法律、法规，不得从事损害国家、社会集体的利益及其他公民合法的自由和权利。目前，法律赋予消费者有权成立保护自身利益的自治团体，主要是各级消费者协会。

7.获得受教育权

消费者享有获得有关消费和消费者权益保护方面知识的权利。消费者权益保护方面的知识主要是指有关消费者权益保护的法律、法规和政策，消费者权益保护机构，以及消费者与经营者发生争议时的解决途径等方面的知识。主要包括：有关消费态度的知识；有关商品和服务的基本知识；有关市场的基本知识。

8.受尊重权

消费者在购买、使用商品和接受服务时，享有其人格尊严、民族风俗习惯得到尊重，个人信息依法受到保护的权利。

人格尊严，是指公民所具有的自尊心以及应当受到社会和他人最起码的尊重权利，其权利包括消费者的姓名权、名誉权、荣誉权、肖像权、隐私权等，经营者不得对消费者进行辱骂、诽谤、名誉诋毁、非法搜查、拘禁等行为。

民族风俗习惯，指个人或集体的传统风尚、礼节、习性，是特定社会文化区域内历代人们共同遵守的行为模式或规范。风俗由于是一种历史形成的，所以它对社会成员有一种非常强烈的行为制约作用，是社会道德与法律的基础和相辅部分，关系到各民族平等，加强民族团结，处理好民族关系，促进国家安定的大问题。

个人信息依法受到保护，是指消费者个人拥有的不愿意被非法使用的信息。消费者在消费过程中，需要注重个人信息的保护，防止泄露，被非法利用，造成损失。

【观念应用 4-5】星星超市张贴了一份顾客须知，下列哪一项违反了《消费者权益保护法》(　　)

A. 提醒消费者注意保管好自己的财物

B. 要求顾客存包

C. 超市在必要时有权对顾客所带的物品进行检查

D. 要求顾客在其指定的交款处付款

【观念解析】正确答案是C。《消费者权益保护法》规定商品销售者要充分保障消费者的个人尊严，不得对消费者进行人身检查等侵权行为。

9. 批评监督权

消费者享有对商品和服务以及保护消费者权益工作进行监督的权利。消费者有权检举、控告侵害消费者权益的行为和国家机关及其工作人员在保护消费者权益工作中的违法失职行为，有权对保护消费者权益工作提出批评、建议。

(二)经营者的义务

经营者，是指向消费者提供其生产、销售的商品或者服务的公民、法人和其他经济组织，是以盈利为目的的从事生产经营并与消费者相对应的另一方当事人。经营者义务是相对消费者权益而言的，只有经营者履行了自己的义务才能保障消费者权益的实现。

《消费者权益保护法》第十六条规定，经营者向消费者提供商品或者服务，应当依照本法和其他有关法律、法规的规定履行义务。经营者和消费者有约定的，应当按照约定履行义务，但双方的约定不得违背法律、法规的规定。经营者向消费者提供商品或者服务，应当恪守社会公德，诚信经营，保障消费者的合法权益；不得设定不公平、不合理的交易条件，不得强制交易。

经营者的义务包括以下几个方面：

1. 法律、法规规定的义务和约定的义务

法定义务是经营者向消费者提供商品或者服务，应当依照有关法律、法规规定履行的义务。约定义务是根据民事活动的意思自治原则，经营者和消费者有约定的，应当按照约定履行义务，但双方的约定不得违背法律、法规的规定。

2. 经营者应当听取消费者对其提供的商品或者服务的意见，接受消费者的监督的义务

它要求经营者真正重视消费者，认真听取消费者对其提供的商品或服务在质量、价格、安全、卫生、服务态度、售后服务等方面的意见和建议，不断改进经营者的经营质量，提高经营水平，从而营造良好的经营条件，更好服务于消费者。

3. 安全保障义务

安全保障义务，又称提供安全商品和安全服务的义务，是指经营者在经营场所对消费者、潜在的消费者或者其他进入服务场所的人之人身、财产安全依法承担的安全保障义务。

《消费者权益保护法》对经营者作出了明确的安全义务规定，主要有以下几点：

(1)经营者应当保证其提供的商品或者服务符合保障人身、财产安全的要求。商品或服务符合安全要求，就是商品和服务有标准(国家标准、行业标准、地方标准、企业标准)的，要符合标准；没有标准的，必须符合社会普遍公认的安全、卫生要求。

(2)对可能危及人身、财产安全的商品和服务，应当向消费者作出真实的说明和明确的警示，并说明和标明正确使用商品或者接受服务的方法以及防止危害发生的方法。对可能危及人身、财产安全的商品或服务，经营者应当在商品及包装上作出明确无误的文字说明或符号警示或同时用文字和符号说明并警示。如药品应注明成分、药理作用、适应症及适用对象、用法用量、不良反应、禁忌症、注意事项等；食品应标明主要成分、生产日期、保鲜期、保质期等；家用电器应详细说明使用方法，易触电部分应加上文字说明及符号警示；美容及医疗服务应将可能出现的最坏结果告知消费者；地铁站应在显著位置标明“精神病患者及儿童乘坐地铁应有人陪伴”；蹦极及过山车应注明“心脑血管疾病患者禁止参加”等。经营者在提供此类商品或服务时，如果履行了上述义务就可以减轻责任，否则将承担全部责任。

(3)宾馆、商场、餐馆、银行、机场、车站、港口、影剧院等经营场所的经营者，应当对消费者尽到安全保障义务。经营者必须提供必要的安全措施、方法和人员对消费者的人身安全和财产安全加以保障。

4.报告或告知义务

报告或告知义务是经营者发现其提供的商品或者服务存在缺陷，有危及人身、财产安全危险的，应当立即向有关行政部门报告和告知消费者并采取停止销售、警示、召回、无害化处理、销毁、停止生产或者服务等措施。采取召回措施的，经营者应当承担消费者因商品被召回支出的必要费用。从这里可以看到，经营者在发现安全危险时，首先需要报告或者告之，其次进行必要的防止危害发生的措施，甚至支付必要的费用。

5.信息披露义务

信息披露义务，又称“提供真实信息的义务”，主要包括以下几个方面：

(1)经营者向消费者提供有关商品或者服务的质量、性能、用途、有效期限等信息，应当真实、全面，不得作虚假或者引人误解的宣传。

(2)经营者对消费者就其提供的商品或者服务的质量和使用方法等问题提出的询问，应当作出真实、明确的答复。

(3)经营者提供商品或者服务应当明码标价。商店提供商品应明码标价，即明确单位数量的价格，以便于消费者选择，同时，防止经营者在单位数量或重量价格上随意更改。

但是，不是所有信息都是可以披露的，类似商业秘密、核心技术等经营者有理由不希望他人知晓的信息，理应得到法律的保护。在信息披露时要及时、准确、通俗易懂，口头与书面相结合。经营者在披露范围、披露方式上不符合法律规定的，都应视为违法行为而被追责。

6.标明真实名称和标记义务

经营者应当标明其真实名称和标记，租赁他人柜台或者场地的经营者，应当标明其真实名称和标记。

7. 出具购货凭证和服务单据的义务

经营者提供商品或者服务，应当按照国家有关规定或者商业惯例向消费者出具发票等购货凭证或者服务单据；消费者索要发票等购货凭证或者服务单据的，经营者必须出具。

8. 经营者瑕疵担保义务

经营者瑕疵担保义务，是指经营者对自己提供的商品或服务必须承担法律规定的瑕疵担保义务，保障消费者权益。主要是指以下几个方面：

(1)经营者应当保证在正常使用商品或者接受服务的情况下，其提供的商品或者服务应当具有的质量、性能、用途和有效期限；但消费者在购买该商品或者接受该服务前已经知道其存在瑕疵，且存在该瑕疵不违反法律强制性规定的除外。

(2)经营者以广告、产品说明、实物样品或者其他方式表明商品或者服务的质量状况的，应当保证其提供的商品或者服务的实际质量与表明的质量状况相符。

(3)经营者提供的机动车、计算机、电视机、电冰箱、空调、洗衣机等耐用商品或者装饰装修等服务，消费者自接受商品或者服务之日起六个月内发现瑕疵，发生争议的，由经营者承担有关瑕疵的举证责任。

9. 经营者"三包"义务

经营者"三包"义务，是指经营者提供的商品或者服务不符合质量要求的，消费者可以依照国家规定、当事人约定退货或者要求经营者履行更换、修理等义务。没有国家规定和当事人约定的，消费者可以自收到商品之日起七日内退货；七日后符合法定解除合同条件的，消费者可以及时退货，不符合法定解除合同条件的，可以要求经营者履行更换、修理等义务。依照规定进行退货、更换、修理的，经营者应当承担运输等必要费用。

10. 无条件退货义务

无条件退货义务，又可以称作"消费者反悔权"，是指经营者采用网络、电视、电话、邮购等方式销售商品，消费者有权自收到商品之日起七日内退货且无需说明理由，但下列商品除外：消费者定作的；鲜活易腐的；在线下载或者消费者拆封的音像制品、计算机软件等数字化商品；交付的报纸、期刊。除此之外，其他根据商品性质并经消费者在购买时确认不宜退货的商品，不适用无理由退货。消费者退货的商品应当完好。经营者应当自收到退回商品之日起七日内返还消费者支付的商品价款。退回商品的运费由消费者承担；经营者和消费者另有约定的，按照约定。

【观念应用 4-6】"双十一"购物节，王小姐在某大型购物网站上看到一双高跟鞋，款式新颖，价格也很便宜。王小姐毫不犹豫点击了"购买"，并支付了货款。收到货后，王小姐觉得这双高跟鞋虽然新颖，但颜色跟网页上的图片显示的出入很大，于是便联系网店店主，要求退货，并愿意承担来往的运费，但遭到店主的拒绝。此案应如何处理？

【观念解析】远程购物的“非现场性”导致消费者和商家的信息极不对称，因为商家可能隐瞒了商品的负面信息，但由于无法直接接触商品，消费者可能被蒙在鼓里而遭受损失。《消费者权益保护法》针对网络等远程购物方式赋予了消费者七天的反悔权，旨在促进买卖双方的平等地位。因此，本案中的王小姐有权在收到商品七天之内，要求无条件退货。

11.不得用格式合同等损害消费者合法权益的义务

经营者在经营活动中使用格式条款的，应当以显著方式提请消费者注意商品或者服务的数量和质量、价款或者费用、履行期限和方式、安全注意事项和风险警示、售后服务、民事责任等与消费者有重大利害关系的内容，并按照消费者的要求予以说明。

经营者不得以格式条款、通知、声明、店堂告示等方式，作出排除或者限制消费者权利、减轻或者免除经营者责任、加重消费者责任等对消费者不公平、不合理的规定，不得利用格式条款并借助技术手段强制交易。格式条款、通知、声明、店堂告示等含有上述所列内容的，其内容无效。

【观念应用 4-7】下列店堂告示，哪一个没有违反《消费者权益保护法》的规定？

A.“本店商品一旦售出概不退换”

B.“购买总额在 100 元以下者，请恕本商场不开发票”

C.“钱物请当面点清，否则后果自负”

D.“如售假药，包赔顾客 1000 元”

【观念解析】D 属于有效的服务承诺。A、B、C 均属店堂告示，从内容上看都违反了《消费者权益保护法》的规定：经营者不得以格式条款、通知、声明、店堂告示等方式，作出排除或者限制消费者权利，减轻或者免除经营者责任，加重消费者责任等对消费者不公平、不合理的规定，不得利用格式条款并借助技术手段强制交易。

12.尊重消费者人格的义务

经营者不得对消费者进行侮辱、诽谤，不得搜查消费者的身体及其携带的物品，不得侵犯消费者的人身自由。

13.信息明示义务

采用网络、电视、电话、邮购等方式提供商品或者服务的经营者以及提供证券、保险、银行等金融服务的经营者，应当向消费者提供经营地址、联系方式、商品或者服务的数量和质量、价款或者费用、履行期限和方式、安全注意事项和风险警示、售后服务、民事责任等信息。

14.个人信息保护义务

(1)经营者收集、使用消费者个人信息，应当遵循合法、正当、必要的原则，明示收集、使用信息的目的、方式和范围，并经消费者同意。经营者收集、使用消费者个人信息，应当公开其收集、使用规则，不得违反法律、法规的规定和双方的约定收集、使用信息。

(2)经营者及其工作人员对收集的消费者个人信息必须严格保密，不得泄露、出售或者非法向他人提供。经营者应当采取技术措施和其他必要措施，确保信息安全，防止消费者个人信息泄露、丢失。在发生或者可能发生信息泄露、丢失的情况时，应当立即采取补救措施。

(3)经营者未经消费者同意或者请求或者消费者明确表示拒绝的，不得向其发送商业性信息。

三、消费者权益的保护

消费者权益保护，是指国家通过立法、行政和司法活动，运用社会保护方式，保护消费者在消费领域依法享有的权益。

(一)国家保护

按照《中华人民共和国消费者权益保护法》规定，国家负有对消费者合法权益的保护责任。

1.立法保护

立法保护，是指国家通过制定《消费者权益保护法》等有关消费者保护的法律、法规和规章，不断建立健全消费者权益保护的法律制度。国家在立法时应当听取消费者的意见和要求，最大程度保护消费者的权益。

2.行政保护

行政保护，是指各级人民政府及其所属机构依照《消费者权益保护法》等相关法律、法规和规章，通过依法行使行政权力、履行法定职责来保护消费者合法权益。各级工商行政管理部门及其他有关行政部门应当在各自的职责范围内，依照法定程序采取措施，对经营者交易行为、商品和服务质量问题的意见，及时调查处理，保护消费者的合法权益。

3.司法保护

司法保护，是指公安机关、检察院、法院依法惩处经营者在提供商品和服务中侵害消费者合法权益的违法犯罪行为，以及法院依法及时审理涉及消费者权益争议的案件。人民法院应当简化措施和程序，方便消费者提起诉讼并对符合起诉条件的消费者权益争议，及时受理和审理。

(二)社会保护

社会保护，是指组织和个人进行社会监督；大众传播媒介进行舆论监督；消费者组织和行业组织对消费者的保护。消费者的合法权益的保护正引起社会的广泛共识，消费者维权的意识在增强，国家采取积极的措施鼓励、支持消费者和组织对损害消费者合法权益的行为进行社会监督。主要有以下几个方面的保护方式：

1.媒体监督保护

对消费者权益的宣传需要通过广播、电视、网络等传统和新媒体传播媒介，最大限度地让民众了解消费者的合法权益，形成全社会都来关心和重视消费者的合法权益保护的氛围。

公民可以通过不同形式对侵害消费者合法权益的行为进行批评、揭露，任何单位和个人不得干涉新闻媒体对消费者权益保护新闻监督活动。

2. 经营者行业协会

行业协会，是指同一行业内的企业法人和自然人自愿参加的非营利性社团法人，介于政府、企业之间，商品生产业与经营者之间，并为其服务、咨询、沟通、监督、公正、自律、协调的社会中介组织。行业协会是一种民间组织，它不属于政府的管理机构系列，而是政府与企业的桥梁和纽带。行业协会可以通过制定行业自律规则来规范和监督生产者，保护消费者合法权益。

3. 消费者组织

我国《消费者权益保护法》规定，消费者协会和其他消费者组织是依法成立的对商品和服务进行社会监督的保护消费者合法权益的社会组织。消费者组织不得从事商品经营和营利性服务，不得以收取费用或者其他牟取利益的方式向消费者推荐商品和服务。

我国消费者权益保护运动起步较晚。1984 年 12 月，中国消费者协会由国务院批准成立，并于 1987 年 9 月被国际消费者组织联盟接纳为正式会员。随着消费者权益保护组织的发展和"3·15"消费者权益保护日宣传活动的深入，消费者权益保护意识和能力日益增强。

消费者协会履行下列公益性职责：

(1)向消费者提供消费信息和咨询服务，提高消费者维护自身合法权益的能力，引导文明、健康、节约资源和保护环境的消费方式；

(2)参与制定有关消费者权益的法律、法规、规章和强制性标准；

(3)参与有关行政部门对商品和服务的监督、检查；

(4)就有关消费者合法权益的问题，向有关部门反映、查询，提出建议；

(5)受理消费者的投诉，并对投诉事项进行调查、调解；

(6)投诉事项涉及商品和服务质量问题的，可以委托具备资格的鉴定人鉴定，鉴定人应当告知鉴定意见；

(7)就损害消费者合法权益的行为，支持受损害的消费者提起诉讼或者依照本法提起诉讼；

(8)对损害消费者合法权益的行为，通过大众传播媒介予以揭露、批评。

各级人民政府对消费者协会履行职责应当予以必要的经费等支持。

消费者协会应当认真履行保护消费者合法权益的职责，听取消费者的意见和建议，接受社会监督。

依法成立的其他消费者组织依照法律、法规及其章程的规定，开展保护消费者合法权益的活动。

四、消费者权益争议的解决

(一)消费者权益争议的解决途径

消费者和经营者发生消费者权益争议的,可以通过下列途径解决:

1.与经营者协商和解

协商和解,是指消费者和经营者因商品或服务发生争议时,当事人双方在平等自愿的基础上,抱着公平、合理解决问题的态度和诚意,通过摆明事实,交换意见,取得沟通,从而找出解决问题、解决争议办法的一种方式。对于重大纠纷,双方立场严重对立的,和解不能实现各种主张时,可寻求其他方式解决纠纷。

2.请求消费者协会或者依法成立的其他调解组织调解

消费者协会是依法成立的对商品和服务进行监督,保护消费者合法权益的社会团体。当消费者合法权益受到侵害时,可以向经营者所在地的消费者协会投诉,消费者协会将依照法律、行政法规及公认的商业道德进行调解,调解结果由双方自愿接受和执行。消费者协会的服务一般是免费的,消费者不仅不需要耗费太多的时间和精力,而且不会增加额外的负担。

3.向有关行政部门投诉

消费者为生活消费需要购买、使用商品或者接受服务,与经营者之间发生消费者权益争议后,消费者通过书面或者其他形式向有关行政机构陈诉、反映自身权益受到侵犯和损害的事实,请求纠正、赔偿。消费者向有关行政部门投诉的,该部门应当自收到投诉之日起七个工作日内,予以处理并告知消费者。

消费者权益争议涉及的领域很广,当权益受到侵害时,消费者可根据具体情况,向物价部门、工商行政管理部门、技术质量监督等部门进行投诉。投诉可以采取电话、信函、面谈、互联网形式进行。

4.根据与经营者达成的仲裁协议提请仲裁机构仲裁

仲裁,是指纠纷当事人在自愿基础上达成协议,将纠纷提交非司法机构的第三者审理,由第三者作出对争议各方均有约束力的裁决的一种解决纠纷的制度和方式。仲裁的实施必须双方订立书面仲裁协议或条款。仲裁在性质上是兼具契约性、自治性、民间性和准司法性的一种争议解决方式。仲裁实行一裁终局的制度,裁决作出后,当事人就同一纠纷再申请仲裁或者向人民法院起诉的,不予受理。

5.向人民法院提起诉讼

当消费者权益受到损害时,在无仲裁约定情况下,可向人民法院起诉,也可因不服具体行政行为向人民法院起诉。司法审判是解决各种争议的最后手段,消费者为追求公正的解决争议,可以向法院起诉。

(二)消费者权益的赔偿规定

《消费者权益保护法》在消费者权益受到侵害时，对消费者的赔偿有以下规定：

(1)消费者在购买、使用商品时，其合法权益受到损害的，可以向销售者要求赔偿。销售者赔偿后，属于生产者的责任或者属于向销售者提供商品的其他销售者的责任的，销售者有权向生产者或者其他销售者追偿。

消费者或者其他受害人因商品缺陷造成人身、财产损害的，可以向销售者要求赔偿，也可以向生产者要求赔偿。属于生产者责任的，销售者赔偿后，有权向生产者追偿。属于销售者责任的，生产者赔偿后，有权向销售者追偿。消费者在接受服务时，其合法权益受到损害的，可以向服务者要求赔偿。

(2)消费者在购买、使用商品或者接受服务时，其合法权益受到损害，因原企业分立、合并的，可以向变更后承受其权利义务的企业要求赔偿。

(3)使用他人营业执照的违法经营者提供商品或者服务，损害消费者合法权益的，消费者可以向其要求赔偿，也可以向营业执照的持有人要求赔偿。

(4)消费者在展销会、租赁柜台购买商品或者接受服务，其合法权益受到损害的，可以向销售者或者服务者要求赔偿。展销会结束或者柜台租赁期满后，也可以向展销会的举办者、柜台的出租者要求赔偿。展销会的举办者、柜台的出租者赔偿后，有权向销售者或者服务者追偿。

(5)消费者通过网络交易平台购买商品或者接受服务，其合法权益受到损害的，可以向销售者或者服务者要求赔偿。网络交易平台提供者不能提供销售者或者服务者的真实名称、地址和有效联系方式的，消费者也可以向网络交易平台提供者要求赔偿；网络交易平台提供者作出更有利于消费者的承诺的，应当履行承诺。网络交易平台提供者赔偿后，有权向销售者或者服务者追偿。

网络交易平台提供者明知或者应知销售者或者服务者利用其平台侵害消费者合法权益，未采取必要措施的，依法与该销售者或者服务者承担连带责任。

(6)消费者因经营者利用虚假广告或者其他虚假宣传方式提供商品或者服务，其合法权益受到损害的，可以向经营者要求赔偿。广告经营者、发布者发布虚假广告的，消费者可以请求行政主管部门予以惩处。广告经营者、发布者不能提供经营者的真实名称、地址和有效联系方式的，应当承担赔偿责任。

广告经营者、发布者设计、制作、发布关系消费者生命健康商品或者服务的虚假广告，造成消费者损害的，应当与提供该商品或者服务的经营者承担连带责任。

社会团体或者其他组织、个人在关系消费者生命健康商品或者服务的虚假广告或者其他虚假宣传中向消费者推荐商品或者服务，造成消费者损害的，应当与提供该商品或者服务的经营者承担连带责任。

五、法律责任

(一)民事责任

(1)经营者提供商品或者服务有下列情形之一的,应承担民事责任:

①商品或者服务存在缺陷的;

②不具备商品应当具备的使用性能而出售时未作说明的;

③不符合在商品或者其包装上注明采用的商品标准的;

④不符合商品说明、实物样品等方式表明的质量状况的;

⑤生产国家明令淘汰的商品或者销售失效、变质的商品的;

⑥销售的商品数量不足的;

⑦服务的内容和费用违反约定的;

⑧对消费者提出的修理、重作、更换、退货、补足商品数量、退还货款和服务费用或者赔偿损失的要求,故意拖延或者无理拒绝的;

⑨法律、法规规定的其他损害消费者权益的情形。

经营者对消费者未尽到安全保障义务,造成消费者损害的,应当承担侵权责任。

(2)经营者提供商品或者服务,造成消费者或者其他受害人人身伤害的,应当赔偿医疗费、护理费、交通费等为治疗和康复支出的合理费用,以及因误工减少的收入。造成残疾的,还应当赔偿残疾生活辅助器具费和残疾赔偿金。造成死亡的,还应当赔偿丧葬费和死亡赔偿金。

(3)经营者侵害消费者的人格尊严、侵犯消费者人身自由或者侵害消费者个人信息依法得到保护的权利的,应当停止侵害、恢复名誉、消除影响、赔礼道歉并赔偿损失。

(4)经营者有侮辱诽谤、搜查身体、侵犯人身自由等侵害消费者或者其他受害人人身权益的行为,造成严重精神损害的,受害人可以要求精神损害赔偿。

(5)经营者提供商品或者服务,造成消费者财产损害的,应当依照法律规定或者当事人约定承担修理、重作、更换、退货、补足商品数量、退还货款和服务费用或者赔偿损失等民事责任。

(6)经营者以预收款方式提供商品或者服务的,应当按照约定提供。未按照约定提供的,应当按照消费者的要求履行约定或者退回预付款并应当承担预付款的利息、消费者必须支付的合理费用。

(7)法经有关行政部门认定为不合格的商品,消费者要求退货的,经营者应当负责退货。

(8)经营者提供商品或者服务有欺诈行为的,应当按照消费者的要求增加赔偿其受到的损失,增加赔偿的金额为消费者购买商品的价款或者接受服务的费用的三倍;增加赔偿的金额不足五百元的,为五百元。法律另有规定的,依照其规定。

经营者明知商品或者服务存在缺陷,仍然向消费者提供,造成消费者或者其他受害人死亡或者健康严重损害的，受害人有权要求经营者依照本法第四十九条、第五十一条等法律规定赔偿损失，并有权要求所受损失两倍以下的惩罚性赔偿。

(二)行政责任

(1)经营者有下列情形之一，除承担相应的民事责任外，其他有关法律、法规对处罚机关和处罚方式有规定的，依照法律、法规的规定执行；法律、法规未作规定的，由工商行政管理部门或者其他有关行政部门责令改正，可以根据情节单处或者并处警告、没收违法所得、处以违法所得一倍以上十倍以下的罚款，没有违法所得的，处以五十万元以下的罚款；情节严重的，责令停业整顿、吊销营业执照：

①提供的商品或者服务不符合保障人身、财产安全要求的；

②在商品中掺杂、掺假，以假充真，以次充好，或者以不合格商品冒充合格商品的；

③生产国家明令淘汰的商品或者销售失效、变质的商品的；

④伪造商品的产地，伪造或者冒用他人的厂名、厂址，篡改生产日期，伪造或者冒用认证标志等质量标志的；

⑤销售的商品应当检验、检疫而未检验、检疫或者伪造检验、检疫结果的；

⑥对商品或者服务作虚假或者引人误解的宣传的；

⑦拒绝或者拖延有关行政部门责令对缺陷商品或者服务采取停止销售、警示、召回、无害化处理、销毁、停止生产或者服务等措施的；

⑧对消费者提出的修理、重作、更换、退货、补足商品数量、退还货款和服务费用或者赔偿损失的要求，故意拖延或者无理拒绝的；

⑨侵害消费者人格尊严、侵犯消费者人身自由或者侵害消费者个人信息依法得到保护的权利的；

⑩法律、法规规定的对损害消费者权益应当予以处罚的其他情形。

经营者有前款规定情形的，除依照法律、法规规定予以处罚外，处罚机关应当记入信用档案，向社会公布。

(2)行政处罚方式。对上述行政违法行为，可以由工商行政管理部门或者其他有关行政部门责令改正、警告、没收违法所得、罚款、责令停业整顿、吊销营业执照等。

(3)行政复议。行政复议，是指公民、法人或者其他组织(管理相对人)，认为行政机关的具体行政行为侵害其合法权益，依法向有复议权的行政机关申请复议，受理申请的复议机关依照法定程序对引起争议的具体行政行为进行审查并作出裁决的活动。它不仅是行政机关内部上级对下级进行监督的重要方式，而且是一种对管理相对人合法权益提供保障的行政救济方法。

经营者对行政机关作出的行政处罚不服时，可自收到处罚决定之日起十五日内向上一级行政机关申请复议，对复议决定仍不服的，可以向人民法院起诉。

(三)刑事责任

《消费者权益保护法》规定了追究刑事责任的几种情况:

(1)经营者违反本法规定提供商品或者服务,侵害消费者合法权益,构成犯罪的,依法追究刑事责任。

(2)以暴力、威胁等方法阻碍有关行政部门工作人员依法执行职务的,依法追究刑事责任;拒绝、阻碍有关行政部门工作人员依法执行职务,未使用暴力、威胁方法的,由公安机关依照《中华人民共和国治安管理处罚条例》的规定处罚。

(3)国家机关工作人员玩忽职守或者包庇经营者侵害消费者合法权益的行为的,由其所在单位或者上级机关给予行政处分;情节严重,构成犯罪的,依法追究刑事责任。

任务三　反不正当竞争法

任务导入

合肥市甲、乙两家保险公司都是在当地享有盛名的经济组织。2012 年,两公司经济效益不相上下。2013 年上半年,甲公司以高薪为条件,致使乙公司 30 名工作人员全部辞职,转入甲公司工作。该 30 名原乙公司的工作人员在转入甲公司时将自己的业务资料、客户名单都带入甲公司。2014 年上半年,两公司的业务均发生很大的变化:甲公司保险业务骤然上升,效益大增;而乙公司业务受到极大影响,遭受较大的经济损失。

试分析:(1)甲公司的行为是否构成不正当竞争?

(2)对甲公司行为应如何处理?

一、竞争法概述

(一)竞争

1.含义

竞争,在经济学上是指市场经济主体在市场经济活动中为实现自身的经济利益和既定目标而不断进行的角逐过程,它是与垄断相反的经济形式。

竞争法中的竞争是指市场经济活动主体为了自己的最大利益而以其他竞争者为竞争对手的争取交易机会和市场的行为。

2.竞争特征

(1)竞争必须发生在两个或两个以上的企业之间,否则不构成竞争。在特定的市场里虽然有两个或两个以上企业可以参与竞争,但由于其中一个企业实力过强,其他企业无法与之匹敌,则该企业即独占整个垄断,也不构成竞争。

(2)竞争必须发生在生产、经营同类商品或提供同类服务的企业之间的生产经营活动中。

(3)竞争必须发生在同一个特定的商品市场或劳务市场上。竞争还有卖方竞争和买方竞争之分,前者是作为卖方主体的商品和劳务提供者之间的竞争,后者则是作为买方主体的商品和劳务的接受者之间的竞争。

(二)竞争法概述

1. 含义

竞争法是国家机关通过法定程序制定的以市场竞争关系和市场竞争管理关系为调整对象,以保护公平、自由竞争为主旨,以反限制竞争法、反不当竞争法和反垄断法为核心内容的竞争实体性法律规范和竞争管理程序法律规范的总和。

2. 竞争法的特征

(1)适用对象的多样性。竞争法所针对的对象主体主要是经营者也包括部分管理机关,涉及生产、销售和服务各个行业,具有主体的多样性。

(2)客体的特定性。竞争法所调整的受侵害的客体是其他经营者和消费者的合法权益和正常的市场经济秩序。

(3)调整方法的复杂性。竞争法既用自愿平等的方法调整着横向的竞争关系,又用命令和服从的方法调整着纵向和竞争管理关系。

(4)法律责任的综合性。为竞争主体创造一个公平竞争的环境,必须建立有效的竞争机制,通过制定相应的法律,追究违法行为人的法律责任。违反竞争法应承担的法律责任是一种综合性的责任,包括民事责任、行政责任和刑事责任。

3. 竞争法的调整对象

法律的调整对象就是指法律规范效力所及的社会关系的范围。法律是社会关系的调节器,任何法律都调整着一定的社会关系。竞争法是规制市场主体竞争行为的法律规范,它调整对象就是竞争关系和竞争管理关系。

(1)竞争关系。它是指平等的竞争主体之间形成的一种社会关系,它是竞争法所调整的基础性的社会关系,不仅具有广泛性,而且是竞争管理关系发生的前提和基础。没有竞争关系,就不可能有竞争管理关系。竞争关系包括合法的竞争关系和违法的竞争关系,这都是竞争法的调整内容。

(2)竞争管理关系。国家竞争管理机关在依照职权监督,管理市场的过程中所形成的社会关系,即国家竞争管理机关与市场主体之间形成的一种管理与被管理的关系。竞争管理关系确定了竞争执法机构的职责和权限、执法程序及竞争监督管理体制,协调竞争执法机构之间的关系。

4. 竞争法的基本原则

(1)自由竞争原则。市场经济要求自由竞争,是竞争者在同一市场条件下,按同一市场规则，自主决定参加或退出市场的竞争而不受外在因素的干预。限制经营者的交易自由，必然导致保护落后、限制公平竞争、扭曲交易关系等后果。

(2)公平竞争原则。在市场交易中，竞争者应以公平合理、权利义务相一致的理念，在同一市场条件下共同接受价值规律和优胜劣汰。在市场竞争中，公平原则与平等原则常常联系在一起。只有在平等的基础上开展的竞争才有可能谈得上是平等的竞争。公平竞争是竞争群体利益的诉求，也是国家规划竞争活动的指引思想。

(3)诚实信用原则。诚实信用原则既是现代市场经济中公认的商业道德，也是道德规范在法律上的表现。在市场交易活动中，诚实信用原则要求经营者应以善意、诚实的态度与他人进行交易，并恪守信用，反对任何欺诈性的交易行为。

(4)遵守公认的商业道德。公认的商业道德，是指在长期的市场交易活动中形成的，为社会所普遍承认和遵守的商业行为准则。公平和诚实信用是市场交易最基本的道德要求，“公认的商业道德”则是以公平和诚实信用等观念为基础而发展起来的具体商业惯例，对于发挥市场自身的调节功能，弥补制定法的不足，具有重要意义。

二、反不正当竞争法律制度

(一)反不正当竞争法的立法

《中华人民共和国反不正当竞争法》(以下简称《反不正当竞争法》)是 1993 年 9 月 2 日第八届全国人民代表大会常务委员会第三次会议通过，1993 年 9 月 2 日中华人民共和国主席令第 10 号公布，自 1993 年 12 月 1 日起施行，包括总则、不正当竞争行为、监督检查、法律责任、附则等 5 章。

它是一部旨在规范社会主义市场经济秩序，倡导公平有序竞争的法律。通过立法达到保障社会主义交易市场经济健康发展、鼓励和保护公平竞争，制止不正当竞争行为、保护经营者和消费者的合法权益的目的。此法对于保护合法市场参与者的权益和打击不法市场经济行为有着重要意义。

(二)不正当竞争含义和特征

1.不正当竞争含义

《反不正当竞争法》规定，不正当竞争，是指经营者违反本法规定，损害其他经营者的合法权益，扰乱社会经济秩序的行为。

2.不正当竞争特征

(1)主体的特定性。不正当竞争是经营者之间为获取商业机会和经济利益而进行的，其主体都是经营者。《反不正当竞争法》第二条规定，经营者在市场交易中，应当遵循自愿、平等、公平、诚实信用的原因，遵守公认的商业道德。本法所称的“不正当竞争”，是指经营者违反本法规定，损害其他经营者的合法权益，扰乱社会经济秩序的行为。本法所称的经营者，是指从事商品经营或者营利性服务(以下所称商品包括服务)的法人、其他经济组织和个人。

(2)侵害的客体特定性。不正当竞争侵害其他经营者和消费者的合法权益和正常的市场经济秩序。

(3)主观目的的利益性。不正当竞争行为者实施的行为是为自身获取更多的商业机会和更大的经济利益而损害或者牺牲竞争对手的利益。

(4)行为的违法性。不正当竞争行为者违背自愿、平等、公平、诚实信用、公认的商业道德原则,实施了违法行为损害了其他经营者的合法权益,扰乱了市场经济秩序。

(三)不正当竞争行为

不正当竞争行为,是指经营者在市场竞争中,采取非法的或者有悖于公认的商业道德的手段和方式,与其他经营者相竞争的行为。《反不正当竞争法》第二章规定了十一种不正当竞争行为,包括七种属于不正当竞争行为和四种限制竞争行为。

1.混淆行为

混淆行为,是指经营者在市场经营活动中,以种种不实手法对自己的商品或服务作虚假表示、说明或承诺,或不当利用他人的智力劳动成果推销自己的商品或服务,使用户或者消费者产生误解,扰乱市场秩序、损害同业竞争者的利益或者消费者利益的行为。

(1)假冒他人的注册商标;

(2)擅自使用知名商品特有的名称、包装、装潢,或者使用与知名商品近似的名称、包装、装潢,造成和他人的知名商品相混淆,使购买者误认为是该知名商品;

(3)擅自使用他人的企业名称或者姓名,引人误认为是他人的商品;

(4)在商品上伪造或者冒用认证标志、名优标志等质量标志,伪造产地,对商品质量作引人误解的虚假表示。

2.商业贿赂行为

商业贿赂,是指经营者为争取交易机会,暗中给予交易对方有关人员或者其他能影响交易的相关人员以财物或其他好处的行为。商业贿赂是一种贿赂形式,是市场竞争过程中出现的一种消极现象,危害正常的市场交易秩序。《反不正当竞争法》第八条规定,经营者不得采用财物或者其他手段进行贿赂以销售或者购买商品。在账外暗中给予对方单位或者个人回扣的,以行贿论处;对方单位或者个人在账外暗中收受回扣的,以受贿论处。经营者销售或者购买商品,可以以明示方式给对方折扣,可以给中间人佣金。经营者给对方折扣、给中间人佣金的,必须如实入账。接受折扣、佣金的经营者必须如实入账。

3.虚假宣传行为

虚假宣传行为,是指经营者即广告主、广告代理制作者和广告发布者,利用广告和其他方法,对产品的质量、性能、成分、用途、产地等所作的引人误解的不实宣传。《反不正当竞争法》第九条规定,经营者不得利用广告或者其他方法,对商品的质量、制作成分、性能、用途、生产者、有效期限、产地等作引人误解的虚假宣传。

广告的经营者不得在明知或者应知的情况下，代理、设计、制作、发布虚假广告。

根据有关司法解释，可将“引人误解的虚假宣传”归纳为三种情形：一是对商品作片面的宣传或者对比的；二是将科学上未定论的观点、现象等当作定论的事实用于商品宣传的；三是以歧义语言或者其他引人误解的方式进行商品宣传的。但是，明显夸张方式宣传商品，不足以造成相关公众误解的，不属于引人误解的虚假宣传行为。一些经营者将自己的商品与竞争对手的商品信息作不对称的宣传与对比，其目的和结果是不正当地贬低他人的商品而抬高自己的商品，误导购买者。单个看，所作的宣传是真实的，并无虚假，但给人印象是他人的产品缺点多，自己的产品优点多。因片面宣传或者对比误导购买者的，可以认定为引人误解的虚假宣传。

4. 侵犯商业秘密行为

（1）商业秘密。它是指不为公众所知悉，能为权利人带来经济利益，具有实用性并经权利人采取保密措施的技术信息和经营信息。

商业秘密权是权利人劳动成果的结晶，商业秘密权是权利人拥有的一种无形财产权，可以为多个权利主体同时拥有和使用，只要获得及使用手段合法。如自主研究开发或者通过反向工程破译他人商业秘密均不属于侵权行为。

（2）侵犯商业秘密行为。它是指以不正当手段获取、披露、使用他人商业秘密的行为。

《反不正当竞争法》第十条规定，经营者不得采用下列手段侵犯商业秘密：以盗窃、利诱、胁迫或者其他不正当手段获取权利人的商业秘密；披露、使用或者允许他人使用以前项手段获取的权利人的商业秘密；违反约定或者违反权利人有关保守商业秘密的要求，披露、使用或者允许他人使用其所掌握的商业秘密。

第三人明知或者应知前款所列违法行为，获取、使用或者披露他人的商业秘密，视为侵犯商业秘密。

5. 低价倾销行为

低价倾销行为，是指经营者以排挤竞争对手、独占市场为目的，以低于成本的价格销售商品。低价倾销违背企业生存原理及价值规律，在市场竞争中往往引发价格大战、中小企业倒闭等恶性竞争事件，甚至导致全行业萎缩的严重后果。

《反不正当竞争法》第十一条规定，经营者不得以排挤竞争对手为目的，以低于成本的价格销售商品。有下列情形之一的，不属于不正当竞争行为：销售鲜活商品；处理有效期限即将到期的商品或者其他积压的商品；季节性降价；因清偿债务、转产、歇业降价销售商品。

【观念应用 4-8】 经营者以低于成本的价格销售商品时，以下哪些行为不属于不正当竞争行为？

A. 经营者为清偿债务而销售商品的行为

B. 经营者销售非季节性的商品的行为

C. 经营者销售有效期即将到来的商品的行为

D. 经营者销售非积压商品的行为

【观念解析】正确答案是A、C。《反不正当竞争法》规定了经营者只有在销售鲜活商品,有效期即将到来的商品、积压商品以及一些季节性降价和因清偿债务、转产,歇业而降价销售商品时才属于正当的销售行为,否则属于不正当竞争行为。

6.不正当有奖销售行为

不正当有奖销售,是指经营者在销售商品或提供服务时,以提供奖励(包括金钱、实物、附加服务等)为名,实际上采取欺骗或者其他不当手段损害用户、消费者的利益或者损害其他经营者合法权益的行为。正常的有奖销售是一种促销手段,可分为两种:一种是奖励给所有购买者的附赠式有奖销售,另一种是奖励部分购买者的抽奖式有奖销售。有奖销售是市场竞争的商业性行为,必须遵守法律规范和公认的商业道德。《反不正当竞争法》第十三条规定,经营者不得从事下列有奖销售:采用谎称有奖或者故意让内定人员中奖的欺骗方式进行有奖销售;利用有奖销售的手段推销质次价高的商品;抽奖式的有奖销售,最高奖的金额超过五千元。

【观念应用4-9】我国《反不正当竞争法》规定,下列有奖销售行为中属于不正当有奖销售行为的有(　　)

A. 谎称有奖进行有奖销售

B. 故意让内定人员中奖进行有奖销售

C. 利用有奖销售的手段推销质次价高的商品

D. 抽奖式有奖销售的奖品为5000元的实物

E. 抽奖式有奖销售的最高金额超过5000元

【观念解析】正确答案是A、B、C、E。根据《反不正当竞争法》规定,经营者不得从事下列有奖销售:采用谎称有奖或者故意让内定人员中奖的欺骗方式进行有奖销售;利用有奖销售的手段推销质次价高的商品;抽奖式的有奖销售,最高奖的金额超过5000元。

7.诋毁商誉行为

诋毁商誉行为,是指经营者捏造、散布虚假事实,损害竞争对手的商业信誉、商品声誉,从而削弱其竞争力的行为。

商誉是社会公众对市场经营主体名誉的综合性积极评价。它是经营者长期努力追求,刻意创造,并投入一定的金钱、时间及精力才取得的。良好的商誉本身就是一笔巨大的无形财富,通过有形的形式(如销售额、利润)回报。《反不正当竞争法》第十四条规定,经营者不得捏造、散布虚伪事实,损害竞争对手的商业信誉、商品声誉。

8.限制竞争行为

《反不正当竞争法》第二章明确规定对以下行为进行禁止:

(1)公用企业或者其他依法具有独占地位的经营者,不得限定他人购买其指定的经营者的商品，以排挤其他经营者的公平竞争。

(2)滥用行政权力。政府及其所属部门滥用行政权力，限定他人购买其指定的经营者的商品，限制其他经营者正当的经营活动；政府及其所属部门滥用行政权力，限制外地商品进入本地市场或者限制本地商品流向外地市场。

(3)搭售行为。经营者销售商品，不得违背购买者的意愿搭售商品或者附加其他不合理的条件。

(4)串通招投标行为。投标者不得串通投标，抬高标价或者压低标价；投标者和招标者不得相互勾结，以排挤竞争对手的公平竞争。

【观念应用 4-10】滥用行政权力行为主要表现有(　　)。

A. 限定他人购买其指定的经营者的商品

B. 违背交易相对的人的意愿提出附加的不合理条件

C. 限制其他经营者的正当的经营活动

D. 限制外地商品进入本地市场

E. 限制本地商品流向外地市场

【观念解析】正确答案是 A、C、D、E。根据《反不正当竞争法》，政府及其所属部门滥用行政权力，限定他人购买其指定的经营者的商品，限制其他经营者正当的经营活动；政府及其所属部门滥用行政权力，限制外地商品进入本地市场，或者限制本地商品流向外地市场都属于滥用行政权力行为。

(四)不正当竞争行为的监督检查和法律责任

1. 监督检查

县级以上监督检查部门，如工商、文化、质监等部门可以进行监督检查。监督检查部门在监督检查不正当竞争行为时，有权行使下列职权：按照规定程序询问被检查的经营者、利害关系人、证明人，并要求提供证明材料或者与不正当竞争行为有关的其他资料；查询、复制与不正当竞争行为有关的协议、账册、单据、文件、记录、业务函电和其他资料；检查与本法第五条规定的不正当竞争行为有关的财物，必要时可以责令被检查的经营者说明该商品的来源和数量，暂停销售，听候检查，不得转移、隐匿、销毁该财物。

监督检查部门工作人员监督检查不正当竞争行为时，应当出示检查证件。监督检查部门在监督检查不正当竞争行为时，被检查的经营者、利害关系人和证明人应当如实提供有关资料或者情况。

【观念应用 4-11】我国对不正当竞争行为进行监督检查的主管部门是(　　)

A. 商务部　　B. 技术监督局　　C. 工商行政管理局　　D. 物价局

【观念解析】正确答案是 C。根据《反不正当竞争法》第十六条规定，县级以上监督检查部门对不正当竞争行为可以进行监督检查。对不正当竞争行为进行监督检查的主管部门是工商行政管理局。

2.法律责任

法律责任,是指不正当竞争行为的主体违法实施了不正当竞争行为所要承担的不利法律后果,包括民事责任、行政责任和刑事责任。

(1)民事责任。民事责任,是指经营者违反《反不正当竞争法》,实施了不正当竞争行为,给被受侵害者造成损失,应承担的责任。

民事责任的形式主要包括:停止侵害、消除影响、赔礼道歉、恢复原状、赔偿损失等。

(2)行政责任。行政责任,是指行为人违反《反不正当竞争法》规定所承担的行政法律后果。行政责任的形式包括:罚款、责令停止违法行为、没收违法所得、取消经营资格等。

(3)刑事责任。刑事责任,是指依照刑事法律规定,行为人的违法行为构成犯罪而承担的后果。

承担刑事责任的情形主要有:不正当竞争行为的刑事责任;与不正当竞争行为有关的违法行为的刑事责任,如滥用职权、玩忽职守、徇私舞弊等。

任务四　反垄断法

◈任务导入

2001年至2006年,韩国三星、LG、我国台湾地区奇美、友达、中华映管和瀚宇彩晶共6家企业,在我国台湾地区和韩国共召开53次"晶体会议"。会议轮流承办,基本每月召开1次,主要内容是交换液晶面板市场信息、协商液晶面板价格。在中国大陆境内销售液晶面板时,6家企业依据"晶体会议"协商的价格或互相交换的有关信息来制定液晶面板的市场价格,6家企业在中国大陆境内销售涉案液晶面板数量合计514.62万片,收入所得合计2.08亿元。问:该种行为是否构成了价格垄断?

一、反垄断法概述

(一)垄断

1.含义

垄断或称"卖者垄断",是经济学术语,是指一个经营者或少数几个经营者对相应部门产品的生产、销售和服务的独占或联合控制的形式。垄断者在市场上,能够随意调节价格或产量,依在法律上独享的特权、对供应来源的控制或是企业间的联手或协力行为来达成。垄断分为卖者垄断和买者垄断,买者垄断(Monopsony)和卖者垄断情况相反。

垄断是市场竞争的必然结果,其组织形式有卡特尔、托拉斯、辛迪加、康采恩。

垄断会破坏竞争机制,影响市场资源优化配置、技术革新和经营者组织效率,损害消费者利益或造成社会公共利益的损失。

2. 垄断的特征

（1）垄断的主体单一性。其表现为个别经营者或者少数经营者（包括公用企业）对相应部门的生产、销售和服务的独占或联合控制。我国的《反垄断法》将行政限制竞争也纳入了调整的范围，从而使得行政机关和法律、法规授权的具有管理公共事务职能的组织可能成为垄断的特殊主体。

（2）侵害客体的特定性。经营者实施垄断行为侵害的是其他经营者和消费者的合法权益和正常的市场经济秩序。从市场整体和长远看，垄断行为降低了经济运行效率，破坏了正常的市场经济秩序。

（3）主观动机的利益性。垄断是为了获取垄断利润而实施的行为，目的是为了获取垄断高价或垄断低价。

（4）客观方面的违法行为。个别经营者或者少数经营者违反《反垄断法》的规定，实施了排除、限制竞争的行为。

3. 垄断产生的原因

（1）自然垄断。生产成本核算上要求由一个生产者比大量生产者更有效率，比如，城市供水、供热，这是最常见的垄断形式。

（2）资源垄断。关键资源由一家企业拥有。

（3）行政性垄断。政府给予一家企业排他性地生产某种产品或劳务的权利。也有由政府自行垄断，如食盐，称为“专卖”。

（二）反垄断法立法

《中华人民共和国反垄断法》（简称《反垄断法》）由第十届全国人民代表大会常务委员会第二十九次会议于 2007 年 8 月 30 日通过，自 2008 年 8 月 1 日起施行。中华人民共和国境内经济活动中的垄断行为和中华人民共和国境外的垄断行为，对境内市场竞争产生排除、限制影响的，均适用本法。国务院设立反垄断委员会，负责组织、协调、指导反垄断工作。国务院规定的承担反垄断执法职责的机构及其授权机构依法负责反垄断的执法工作。

《反垄断法》是制止垄断行为、保护市场竞争和维护市场秩序的基本法律，也是完善市场结构、保障经济安全和确保市场配置资源基础性作用的重要法律。它对于维护经营者和消费者合法权益，促进技术创新和技术进步，提高企业竞争力，保证国民经济的健康、持续、协调发展，具有极为重要的作用。

二、垄断行为

垄断行为通常是指获取市场支配力的经营者在一定的交易市场中故意实施的限制、排斥竞争的行为。它是一种违反竞争法规定的行为，扩张自己的经济规模或形成对自己有利的经济地位。

《反垄断法》规定，垄断行为包括经营者达成垄断协议；经营者滥用市场支配地位；具有或者可能排除、限制竞争效果的经营者集中。另外还规定，行政机关和法律、法规授权的具有管理公共事务职能的组织不得滥用行政权力，排除、限制竞争。

(一)垄断协议

垄断协议，也称“卡特尔”，是指两个以上的经营者为了取得市场的支配地位，达成或者采取的旨在排除、限制竞争的协议、决定或协同行为。

垄断协议分为横向垄断协议和纵向垄断协议。横向垄断协议，是指具有竞争关系的经营者之间形成的垄断协议。纵向垄断协议，是指经营者与下游交易相对人达成的垄断协议。行业协会不得组织本行业的经营者从事禁止的垄断行为。

1.禁止具有竞争关系的经营者达成的垄断协议，即横向垄断协议

(1)固定或者变更商品价格；

(2)限制商品的生产数量或者销售数量；

(3)分割销售市场或者原材料采购市场；

(4)限制购买新技术、新设备或者限制开发新技术、新产品；

(5)联合抵制交易；

(6)国务院反垄断执法机构认定的其他垄断协议。

2.禁止经营者与交易相对人达成的垄断协议，即纵向垄断协议

(1)固定向第三人转售商品价格；

(2)限定向第三人转售商品的最低价格；

(3)国务院反垄断执法机构认定的其他垄断协议。

3.对垄断协议的豁免制度

《反垄断法》规定，经营者能够证明所达成的协议属于下列情形之一的，不属于垄断协议：

(1)为改进技术、研究开发新产品的；

(2)为提高产品质量、降低成本、增进效率，统一产品规格、标准或者实行专业化分工的；

(3)为提高中小经营者经营效率，增强中小经营者竞争力的；

(4)为实现节约能源、保护环境、救灾救助等社会公共利益的；

(5)因经济不景气，为缓解销售量严重下降或者生产明显过剩的；

(6)为保障对外贸易和对外经济合作中的正当利益的；

(7)法律和国务院规定的其他情形。

对于上述(1)～(5)的情形，经营者还应当证明所达成的协议不会严重限制相关市场的竞争，并且能够使消费者分享由此产生的利益。

【观念应用 4-12】甲公司、乙公司、丙公司都是从事奶粉生产的厂家，其主要市场均在某市。三家公司在某日的行业会议中签订了关于维持现有价格的协议，不允许相互之间采用降低价格的方式进行竞争。请问：该协议的内容合法吗？

【观念解析】该协议内容违法。我国《反垄断法》禁止有竞争关系的经营者达成"固定或者变更商品价格"的协议，本题所叙述的情况属于固定商品价格的协议，是《反垄断法》禁止的横向垄断协议。

(二)滥用市场支配地位

市场支配地位，是指经营者在相关市场内具有能够控制商品价格、数量或者其他交易条件，或者能够阻碍、影响其他经营者进入相关市场能力的市场地位。《反垄断法》不反对经营者具有市场支配地位，但禁止经营者滥用其市场支配地位。

1. 禁止具有市场支配地位的经营者从事下列滥用市场支配地位的行为

(1)以不公平的高价销售商品或者以不公平的低价购买商品；

(2)没有正当理由，以低于成本的价格销售商品；

(3)没有正当理由，拒绝与交易相对人进行交易；

(4)没有正当理由，限定交易相对人只能与其进行交易或者只能与其指定的经营者进行交易；

(5)没有正当理由搭售商品或者在交易时附加其他不合理的交易条件；

(6)没有正当理由，对条件相同的交易相对人在交易价格等交易条件上实行差别待遇；

(7)国务院反垄断执法机构认定的其他滥用市场支配地位的行为。

2. 认定经营者具有市场支配地位，应当依据下列因素

(1)该经营者在相关市场的市场份额以及相关市场的竞争状况；

(2)该经营者控制销售市场或者原材料采购市场的能力；

(3)该经营者的财力和技术条件；

(4)其他经营者对该经营者在交易上的依赖程度；

(5)其他经营者进入相关市场的难易程度；

(6)与认定该经营者市场支配地位有关的其他因素。

3. 市场支配地位的具体认定标准有下列情形之一的，可以推定经营者具有市场支配地位

(1)一个经营者在相关市场的市场份额达到二分之一的；

(2)两个经营者在相关市场的市场份额合计达到三分之二的；

(3)三个经营者在相关市场的市场份额合计达到四分之三的。

对于上述(2)、(3)的情形，其中有的经营者市场份额不足十分之一的，不应当推定该经营者具有市场支配地位。被推定具有市场支配地位的经营者，有证据证明不具有市场支配地位的，不应当认定其具有市场支配地位。

【观念应用 4-13】在某电器市场，甲、乙、丙 3 个电器销售公司分别占据着 40%、30%、9%的市场份额，其他经营者都不足 1%。那么，关于甲、乙、丙市场支配地位的表述正确的是(　　)

A. 认定甲有　　B. 推定甲有　　C. 推定乙有　　D. 推定丙有

【观念解析】正确答案为 B、C。《反垄断法》规定，有下列情形之一的，推定具有市场支配地位：(1)一个经营者在相关市场的市场份额达到二分之一的；(2)两个经营者在相关市场的市场份额合计达到三分之二的；(3)三个经营者在相关市场的市场份额合计达到四分之三的。对于上述(2)、(3)的情形，其中有的经营者市场份额不足十分之一的，不应当推定该经营者具有市场支配地位。被推定具有市场支配地位的经营者，有证据证明不具有市场支配地位的，不应当认定其具有市场支配地位。

(三)经营者集中

经营者集中，是指经营者合并，经营者通过取得其他经营者的股份、资产以及通过合同等方式取得对其他经营者的控制权或者能够对其他经营者施加决定性影响的情形。经营者集中，可能具有两种效果：一是经营者集中有利于发挥规模经济、范围经济的积极效果并不对竞争产生排斥和限制；二是经营者集中具有或者可能具有排除、限制竞争的效果。对于前者，《反垄断法》并不禁止；对于后者，则因受《反垄断法》禁止，除非经营者能够证明该集中对竞争产生的有利影响明显大于不利影响或者符合社会公共利益。

1. 经营者集中情形

(1)经营者合并；

(2)经营者通过取得股权或者资产的方式取得对其他经营者的控制权；

(3)经营者通过合同等方式取得对其他经营者的控制权或者能够对其他经营者施加决定性影响。

2. 经营者集中的申报

《反垄断法》并不要求所有的经营者集中都需要申报，而是规定经营者集中达到国务院规定的申报标准的，应事先进行申报，未申报的不得实施集中。

2008 年 8 月 1 日公布的《国务院关于经营者集中申报标准的规定》规定，经营者集中达到下列标准之一的，经营者应当事先向国务院商务主管部门申报，未申报的不得实施集中：

(1)参与集中的所有经营者上一会计年度在全球范围内的营业额合计超过 100 亿元人民币，并且其中至少 2 个经营者上一会计年度在中国境内的营业额均超过 4 亿元人民币；

(2)参与集中的所有经营者上一会计年度在中国境内的营业额合计超过 20 亿元人民币，并且其中至少 2 个经营者上一会计年度在中国境内的营业额均超过 4 亿元人民币。

营业额的计算，应当考虑银行、保险、证券、期货等特殊行业、领域的实际情况，具体办法由国务院商务主管部门会同国务院有关部门制定。

《反垄断法》规定，经营者集中有下列情形之一的，可以不申报：

(1)参与集中的一个经营者拥有其他每个经营者百分之五十以下有表决权的股份或者资产的；

(2)参与集中的每个经营者百分之五十以上有表决权的股份或者资产被同一个未参与集中的经营者拥有的。

3.审查程序及审查内容

(1)申报集中材料。经营者向国务院反垄断执法机构申报集中，应当提交下列文件、资料：申报书；集中对相关市场竞争状况影响的说明；集中协议；参与集中的经营者经会计师事务所审计的上一会计年度财务会计报告；国务院反垄断执法机构规定的其他文件、资料。

申报书应当载明参与集中的经营者的名称、住所、经营范围、预定实施集中的日期和国务院反垄断执法机构规定的其他事项。

经营者提交的文件、资料不完备的，应当在国务院反垄断执法机构规定的期限内补交文件、资料。经营者逾期未补交文件、资料的，视为未申报。

(2)审查程序和内容。对经营者集中申请的审查，分为初步审查和进一步审查。国务院反垄断执法机构应当自收到经营者提交的符合规定的文件、资料之日起三十日内，对申报的经营者集中进行初步审查，作出是否实施进一步审查的决定，并书面通知经营者。国务院反垄断执法机构作出决定前，经营者不得实施集中。国务院反垄断执法机构决定实施进一步审查的，应当自决定之日起九十日内审查完毕，作出是否禁止经营者集中的决定，并书面通知经营者。作出禁止经营者集中的决定，应当说明理由。审查期间，经营者不得实施集中。

审查经营者集中，应当考虑的因素有：参与集中的经营者在相关市场的市场份额及其对市场的控制力；相关市场的市场集中度；经营者集中对市场进入、技术进步的影响；经营者集中对消费者和其他有关经营者的影响；经营者集中对国民经济发展的影响；国务院反垄断执法机构认为应当考虑的影响市场竞争的其他因素。

经过审查，国务院反垄断执法机构可以分别作出三种决定：

①禁止决定。如果经营者集中具有或者可能具有排除、限制竞争效果的，国务院反垄断执法机构作出禁止经营者集中的决定。

②不予禁止决定。经营者能够证明该集中对竞争产生的有利影响明显大于不利影响，或者符合社会公共利益的，国务院反垄断执法机构可以作出对经营者集中不予禁止的决定。

③附加决定。对不予禁止的经营者集中，国务院反垄断执法机构可以决定附加减少集中对竞争产生不利影响的限制性条件。

对上述决定不服的，可以先依法申请行政复议；对行政复议决定不服的，可以依法提起行政诉讼。

(四)滥用行政权力排除、限制竞争

滥用行政权力排除、限制竞争,即行政垄断。这种行为的主体不是经营者,而是行政机关和法律、法规授权的具有管理公共事务职能的组织。

1.强制交易

强制交易,即限定商品。它是行政机关和法律、法规授权的具有管理公共事务职能的组织滥用行政权力,限定或者变相限定单位或者个人经营、购买、使用其指定的经营者提供的商品。比如,指定公务接待用品等。

2.妨碍流通

妨碍流通,即地区封锁。它是行政机关和法律、法规授权的具有管理公共事务职能的组织滥用行政权力,妨碍商品在地区之间的自由流通:

(1)对外地商品设定歧视性收费项目、实行歧视性收费标准或者规定歧视性价格;

(2)对外地商品规定与本地同类商品不同的技术要求、检验标准或者对外地商品采取重复检验、重复认证等歧视性技术措施,限制外地商品进入本地市场;

(3)采取专门针对外地商品的行政许可,限制外地商品进入本地市场;

(4)设置关卡或者采取其他手段,阻碍外地商品进入或者本地商品运出;

(5)妨碍商品在地区之间自由流通的其他行为。

3.歧视排斥

行政机关和法律、法规授权的具有管理公共事务职能的组织滥用行政权力,以设定歧视性资质要求、评审标准或者不依法发布信息等方式,排斥或者限制外地经营者参加本地的招标投标活动。其采取与本地经营者不平等待遇等方式,排斥或者限制外地经营者在本地投资或者设立分支机构。

4.强制垄断

强制垄断是行政机关和法律、法规授权的具有管理公共事务职能的组织滥用行政权力,强制经营者从事本法规定的垄断行为。

5.禁止抽象的行政垄断行为

禁止抽象的行政垄断行为是行政机关和法律、法规授权的具有管理公共事务职能的组织滥用行政权力,制定含有排除、限制竞争内容的规定。

三、对涉嫌垄断行为的调查及法律责任

(一)调查

1.反垄断法的实施机构

反垄断法的实施机构包括国务院反垄断委员会组织、协调、指导反垄断工作;国务院反垄断执法机构及授权机构负责行政执法。

2. 反垄断调查

(1)反垄断调查的实施。任何单位和个人有权向反垄断执法机构举报涉嫌垄断行为，反垄断执法机构应当为举报人保密。举报采用书面形式并提供相关事实和证据的，反垄断执法机构应当进行必要的调查。

反垄断执法机构调查涉嫌垄断行为，可以采取下列措施：进入被调查的经营者的营业场所或者其他有关场所进行检查；询问被调查的经营者、利害关系人或者其他有关单位或者个人，要求其说明有关情况；查阅、复制被调查的经营者、利害关系人或者其他有关单位或者个人的有关单证、协议、会计账簿、业务函电、电子数据等文件、资料；查封、扣押相关证据；查询经营者的银行账户。

采取上述规定的措施，应当向反垄断执法机构主要负责人书面报告，并经批准。

反垄断执法机构调查涉嫌垄断行为，执法人员不得少于两人，并应当出示执法证件。执法人员进行询问和调查，应当制作笔录，并由被询问人或者被调查人签字。

反垄断执法机构及其工作人员对执法过程中知悉的商业秘密负有保密义务。被调查的经营者、利害关系人或者其他有关单位或者个人应当配合反垄断执法机构依法履行职责，不得拒绝、阻碍反垄断执法机构的调查。被调查的经营者、利害关系人有权陈述意见。反垄断执法机构应当对被调查的经营者、利害关系人提出的事实、理由和证据进行核实。

(2)中止调查的情形。对反垄断执法机构调查的涉嫌垄断行为，被调查的经营者承诺在反垄断执法机构认可的期限内采取具体措施消除该行为后果的，反垄断执法机构可以决定中止调查。中止调查的决定应当载明被调查的经营者承诺的具体内容。有下列情形之一的，反垄断执法机构应当恢复调查：经营者未履行承诺的；作出中止调查决定所依据的事实发生重大变化的；中止调查的决定是基于经营者提供的不完整或者不真实的信息作出的。

3. 处理

反垄断执法机构对涉嫌垄断行为调查核实后，认为构成垄断行为的，应当依法作出处理决定，并可以向社会公布。

(二)法律责任

1. 民事责任

经营者实施垄断行为，给他人造成损失的，依法承担赔偿损失等民事责任。

2. 行政责任

经营者违法达成并实施垄断协议的，由反垄断执法机构责令停止违法行为，没收违法所得，并处上一年度销售额百分之一以上百分之十以下的罚款；尚未实施所达成的垄断协议的，可以处五十万元以下的罚款。

行业协会违反本法规定，组织本行业的经营者达成垄断协议的，反垄断执法机构可以处五十万元以下的罚款；情节严重的，社会团体登记管理机关可以依法撤销登记。

经营者违法滥用市场支配地位的，由反垄断执法机构责令停止违法行为，没收违法所得，并处上一年度销售额百分之一以上百分之十以下的罚款。

经营者违法实施集中的，由国务院反垄断执法机构责令停止实施集中、限期处分股份或者资产、限期转让营业以及采取其他必要措施恢复到集中前的状态，可以处五十万元以下的罚款。

行政机关和法律、法规授权的具有管理公共事务职能的组织滥用行政权力，实施排除、限制竞争行为的，由上级机关责令改正；对直接负责的主管人员和其他直接责任人员依法给予处分。反垄断执法机构可以向有关上级机关提出依法处理的建议。

对反垄断执法机构依法实施的审查和调查，拒绝提供有关材料、信息，或者提供虚假材料、信息，或者隐匿、销毁、转移证据，或者有其他拒绝、阻碍调查行为的，由反垄断执法机构责令改正，对个人可以处二万元以下的罚款，对单位可以处二十万元以下的罚款；情节严重的，对个人处二万元以上十万元以下的罚款，对单位处二十万元以上一百万元以下的罚款；构成犯罪的，依法追究刑事责任。

对反垄断执法机构依本法作出的决定不服的，可以先依法申请行政复议；对行政复议决定不服的，可以依法提起行政诉讼。

3. 刑事责任

反垄断执法机构工作人员滥用职权、玩忽职守、徇私舞弊或者泄露执法过程中知悉的商业秘密，构成犯罪的，依法追究刑事责任；尚不构成犯罪的，依法给予处分。

复习思考题

1. 产品质量监督管理体制是什么？
2. 因产品存在缺陷造成受害人人身伤害的，侵害人应当赔偿的范围是什么？
3. 消费者的权利含义及内容是什么？
4. 不正当竞争行为含义及内容是什么？
5. 垄断行为的含义及具体表现形式是什么？

技能自测

一、单项选择题

1. 以下哪项属于《产品质量法》规定的产品范围？（　　）

A. 妈妈给自己做的鞋子　　B. 自产的蔬菜

C. 建筑水泥　　D. 待售的商品房

2. 消费者王某在购买商品后，发现商品存在问题时，下列说法正确的是哪项？（　　）

A. 王某只能向该商品生产者主张赔偿

B. 王某可以向该商品的销售者主张赔偿

C. 王某既可以向销售者要求赔偿，也可以向生产者要求赔偿

D. 若销售者有证据表明该瑕疵是在销售过程中由其他销售者所致，则有权拒绝赔偿

3. 甲厂生产一种易拉罐装碳酸饮料，消费者丙从乙商场购买这种饮料后，在开启时被罐内强烈气流炸伤眼部，下列答案中最正确的是哪项？（　　）

A. 丙只能向乙索赔

B. 丙只能向甲索赔

C. 丙只能向消费者协会投诉，请其确定向谁索赔

D. 丙可向甲、乙中的一个索赔

4. 经营者以明示方式给对方单位或者个人折扣的行为属于（　　）

A. 给予折扣的正常经济行为　　B. 受贿行为

C. 行贿行为　　D. 支付佣金的正常经济行为

5.《消费者权益保护法》规定，经营者采用网络、电视、电话、邮购等方式销售商品，消费者有权自收到商品之日起（　　）日内退货，且无需说明理由。

A. 3　　B. 4　　C. 5　　D. 7

6. 以下属于不正当竞争行为的是？（　　）

A. 第三人不知情的情况下披露他人商业秘密

B. 超市降价出售即将到期的食品

C. 煤气公司指定用户使用某种燃气灶

D. 商场给予 VIP 顾客购物折扣

7. 抽奖式有奖销售的最高奖金额不得超过人民币（　　）

A. 5000 元　　B. 4000 元　　C. 3000 元　　D. 2000 元

8. 某企业为了转换经营范围，所有商品实行优惠打折销售。该公司这种行为是（　　）

A. 正当销售行为　　B. 排挤其他经营者行为

C. 不正当促销行为　　D. 不正当竞争行为

9. 下列选项中不属于《反垄断法》规定的经营者是？（　　）

A. 国美电器　　B. 风行轮胎公司

C. 教育厅直属高校　　D. 水果商场

10. 对于违反《反垄断法》实施集中的经营者，国务院反垄断执法机构可以采取的措施是？（　　）

A. 责令停止实施集中　　B. 限期处分股份或者资产

C. 限期转让营业　　D. 处以罚款

二、多项选择题

1. 按照我国《产品质量法》的规定，标准分为哪些？（　　）

A. 国家标准　　B. 行业标准　　C. 地方标准　　D. 企业标准

2.《产品质量法》规定的销售者产品质量责任的义务性规定有哪些？（　　）

A. 进货验收制度　　B. 保持销售产品的质量

C. 销售符合质量要求的产品　　　　　　D. 送货上门的义务

3. 我国《产品质量法》调整的社会关系包括（　　）

A. 产品质量监督管理机构及产品质量认证、检验机构与生产者、销售者之间因产品质量发生的监督管理关系

B. 生产者、销售者与产品用户及消费者之间因产品质量而产生的责任关系

C. 市场竞争关系

D. 市场垄断关系

4. 经营者侵害消费者的人格尊严或者侵犯消费者人身自由的，应当负下列哪种责任？（　　）

A. 停止侵害　　　B. 恢复名誉　　　C. 消除影响　　　D. 赔礼道歉

5. 消费者协会可以就有关消费者合法权益问题，向有关行政部门（　　）

A. 了解　　　B. 反映　　　C. 查询　　　D. 提出建议

6. 下列行为中，不属于不正当竞争的是？（　　）

A. 低于成本价销售鲜活产品

B. 商场"双十一"将商品打折出售

C. 企业破产而降价销售产品

D. 商场抽奖式的有奖销售，最高奖的金额达到 6000 元

7. 属于《反垄断法》规定的妨碍流通包括哪些？（　　）

A. 对外地商品设定歧视性收费项目、实行歧视性收费标准或者规定歧视性价格

B. 对外地商品规定与本地同类商品不同的技术要求、检验标准或者对外地商品采取重复检验、重复认证等歧视性技术措施，限制外地商品进入本地市场

C. 采取专门针对外地商品的行政许可，限制外地商品进入本地市场

D. 设置关卡或者采取其他手段，阻碍外地商品进入或者本地商品运出

8. 在商品上伪冒使用（　　　），对商品质量作引人误解的虚假表示，是不正当竞争行为。

A. 认证标志　　　B. 名优标志　　　C. 产地　　　D. 非注册商标

9.《反垄断法》规定，经营者能够证明所达成的协议属于下列情形之一的，不属于垄断协议，这些情况包括（　　）

A. 为改进技术、研究开发新产品的

B. 为提高产品质量、降低成本、增进效率，统一产品规格、标准或者实行专业化分工的

C. 为提高中小经营者经营效率，增强中小经营者竞争力的

D. 为实现节约能源、保护环境、救灾救助等社会公共利益的

10. 我国《反垄断法》规定反垄断中止调查后，发生下列哪些项时反垄断执法机构应当恢复调查？（　　）

A. 经营者未履行承诺的

B. 作出中止调查决定所依据的事实发生重大变化的

C. 中止调查的决定是基于经营者提供的不完整或者不真实的信息作出的

D. 接到新的举报的

三、辨析题

1. 产品质量责任与产品责任区别和联系。

2. 我国《产品质量法》关于销售者损害赔偿规定。

3.《消费者权益保护法》关于经营者安全义务规定。

4.《反不正当竞争法》规定，在招投标活动中，投标者可以压低价格，但是不可以串通抬高竞标价格。

5.《反垄断法》并不要求所有的经营者集中都需要申报，而是规定经营者集中达到国务院规定的申报标准的，应事先进行申报，未申报的不得实施集中。

◈观念应用

1. 2010 年 3 月，合肥市为民商场从合肥市民风进出口公司购进洗涤液 2 吨，在销售 1 吨后，消费者反映洗涤液去污能力不强，怀疑有质量问题，于是申请市技术监督局进行检验。经化验表明，这批洗涤液的关键指标均低于国家标准，因此，确定该批洗涤液为劣质商品并将这批洗衣粉封存。6 月，民风公司代表来到市技术监督局，提出这批洗涤液原是根据 A 国进出口商所提供的样品指标制造的，后因该国外贸政策变动，这批洗涤液不能出口，只好作内销处理，因此，其技术标准不能按照我国质量标准来衡量，要求允许这批产品按照正常渠道进行销售。问：(1)本案是否属于《中华人民共和国产品质量法》的使用范围？(2)本案中的市技术监督局应当如何处理此案？法律依据是什么？

2. 钱某借用了其朋友个体工商户赵某的营业执照，在中友商场租赁了柜台并销售乙厂生产的“压力锅”。消费者李某在该柜台购买了一个“压力锅”，使用时“压力锅”爆炸，致使烧毁价值 6000 元的财产，李某个人也被烧伤致残。请问：(1)李某有权向哪些主体要求承担赔偿责任？并说明理由。(2)李某可以获得哪些赔偿？

3. 某公司专门生产实木家具，因价格昂贵，市场占有量有限。而复合家具价格便宜、规格齐全、色彩多样，近几年销售量直线上升。为此，该实木家具公司通过广告并利用连环漫画形式长期宣传，以专家身份告诫用户，复合家具有两个缺点：一是容易变形，二是甲醇含量过高。一时间，宣传力度大的沪、广两地，复合家具销量锐减。为正视听，沪四家复合家具生产商请国家技术监督局对其有关产品进行质量鉴定，证明上述危害并不存在。请问：该实木家具厂的广告行为是否对四家复合家具生产企业的声誉构成侵权？如果构成，属于什么样的侵权行为？

4. 2008 年 9 月 3 日，可口可乐宣布计划以现金收购中国汇源果汁集团有限公司(01886. HK)。可口可乐公司建议收购要约为每股 12.20 港元，并等价收购已发行的可换股债券及期权。可口可乐现已取得汇源 3 个股东签署的接受要约不可撤销承诺，3 个股东合共拥有汇源66%股份。汇源果汁2007年2月在香港上市,拥有汇源果汁在中国的全部业务。据媒体援引市场调研公司的数据,汇源果汁在中国纯果汁市场占有46%的市场份额,中浓度果汁也占到39.8%的市场份额,是毫无争议的行业龙头,可口可乐旗下的果汁子品牌也占有25.3%,位居第2。若两者合并,则将占市场份额70%以上,并对统一等其他企业形成很大的竞争压力。问:(1)按照《反垄断法》的规定,可口可乐的收购行为涉及哪些法律问题?(2)反垄断调查机构在受理申报后该如何处理?

实训操作

1. 在课堂上分组讨论经济生活中存在的不正当竞争行为的现象,尝试用法律思维分析,并提出建议。

2. 请教师介绍一个典型的消费者权益保护法的案例,分成若干小组进行讨论,并以小组为单位形成实训报告。

模块五
宏观调控法

◇知识目标

掌握证券发行和证券交易的规则；了解法律禁止的证券交易行为；掌握上市公司收购的两种方式；了解证券的概念、《证券法》的基本原则、证券发行的条件和程序及证券市场主体的职能；掌握票据行为的基本规定、票据权利和票据义务的规定；掌握汇票、本票和支票的特征和分类；了解票据的功能与规定。

◇技能目标

能够运用《证券法》的基本理论对证券市场进行简单的分析；能够运用《票据法》的基本理论正确使用票据。

◇素质目标

了解国家是如何通过《证券法》调整证券关系，保护投资者的利益，尤其是中小投资者的利益；了解国家是如何通过《票据法》调整票据关系，促进票据流通，促进经济发展的，同时了解票据的风险。

◇任务分项

任务一　证券法

了解证券发行和证券交易的基本概念和规则；掌握法律禁止的证券交易行为；掌握上市公司收购的基本规定；熟悉证券市场主体的职能；熟悉首次公开发行股票、公开发行新股的条件和程序、公开发行公司债券的条件和程序；能够正确区分包销和代销；能够分析证券从业人员及相关证券市场主体的行为是否符合法律的规定。

任务二　票据法

掌握票据行为的基本规定；掌握票据权利和票据义务的规定；掌握汇票、本票和支票的特征和分类；能够辨别票据的各个当事人；能够界定票据的伪造和变造；能够应用票据抗辩制度，区分物的抗辩和人的抗辩；能够判断票据的取得方式；熟悉票据权利丧失的补救方式；熟悉票据的权利时效；熟悉汇票、本票和支票的记载方式；知道本票和支票不同于汇票的规定。

任务一　证券法

◈任务导入

2012年，钱某、张某在北京市成立美国第一联邦集团公司北京代表处，与西安交大长天软件股份有限公司签订协议，以1276万元收购交大长天39.88%的股权，每股作价1.6元。其后，钱某等人组织销售人员，对外宣称西安交大长天软件股份有限公司将在美国上市，购买“原始股”会获得近10倍的高额回报，以公开劝诱的方式向不特定对象销售西安长天“原始股票”。短短3个多月，100余名投资者分别以7到10元不等的价格购买了交大长天股票，涉案金额约3000万元。试问，钱某等人是否具备经营证券业务的主体资格？

一、证券法律制度概述

（一）证券的概念

证券是多种经济权益凭证的统称。它主要包括资本证券、货币证券和商品证券等。狭义上的证券主要指的是证券市场中的证券产品，其中包括产权市场产品（如股票，债权市场产品如债券），衍生市场产品（如股票期货、期权、利率期货、期权等）。我国《证券法》规定，证券包括股票、公司债券、国务院依法认定的其他证券、政府债券、证券投资基金份额以及证券衍生品种。

股票，是指由股份有限责任公司为筹集资金而发行，用来证明股东所持公司股份的所有权证书。除了股份有限责任公司，其他组织不得对外发行股票。我国发行的股票根据股东权益和风险大小，可以分为普通股、优先股和混合股；普通股股票按照交易币种和上市地区的不同，分为A股（人民币普通股股票）、B股（人民币特别股股票）和H股（境外上市外资股股票）。

公司债券，是指有限责任公司和股份有限公司依照法定程序发行、约定在一定期限还本付息的有价证券。

政府债券，是指政府按照法定程序向投资者发行的，承诺到期偿还本息的债券。我国现行《证券法》规定，政府债券的上市交易，使用本法规定；其他法律、行政法规另有规定的，适用其规定。

证券投资基金份额，是指通过公开或者非公开方式募集分散的投资者资金，委托专业机构管理和运用资金，从事股票、债券等金融工具组合方式进行的一种利益共享、风险共担的集合证券投资方式。

证券延伸品种，是指证券型衍生品种，主要依托于股票、债券和投资基金等基本证券而存在。其主要包括权证、存托凭证以及可转换公司债券。

(二)证券市场

证券市场,是指依据《证券法》的规定,遵循交易规则,以证券权利为交易标的的投资市场。

证券市场按照功能的不同,分为证券发行市场和证券交易市场。证券发行市场也称为“一级市场”,用于发行人首次将证券出售给投资人。证券交易市场又称为“二级市场”,用于投资者买卖和交易证券,证券交易市场可分为证券交易所(也被称作场内交易场所)和场外交易市场。

参与证券市场的各类法律主体,包括证券发行人、投资者、中介机构、交易场所以及自律性组织和监管机构等。

1.证券发行人

证券发行人,是指为融资而依法发行合法证券的主体。依据法律认定的证券种类不同,证券发行人可分为国家或政府、股份有限公司、金融机构、有限责任公司。

国家为弥补财政赤字和投资经济建设项目,发行政府债券(如国库券、财政债券、重点建设债券、特种国债等)。地方政府为本地各方面公共设施的建设而发行地方政府债券。股份有限公司在设立之初为达到法定注册资本而发行股票,在公司成立之后为发展经营规模扩大资金来源而发行股票。商业银行、政策性银行和非银行金融机构为增加信贷资金来源,经过中国人民银行的批准可以依法发行金融债券。有限责任公司为筹措资金可以依法发行公司债券。

2.投资者

投资者,是指已经持有或可能持有证券的个人和组织。组织机构类的投资者包括金融机构、企业、各类社会基金、境外投资者等。

3.证券公司

证券公司,俗称“券商”,是指依法经国务院证券监督管理机构审查批准设立、专门从事证券业务的公司。依据现行《证券法》规定,证券公司的主要业务包括证券经纪;证券投资咨询;与证券交易、证券投资活动有关的财务顾问;证券承销与保荐;证券自营;证券资产管理等。

证券公司应当建立健全内部控制制度,采取有效隔离措施,防范公司与客户之间、不同客户之间的利益冲突。证券公司必须将其证券经纪业务、证券承销业务、证券自营业务和证券资产管理业务分开办理,不得混合操作。

【观念应用 5-1】某证券公司办理如下业务:

(1)接受客户全权委托,代为决定客户账户的证券买卖;

(2)为吸引客户,承诺在新客户开户 6 个月内赔偿客户证券买卖的所有损失;

(3)将自营业务账户借给客户使用;

(4)要求客户将交易资金存入指定商业银行，并以每个客户的名义单独立户管理；

(5)王某为某证券公司从业人员，在其任职期间内，与客户私下达成委托协议，约定在客户提供的证券账户内进行证券交易。王某通过办公室网上委托等方式，操作客户提供的证券账户及其资金下单进行证券交易。

试问，以上业务是否符合我国现行《证券法》的规定？

【观念解析】我国现行《证券法》规定：其一，证券公司办理经纪业务，不得接受客户的全权委托而决定证券买卖、选择证券种类、决定买卖数量或者买卖价格。其二，证券公司不得将其自营账户借给他人使用。其三，证券公司不得以任何方式对客户证券买卖的收益或者赔偿证券买卖的损失作出承诺。其四，证券公司客户的交易结算资金应当存放在商业银行，以每个客户的名义单独立户管理。具体办法和实施步骤由国务院规定。证券公司不得将客户的交易结算资金和证券归入其自有财产。其五，证券公司及其从业人员不得未经过其依法设立的营业场所私下接受客户委托买卖证券。证券公司从业人员违法私下接受客户委托买卖证券的，责令改正，给予警告，没收违法所得，并处以违法所得1倍以上5倍以下的罚款；没有违法所得或者违法所得不足10万元的，处以10万元以上30万元以下的罚款。

4.证券登记结算机构

证券登记结算机构，是为证券交易提供集中登记、存管与结算服务，不以营利为目的的法人。设立证券登记结算机构必须经国务院证券监督管理机构批准。证券登记结算机构职能如下：证券账户、结算账户的设立；证券的存管和过户；证券持有人名册登记；证券交易所上市证券交易的清算和交收；受发行人的委托派发证券权益；办理与上述业务有关的查询；国务院证券监督管理机构批准的其他业务。

5.证券交易所

证券交易所，是为证券集中交易提供场所和设施，组织和监督证券交易，实行自律管理的法人。证券交易所的设立和解散，由国务院决定。证券交易所设总经理一人，由国务院证券监督管理机构任免。有下列情形之一的，不得担任证券交易所的负责人：

(1)因违法行为或者违纪行为被解除职务的证券交易所、证券登记结算机构的负责人或者证券公司的董事、监事、高级管理人员，自被解除职务之日起未逾五年；

(2)因违法行为或者违纪行为被撤销资格的律师、注册会计师或者投资咨询机构、财务顾问机构、资信评级机构、资产评估机构、验证机构的专业人员，自被撤销资格之日起未逾五年。因违法行为或者违纪行为被开除的证券交易所、证券登记结算机构、证券服务机构、证券公司的从业人员和被开除的国家机关工作人员，不得招聘为证券交易所的从业人员。

证券交易所设理事会。进入证券交易所参与集中交易的，必须是证券交易所的会员。证券交易所的职能如下：

(1)为组织公平的集中竞价交易提供保障,即时公布证券交易行情,并按交易日制作证券市场行情表,予以公布;

(2)依照法律、行政法规的规定,办理股票、公司债券的暂停上市、恢复上市或者终止上市的事务;

(3)因突发性事件而影响证券交易正常进行时,证券交易所可以采取技术性停牌的措施;

(4)因不可抗力的突发性事件或者为维护证券交易的正常秩序,证券交易所可以决定临时停市;

(5)证券交易所采取技术性停牌或者决定临时停市,必须及时向中国证监会报告;

(6)对在交易所进行的证券交易实行实时监控,并按照国务院证券监督管理机构的要求,对异常的交易情况提出报告;

(7)对上市公司披露信息进行监督,督促上市公司依法及时、准确地披露信息;

(8)依照证券法律、行政法规制定证券集中竞价交易的具体规则,制定证券交易所的会员管理规章和证券交易所从业人员业务规则,并报国务院证券监督管理机构批准;

(9)对违反证券交易所交易规则的证券交易人给予纪律处分;

(10)对情节严重的,可撤销其交易资格,禁止其入场进行证券交易。

目前,我国的证券交易所仅限于上海证券交易所和深圳证券交易所。

6.证券服务机构

证券服务机构,是指证券投资咨询机构、财务顾问机构、资信评级机构、资产评估机构和会计师事务所。投资咨询机构、财务顾问机构、资信评级机构从事证券服务业务的人员,必须具备证券专业知识和从事证券业务或者证券服务业务两年以上经验。证券服务机构为证券的发行、上市、交易等证券业务活动制作、出具审计报告、资产评估报告、财务顾问报告、资信评级报告或者法律意见书等文件,应当勤勉尽责,对所依据的文件资料内容的真实性、准确性、完整性进行核查和验证。其制作、出具的文件有虚假记载、误导性陈述或者重大遗漏,给他人造成损失的,应当与发行人、上市公司承担连带赔偿责任,但是能够证明自己没有过错的除外。律师事务所也属于证券服务机构,其从事证券服务无需取得证券监管机构的批准,但也应承担不实陈述的法律责任。

7.证券业协会

证券业协会,是证券业的自律性组织,是社会团体法人。证券公司应当加入证券业协会。证券业协会履行下列职责:教育和组织会员遵守证券法律、行政法规;依法维护会员的合法权益,向证券监督管理机构反映会员的建议和要求;收集整理证券信息,为会员提供服务;制定会员应遵守的规则,组织会员单位的从业人员的业务培训,开展会员间的业务交流;对会员之间、会员与客户之间发生的证券业务纠纷进行调解;组织会员就证券业的发展、运作及有关内容进行研究;监督、检查会员行为,对违反法律、行政法规或者协会章程的,按照规定给予纪律处分;证券业协会章程规定的其他职责。

8. 证券监督管理机构

国务院证券监督管理委员会，简称“证监会”，是我国的证券监督管理机构，依法对证券市场实行监督管理，维护证券市场秩序，保障其合法运行。国务院证券监督管理机构在对证券市场实施监督管理中履行下列职责：依法制定有关证券市场监督管理的规章、规则，并依法行使审批或者核准权；依法对证券的发行、上市、交易、登记、存管、结算，进行监督管理；依法对证券发行人、上市公司、证券公司、证券投资基金管理公司、证券服务机构、证券交易所、证券登记结算机构的证券业务活动，进行监督管理；依法制定从事证券业务人员的资格标准和行为准则，并监督实施；依法监督检查证券发行、上市和交易的信息公开情况；依法对证券业协会的活动进行指导和监督；依法对违反证券市场监督管理法律、行政法规的行为进行查处；法律、行政法规规定的其他职责。国务院证券监督管理机构可以和其他国家或者地区的证券监督管理机构建立监督管理合作机制，实施跨境监督管理。

国务院证券监督管理机构依法履行职责，有权采取下列措施：对证券发行人、上市公司、证券公司、证券投资基金管理公司、证券服务机构、证券交易所、证券登记结算机构进行现场检查；进入涉嫌违法行为发生场所调查取证；询问当事人和与被调查事件有关的单位和个人，要求其对与被调查事件有关的事项作出说明；查阅、复制与被调查事件有关的财产权登记、通讯记录等资料；查阅、复制当事人和与被调查事件有关的单位和个人的证券交易记录、登记过户记录、财务会计资料及其他相关文件和资料；对可能被转移、隐匿或者毁损的文件和资料，可以予以封存；查询当事人和与被调查事件有关的单位和个人的资金账户、证券账户和银行账户；对有证据证明已经或者可能转移或者隐匿违法资金、证券等涉案财产或者隐匿、伪造、毁损重要证据的，经国务院证券监督管理机构主要负责人批准，可以冻结或者查封；在调查操纵证券市场、内幕交易等重大证券违法行为时，经国务院证券监督管理机构主要负责人批准，可以限制被调查事件当事人的证券买卖，但限制的期限不得超过十五个交易日；案情复杂的，可以延长十五个交易日。

（三）证券法

《证券法》是我国调整证券发行、交易、服务和监管关系的法律，是证券市场的基本法。其目的是规范证券发行和证券交易行为，保护投资者的合法权益，维护社会经济秩序和社会公共利益，促进社会主义市场经济的发展。《证券法》和其他有关证券管理的法律（如《中华人民共和国公司法》等）以及由国务院、国务院证券监督管理机构、国务院授权的部门制定的与证券有关的行政法规、部门规章和证券交易规则，共同构成了我国现有的证券法体系。

我国现行《证券法》于 1998 年 12 月 29 日第九届全国人民代表大会常务委员会第六次会议通过，1999 年 7 月 1 日起施行。2005 年 10 月 27 日，第十届全国人民代表大会常务委员会第十八次会议对《证券法》做了大幅修订后重新颁布，自 2006 年 1 月 1 日起施行。为了实现立法宗旨，现行《证券法》规定了证券经营与管理的六项基本原则：

（1）公开、公平、公正原则；

(2)自愿、有偿、诚实信用原则；

(3)守法原则；

(4)分业经营、分业管理原则；

(5)保护投资者合法权益原则；

(6)监督管理与自律管理相结合原则。

二、证券发行

证券发行，是一种直接融资行为。为保护投资人的利益，发行人必须依照法定条件和程序向投资人出售证券。

依据发行对象的不同，我国证券发行分为公开发行和非公开发行。现行《证券法》规定，有下列情形之一的，为公开发行：向不特定对象发行证券的；向特定对象发行证券累计超过200人的；法律、行政法规规定的其他发行行为。除此以外，属于非公开发行证券。公开发行证券必须符合法定条件，并依法报经国务院证券监督管理机构或者国务院授权的部门核准；未经依法核准，任何单位和个人不得公开发行证券。非公开发行不得采用广告、公开劝诱和变相公开的方式。

根据证券的种类，公开发行分为股票公开发行、公司债券公开发行以及其他证券的公开发行。

(一)股票的公开发行

股票的公开发行，是指股份有限责任公司为了增加公司股本，向原股东或向其他投资者出售或要约出售股票的行为，主要包括首次公开发行股票和新股发行。

1.首次公开发行股票的条件

首次公开发行股票，是指股份公司成立以后，第一次发行股票，向投资者公开募集资金。主板市场首次公开发行股票的条件如下：

(1)在主体资格方面，发行人应当是依法设立且合法存续的股份有限公司。

①发行人自股份有限公司成立后，持续经营时间应当在三年以上，但经国务院批准的除外。

②发行人的注册资本已足额缴纳，发起人或者股东用作出资的资产的财产权转移手续已办理完毕，发行人的主要资产不存在重大权属纠纷。

③发行人的生产经营符合法律、行政法规和公司章程的规定，符合国家产业政策。

④发行人最近三年内主营业务和董事、高级管理人员没有发生重大变化，实际控制人没有发生变更。

⑤发行人的股权清晰，控股股东和受控股股东、实际控制人支配的股东持有的发行人股份不存在重大权属纠纷。

另外，经国务院批准，有限责任公司在依法变更为股份有限公司时，可以采取募集设立方式公开发行股票。有限责任公司按原账面净资产值折股整体变更为股份有限公司的，持续经营时间可以从有限责任公司成立之日起计算。

(2)在独立性方面，发行人应当具有完整的业务体系和直接面向市场独立经营的能力。

①发行人的资产完整。

②发行人的人员独立。比如，发行人的财务人员不得在控股股东、实际控制人及其控制的其他企业中兼职。

③发行人的财务独立。比如，发行人不得与控股股东、实际控制人及其控制的其他企业共用银行账户。

④发行人的机构独立。比如，与控股股东、实际控制人及其控制的其他企业间不得有机构混同的情形。

⑤发行人的业务独立。比如，发行人的业务与控股股东、实际控制人及其控制的其他企业间不得有同业竞争或者显失公平的关联交易。除以上内容，发行人在独立性方面不得有其他严重缺陷。

(3)在独立运行方面，发行人已经依法建立健全股东大会、董事会、监事会、独立董事、董事会秘书制度，相关机构和人员能够依法履行职责。

①发行人的董事、监事和高级管理人员符合法律、行政法规和规章规定的任职资格，不存在涉嫌违法违规的情形。

②发行人的内部控制制度健全且被有效执行，能够合理保证财务报告的可靠性、生产经营的合法性、营运的效率与效果。

③发行人不存在擅自公开或者变相公开发行证券；违反法律、行政法规，受到行政处罚；虚假陈述以及严重损害投资者合法权益和社会公共利益的其他情形。

④发行人的公司章程中已明确对外担保的审批权限和审议程序，不存在为控股股东、实际控制人及其控制的其他企业进行违规担保的情形。

⑤发行人有严格的资金管理制度，不得有资金被控股股东、实际控制人及其控制的其他企业以借款、代偿债务、代垫款项或者其他方式占用的情形。

(4)在财务与会计方面，发行人资产质量良好，资产负债结构合理，盈利能力较强，现金流量正常。

①发行人的内部控制由注册会计师出具了无保留结论的内部控制鉴证报告。

②发行人会计基础工作规范，财务报表的编制符合企业会计准则和相关会计制度的规定，并由注册会计师出具了无保留意见的审计报告。

③发行人完整披露关联方关系并按重要性原则恰当披露关联交易。

④发行人最近三个会计年度净利润均为正数且累计超过人民币三千万元；最近三个会计年度经营活动产生的现金流量净额累计超过人民币五千万元；或者最近三个会计年度营业收入累计超过人民币三亿元；发行前股本总额不少于人民币三千万元；最近一期末无形资产(扣除土地使用权、水面养殖权和采矿权等后)占净资产的比例不高于百分之二十；最近一

期末不存在未弥补亏损。

⑤发行人依法纳税。

⑥发行人不存在重大偿债风险，不存在影响持续经营的担保、诉讼以及仲裁等重大或有事项。

⑦发行人申报文件不存在违法记载。

⑧发行人不存在影响持续盈利能力的情形。

(5)在募集资金与运用方面，应当有明确的使用方向，原则上应当用于主营业务。除金融类企业，募集资金使用项目不得为持有交易性金融资产和可供出售的金融资产、借予他人、委托理财等财务性投资，不得直接或者间接投资于以买卖有价证券为主要业务的公司。

①募集资金数额和投资项目应当与发行人现有生产经营规模、财务状况、技术水平和管理能力等相适应。

②募集资金投资项目应当符合国家产业政策、投资管理、环境保护、土地管理以及其他法律、法规和规章的规定。

③发行人董事会应当对募集资金投资项目的可行性进行认真分析，确信投资项目具有较好的市场前景和盈利能力，有效防范投资风险，提高募集资金使用效益。

④募集资金投资项目实施后，不会产生同业竞争或者对发行人的独立性产生不利影响。

⑤发行人应当建立募集资金专项存储制度，募集资金应当存放于董事会决定的专项账户。

若是设立股份公司(包括有限公司改制为股份公司)而发行股票的，则应当符合我国现行《公司法》规定的条件和经国务院批准的国务院证券监督管理机构规定的其他条件。

【观念应用 5-2】中国证监会于 2012 年 9 月受理了甲股份有限公司申请首次公开发行股票并上市的申报材料，该申报材料披露了以下相关信息：

(1)甲公司本次发行前的股本总额为人民币 2000 万元(每股面值人民币1元)，甲公司本次发行前的股本总额是否符合中国证监会的有关规定?

(2)2012 年 9 月，经甲公司股东大会决议，甲公司对主营业务进行了重大调整。甲公司 2012 年 9 月调整主营业务是否对本次发行的批准构成实质性障碍?

(3)乙公司为甲公司的控股股东，甲公司的董事会秘书李某担任乙公司的总经理，甲公司的财务人员王某在乙公司的财务部门兼职。李某和王某在甲公司、乙公司同时任职的事实是否对本次发行的批准构成实质性障碍?

【观念解析】(1)依据《证券法》，发行人首次发行股票并上市的，发行前股本总额不少于人民币 3000 万元。甲公司发行前的股本总额为 2000 万元，不符合规定。

(2)构成实质性障碍。依据《证券法》，发行人首次发行股票并上市的，最近 3 年内主营业务和董事、高级管理人员不能发生重大变化。

(3)构成实质性障碍。依据《证券法》，发行人的总经理、副总经理、财务负责人和董事会秘书等高级管理人员不得在控股股东、实际控制人及其控制的其他企业中担任除董事、监事以外的其他职务。发行人的财务人员不得在控股股东中兼职。

2.首次公开发行股票的程序

(1)发行人董事会应当依法就本次股票发行的具体方案、本次募集资金使用的可行性及其他必须明确的事项作出决议,并提请股东大会批准。发行人股东大会应就本次发行股票作出决议。

(2)发行人应当按照中国证监会的有关规定制作申请文件,由保荐人保荐并向中国证监会申报。特定行业的发行人应当提供管理部门的相关意见。依照《证券法》规定聘请保荐人的,应当报送保荐人出具的发行保荐书。

(3)中国证监会收到申请文件后,应在五个工作日内作出是否受理的决定。中国证监会如果决定受理,应在受理申请文件后,由相关职能部门对发行人的申请文件进行初审,并由发行审核委员会审核。中国证监会依照法定条件对发行人的发行申请作出予以核准或者不予核准的决定,并出具相关文件。

(4)股票发行申请经核准后,发行人应自中国证监会核准发行之日起十二个月内发行股票。

(5)发行人自取得核准文件之日起至公开发行前,应参照上市公司定期报告的信息披露要求,及时修改信息披露文件内容,补充财务会计报告相关数据,更新预先披露的招股说明书。

(6)中国证监会或者国务院授权的部门对已作出的核准证券发行的决定,发现不符合法定条件或者法定程序,尚未发行证券的,应当予以撤销,停止发行。已经发行尚未上市的,撤销发行核准决定,发行人应当按照发行价并加算银行同期存款利息返还证券持有人;保荐人应当与发行人承担连带责任,但是能够证明自己没有过错的除外;发行人的控股股东、实际控制人有过错的,应当与发行人承担连带责任。

(7)发行股票。发行人股票发行申请经核准后,发行的股票一般由证券公司承销。承销,是指证券公司依照协议包销或者代销发行人向社会公开发行的证券的行为。发行人向不特定对象公开发行的证券,法律、行政法规规定应当由证券公司承销的,发行人应当同证券公司签订承销协议。公开发行证券的发行人有权依法自主选择承销的证券公司。证券公司不得以不正当竞争手段招揽证券承销业务。

3.上市公司公开发行新股的条件

上市公司,是指股票在证券交易所上市交易的股份有限公司。上市公司公开发行新股的条件如下:

(1)具备健全且运行良好的组织机构。上市公司的公司章程合法有效;股东大会、董事会、证监会制度健全;公司内部控制度健全、有效、合法、可靠;现任董事、监视和高级管理人员具备任职资格,忠实勤勉,无违规行为;上市公司与控股股东或实际控制人的人员、资产和财务分开,机构、业务独立,能够自主经营管理。

(2)具有持续盈利能力，财务状况良好。上市公司最近三个会计年度连续盈利；盈利来源相对稳定；主营业务能够可持续发展；高级管理人员和核心技术人员稳定；公司重要资产、核心技术或其他重大权益的取得合法，能够继续使用；不存在可能严重影响公司持续经营的担保、诉讼、仲裁或其他重大事项。

上市公司的会计基础工作规范，严格遵循国家统一会计制度，最近三年及一期财务报表未被注册会计师出具保留意见、否定意见或无法表示意见的审计报告；资产质量良好；经营成果真实，现金流量正常；营业收入和成本费用的确认严格遵循国家有关企业会计准则的规定，最近三年资产减值准备计提充分合理，不存在操纵经营业绩的情形；最近三年以现金方式累计分配的利润不少于最近三年实现的年均可分配利润的百分之三十。

(3)最近三年财务会计文件无虚假记载，无其他重大违法行为。上市公司最近三年不存在违反证券法律、行政法规或规章，受到证监会的行政处罚，或者受到刑事处罚的行为；不存在违反工商、税收、土地、环保、海关法律、行政法规或规章，受到行政处罚且情节严重，或者受到刑事处罚的行为；不存在违反国家其他法律、行政法规且情节严重的行为。

(4)募集资金的数额和使用符合规定。上市公司募集资金数额不超过项目需要量；募集资金用途符合国家产业政策和有关环境保护、土地管理等法律和行政法规的规定；投资项目实施后，不会与控股股东或实际控制人产生同业竞争或影响公司生产经营的独立性；建立募集资金专项存储制度，募集资金必须存放于公司董事会决定的专项账户。

(5)上市公司不存在下列行为：

①擅自改变前次公开发行证券募集资金的用途而未作纠正；

②上市公司最近十二个月内受到过证券交易所的公开谴责；

③上市公司及其控股股东或实际控制人最近十二个月内存在未履行向投资者作出的公开承诺的行为；

④上市公司或其现任董事、高级管理人员因涉嫌犯罪被司法机关立案侦查或涉嫌违法违规被中国证监会立案调查；

⑤存在违反工商、税收、土地、环保、海关法律、行政法规或规章，受到行政处罚且情节严重，或者受到刑事处罚的行为。

4. 上市公司公开发行新股的程序

(1)上市公司申请发行证券，董事会应当依法决议，并提请股东大会批准。

(2)股东大会就发行证券事项作出决议，必须经出席会议的股东所持表决权的三分之二以上通过。向本公司特定的股东及其关联人发行证券的，股东大会就发行方案进行表决时，关联股东应当回避。上市公司就发行证券事项召开股东大会，应当提供网络或者其他方式为股东参加股东大会提供便利。

(3)上市公司申请公开发行证券或者非公开发行新股，应当由保荐人保荐，并向中国证监会申报。保荐人应当按照中国证监会的有关规定编制和报送发行申请文件。

(4)中国证监会依照法定程序审核发行证券的申请。自中国证监会核准发行之日起，上市公司应在六个月内发行证券；超过六个月未发行的，核准文件失效，须重新经中国证监会核准后方可发行。上市公司发行证券前发生重大事项的，应暂缓发行，并及时报告中国证监会。该事项对本次发行条件构成重大影响的，发行证券的申请应重新经过中国证监会核准。

(5)上市公司发行证券，应当由证券公司承销；非公开发行股票，发行对象均属于原前十名股东的，可以由上市公司自行销售。

(6)证券发行申请未获核准的上市公司，自中国证监会作出不予核准的决定之日起六个月后，可再次提出证券发行申请。

(二)公司债券的发行

1.公司债券发行的条件

依据现行《证券法》的规定，公开发行公司债券必须符合下列条件：

(1)有限公司的净资产不低于人民币三千万元，有限责任公司的净资产不低于人民币六千万元；累计债券余额不超过公司净资产的百分之四十；最近三年平均可分配利润足以支付公司债券一年的利息；筹集的资金投向符合国家产业政策；债券的利率不超过国务院限定的利率水平；国务院规定的其他条件。

(2)公开发行公司债券筹集的资金，必须用于核准的用途，不得用于弥补亏损和非生产性支出。

(3)发行公司债券的主体公司内部控制制度要健全，内部控制适度的完整性、合理性和有效性不存在重大缺陷；经资信评级机构评级，债券信用级别应为良好。

上市公司发行可转换为股票的公司债券，除应当符合上述发行公司债券的条件外，还应当符合本法关于公开发行股票的条件，并报国务院证券监督管理机构核准。

(4)公司存在下列情形的，不得发行公司债券：

①前一次公开发行的公司债券尚未募足；

②对已发行的公司债券或其他债务有违约或者迟延支付本息的事实，仍处于继续状态；

③违反规定，改变公开募集公司债券所募资金的用途；

④最近三十六个月内公司财务会计文件存在虚假记载，或公司存在其他重大违法行为；

⑤本次发行申请文件存在虚假记载、误导性陈述或重大遗漏；

⑥严重损害投资者合法权益和社会公共利益的其他情形。

2.再次发行公司债券的限制性规定

为保护债券持有人的合法利益，《证券法》规定，有下列情形之一的，不得再次公开发行公司债券：

(1)前一次公开发行的公司债券尚未募足；

(2)对已公开发行的公司债券或者其他债务有违约或者延迟支付本息的事实，仍处于继续状态；

(3)违反本法规定，改变公开发行公司债券所募资金的用途。

3. 公司债券的发行程序

(1)申请发行公司债券,应当由公司董事会制定方案,由股东会或股东大会作出决议。

(2)发行公司债券,应当由保荐人保荐,并向中国证监会申报。

(3)保荐人应当按照中国证监会的有关规定编制和报送募集说明书和发行申请文件。

(4)中国证监会依照法定程序审核发行公司债券的申请。中国证监会收到申请文件后,五个工作日内决定是否受理。

(5)发行公司债券,可以申请一次核准,分期发行。自中国证监会核准发行之日起,公司应在六个月内首期发行,剩余数量应当在二十四个月内发行完毕。超过核准文件限定的时效未发行的,须重新经中国证监会核准后方可发行。首期发行数量应当不少于总发行数量的百分之五十,剩余各期发行的数量由公司自行确定,每期发行完毕后五个工作日内报中国证监会备案。

【观念应用 5-3】2012 年 5 月,甲有限责任公司经过必要的内部批准程序,决定公开发行公司债券,并向国务院授权的部门报送有关文件,报送文件中涉及有关公开发行公司债券并上市的方案要点如下:

(1)截至 2011 年 12 月 31 日,甲公司经过审计后的财务会计资料显示:注册资本为 5000 万元,资产总额为 32000 万元,负债总额为 11000 万元;在负债总额中,没有既往发行债券的记录;

(2)甲公司拟发行公司债券 8000 万元,募集资金中的 1000 万元用于修建职工文体活动中心,其余部分用于生产经营。

试问:(1)甲公司的净资产是否符合公司债券发行的条件?请说明理由。

(2)甲公司发行的公司债券数额和募集资金用途是否符合有关规定?请说明理由。

【观念解析】(1)净资产符合公司债券的发行条件。依据现行《证券法》,发行公司债券,有限责任公司的净资产不低于 6000 万元。在本题中,甲公司 2011 年 12 月 31 日的净资产为 21000 万元。

(2)①公司债券数额符合规定。依据《证券法》,累计债券余额不得超过公司净资产的 40%。在本题中,公司债券数额(8000 万元),超过了甲公司净资产(21000 万元)的 40%。②募集资金用途不符合规定。依据现行《证券法》,公开发行公司债券筹集的资金,必须用于核准的用途,不得用于弥补亏损和非生产性支出。在本例中,甲公司将募集资金中的 1000 万元用于修建职工文体活动中心,属于非生产性支出。

(三)证券发行的承销和保荐

1. 证券的承销

证券的承销,是发行人委托证券公司向投资人销售拟发行的证券的一种间接发行方式。

依据《证券法》的规定，发行人向不特定对象发行的证券，法律、行政法规规定应当由证券公司承销的，发行人应当同证券公司签订承销协议。

证券承销分为代销和包销。证券代销，是指证券公司代发行人发售证券，在承销期结束时，将未售出的证券全部退还给发行人的承销方式。证券包销，是指证券公司将发行人的证券按照协议全部购入或者在承销期结束时将售后剩余证券全部自行购入的承销方式。向不特定对象发行的证券票面总值超过人民币五千万元的，应当由承销团承销。承销团应当由主承销和参与承销的证券公司组成。

证券公司在承销过程中要依法履行特定的义务。其一，应当对公开发行募集文件的真实性、准确性、完整性进行核查；若发现有虚假记载、误导性陈述或者重大遗漏的，则不得进行销售活动；已经销售的，必须立即停止销售活动，并采取纠正措施。其二，证券的代销、包销期限最长不得超过九十日。证券公司在代销、包销期内，对所代销、包销的证券应当保证先行出售给认购人，证券公司不得为本公司预留所代销的证券和预先购入并留存所包销的证券。

2.保荐制度

发行人申请公开发行股票、可转换为股票的公司债券，依法采取承销方式的，或者公开发行法律、行政法规规定实行保荐制度的其他证券的，应当聘请具有保荐资格的机构担任保荐人。保荐人应当遵守业务规则和行业规范，诚实守信，勤勉尽责，对发行人的申请文件和信息披露资料进行审慎核查，督导发行人规范运作。保荐人的资格及其管理办法由国务院证券监督管理机构规定。

【观念应用 5-4】某公司公开发行公司债券拟由乙承销商包销。在与乙承销商签订的公司债券包销意向书中，公司债券的承销期限为 120 天，乙承销商在所包销的公司债券中，可以预先购入并留存公司债券 2000 万元，其余部分向公众发行。该公司拟发行的公司债券由乙承销商包销是否符合规定？请说明理由。

【观念解析】公司债券由乙承销商包销不符合规定。依据现行《证券法》，向不特定对象公开发行的证券票面总值超过人民币 5000 万元的，应当由承销团承销。证券的代销、包销期限最长不得超过 90 日。证券公司在代销、包销期内，对所代销、包销的证券应当保证先行出售给认购人，证券公司不得为本公司预留所代销的证券和预先购入并留存所包销的证券。

三、证券交易

(一)证券交易的一般规定

我国《证券法》规定，证券交易当事人依法买卖的证券，必须是依法发行并交付的证券。非依法发行的证券，不得买卖。

依法发行的股票、公司债券及其他证券，法律对其转让期限有限制性规定的，在限定的期限内不得买卖。

(1)为股票发行出具审计报告、资产评估报告或者法律意见书等文件的证券服务机构和人员，在该股票承销期内和期满后六个月内，不得买卖该种股票。以上人员自接受上市公司委托之日起至上述文件公开后五日内，不得买卖该种股票。

(2)上市公司董事、监事、高级管理人员、持有上市公司股份百分之五以上的股东，将其持有的该公司的股票在买入后六个月内卖出，或者在卖出后六个月内又买入，由此所得收益归该公司所有，公司董事会应当收回其所得收益。但是，证券公司因包销购入售后剩余股票而持有百分之五以上股份的，卖出该股票不受六个月时间限制。

(3)证券交易所、证券公司和证券登记结算机构的从业人员、证券监督管理机构的工作人员以及法律、行政法规禁止参与股票交易的其他人员，在任期或者法定限期内，不得直接或者以化名、借他人名义持有、买卖股票，也不得收受他人赠送的股票。任何人在成为上述所列人员时，其原已持有的股票，必须依法转让。

依法公开发行的股票、公司债券及其他证券，应当在依法设立的证券交易所上市交易或者在国务院批准的其他证券交易场所转让。证券在证券交易所上市交易，采用公开的集中交易方式或者国务院证券监督管理机构批准的其他方式。证券交易当事人买卖的证券可以采用纸面形式或者国务院证券监督管理机构规定的其他形式。证券交易以现货和国务院规定的其他方式进行交易。

证券交易所、证券公司、证券登记结算机构必须依法为客户开立的账户保密，以防被他人非法利用。证券交易的收费必须合理。收费项目、收费标准和收费办法应当公开。证券交易的收费项目、收费标准和管理办法由国务院有关主管部门统一规定。

【观念应用5-5】2012年3月2日，张某接受甲上市公司委托，为甲公司的会计报告出具审计报告；2012年4月2日，该审计报告公开；2012年4月5日，张某将持有的甲公司股票卖出。2012年1月10日，乙证券公司因包销购入售后剩余股票而持有甲公司10%的股份，2012年4月5日，乙证券公司将其持有的甲公司股份全部卖出。2012年1月20日，甲公司的监事李某，买入甲公司股票5000股，2012年5月10日将该股票全部卖出，获得收益15万元。试问，张某、乙证券公司和李某卖出股票的行为是否符合规定？请说明理由。

【观念解析】(1)张某卖出股票的行为不符合规定。依据现行《证券法》，为股票发行出具审计报告、资产评估报告或者法律意见书等文件的证券服务机构和人员，在该股票承销期内和期满后6个月内，不得买卖该种股票；除前款规定外，为上市公司出具审计报告、资产评估报告或者法律意见书等文件的证券服务机构和人员，自接受上市公司委托之日起至上述文件公开后5日内，不得买卖该种股票。2012年4月5日为在文件公开后5日内，所以，张某卖出股票的行为不符合规定。

(2)乙证券公司卖出股票的行为符合规定，而李某卖出股票的行为不符合规定。依据现行《证券法》，上市公司董事、监事、高级管理人员、持有上市公司股份5%以上的股东，将其持有的该公司的股票在买入后6个月内卖出，或者在卖出后6个月内又买入，由此所得收益归公司所有；但是，证券公司因包销购入售后剩余股票而持有5%以上股份的，卖出该股票不受6个月时间限制。因而，李某买卖股票所得收益归公司所有，公司董事会应当收回其所得收益。公司董事会不按照规定执行，股东有权要求董事会在30日内执行。公司董事会未在上述期限内执行的，股东有权为了公司的利益以自己的名义直接向人民法院提起诉讼。公司董事会不按照前述规定执行的，负有责任的董事依法承担连带责任。

(二)证券上市

申请证券上市交易，应当向证券交易所提出申请，由证券交易所依法审核同意，并由双方签订上市协议。申请证券上市交易，应当向证券交易所提出申请，由证券交易所依法审核同意，并由双方签订上市协议。

1.股票上市

股份有限公司申请股票上市，应当符合下列条件：

(1)股票经国务院证券监督管理机构核准已公开发行；

(2)公司股本总额不少于人民币三千万元；

(3)公开发行的股份达到公司股份总数的百分之二十五以上；公司股本总额超过人民币四亿元的，公开发行股份的比例为百分之十以上；

(4)公司最近三年无重大违法行为，财务会计报告无虚假记载；

(5)证券交易所可以规定高于前款规定的上市条件，并报国务院证券监督管理机构批准。

申请股票上市交易，应当向证券交易所报送下列文件：

(1)上市报告书；申请股票上市的股东大会决议；

(2)公司章程；公司营业执照；

(3)依法经会计师事务所审计的公司最近三年的财务会计报告；

(4)法律意见书和上市保荐书；

(5)最近一次的招股说明书；

(6)证券交易所上市规则规定的其他文件。

股票上市交易申请经证券交易所审核同意后，签订上市协议的公司应当在规定的期限内公告股票上市的有关文件，并将该文件置备于指定场所供公众查阅。另外，还应当公告下列事项：

(1)股票获准在证券交易所交易的日期；

(2)持有公司股份最多的前十名股东的名单和持股数额；

(3)公司的实际控制人；

(4)董事、监事、高级管理人员的姓名及其持有本公司股票和债券的情况。

上市公司有下列情形之一的，由证券交易所决定暂停其股票上市交易：

(1)公司股本总额、股权分布等发生变化不再具备上市条件；

(2)公司不按照规定公开其财务状况或者对财务会计报告作虚假记载，可能误导投资者；

(3)公司有重大违法行为；

(4)公司最近三年连续亏损；

(5)证券交易所上市规则规定的其他情形。

上市公司有下列情形之一的，由证券交易所决定终止其股票上市交易：

(1)公司股本总额、股权分布等发生变化不再具备上市条件，在证券交易所规定的期限内仍不能达到上市条件；

(2)公司不按照规定公开其财务状况或者对财务会计报告作虚假记载，且拒绝纠正；

(3)公司最近三年连续亏损，在其后一个年度内未能恢复盈利；

(4)公司解散或者被宣告破产；

(5)证券交易所上市规则规定的其他情形。

2.债券上市

公司申请公司债券上市交易，应当符合下列条件：

(1)公司债券的期限为一年以上；

(2)公司债券实际发行额不少于人民币五千万元；

(3)公司申请债券上市时仍符合法定的公司债券发行条件。

申请公司债券上市交易，应当向证券交易所报送下列文件：

(1)上市报告书；

(2)申请公司债券上市的董事会决议；

(3)公司章程；

(4)公司营业执照；

(5)公司债券募集办法；

(6)公司债券的实际发行数额；

(7)证券交易所上市规则规定的其他文件。申请可转换为股票的公司债券上市交易，还应当报送保荐人出具的上市保荐书。

公司债券上市交易申请经证券交易所审核同意后，签订上市协议的公司应当在规定的期限内公告公司债券上市文件及有关文件，并将其申请文件置备于指定场所供公众查阅。

公司债券上市交易后，公司有下列情形之一的，由证券交易所决定暂停其公司债券上市交易：

(1)公司有重大违法行为；

(2)公司情况发生重大变化不符合公司债券上市条件；

(3)发行公司债券所募集的资金不按照核准的用途使用；

(4)未按照公司债券募集办法履行义务；

(5)公司最近两年连续亏损。

公司有重大违法行为或未按照公司债券募集办法履行义务的，经查实后果严重的由证券交易所决定终止其公司债券上市交易；公司情况发生重大变化不符合公司债券上市条件、发行公司债券所募集的资金不按照核准的用途使用、未按照公司债券募集办法履行义务的在限期内未能消除的，由证券交易所决定终止其公司债券上市交易；公司解散或者被宣告破产的，由证券交易所终止其公司债券上市交易。

3.持续信息公开

发行人、上市公司依法披露的信息，必须真实、准确、完整，不得有虚假记载、误导性陈述或者重大遗漏。

经国务院证券监督管理机构核准依法公开发行股票，或者经国务院授权的部门核准依法公开发行公司债券，应当公告招股说明书、公司债券募集办法。依法公开发行新股或者公司债券的，还应当公告财务会计报告。

上市公司和公司债券上市交易的公司，应当在每一会计年度的上半年结束之日起两个月内，向国务院证券监督管理机构和证券交易所报送记载以下内容的中期报告，并予公告：

(1)公司财务会计报告和经营情况；

(2)涉及公司的重大诉讼事项；

(3)已发行的股票、公司债券变动情况；

(4)提交股东大会审议的重要事项；

(5)国务院证券监督管理机构规定的其他事项。

上市公司和公司债券上市交易的公司，应当在每一会计年度结束之日起四个月内，向国务院证券监督管理机构和证券交易所报送记载以下内容的年度报告，并予公告：

(1)公司概况；

(2)公司财务会计报告和经营情况；

(3)董事、监事、高级管理人员简介及其持股情况；

(4)已发行的股票、公司债券情况，包括持有公司股份最多的前十名股东的名单和持股数额；

(5)公司的实际控制人；

(6)国务院证券监督管理机构规定的其他事项。

发生可能对上市公司股票交易价格产生较大影响的重大事件，投资者尚未得知时，上市公司应当立即将有关该重大事件的情况向国务院证券监督管理机构和证券交易所报送临时报告，并予公告，说明事件的起因、目前的状态和可能产生的法律后果。

重大事件包括以下几种情况：

(1)公司的经营方针和经营范围的重大变化；

(2)公司的重大投资行为和重大的购置财产的决定；

(3)公司订立重要合同，可能对公司的资产、负债、权益和经营成果产生重要影响；

(4)公司发生重大债务和未能清偿到期重大债务的违约情况；

(5)公司发生重大亏损或者重大损失；

(6)公司生产经营的外部条件发生的重大变化；

(7)公司的董事、三分之一以上监事或者经理发生变动；

(8)持有公司百分之五以上股份的股东或者实际控制人，其持有股份或者控制公司的情况发生较大变化；

(9)公司减资、合并、分立、解散及申请破产的决定；

(10)涉及公司的重大诉讼，股东大会、董事会决议被依法撤销或者宣告无效；

(11)公司涉嫌犯罪被司法机关立案调查，公司董事、监事、高级管理人员涉嫌犯罪被司法机关采取强制措施；

(12)国务院证券监督管理机构规定的其他事项。

依法必须披露的信息，应当在国务院证券监督管理机构指定的媒体发布，同时将其置备于公司住所、证券交易所，供社会公众查阅。

上市公司董事、高级管理人员应当对公司定期报告签署书面确认意见。上市公司监事会应当对董事会编制的公司定期报告进行审核并提出书面审核意见。上市公司董事、监事、高级管理人员应当保证上市公司所披露的信息真实、准确、完整。

发行人、上市公司公告的招股说明书、公司债券募集办法、财务会计报告、上市报告文件、年度报告、中期报告、临时报告以及其他信息披露资料，有虚假记载、误导性陈述或者重大遗漏，致使投资者在证券交易中遭受损失的，发行人、上市公司应当承担赔偿责任；发行人、上市公司的董事、监事、高级管理人员和其他直接责任人员以及保荐人、承销的证券公司，应当与发行人、上市公司承担连带赔偿责任，但是能够证明自己没有过错的除外；发行人、上市公司的控股股东、实际控制人有过错的，应当与发行人、上市公司承担连带赔偿责任。

4.禁止的交易行为

我国《证券法》禁止证券交易内幕信息的知情人和非法获取内幕信息的人利用内幕信息从事证券交易活动。

证券交易内幕信息的知情人包括：

(1)发行人的董事、监事、高级管理人员；

(2)持有公司百分之五以上股份的股东及其董事、监事、高级管理人员，公司的实际控制人及其董事、监事、高级管理人员；

(3)发行人控股的公司及其董事、监事、高级管理人员；

(4)由于所任公司职务可以获取公司有关内幕信息的人员；

(5)证券监督管理机构工作人员以及由于法定职责对证券的发行、交易进行管理的其他人员；

(6)保荐人、承销的证券公司、证券交易所、证券登记结算机构、证券服务机构的有关人员；

(7)国务院证券监督管理机构规定的其他人。

内幕信息，是指证券交易活动中，涉及公司的经营、财务或者对该公司证券的市场价格有重大影响的尚未公开的信息，包括以下内容：

(1)上市公司依法必须公开的而投资者尚未得知的，发生可能对上市公司股票交易价格产生较大影响的重大事件；

(2)公司分配股利或者增资的计划；

(3)公司股权结构的重大变化；

(4)公司债务担保的重大变更；

(5)公司营业用主要资产的抵押、出售或者报废一次超过该资产的百分之三十；

(6)公司的董事、监事、高级管理人员的行为可能依法承担重大损害赔偿责任；

(7)上市公司收购的有关方案；

(8)国务院证券监督管理机构认定的对证券交易价格有显著影响的其他重要信息。

证券交易内幕信息的知情人和非法获取内幕信息的人，在内幕信息公开前，不得买卖该公司的证券，或者泄露该信息，或者建议他人买卖该证券。内幕交易行为给投资者造成损失的，行为人应当依法承担赔偿责任。

【观念应用5-6】黄某为北京中关村科技发展股份有限公司（以下简称“中关村”）的实际控制人、董事。其于2007年4月至2008年5月，分别在中关村与北京鹏泰投资有限公司（以下简称“鹏泰公司”，由被告经营管理）的资产置换项目、中关村拟收购北京鹏润地产控股有限公司（以下简称“鹏润地产”）全部股权项目中，决定并指使他人购入“中关村”股票，累计2.01亿余股，成交额达14.15亿余元。试分析黄某行为。

【观念解析】黄某为上市公司中关村的实际控制人、董事，是相关收购和资产置换项目的决策者，属于我国现行《证券法》规定的法定内幕信息知情人，利用其一手主导的中关村资产收购项目，在涉及对证券交易价格有重大影响的信息尚未公开前，私下交易“中关村”股票为自己谋取巨额利益，是法定的内幕交易行为。

《证券法》禁止任何人以下列手段操纵证券市场：

(1)单独或者通过合谋，集中资金优势、持股优势或者利用信息优势联合或者连续买卖，操纵证券交易价格或者证券交易量；

(2)与他人串通，以事先约定的时间、价格和方式相互进行证券交易，影响证券交易价格或者证券交易量；

(3)在自己实际控制的账户之间进行证券交易，影响证券交易价格或者证券交易量；

(4)操纵证券市场交易价格的其他手段。操纵证券市场行为给投资者造成损失的，行为人应当依法承担赔偿责任。

【观念应用 5-7】汪某在担任北京首放投资顾问有限公司负责人期间，于 2006 年 7 月至 2008 年 5 月，使用本人及他人名义开立多个证券账户，并使用上述账户，在中信证券北京北三环中路营业部、国信证券北京三里河营业部等营业部开立了 10 余个资金账户用于证券交易。同时，在工商银行开立 10 个银行账户，用于证券交易资金存取和划转。汪某于 2007 年 1 月 9 日至 2008 年 5 月 21 日，利用其实际控制交易的 9 个证券账户，通过先期买入“工商银行”、“中国联通”等 38 只股票，后利用首放公司名义经媒体对外推荐并在股票交易时抢先卖出相关股票的方式，人为影响股票交易价格，从中获利。汪某采取上述方式操纵证券市场共计 55 次，累计买入成交额人民币 52.6 亿元，累计卖出成交额 53.8 亿元，获利共计人民币1.25 亿元归个人所有。试分析汪某行为的性质。

【观念解析】汪某通过撰写、发布分析文章，借助有广泛影响力的媒体，改变市场投资者的心理预期，引诱投资者参与交易，而本人则在股价推高后趁机卖出，其行为是利用投资者对其的信任，实施操纵证券市场行为，从而非法获利。

禁止国家工作人员、传播媒介从业人员和有关人员编造、传播虚假信息，扰乱证券市场。禁止证券交易所、证券公司、证券登记结算机构、证券服务机构及其从业人员，证券业协会、证券监督管理机构及其工作人员，在证券交易活动中作出虚假陈述或者信息误导。各种传播媒介传播证券市场信息必须真实、客观，禁止误导。

禁止证券公司及其从业人员从事下列损害客户利益的欺诈行为：

(1)违背客户的委托为其买卖证券；

(2)不在规定时间内向客户提供交易的书面确认文件；

(3)挪用客户所委托买卖的证券或者客户账户上的资金；

(4)未经客户的委托，擅自为客户买卖证券，或者假借客户的名义买卖证券；

(5)为牟取佣金收入，诱使客户进行不必要的证券买卖；

(6)利用传播媒介或者通过其他方式提供、传播虚假或者误导投资者的信息；

(7)其他违背客户真实意思表示，损害客户利益的行为。欺诈客户行为给客户造成损失的，行为人应当依法承担赔偿责任。

禁止法人非法利用他人账户从事证券交易；禁止法人出借自己或者他人的证券账户；依法拓宽资金入市渠道，禁止资金违规流入股市；禁止任何人挪用公款买卖证券。国有企业和国有资产控股的企业买卖上市交易的股票，必须遵守国家有关规定。

【观念应用 5-8】某上市公司因披露虚假年度财务报告，导致投资者在证券交易中蒙受重大损失。试问，对此承担民事赔偿责任的主体有哪些？

【观念解析】现行《证券法》规定，发行人、上市公司公告的招股说明书、公司债券募集办法、财务会计报告、上市报告文件、年度报告、中期报告、临时报告以及其他信息披露资料，有虚假记载、误导性陈述或者重大遗漏，致使投资者在证券交易中遭受损失的，发行人、上市公司应当承担赔偿责任；发行人、上市公司的董事、监事、高级管理人员和其他直接责任人员以及保荐人、承销的证券公司，应当与发行人、上市公司承担连带赔偿责任，但是能够证明自己没有过错的除外；发行人、上市公司的控股股东、实际控制人有过错的，应当与发行人、上市公司承担连带赔偿责任。因此，上市公司披露虚假信息的责任主体包括：第一，上市公司的董事、监事、高级管理人员和其他直接责任人员；第二，保荐人、承销的证券公司；第三，上市公司的控股股东、实际控制人。

四、上市公司收购

投资者可以采取要约收购、协议收购及其他合法方式收购上市公司。

通过证券交易所的证券交易，投资者持有或者通过协议、其他安排与他人共同持有一个上市公司已发行的股份达到百分之五时，应当在该事实发生之日起三日内，向国务院证券监督管理机构、证券交易所作出书面报告，通知该上市公司，并予公告；在上述期限内，不得再行买卖该上市公司的股票。

投资者持有或者通过协议、其他安排与他人共同持有一个上市公司已发行的股份达到百分之五后，其所持该上市公司已发行的股份比例每增加或者减少百分之五，应当依照规定进行报告和公告。在报告期限内和作出报告、公告后两日内，不得再行买卖该上市公司的股票。

（一）要约收购

通过证券交易所的证券交易，投资者持有或者通过协议、其他安排与他人共同持有一个上市公司已发行的股份达到百分之三十时，继续进行收购的，应当依法向该上市公司所有股东发出收购上市公司全部或者部分股份的要约。

收购上市公司部分股份的收购要约应当约定，被收购公司股东承诺出售的股份数额超过预定收购的股份数额的，则收购人按比例进行收购。

依照规定发出收购要约，收购人必须事先向国务院证券监督管理机构报送上市公司收购报告书，同时提交证券交易所。收购人在依照前条规定报送上市公司收购报告书之日起十五日后，公告其收购要约。在上述期限内，国务院证券监督管理机构发现上市公司收购报告书不符合法律、行政法规规定的，应当及时告知收购人，收购人不得公告其收购要约。收购要约约定的收购期限不得少于三十日，并不得超过六十日。

在收购要约确定的承诺期限内，收购人不得撤销其收购要约。收购人需要变更收购要约的，必须事先向国务院证券监督管理机构及证券交易所提出报告，经批准后，予以公告。收购人在收购期限内，不得卖出被收购公司的股票，也不得采取要约规定以外的形式和超出要约的条件买入被收购公司的股票。收购要约提出的各项收购条件，适用于被收购公司的所有股东。

(二)协议收购

以协议方式收购上市公司时，达成协议后，收购人必须在三日内将该收购协议向国务院证券监督管理机构及证券交易所作出书面报告，并予公告。在公告前不得履行收购协议。

采取协议收购方式的，收购人收购或者通过协议、其他安排与他人共同收购一个上市公司已发行的股份达到百分之三十时，继续进行收购的，应当向该上市公司所有股东发出收购上市公司全部或者部分股份的要约。但是，经国务院证券监督管理机构免除发出要约的除外。

收购期限届满，被收购公司股权分布不符合上市条件的，该上市公司的股票应当由证券交易所依法终止上市交易；其余仍持有被收购公司股票的股东，有权向收购人以收购要约的同等条件出售其股票，收购人应当收购。

在上市公司收购中，收购人持有的被收购的上市公司的股票，在收购行为完成后的十二个月内不得转让。

收购行为完成后，被收购公司不再具备股份有限公司条件的，应当依法变更企业形式；收购人与被收购公司合并，并将该公司解散的，被解散公司的原有股票由收购人依法更换。

任务二　票据法

任务导入

出票人甲向乙签发一张汇票，乙不慎将其遗失。丙拾得该汇票，在伪造乙的签章后背书转让给丁。试问，最后持票人丁是否享有票据权利？

一、票据综述

(一)票据的概念和特征

票据，是由出票人签发的、约定自己或者委托付款人在见票时或指定的日期向收款人或持票人无条件支付一定金额的有价证券。广义的票据泛指一切有价证券，包括：汇票、本票、支票、提单、存单、股票、债券等。它具有支付功能、汇兑功能、信用功能、结算功能及融资功能。

根据国际上票据立法的惯例,《中华人民共和国票据法》(以下简称《票据法》)所规范的对象,仅为狭义的票据,即汇票、本票和支票三种票据。它们的共同特点是,在票据规定的期限内,持票人或收款人可向出票人或指定付款人无条件地支取确定金额的货币;它们都属于反映一定债权债务关系的、可流通的、代表一定数量货币请求权的有价证券。票据具有设权性、文义性、流通性、无因性、要式性、占有性、提示性、返还性等特点。

(二)票据当事人

票据当事人,是指在票据法律关系中,享有票据权利、承担票据义务的主体。其分为基本当事人与非基本当事人。

1.基本当事人

(1)出票人。出票人,是指依照法律规定制作、签发、交付票据的人。

(2)收款人。收款人,是指票据到期后有权收取票据所载金额的人,又称"票据权利人"。

(3)付款人。付款人,是指由出票人委托付款或者自行承担付款责任的人。

以上三类主体因在票据作成和交付时就已经存在,如果票据上缺失这三类主体的记载,则有可能影响到票据的效力,所以也被称作票据的基本当事人。

【观念应用5-9】A企业向B企业购买一批货物,约定货款通过票据支付。A企业向开户行C银行申请签发了一张票据金额为100万元的银行汇票交付给B企业。该银行汇票的基本当事人有哪些?

【观念解析】依据现行《票据法》规定,汇票必须记载下列事项:表明"汇票"的字样;无条件支付的委托;确定的金额;付款人名称;收款人名称;出票日期;出票人签章。汇票上未记载前款规定事项之一的,汇票无效。该张银行汇票在交付时就已经存在的基本当事人有出票人C银行,付款人C银行或者代理付款行,收款人B企业。

2.非基本当事人

(1)承兑人。承兑人,是指接受商业汇票出票人的付款委托,承诺到期时承担付款义务的人。

(2)背书人与被背书人。背书人,是指在转让票据时,在票据背面或粘单上签字或盖章的当事人(称为前手),并将该票据交付给受让人的票据收款人或持有人。被背书人,是指被记名受让票据或接受票据转让的人。背书后,被背书人成为票据新的持有人(称为后手)。如果被背书人不再转让票据,那么就是继背书人后,票据的新的持有人。如果被背书人继续转让票据,那么就是新的背书人。

(3)保证人与被保证人。保证人,是指在票据债务人不能履行票据付款责任时承担保证责任。保证人应当依据《票据法》的规定,在票据或者其粘单上记载保证事项。被保证人,是指票据的保证人担保的对象,是票据债务人。

票据的承兑人、背书人和被背书人、保证人和被保证人是在票据交付后，随着承兑、背书和保证的票据行为的出现，加入到票据关系中成为享有票据权利，承担票据义务的当事人，他们的存在与否不会影响票据的效力。所以，票据的承兑人、背书人和被背书人、保证人和被保证人又被称为“票据的非基本当事人”。

（三）票据行为

票据行为，是指能发生票据权利和义务的要式法律行为。现行《票据法》上规定的票据行为包括出票、承兑、背书和保证。其中，承兑为汇票所独有，出票、背书和保证是汇票、本票和支票所共有的票据行为。

现行《票据法》规定，票据出票人制作票据，应当按照法定条件在票据上签章，并按照所记载的事项承担票据责任。持票人行使票据权利，应当按照法定程序在票据上签章，并出示票据。其他票据债务人在票据上签章的，则按照票据所记载的事项承担票据责任。所以，当事人进行票据行为必须按照法律规定的形式，即按照规定格式的书面签章行为，否则会影响票据的效力。

票据行为的记载事项分为绝对记载事项、相对记载事项、任意记载事项和记载无效事项。欠缺票据的绝对记载事项，会导致票据无效。

【观念应用 5-10】王某因支付租金，签发一张支票给李某。李某 15 岁的儿子因购买游戏机，所以将这张支票背书转让给了某商城。试问，李某儿子的背书行为是否有效？

【观念解析】本案中，李某的儿子属于限制民事行为能力人，其背书转让支票的行为应确认无效。票据行为本身也是一种民事行为。依据《票据法》的规定，无民事行为能力人或者限制民事行为能力人在票据上签章的，其签章无效，但是不影响其他签章的效力。

（四）票据权利

1. 票据权利的概念

票据权利，是指票据持票人向票据债务人请求支付票据金额的权利，包括付款请求权和追索权。

（1）付款请求权，是指持票人向票据主债务人或其他付款义务人提示票据，请求支付票据金额的权利，是第一次请求权。

（2）追索权，是指持票人的付款请求权没获得实现或有其他法定原因时，向票据债务人行使的请求偿还票据金额及其他法定费用的权利，是第二次请求权。持票人应首先向主债务人或付款人请求付款，被拒付或存在不获付款的可能时，才能向票据债务人行使追索权。

【观念应用 5-11】2011 年 3 月，A 公司向 B 公司签发了一张银行承兑汇票，付款人和承兑人为C银行，B又将该张票据背书转让给D公司，同时，E公司为保证人。D公司持该票据请求C银行付款时遭拒。试问，此时D公司该如何行使自己的权利？

【观念解析】D公司请求C银行付款是行使付款请求权，其第一顺序的权利没有得到实现，可以向票据债务人行使追索权。依据现行《票据法》的规定，汇票的出票人、背书人、承兑人和保证人对持票人承担连带责任。持票人可以不按照汇票债务人的先后顺序，对其中任何一人、数人或者全体行使追索权。持票人对汇票债务人中的一人或者数人已经进行追索的，对其他汇票债务人仍可以行使追索权。被追索人清偿债务之后，与持票人享有同一权利。因此，本案中D公司可以向出票人A公司、背书人B公司、保证人E公司中的任何一人、数人或全体进行追索。

2.票据权利的取得

(1)原始取得。票据权利的原始取得，是指持票人不依据前手权利为基础取得最初的票据权利。比如，出票人签发票据并交付给持票人，持票人因此取得的票据权利。

(2)继受取得。票据权利的继受取得，是指持票人依据前手票据权利而取得的票据权利。比如，通过背书转让的方式，持票人从其前手处取得票据权利；票据的被追索人因清偿票据债务而取得票据权利；票据的保证人因承担保证责任而取得票据权利；因税收、继承、赠与而无偿取得票据，享有票据权利；因公司合并、分立而取得票据，享有票据权利等。

(3)善意取得。票据权利的善意取得，是指票据的无处分权人处分他人票据权利，票据受让人受让票据时因其善意或无重大过失而取得票据权利。

票据权利的善意取得的构成要件：第一，票据受让人的直接前手为票据的无处分权人；第二，票据受让人取得票据基于善意；第三，票据的善意受让人通过背书转让或交付转让的方式取得票据；第四，票据的善意受让人给付对价而取得票据。

所谓“善意”，可以理解为受让人主观上没有恶意或者重大过失。

善意受让人取得票据权利，原票据权利人丧失票据权利，不得要求善意受让人返还。

【观念应用5-12】A公司签发一张承兑人为C银行的汇票给B公司，由于B公司财务人员保管不善，所以B公司在汇票到期日前请求C银行付款时，发现该张汇票丢失。后查明，D将该张汇票盗走后，伪造B公司的签章将其背书转让给了E公司。试问，此案例中的最后持票人E公司是否享有票据权利？

【观念解析】以欺诈、偷盗或者胁迫等手段取得票据的或者明知有前列情形，出于恶意取得票据的，或者因重大过失取得不符合现行《票据法》规定的票据的，不享有票据权利。此案例中，若持票人E接受票据时对D的偷盗行为不知情且在取得票据时支付了对价，则符合票据权利的善意取得，因此，享有票据权利。B公司此时丧失票据权利，不能要求E返还票据，但可以就其遭受的损失向D请求索赔。

3. 票据权利的行使与保全

票据权利的行使，是指票据权利人请求票据义务人履行票据义务的行为；票据权利的保全，是指票据权利人为防止票据权利的丧失而为的一切行为。持票人应当按照法定的方式行事票据权利，当持票人行使票据权利被拒时，应当依法采取措施保全其票据权利。票据权利的保全是为了确保票据权利的有效行使。

我国《票据法》规定，持票人行使票据权利，应当按照法定程序在票据上签章，并出示票据。当持票人行使票据权利被拒绝时，持票人需要依法取得被拒证明。我国《票据法》规定，持票人应当自收到被拒绝承兑或者被拒绝付款的有关证明之日起三日内，将被拒绝事由书面通知其前手；其前手应当自收到通知之日起三日内书面通知其再前手。持票人也可以同时向各汇票债务人发出书面通知。持票人不能出示拒绝证明、退票理由书或者未按照规定期限提供其他合法证明的，丧失对出票人以外的其他前手的追索权。

持票人应当在票据权利失效内行使票据权利。持票人对票据债务人行使票据权利或者保全票据权利，应当在票据当事人的营业场所和营业时间内进行，票据当事人无营业场所的，应当在其住所进行。

4. 票据权利丧失补救

持票人丧失了对票据的占有，就无法证明和行使自己的权利，因为票据权利的行使必须提示票据。《票据法》规定，票据丧失后，票据权利有三种补救措施：挂失止付、公示催告和普通诉讼。

(1)挂失支付。挂失支付，是指失票人将票据丧失的情形通知付款人并指示付款人停止付款，以防止他人取得票据金额的临时性措施。可以挂失支付的票据包括：已承兑的商业承兑汇票和银行承兑汇票；填明“现金”字样和代理付款人的银行汇票；填明“现金”字样的银行本票和支票。失票人应当在通知挂失止付后三日内，也可以在票据丧失后，直接依法向人民法院申请公示催告，或者向人民法院提起诉讼，否则，挂失支付会失去效力。但是，若付款人或者代理付款人自收到挂失止付通知书之日起十二日内没有收到人民法院的止付通知书的，则自第十三日起，挂失止付通知书失效。

(2)公式催告。公式催告，是指人民法院根据失票人的申请，宣告票据无效。人民法院以公示的方式催告利害关系人在一定期限内向人民法院申报权利，同时通知付款人及代理付款人停止票据款项的支付，到期无人申报权利的，人民法院作出除权判决；若利害关系人提出权利申报，则人民法院裁定终结公示催告程序。依法可以背书转让的票据丧失后均可以申请公式催告。

(3)普通诉讼。票据权利人丧失票据后，还可以提起普通民事诉讼来实现其票据权利。对票据丢失提起诉讼的诉讼请求可以是请求补发票据，请求票据债务人付款或者请求非法持有票据的人返还票据。

5. 票据权利时效

依据现行《票据法》的规定，票据权利在下列期限内不行使而消灭：

(1)持票人对票据的出票人和承兑人的权利自票据到期日起两年。见票即付的汇票、本票自出票日起两年。

(2)持票人对支票出票人的权利,自出票日起六个月。

(3)持票人对前手的追索权,在被拒绝承兑或者被拒绝付款之日起六个月。

(4)持票人对前手的再追索权,自清偿日或者被提起诉讼之日起三个月。

【观念应用5-13】2012年9月8日,A公司向B公司开具一张金额为10万元的支票,B公司将支票背书转让给C公司。9月16日,C公司请求付款银行付款时被拒。C公司遂要求B公司付款,B公司于9月20日向C公司付清了全部款项。试问,B公司可以向A公司行使再追索权的期限是?

【观念解析】B公司向A公司行使追索权,是对支票的出票人行使权利,自出票日起6个月内行使。因此,B公司可以向A公司行使再追索权的期限为2013年3月8日之前。

(五)票据义务

票据义务,是指票据债务人向持票人支付票据金额的责任。它是基于债务人特定的票据行为(如出票、背书、承兑等)而应承担的义务,不具有制裁性质,主要包括付款义务和偿还义务。实务中,票据债务人承担票据义务一般有4种情况:

(1)汇票承兑人因承兑而应承担付款义务。

(2)本票出票人因出票而承担自己付款的义务。

(3)支票付款人在与出票人有资金关系时承担付款义务。

(4)汇票、本票、支票的背书人,汇票、支票的出票人、保证人,在票据不获承兑或不获付款时的付款清偿义务。

支票的付款人、未经承兑的汇票的付款人、委托收款人和代理付款人不是票据债务人。

(六)票据的伪造和变造

1.票据的伪造

票据的伪造,是指假冒或者虚构他人的名义进行的票据行为。票据伪造是伪造他人签章的违法行为,有伪造出票、伪造背书、伪造承兑、伪造保证和伪造付款等行为。

因为伪造人在票据上的签章系伪造,所以伪造人不承担票据责任,而依据《票据法》等法律规定,伪造人应承担相应的民事责任、行政责任和刑事责任。同时,票据上伪造的签章不影响在此票据上其他真实签章人票据行为的效力。对持票人而言,若持票人是恶意,即明知票据有伪造签章而持有的,则应当承担刑事责任,不得享有票据权利;若持票人是善意且支付了相应的对价而取得票据的,则依法对票据债务人行使票据权利。

2. 票据的变造

票据的变造，是指没有变更票据内容权限的人，变更票据上的签章以外的记载事项的行为。如票据金额的变造、付款日期的变造、付款地点的变造。

票据变造应与票据变更相区别。依据现行《票据法》的规定，票据金额、日期、收款人名称不得更改，更改的票据无效。对票据上的其他记载事项，原记载人可以更改，更改时应当由原记载人签章证明。

票据变造产生如下法律后果：变造前在票据上签章的票据行为人，依照原记载事项负责。不能辨别是在票据被变造之前或者之后签章的，视同在变造之前签章。变造后在票据上签章的票据行为人，依照变造后的记载事项负责。如果变造人也是票据上的签章人、变造人，则应解释为在变造后票据行为人。

（七）票据抗辩

票据抗辩，是指票据债务人根据法律的规定对票据债权人拒绝履行义务的行为。根据抗辩效力的不同，票据抗辩分为两大类：即对物的抗辩和对人的抗辩。

1. 物的抗辩

物的抗辩又称“绝对抗辩”，是指票据行为不合法或者票据权利不存在，票据债务人能够对抗任何不特定的持票人的抗辩权。比如，因欠缺票据上应记载事项而主张的抗辩；票据上的记载事项不符合法律规定而主张的抗辩；票据债权因依法付款而消灭的抗辩；欠缺票据行为能力的抗辩；票据伪造的被伪造人因其签章被伪造，无需承担任何票据责任的抗辩；票据变造时，在变造前票据上签章的人只对变造前的记载事项承担票据责任，对变造后的记载事项不承担票据责任的抗辩；票据债权因时效而消灭的抗辩等。

2. 人的抗辩

人的抗辩又称“相对抗辩”，是票据债务人对特定的持票人（债权人）进行的抗辩。《票据法》规定，票据债务人可以对不履行约定义务的与自己有直接债权债务关系的持票人进行抗辩。票据债务人不得以自己与出票人或者与持票人的前手之间的抗辩事由，对抗持票人。但是，持票人明知存在抗辩事由而取得票据的除外。人的抗辩只能向特定债权人行使，持票人一旦变更，就不得主张抗辩。

【观念应用 5-14】甲持一张票面金额为人民币 50 万元的银行承兑汇票，向付款人某银行提示付款。但该银行以持票人甲拖欠银行贷款 60 万元尚未清偿为由拒绝付款，并以该汇票票面金额冲抵了部分届期贷款金额。试问，付款人某银行对甲行使的是哪一种抗辩权？

【观念解析】现行《票据法》规定，票据债务人可以对不履行约定义务的与自己有直接债权债务关系的持票人进行抗辩。此案例中，因为甲是没有履行约定义务的与银行有直接债权债务关系的持票人，所以银行可以对其进行抗辩。同时，也是票据债务人对特定的持票人进行的抗辩。因此,付款人某银行对甲行使的是票据抗辩中对人的抗辩权。

二、汇票

(一)汇票的概念与分类

汇票,是出票人签发的,委托付款人在见票时或者在指定日期无条件支付确定的金额给收款人或者持票人的票据。《票据法》根据出票人的不同,将汇票分为银行汇票和商业汇票。

1. 银行汇票

银行汇票,是出票银行签发的,由其在见票时按照实际结算金额无条件支付给收款人或者持票人的票据。单位和个人的各种款项结算,均可使用银行汇票。银行汇票可以用于转账,填明“现金”字样的银行汇票也可以用于支取现金。申请人或者收款人为单位的,不得在“银行汇票申请书”上填明“现金”字样。

银行汇票有使用灵活、票随人到、兑现性强等特点,适用于先收款后发货或钱货两清的商品交易。单位和个人各种款项结算,均可使用银行汇票。

2. 商业汇票

商业汇票,是出票人签发的,委托付款人在指定日期无条件支付确定的金额给收款人或者持票人的票据。商业汇票按照承兑人的不同,分为商业承兑汇票和银行承兑汇票。商业汇票的付款人为承兑人。在银行开立存款账户的法人以及其他组织之间,必须具有真实的交易关系或债权债务关系,才能使用商业汇票。

商业承兑汇票由银行以外的付款人承兑。商业承兑汇票的出票人,为在银行开立存款账户的法人以及其他组织,与付款人具有真实的委托付款关系,具有支付汇票金额的可靠资金来源。商业承兑汇票可以由付款人签发并承兑,也可以由收款人签发交由付款人承兑。

银行承兑汇票由银行承兑。银行承兑汇票的出票人必须具备下列条件:在承兑银行开立存款账户的法人以及其他组织;与承兑银行具有真实的委托付款关系;资信状况良好,具有支付汇票金额的可靠资金来源。银行承兑汇票应由在承兑银行开立存款账户的存款人签发。

商业汇票是远期票据,依据付款日期的不同,分为定日付款、出票后定期付款和见票后定期付款的汇票。定日付款的汇票付款期限自出票日起计算,并在汇票上记载具体的到期日。出票后定期付款的汇票付款期限自出票日起按月计算,并在汇票上记载。见票后定期付款的汇票付款期限自承兑或拒绝承兑日起按月计算,并在汇票上记载。

(二)汇票的出票

1. 出票的概念及要求

出票,是指出票人签发票据并将其交付给收款人的票据行为。票据的出票人必须与付款人具有真实的委托付款关系，并且具有支付汇票金额的可靠资金来源。不得签发无对价的汇票用以骗取银行或者其他票据当事人的资金。

2. 记载事项

汇票必须记载下列事项：表明“汇票”的字样；无条件支付的委托；确定的金额；付款人名称；收款人名称；出票日期；出票人签章。汇票上未记载上述规定事项之一的，则汇票无效。

汇票上记载付款日期、付款地、出票地等事项的，应当清楚、明确。汇票上未记载付款日期的，为见票即付。汇票上未记载付款地的，付款人的营业场所、住所或者经常居住地为付款地。汇票上未记载出票地的，出票人的营业场所、住所或者经常居住地为出票地。

3. 出票的法律效力

出票行为生效，则出票人成为票据债务人，承担担保承兑和担保付款的责任，在汇票得不到承兑或者付款时，应当向持票人清偿票据金额和其他法定的费用；付款人不因为出票行为而承担付款义务，付款人是否对汇票承兑或者付款由其自己决定，只有付款人对汇票承兑后才成为票据的主债务人；对收款人而言，出票人将票据交付后，收款人就取得了票据权利，即付款请求权和追索权。

（三）汇票的背书

1. 背书的概念及种类

背书，是指通过在票据背面或者粘单上记载有关事项并签章，将票据交付给被背书人，而将票据权利转让给他人或者将一定的票据权利授予他人行使。背书人以背书转让票据后，即承担保证其后手所持票据承兑和付款的责任。以背书目的为标准，将背书分为转让背书和非转让背书，其中，非转让背书包括委托收款背书和质押背书。

2. 转让背书

转让背书，是完全转让票据权利的背书。转让背书的记载事项规定如下：

（1）绝对记载事项包括背书人签章和被背书人的名称。

（2）相对记载事项为背书日期。背书由背书人签章并记载背书日期。背书未记载日期的，视为在票据到期日前背书。

（3）任意记载事项为“不得转让”，背书人在汇票上记载“不得转让”字样，其后手再背书转让的，原背书人对后手的被背书人不承担保证责任。

（4）不得记载事项为附条件记载事项和部分背书记载事项。背书不得附有条件。背书时附有条件的，所附条件不具有汇票上的效力。将汇票金额的一部分转让的背书或者将汇票金额分别转让给两人以上的背书无效。

3. 委托收款背书

委托收款背书，是持票人他人代为行使票据权利而为的背书。如持票人委托自己的开户银行收款，采取的就是委托收款背书。现行《票据法》规定，背书记载“委托收款”字样的，被背书人有权代背书人行使被委托的汇票权利。但是，被背书人不得再以背书转让汇票权利。

4. 质押背书

质押背书，是持票人用票据来担保其承担的债务而在票据上设定质押权的背书。《票据法》规定，汇票可以设定质押；质押时，应当以背书记载"质押"字样。被背书人依法实现其质权时，可以行使汇票权利。

5. 背书连续

背书连续，是在票据转让中，转让票据的背书人与受让票据的被背书人在票据上的签章依次前后衔接。《票据法》规定，以背书转让的汇票，背书应当连续。持票人以背书的连续，证明其汇票权利；非经背书转让，而以其他合法方式取得汇票的，依法举证，证明其汇票权利。

(四)汇票的承兑

1. 承兑的概念及要求

承兑是汇票付款人承诺在汇票到期日支付汇票金额并签章的行为。见票即付的汇票无需承兑，承兑仅限于商业汇票。定日付款或者出票后定期付款的汇票，持票人应当在汇票到期日前向付款人提示承兑。

2. 承兑的程序

(1)提示承兑。提示承兑是指持票人向付款人出示汇票并要求付款人承诺付款的行为。持票人提示承兑必须在规定的期限内进行。定日付款或者出票后定期付款的汇票，持票人应当在汇票到期日前向付款人提示承兑；见票后定期付款的汇票，持票人应当自出票日起1个月内向付款人提示承兑。

汇票未按照规定期限提示承兑的，付款人可以不予受理承兑，并且持票人丧失对其前手的追索权，即持票人只得向出票人行使追索权。

(2)受理承兑。付款人对向其提示承兑的汇票，应当自收到提示承兑的汇票之日起三日内承兑或者拒绝承兑。付款人收到持票人提示承兑的汇票时，应当向持票人签发收到汇票的回单。回单上应当记明汇票提示承兑日期并签章。

付款人承兑汇票的，应当在汇票正面记载"承兑"字样和承兑日期并签章；见票后定期付款的汇票，应当在承兑时记载付款日期。汇票上未记载承兑日期的，以规定三日期限的最后一日为承兑日期。付款人承兑汇票，不得附有条件；承兑附有条件的，视为拒绝承兑。

(3)交还汇票。付款人决定作出承兑或拒绝承兑后，应当将汇票交还给持票人。

3. 承兑的法律效力

付款人承兑汇票后，应当承担到期付款的责任。

(五)汇票的保证

1. 保证的概念

保证是票据债务人以外的人，为担保特定债务人履行票据债务而在票据上记载有关事项并签章的行为。

2. 保证的记载事项

保证人必须在汇票或者粘单上记载下列事项：表明“保证”的字样；保证人名称和住所；被保证人的名称；保证日期；保证人签章。

保证人在汇票或者粘单上未记载被保证人的名称的，已承兑的汇票，承兑人为被保证人；未承兑的汇票，出票人为被保证人。保证人在汇票或者粘单上未记载保证日期的，出票日期为保证日期。

保证不得附有条件；附有条件的，不影响对汇票的保证责任。

3. 保证的效力

保证人对合法取得票据的持票人所享有的票据权利，承担保证责任；被保证的汇票，保证人应当与被保证人对持票人承担连带责任。汇票到期后得不到付款的，持票人有权向保证人请求付款，保证人应当足额付款。保证人为两人以上的，保证人之间承担连带责任。

保证人清偿汇票债务后，可以行使持票人对被保证人及其前手的追索权。

（六）汇票的付款

1. 提示付款

（1）提示付款，是指持票人拿出票据并请求付款人付款的行为。

（2）提示付款期。见票即付的汇票，自出票日起一个月内向付款人提示付款；定日付款、出票后定期付款或者见票后定期付款的汇票，自到期日起十日内向承兑人提示付款。

（3）提示付款的法律效力。对付款人而言，持票人在提示付款期内提示付款的，付款人必须在当日足额付款；持票人未在提示付款期内提示付款的，在作出说明后，承兑人或者付款人仍应当继续对持票人承担付款责任。对持票人而言，持票人获得付款的，应当在汇票上签收，并将汇票交给付款人。持票人委托银行收款的，受委托的银行将代收的汇票金额转账收入持票人账户，视同签收。

2. 付款审查

付款人或代理付款人在付款时应当依法进行审查。审查的内容包括汇票的格式是否合法，票据的记载事项是否齐全，背书是否连续，以及提示付款人的合法身份证明或者有效证件。付款人及其代理付款人以恶意或者有重大过失付款的，应当自行承担责任。

3. 付款或拒绝付款

付款人经过对票据的形式审查之后同意付款，应依法在持票人提示付款的当日足额付款；若拒绝付款，则付款人必须出具拒绝证明或者出具退票理由书。

4. 付款日期

付款日期为汇票到期日，是票据权利人行使权利和票据债务人履行义务的日期。汇票的付款日期有四种记载方式：见票即付；定日付款；出票后定期付款；见票后定期付款。商业汇票的付款期限，最长不得超过 6 个月。

5. 付款的效力

一旦付款人依法足额付款后，全体汇票债务人的责任就解除。

三、银行本票

（一）本票的适用范围

本票是出票人签发的，承诺自己在见票时无条件支付确定的金额给收款人或者持票人的票据。在我国，本票仅限于银行本票。单位和个人在同一票据交换区域内支付的各种款项，均可以使用银行本票。

（二）银行本票的出票

1. 出票的程序

申请人使用银行本票，应向银行填写申请书，记载有关事项并签章。出票银行在受理银行本票申请书后，收妥款项并签发银行本票。申请人应将银行本票交付给本票上记明的收款人。

2. 记载事项

（1）绝对记载事项：表明"本票"的字样；无条件支付的承诺；确定的金额；收款人名称；出票日期；出票人签章。

（2）相对记载事项：本票上未记载付款地的，出票人的营业场所为付款地。本票上未记载出票地的，出票人的营业场所为出票地。

3. 出票的法律效力

因为银行本票是出票人自己付款的，所以本票的出票人在持票人提示见票时，必须承担付款的责任。

（三）银行本票的付款

银行本票的提示付款期限自出票日起最长不得超过 2 个月；本票的持票人未按照规定期限提示见票的，丧失对出票人以外的前手的追索权。银行本票属于见票即付的票据。

（四）银行本票准用汇票的制度

汇票的背书、保证的规定完全适用于银行本票；除了提示付款日期的不同，汇票的付款规定也适用于银行本票。

四、支票

（一）支票的种类和适用范围

支票是出票人签发的，委托办理支票存款业务的银行或者其他金融机构在见票时无条件支付确定的金额给收款人或者持票人的票据。其分为现金支票、转账支票和普通支票。单位和个人在同一票据交换区域的各种款项结算，均可以使用支票。

（二）支票的出票

1. 出票人

支票的出票人必须是在经中国人民银行批准办理支票存款业务的金融机构开立支票存款账户的企业、其他组织和个人。一个单位或者个人在银行开立支票存款业务后，存入一定的款项，即可领用空白支票本，供其在需要时签发支票。如果出票人在付款人处的存款金额足够支付支票金额，则付款人应当付款；如果存款金额不足，则付款人拒绝付款。

2. 支票记载事项

（1）绝对记载事项：表明“支票”的字样；无条件支付的委托；确定的金额；付款人名称；出票日期；出票人签章；支票上的金额和收款人名称可以由出票人授权补记。

（2）相对记载事项：支票上未记载付款地的，付款人的营业场所为付款地。支票上未记载出票地的，出票人的营业场所、住所或者经常居住地为出票地。

3. 禁止签发空头支票

空头支票，是指出票人签发的支票金额超过其付款时在付款人处实有的存款金额。支票的出票人与付款人之间必须存在一定的资金关系，因而《票据法》规定，禁止签发空头支票。

（三）支票的付款

持票人应当自出票日起十日内提示付款。持票人可以委托开户银行收款或直接向付款人提示付款。超过提示付款期限的，付款人可以不予付款；付款人不予付款的，出票人仍应当对持票人承担票据责任。

支票是见票即付的票据，出票人在付款人处的存款足以支付支票金额时，付款人应当在当日足额付款。付款人依法支付支票金额的，对出票人不再承担受委托付款的责任，对持票人不再承担付款的责任。但付款人以恶意或者有重大过失付款的除外。

（四）支票适用汇票的制度

支票的出票、背书、付款行为和追索权的行使，除法律另有规定的，都完全适用汇票的有关规定。

五、涉外票据的法律适用

涉外票据，是指出票、背书、承兑、保证、付款等行为中，既有发生在中华人民共和国境内又有发生在中华人民共和国境外的票据。

中华人民共和国缔结或者参加的国际条约同本法有不同规定的，适用国际条约的规定。但是，中华人民共和国声明保留的条款除外。本法和中华人民共和国缔结或者参加的国际条约没有规定的，可以适用国际惯例。

票据债务人的民事行为能力，适用其本国法律。票据债务人的民事行为能力，依照其本国法律为无民事行为能力或者为限制民事行为能力而依照行为地法律为完全民事行为能力的，适用行为地法律。

汇票、本票出票时的记载事项，适用出票地法律。支票出票时的记载事项，适用出票地法律，经当事人协议，也可以适用付款地法律。票据的背书、承兑、付款和保证行为，适用行为地法律。

票据追索权的行使期限，适用出票地法律。票据的提示期限、有关拒绝证明的方式、出具拒绝证明的期限，适用付款地法律。票据丧失时，失票人请求保全票据权利的程序，适用付款地法律。

复习思考题

1. 简述证券发行的原则和条件。
2. 简述收购上市公司的主要方式。
3. 简述票据的法律关系及票据行为。

技能自测

一、单项选择题

1. 公司公开发行新股，应当在(　　)财务会计文件无虚假记载，无其他重大违法行为。

A. 最近1年　　B. 最近2年　　C. 最近3年　　D. 最近5年

2. 主板市场首次公开发行股票，最近一期末无形资产(扣除土地使用权、水面养殖权和采矿权等后)占净资产的比例不高于(　　)

A. 10%　　B. 20%　　C. 30%　　D. 40%

3. 为股票发行出具审计报告、资产评估报告或者法律意见书等文件的证券服务机构和人员，在该股票承销期内和期满后(　　)内，不得买卖该种股票。

A. 3个月　　B. 6个月　　C. 9个月　　D. 2个月

4. 某上市公司因披露虚假年度财务报告，导致投资者在证券交易中蒙受重大损失。关于对此承担民事赔偿责任的主体，下列哪一选项是错误的？(　　)

A. 该上市公司的监事

B. 该上市公司的实际控制人

C. 该上市公司财务报告的刊登媒体

D. 该上市公司的证券承销商

5. 以下各项关于票据的当事人的叙述，哪一项是错误的？(　　)

A. 票据可分为基本当事人和非基本当事人

B. 承兑人是基本当事人

C. 保证人是非基本当事人

D. 基本当事人欠缺，票据有可能无效

6. 下列有关票据权利的表述，哪一项是不正确的？（　　）

A. 持票人行使票据权利，应当按照法定程序在票据上签章并出示票据

B. 票据权利是专指持票人向票据债务人请求支付票据金额的权利，包括付款请求权和追索权

C. 持票人对汇票承兑人的票据权利，自票据到期日起 2 年内不行使而消灭

D. 持票人对汇票出票人的票据权利，自出票日起 6 个月内不行使而消灭

7. 甲公司以乙公司为收款人签发了一张银行承兑汇票，乙公司将汇票背书转让给丙公司，丙公司将汇票背书转让给王某。王某向银行提示承兑时，银行拒绝承兑。以下说法不正确的是（　　）

A. 王某可以直接向甲公司行使追索权

B. 王某向丙公司行使追索权后，仍可以向乙公司行使追索权

C. 王某只能要求被追索人支付汇票金额和利息

D. 甲公司向追索权人支付法定金额后，不享有追索权

8. 根据我国《票据法》，下列关于本票和支票的说法正确的是（　　）

A. 我国《票据法》上的本票包括银行本票和商业本票，而支票只有银行支票

B. 我国《票据法》上的本票和支票都仅限于见票即付

C. 本票和支票的基本当事人都只包括银行和收款人

D. 普通支票只能用于支取现金，不得用于转账

二、多项选择题

1. 以下哪些情形为法定公开发行的情形？（　　）

A. 向不特定对象发行证券

B. 向累计超过 200 人的特定对象发行证券

C. 股份有限公司为了增加公司股本，向原股东或向其他投资者出售或要约出售股票

D. 法律、行政法规规定的其他发行行为

2. 下列哪些属于法律禁止的证券交易行为？（　　）

A. 发行人在公司成立之日起 3 年内转让其所持股票

B. 公司董事、经理、监事在任职期间转让本公司股票

C. 为股票发行出具审计报告的专业人员在该股票承销期内买卖该种股票

D. 为上市公司出具法律意见书的律师在该文件公开后 5 日内买卖该公司股票

3. 上市公司和公司债券上市交易的公司，应当在每一会计年度的上半年结束之日起 2 个月内，向国务院证券监督管理机构和证券交易所报送记载以下内容的中期报告，并予公告（　　）

A. 公司财务会计报告和经营情况

B. 涉及公司的重大诉讼事项

C. 已发行的股票、公司债券变动情况

D. 董事、监事、高级管理人员简介及其持股情况已发行的股票、公司债券情况，包括持有公司股份最多的前10名股东的名单和持股数额

4. 股份有限公司申请股票上市，应当符合哪些条件？（　　）

A. 公司股本总额不少于人民币6000万元

B. 公开发行的股份达到公司股份总数的25%以上；公司股本总额超过人民币4亿元的，公开发行股份的比例为10%以上

C. 公司最近3年无重大违法行为，财务会计报告无虚假记载

D. 股票经国务院证券监督管理机构核准已公开发行

5. 根据《证券法》的规定，关于上市公司收购的说法，下列哪些选项是正确的？（　　）

A. 收购期限届满，被收购公司股权分布不符合上市条件的，依法终止上市交易

B. 收购人持有的被收购的上市公司的股票，在收购行为完成满12个月以后可以转让

C. 收购期限届满，其余仍持有被收购公司股票的股东，有权向收购人以收购要约的同等条件出售其股票，收购人应当收购

D. 收购行为完成后，收购人与被收购公司合并，并将该公司解散的，被解散公司的原有股票由收购人依法更换

6. 下列行为中，哪些属于我国现行《票据法》规定的票据行为？（　　）

A. 出票　　B. 承兑　　C. 背书　　D. 保证

7 甲签发一张收款人为乙的汇票，保证人为丙、丁，金额为20万元，汇票到期日为2014年3月1日。乙持票后将其背书转让给戊，戊再背书转让给己，己要求付款银行付款时被以背书不具连续性为由拒绝付款。则下列说法中哪些是正确的？（　　）

A. 己可以向戊行使追索权，也可以同时向甲、乙、戊行使追索权

B. 己向乙行使追索权时，只有当乙不能偿付时，丙、丁才对己承担保证责任

C. 如果丙、丁在保证时约定有份额，则丙、丁按该约定的份额对己承担保证责任

D. 保证人丙、丁对己的追索支付了全部款项后，可以向乙或甲追索

8. 下列情况下取得的票据，享有票据权利的是（　　）

A. 甲明知李某盗取一张支票仍然接受其转让

B. 乙希望小学接受一张支票捐款

C. 丙作为收款人依法接受一张银行本票

D. 丁持有一张背书连续银行汇票

三、辨析题

1. 证券市场按照功能的不同，分为证券发行市场和证券交易市场。证券交易市场也称为“一级市场”，证券发行市场又称为“二级市场”。（　　）

2. 证券包销是指证券公司代发行人发售证券，在承销期结束时，将未售出的证券全部退还给发行人的承销方式。（　　）

3. 证券交易所也有权自行暂停上市证券的交易，又称“技术性停牌”。（　　）

4. 收购要约约定的收购期限不得少于 30 日并不得超过 60 日。（　　）

5. 见票后定期付款的汇票，持票人应当自出票日起 1 个月内向付款人提示承兑。（　　）

6. 商业承兑汇票的出票人可以是收款人，也可以是付款人。（　　）

7. 背书不得附有条件，背书附有条件的，背书无效。（　　）

8. 票据上有伪造、变造的签章的，影响票据上所有签章的效力。（　　）

观念应用

1. 甲股份有限公司是一家上市公司。上海证券交易所因其财务会计报告作虚假记载，可能误导投资者且公司最近 3 年连续亏损，而决定暂停其公司股票上市交易。试问，上海证券交易所是否有权决定甲股份有限公司暂停股票上市交易？决定依据的理由是否合法？

2. 我国《票据法》规定，出票人在汇票上记载“不得转让”字样的，汇票不得转让。同时，还规定了如果背书人在汇票上记载“不得转让”字样，其后手再背书转让的，原背书人对后手的被背书人不承担保证责任。若甲公司在与乙公司交易中获得由乙公司签发的面额为 50 万元的汇票一张，则付款人为丙银行。甲公司向丁某购买了一批货物，将汇票背书转让给丁某以支付货款，并记载“不得转让”字样。后丁某又将此汇票背书给戊某。如戊某在向丙银行提示承兑时遭拒绝，则戊某可向谁行使追索权？

3. 甲向乙开具金额为 100 万元的汇票以支付货款。乙取得该汇票后背书转让给丙，丙又背书转让给丁，丁再背书转让给戊。现查明，甲、乙之间并无真实交易关系，丙为未成年人，票据金额被丁变造。该张票据是否有效？

实训操作

1. 依据我国现行《证券法》的规定，发行人申请首次公开发行股票的，在提交申请文件后，应当按照国务院证券监督管理机构的规定预先披露有关申请文件。登录中国证券监督管理委员会网站，在信息披露栏目中随机查询一份某企业的首次公开发行股票的招股说明书（申报稿），结合已掌握的《证券法》的相关知识，进行小组讨论。

2. 搜集汇票、本票和支票的票样，利用掌握的《票据法》基础知识，通过角色扮演，熟悉票据的使用方法。

模块六
劳动与社会保障法律制度

◇知识目标

了解劳动法、劳动合同法及社会保障法概念、特征和调整对象，社会保险法所涵盖的范围；掌握劳动合同法的适用范围和劳动合同的内容、社会保险的内容、适用的条件及各自的待遇；熟悉劳务派遣相关单位应当履行的义务。

◇技能目标

通过学习，学会订立劳动合同，清楚自己劳动及社会保险方面的权益，并能选择适当的方式维护自己的劳动权益。

◇素质目标

熟悉我国劳动法、劳动合同法及社会保障法对劳动者的保护，增强自己的权利意识，努力做一个有尊严的劳动者。

◇任务分项

任务一　劳动及劳动合同法

了解“劳动合同”及“劳动关系”的概念，我国劳动立法概况；掌握劳动合同法的适用范围、劳动合同的内容；熟悉劳动合同解除的条件，劳务派遣中所涉及的各种法律关系及相关单位应当履行的义务；学会签订劳动合同。

任务二　社会保障法

了解社会保险法所涵盖的范围；熟悉社会保险基金的统筹范围及缴纳比例。

任务一　劳动及劳动合同法

◇任务导入

甲到乙单位应聘，单位同意录用，但未有书面材料及劳动合同。7个月后，乙通知甲离开单位，甲要求补偿，乙以未成立劳动关系为由，拒绝补偿。问题：甲和乙单位有劳动关系吗？甲如何维护自己的合法权益？

一、劳动法概述

(一)劳动法的概念及调整对象

劳动法有广义和狭义两种解释。狭义的劳动法，是指由国家最高权力机关制定通过的关于调整劳动关系以及与劳动关系密切社会关系的法律规范，即《中华人民共和国劳动法》(以下简称《劳动法》)。该法于1994年7月5日第八届全国人民代表大会常务委员会第八次会议通过，1994年7月5日中华人民共和国主席令第二十八号公布，自1995年1月1日起施行。广义上的劳动法不仅包括狭义的劳动法，还包括所有涉及调整劳动关系的其他法律、行政法规以及规章。

劳动法的调整对象是劳动关系以及与劳动关系紧密联系的其他社会关系。劳动关系是劳动者在实现劳动过程中与用人单位(包括各类企业、个体工商户和事业单位)建立起来的社会经济关系。劳动关系有以下的特征：

(1)这种关系是在实现劳动过程中发生的、与劳动有直接联系的关系。

(2)劳动关系的当事人，一方是劳动者，另一方是用人单位。

(3)劳动关系的一方劳动者，参与另一方的单位，成为这一单位的成员，执行单位的工作任务且须遵守该单位的各种规章制度。

需要注意的是，如果国家机关、事业单位、社会团体与其工作人员建立了劳动关系，但是另有国家法律、法规对调整这种关系加以特殊规定的，则不属于劳动法调整的范围。

二、劳动合同及劳动合同法概述

(一)劳动合同的概念和特征

《劳动法》第十六条规定："劳动合同是劳动者与用人单位确立劳动关系、明确双方权利和义务的协议。"

除了具有合同的一般特征，劳动合同还有自己的特征：

(1)主体的特定性。主体一方是劳动者，另一方是用人单位。

(2)内容具有较强的法定性。当事人双方签订劳动合同不得违反法律、法规强制性规定，否则无效。

(3)劳动者在签订和履行劳动合同过程中的地位在发生变化。签订劳动合同时，双方法律地位是平等的；但在履行劳动合同过程中，用人单位和劳动者则是管理与被管理、支配与被支配的关系。

(二)劳动合同法概述

《中华人民共和国劳动合同法》(以下简称《劳动合同法》)是在 2007 年 6 月 29 日第十届全国人民代表大会常务委员会第二十八次会议通过,自 2008 年 1 月 1 日起施行。修改方案于 2012 年 12 月 28 日通过,自 2013 年 7 月 1 日起施行。《劳动合同法》共分八章九十八条,包括:总则、劳动合同的订立、劳动合同的履行和变更、劳动合同的解除和终止、特别规定、监督检查、法律责任和附则。它是我国劳动法律体系中的一个重要组成部分,在明确劳动合同双方当事人的权利和义务的前提下,重在对劳动者合法权益的保护,为构建与发展和谐稳定的劳动关系提供法律保障。

《劳动合同法》第二条规定:"中华人民共和国境内的企业、个体经济组织、民办非企业单位等组织(以下称用人单位)与劳动者建立劳动关系,订立、履行、变更、解除或者终止劳动合同,适用本法。"

国家机关、事业单位、社会团体和与其建立劳动关系的劳动者,订立、履行、变更、解除或者终止劳动合同,依照本法执行。

三、劳动合同的订立

(一)劳动合同订立的概念和原则

1.劳动合同订立的概念

劳动合同的订立,是指劳动者和用人单位协商一致,以书面形式确定双方权利、义务及责任,确立劳动关系的法律行为。一般要经历要约和承诺两个过程。

2.订立劳动合同遵循的原则

订立劳动合同,应当遵循合法、自愿、平等、公平、诚实信用的原则。

(二)劳动合同订立的主体

1.主体的资格要求

(1)劳动者须有劳动权利能力和行为能力。劳动者的劳动权利能力,是指劳动者根据《劳动法》的规定,能够享有劳动的权利和承担劳动义务的能力。劳动者的劳动权利能力和劳动行为能力是统一、不可分割的。

我国《劳动法》规定,禁止用人单位招用未满 16 周岁的未成年人。只有年满 16 周岁的公民才有劳动权利能力和劳动行为能力,才能行使自己的劳动权利并承担劳动义务。

(2)用人单位要有用人权利能力和行为能力。用人单位用人权利能力,是指法律赋予用人单位享有用人的资格和权利。用人单位行为能力,是指用人单位依法行使招用劳动者以及变更、解除和终止劳动关系等行为的能力。

单位的分支机构,依法取得营业执照或者登记证书的,可以作为用人单位与劳动者签订合同;未依法取得营业执照或者登记证书的,受用人单位委托可以与劳动者签订劳动合同。

2.订立主体的义务

(1)用人单位的义务和责任。用人单位有如实告知的义务,包括工作内容、工作条件以及劳动者要求了解的其他情况。

不得扣押劳动者的居民身份证和其他证件,不得要求劳动者提供担保或者以其他名义向劳动者收取财物。

(2)劳动者的义务。对劳动合同直接相关的基本情况,劳动者应如实说明。

四、劳动合同的形式

《劳动合同法》第十条规定:"建立劳动关系,应当订立书面劳动合同。已建立劳动关系,未同时订立书面劳动合同的,应当自用工之日起一个月内订立书面劳动合同。用人单位与劳动者在用工前订立劳动合同的,劳动关系自用工之日起建立。""用人单位未在用工的同时订立书面劳动合同,与劳动者约定的劳动报酬不明确的,新招用的劳动者的劳动报酬按照集体合同规定的标准执行;没有集体合同或者集体合同未规定的,实行同工同酬。"

《劳动合同法实施条例》规定:

(1)自用工之日起一个月内经用人单位书面通知后,劳动者不与用人单位订立书面劳动合同的,用人单位应当书面通知劳动者终止劳动关系且无需向其支付经济补偿。但应依法向劳动者支付其实际工作时间的劳动报酬。

(2)用人单位自用工之日起超过一个月不满一年未与劳动者签订书面劳动合同的,应当向劳动者每月支付两倍的工资,并与劳动者补签书面劳动合同。劳动者不与用人单位签订书面劳动合同的,劳动单位应当书面通知劳动者终止劳动关系,并支付经济补偿。

用人单位向劳动者每月支付两倍的工资的起算时间为用工之日起满一个月的次日,截止时间为补订书面劳动合同的前一日。

(3)用人单位自用工之日起满一年未与劳动者订立书面劳动合同的,自用工之日起满一个月的次日至满一年的前一日应当向劳动者每月支付两倍的工资补偿,并视为自用工之日起满一年的当日已经与劳动者订立无固定期限劳动合同,应当立即与劳动者补订书面劳动合同。

非全日制用工双方当事人可以口头订立协议,而非必须是书面合同。

【观念应用 6-1】张某于 2008 年 3 月 1 日开始在某厂上班,月工资 5000 元,未订立书面劳动合同。期间张某也曾催促单位订立合同,但单位并未予以回应。2009 年 4 月,单位通知张某签订劳动合同,但月工资降到 4000 元。张某不同意。问该案应如何解决?

【观念解析】按照《劳动合同法》的规定,建立劳动关系,应当订立书面劳动合同。用人单位自用人之日起满一年未与劳动者订立书面劳动合同的,视为与劳动者订立无固定期限劳动合同。张某上班超过一年，未签合同，他可以要求工厂与其签订无固定期限劳动合同。同时，他还可以获得2008年4月到2009年2月共11个月的双倍工资补偿，除正常工资，还可获得11×5000＝55000(元)。

五、劳动合同的类型

《劳动合同法》规定有三种劳动合同：

1. 固定期限劳动合同

固定期限劳动合同，是指用人单位与劳动者约定合同终止时间的劳动合同。用人单位与劳动者协商一致，可以订立固定期限劳动合同。

2. 无固定期限劳动合同

无固定期限劳动合同，是指用人单位与劳动者约定无确定终止时间的劳动合同。用人单位与劳动者协商一致，可以订立无固定期限劳动合同。有下列情形之一，劳动者提出或者同意续订、订立劳动合同的，除劳动者提出订立固定期限劳动合同外，应当订立无固定期限劳动合同：

(1)劳动者在该用人单位连续工作满十年的；

(2)用人单位初次实行劳动合同制度或者国有企业改制重新订立劳动合同时，劳动者在该用人单位连续工作满十年且距法定退休年龄不足十年的；

(3)续订立两次固定期限劳动合同，且劳动者没有劳动合同法第三十九条和第四十条第一项、第二项规定的情形，续订劳动合同的。

用人单位自用工之日起满一年不与劳动者订立书面劳动合同的，视为用人单位与劳动者已订立无固定期限劳动合同。

3. 以完成一定工作任务为期限的劳动合同

它是指用人单位与劳动者约定以某项工作的完成为合同期限的劳动合同。

用人单位与劳动者协商一致，可以订立以完成一定工作任务为期限的劳动合同。

六、劳动合同的试用期

“试用期”是伴随着《劳动法》的出台而出现的。《劳动法》规定，劳动合同可以约定试用期，但最长不得超过六个月。

《劳动合同法》规定，劳动合同期限三个月以上不满一年的，试用期不得超过一个月；劳动合同期限一年以上不满三年的，试用期不得超过二个月；三年以上固定期限和无固定期限的劳动合同，试用期不得超过六个月。(注意：此处一年以上包括一年，不满三年不包括三年，不得超过一个月是指小于等于一个月。)

同一用人单位与同一劳动者只能约定一次试用期。

以完成一定工作任务为期限的劳动合同或者劳动合同期限不满三个月的，不得约定试用期。

试用期包含在劳动合同期限内。劳动合同仅约定试用期的，试用期不成立，该期限为劳动合同期限。

试用期的报酬规定，劳动者在试用期的工资不得低于本单位相同岗位最低档工资或者劳动合同约定工资的百分之八十，并不得低于用人单位所在地的最低工资标准。

《劳动合同法》还对试用期中的劳动者规定了保护措施，即除劳动者有《劳动合同法》第三十九、第四十条情形外，其他用人单位不得解除劳动合同。用人单位在试用期解除劳动合同的，应当向劳动者说明理由。

七、劳动合同的内容

（一）劳动合同的必备条款

劳动合同应当具备以下内容：用人单位的名称、住所和法定代表人或者主要负责人；劳动者的姓名、住址和居民身份证或者其他有效身份证件号码；劳动合同期限；工作内容和工作地点；工作时间和休息休假；劳动报酬；社会保险；劳动保护、劳动条件和职业危害防护；法律、法规规定应当纳入劳动合同的其他事项。

（二）劳动合同可以约定的其他事项

1.培训与服务期

用人单位为劳动者提供专项培训费用，对其进行专业技术培训的，可以与该劳动者订立协议，约定服务期。

劳动者违反服务期约定的，应当按照约定向用人单位支付违约金。违约金的数额不得超过用人单位提供的培训费用。用人单位要求劳动者支付的违约金不得超过服务期尚未履行部分所应分摊的培训费用。对已经履行部分服务期限的，用人单位要求劳动者支付的违约金不得超过服务期尚未履行部分所应分摊的培训费用。

如果用人单位单方面声称已出资，但不能提供相应的支付凭证，则因其缺乏证据，也不能要求劳动者承担违约责任。

在服务期内，如果劳动者因下列违纪等重大过错行为而被用人单位解除劳动关系的，则用人单位仍有权要求其支付违约金：

(1)劳动者严重违反用人单位的规章制度的；

(2)劳动者严重失职、营私舞弊，给用人单位造成重大损害的；

(3)劳动者同时与其他用人单位建立劳动关系，对完成本单位的工作任务造成严重影响，或者经用人单位提出，拒不改正的；

(4)劳动者以欺诈、胁迫的手段或者乘人之危，使用人单位在违背真实意思的情况下订立或者变更劳动合同的；

(5)劳动者被依法追究刑事责任的。

用人单位与劳动者约定了服务期，劳动者依照下述情形的规定解除劳动合同的，不属于违反服务期的约定，用人单位不得要求劳动者支付违约金：

(1)用人单位未按照劳动合同约定提供劳动保护或者劳动条件的；

(2)用人单位未及时足额支付劳动报酬的；

(3)用人单位未依法为劳动者缴纳社会保险费的；

(4)用人单位的规章制度违反法律、法规的规定，损害劳动者权益的；

(5)用人单位以欺诈、胁迫的手段或者乘人之危，使劳动者在违背真实意思的情况下订立或者变更劳动合同的；

(6)用人单位在劳动合同中免除自己的法定责任、排除劳动者权利的；

(7)用人单位违反法律、行政法规强制性规定的；

(8)用人单位以暴力、威胁或者非法人身自由的手段强迫劳动者劳动的；

(9)用人单位违章指挥、强令冒险作业危及劳动者人身安全的；

(10)法律、行政法规规定劳动者可以解除劳动合同的其他情形。

用人单位与劳动者约定服务期的，不影响按照正常的工资调整机制提高劳动者在服务期期间的劳动报酬。

【观念应用 6-2】某公司为公司员工张君支付培训费 2 万元，约定服务期为 4 年。2 年后，张君以劳动合同期满为由，不肯再续签合同，公司要求支付违约金。问：张君是否该支付违约金？数额是多少？

【观念解析】本案中，按照《劳动合同法》的规定，劳动者违反服务约定的，应当按照约定向用人单位支付违约金。张君应支付违约金。支付的金额是：$2\div4\times2=1$(万元)。

2.保守商业秘密和竞业禁止

(1)对负有保密义务的劳动者，用人单位可以在劳动合同或保密协议中与劳动者约定竞业禁止条款，并约定在解除或终止劳动合同后，在竞业限制期限内按月给予劳动者经济补偿。否则，竞业限制条款无效。劳动者违反竞业限制约定的，应当按照约定向用人单位支付违约金。

(2)竞业限制的人员限于用人单位的高级管理人员、高级技术人员和其他负有保密义务的人员。竞业限制的范围、地域、期限由用人单位和劳动者约定，竞业限制的约定不得违反法律、法规的规定。

(3)在解除或者终止劳动合同后，竞业限制期限，不得超过两年。

3.补充保险和福利待遇

国家鼓励用人单位根据本单位实际情况为劳动者建立补充保险。比如，为职工购买个人储蓄性商业保险、补充养老保险、补充医疗保险、意外伤害险、住房补贴等。

八、工作时间和休息休假

(一)工作时间

工作时间又称“法定工作时间”，是指劳动者为履行工作义务，在法定限度内，在用人单位从事工作或者生产的时间。

《劳动法》第三十六条规定，国家实行劳动者每日工作时间不超过八小时、平均每周工作时间不超过四十四小时的工时制度。《劳动法》第三十八条规定，用人单位应当保证劳动者每周至少休息一日。

生产经营需要，经与工会和劳动者协商后可以延长工作时间，一般每日不得超过一小时；特殊原因需要延长的，在保证劳动者身体健康的条件下每天不得超过三小时，每月不得超过三十六小时。但下列情况不受上述规定限制：

(1)发生自然灾害、事故或其他原因，威胁劳动者生命健康和财产安全，需要紧急处理的；

(2)生产设备、交通运输线路、公共设施发生故障，影响生产和公众利益，必须及时抢修的；

(3)法律、行政法规规定的其他情形。

企业因生产特点不能实行本法第三十六条、第三十八条规定的，经劳动行政部门批准，可以实行其他工作和休息办法。

对怀孕七个月以上和哺乳未满一周岁婴儿期间的女职工，不得安排其延长工作时间。禁止安排未成年工加班加点。

(二)休息休假

休息包括:工作日内的间歇时间、工作日之间的休息时间和公休假日。

休假包括:法定假日(如元旦、春节、清明节、五一节、端午节、中秋节、国庆节)和年休假。

劳动者连续工作一年以上的，享受带薪年休假。

1.年休假的标准

职工累计工作已满一年不满十年的，年休假五天；已满十年不满二十年的，年休假十天；已满二十年的，年休假十五天。

2.不享受“当年的年休假”的情形

(1)职工依法享受寒暑假，其假期天数多于年休假天数的；

(2)职工请事假累计二十天以上且单位按照规定不扣工资的；

(3)累计工作满一年不满十年的职工，请病假累计两个月以上的；

(4)累计工作满十年不满二十年的职工，请病假累计三个月以上的；

(5)累计工作满二十年以上的职工，请病假累计四个月以上的。

注意，此处“累计工作”指劳动者全部的工作年限，包含以前任职单位的年限。国家法定节假日、休息日不计入年休假的假期。

九、工资待遇

工资是劳动者在进行劳动之后所获取的报酬。工资分配应当遵循按劳分配原则，实行同工同酬。用人单位根据本单位的生产经营特点和经济效益，依法自主确定本单位的工资分配方式和工资水平。

《劳动法》第四十四条规定，有下列情形之一的，用人单位应当按照下列标准支付高于劳动者正常工作时间工资的工资报酬：安排劳动者延长工作时间的，支付不低于工资的百分之一百五十的工资报酬；休息日安排劳动者工作又不能安排补休的，支付不低于工资的百分之二百的工资报酬；法定休假日安排劳动者工作的，支付不低于工资的百分之三百的工资报酬。

按照《劳动法》第五十一条的规定，劳动者在法定休假日和婚丧假期间以及依法参加社会活动期间，用人单位应当依法支付工资。

加班工资的折算方式为：

日工资为月工资收入除以月计薪天数。

月计薪天数为(365天－104天)÷12月＝21.75天(104天是52个双休日)；

日工资＝月薪÷21.75天；

小时工资＝日工资÷8小时。

算出日薪与时薪后，再分别乘上3倍(法定节假日)或2倍(正常公休)或1.5倍(延长工作时间)，就是当天应得的加班工资。

【观念应用6-3】刘某日工资为150元，每天工作8小时，每周工作5天。她在2010年5月的某个周六加班了1天，又在五一节当天加班了1天。请计算她5月份的加班工资。如果单位不支付，则她能得到什么样的救济？

【观念解析】按照《劳动法》的规定，休息日安排劳动者工作的，支付不低于150%的工资，法定休假日安排劳动者工作的，支付不低于300%的工资。刘某5月份的加班工资＝150×2＋150×3＝750(元)；单位不支付的，由劳动行政部门责令限期支付，逾期不支付的，责令单位按应付金额的50%以上100%以下加付赔偿金。

《劳动法》第四十八条规定，国家实行最低工资保障制度。最低工资的具体标准由省、自治区、直辖市人民政府规定，报国务院备案。用人单位支付劳动者的工资不得低于当地最低工资标准。《劳动法》第四十九条规定，确定和调整最低工资标准应当综合参考下列因素：劳动者本人及平均赡养人口的最低生活费用；社会平均工资水平；劳动生产率；就业状况；地区之间经济发展水平的差异。

十、劳动合同的效力

劳动合同的效力指的是劳动合同的法律拘束力，具体指依法成立的劳动合同对合同当事人乃至第三人的强制力。

(一)劳动合同的生效

劳动合同由用人单位与劳动者协商一致，并经用人单位与劳动者在劳动合同文本上签字或者盖章生效。劳动合同文本由用人单位和劳动者各执一份。

(二)无效劳动合同

劳动合同具有以下情形之一的视为无效：

(1)以欺诈、胁迫的手段或者乘人之危，使对方在违背真实意思的情况下订立或者变更劳动合同的；

(2)用人单位免除自己的法定责任、排除劳动者权利的；

(3)违反法律、行政法规强制性规定的；

(4)劳动合同效力发生争议时的裁决：对劳动合同的无效或者部分无效有争议的，由劳动争议仲裁机构或者人民法院确认。

无效劳动合同的法律后果：自始无效。劳动合同部分无效的，不影响其他部分效力。

十一、劳动合同的履行、变更、解除与终止

(一)劳动合同的履行

劳动合同的履行即劳动合同义务的执行。它使得当事人在劳动合同中的权利或利益得以实现。

《劳动合同法》第二十九条规定，用人单位与劳动者应当按照劳动合同的约定，全面履行各自的义务。

用人单位及时足额支付劳动报酬。拖欠或者未足额支付劳动报酬的，劳动者可以依法向当地人民法院申请支付令，人民法院应当依法发出支付令。

用人单位应当严格执行劳动定额标准，不得强迫或者变相强迫劳动者加班。用人单位安排加班的，应当按照国家有关规定向劳动者支付加班费。

劳动者拒绝用人单位管理人员违章指挥、强令冒险作业的，不视为违反劳动合同。劳动者对危害生命安全和身体健康的劳动条件，有权对用人单位提出批评、检举和控告。

用人单位变更名称、法定代表人、主要负责人或者投资人等事项，不影响劳动合同的履行。

用人单位发生合并或者分立等情况，原劳动合同继续有效，劳动合同由承继其权利和义

务的用人单位继续履行。

用人单位依法建立完善劳动规章制度，保证劳动者享有劳动权利，履行义务。建立劳动规章制度，经职代会或全体职工讨论，提出方案和意见；经过与工会或职工代表平等协商，用人单位还应当将直接涉及劳动者切身利益的规章制度和重大事项决定在单位内公示或者告知劳动者。公告或告知的方式为：张贴公告、员工手册送达、会议精神传达等。未经公示或告知，该规章对劳动者不生效。

（二）劳动合同的变更

劳动合同变更，是指劳动合同依法订立后，在合同尚未履行或者尚未履行完毕之前，因订立劳动合同的主客观条件发生了变化，当事人依照法律规定的条件和程序，对原合同中的某些条款修改、补充的法律行为。

《劳动合同法》第三十五条规定："用人单位与劳动者协商一致，可以变更劳动合同约定的内容。变更劳动合同，应当采用书面形式。变更后的劳动合同文本由用人单位和劳动者各执一份。"

（三）劳动合同的解除

1.协商解除

《劳动合同法》第三十六条规定："用人单位与劳动者协商一致，可以解除劳动合同。"

2.法定解除

（1）劳动者解除劳动合同的情形。《劳动合同法》第三十七条规定："劳动者提前三十日以书面形式通知用人单位，可以解除劳动合同。劳动者在试用期内提前三日通知用人单位，可以解除劳动合同。"

以上情形解除劳动合同，劳动者不能获得经济补偿且必须履行法定的通知程序，没有履行通知义务的属于违法解除。因此，给用人单位造成损失的，劳动者要承担赔偿责任。

《劳动合同法》第三十八条第一款规定用人单位有下列情形之一的，劳动者可以解除劳动合同：

①未按照劳动合同约定提供劳动保护或者劳动条件的；

②未及时足额支付劳动报酬的；

③未依法为劳动者缴纳社会保险费的；

④用人单位的规章制度违反法律、法规的规定，损害劳动者权益的；

⑤以欺诈、胁迫的手段或者乘人之危，使对方在违背真实意思的情况下订立或者变更劳动合同的致使劳动合同无效的；

⑥法律、行政法规规定劳动者可以解除劳动合同的其他情形。

《劳动合同法》第三十八条第二款规定劳动者可以立即解除劳动合同的情形：用人单位以暴力、威胁或者非法限制人身自由的手段强迫劳动者劳动的，或者用人单位违章指挥、强令冒险作业危及劳动者人身安全的。

依据第三十八条规定解除劳动合同的，用人单位须向劳动者支付经济补偿。

(2)用人单位解除劳动合同的情形。《劳动合同法》第四十条规定有下列情形之一的，用人单位提前三十日以书面形式通知劳动者本人或者额外支付劳动者一个月工资后，可以解除劳动合同：

①劳动者患病或者非因工负伤，在规定的医疗期满后不能从事原工作，也不能从事由用人单位另行安排的工作的；

②劳动者不能胜任工作，经过培训或者调整工作岗位，仍不能胜任工作的；

③劳动合同订立时所依据的客观情况发生重大变化，致使劳动合同无法履行，经用人单位与劳动者协商，未能就变更劳动合同内容达成协议的。

《劳动合同法》第三十九条规定劳动者有下列情形之一的，用人单位可以解除劳动合同：

①在试用期间被证明不符合录用条件的；

②严重违反用人单位的规章制度的；

③严重失职，营私舞弊，给用人单位造成重大损害的；

④劳动者同时与其他用人单位建立劳动关系，对完成本单位的工作任务造成严重影响，或者经用人单位提出，拒不改正的；

⑤因以欺诈、胁迫的手段或者乘人之危，使对方在违背真实意思的情况下订立或者变更劳动合同致使劳动合同无效的；

⑥被依法追究刑事责任的。

按照第三十九条规定解除劳动合同的，用人单位无需向劳动者支付经济补偿。

《劳动合同法》第四十条规定有下列情形之一的，用人单位提前三十日以书面形式通知劳动者本人或者额外支付劳动者一个月工资后，可以解除劳动合同：

①劳动者患病或者非因工负伤，在规定的医疗期满后不能从事原工作，也不能从事由用人单位另行安排的工作的；

②劳动者不能胜任工作，经过培训或者调整工作岗位，仍不能胜任工作的；

③劳动合同订立时所依据的客观情况发生重大变化，致使劳动合同无法履行，经用人单位与劳动者协商，未能就变更劳动合同内容达成协议的。

《劳动合同法》第四十一条规定有下列情形之一，需要裁减人员二十人以上或者裁减不足二十人但占企业职工总数百分之十以上的，用人单位提前三十日向工会或者全体职工说明情况，听取工会或者职工的意见后，裁减人员方案经向劳动行政部门报告，可以裁减人员：

①依照《企业破产法》规定进行重整的；

②生产经营发生严重困难的；

③企业转产、重大技术革新或者经营方式调整，经变更劳动合同后，仍需裁减人员的；

④其他因劳动合同订立时所依据的客观经济情况发生重大变化，致使劳动合同无法履行的。

裁减人员时，应当优先留用下列人员：

①与本单位订立较长期限的固定期限劳动合同的；

②与本单位订立无固定期限劳动合同的；

③家庭无其他就业人员，有需要扶养的老人或者未成年人的。

用人单位依照本条第一款规定裁减人员，在六个月内重新招用人员的，应当通知被裁减的人员，并在同等条件下优先招用被裁减的人员。

《劳动合同法》第四十二条规定劳动者有下列情形之一的，用人单位不得依照本法第四十条、第四十一条的规定解除劳动合同：

①从事接触职业病危害作业的劳动者未进行离岗前职业健康检查，或者疑似职业病病人在诊断或者医学观察期间的；

②在本单位患职业病或者因工负伤并被确认丧失或者部分丧失劳动能力的；

③患病或者非因工负伤，在规定的医疗期内的；

④女职工在孕期、产期、哺乳期的；

⑤在本单位连续工作满十五年，且距法定退休年龄不足五年的；

⑥法律、行政法规规定的其他情形。

用人单位如果在上述情形下解除劳动合同，是违反《劳动合同法》的行为，劳动者可以要求继续履行。如果不愿意继续履行或不可能继续履行，则可以要求两倍的赔偿金。

上述第③种情形中的“医疗期”是指企业职工因“患病或非因工负伤”停止工作，治病休息，不得解除劳动合同的期限。

医疗期期间：实际工作年限 10 年以下的，在本单位工作年限 5 年以下的为 3 个月，5 年以上的为 6 个月；实际工作年限 10 年以上的，在本单位工作年限 5 年以下的为 6 个月；5 年以上 10 年以下的为 9 个月；10 年以上 15 年以下的为 12 个月；15 年以上 20 年以下的为 18 个月；20 年以上的为 24 个月。

医疗期的计算从病休第一天开始，累计计算。病休期间，公休、假日和法定节日包括在内。

医疗期内，病假工资或疾病救济费可以低于当地最低工资标准支付，但最低不能低于最低工资标准的 80%，不得解除劳动合同。如医疗期内遇合同期满，则合同必须续延至医疗期满，职工在此期间仍然享受医疗期内待遇。对医疗期满尚未痊愈者，或者医疗期满后不能从事原工作，也不能从事用人单位另行安排的工作，被解除劳动合同的，用人单位需按经济补偿规定给予其经济补偿。

用人单位单方解除劳动合同，应当事先将理由通知工会。用人单位违反法律、行政法规规定或者劳动合同约定的，工会有权要求用人单位纠正。用人单位应当研究工会的意见，并将处理结果书面通知工会。

【观念应用 6-4】赵某为甲公司员工，因怀孕被安排在办公室做文员。赵某在上班时将单位一台闲置电脑擅自带回家使用。单位发现电脑丢失后进行了查找，无果后决定报案，此时，赵某才向单位说明情况。单位领导认为赵某已严重违反公司纪律，决定解除和赵某的劳动合同。赵某不服，认为自己在怀孕期间，公司不能解除劳动合同，遂提起劳动仲裁。

【观念解析】本案中赵某已经严重违反公司规章制度，公司可以随时通知解除合同且无需支付经济补偿。

(四)劳动合同的终止

劳动合同的终止，是指劳动合同关系自然失效，双方不再履行。

《劳动法》第二十三条规定："劳动合同期满或者当事人约定的劳动合同终止条件出现，劳动合同即行终止。"

《劳动合同法》第四十四条规定有下列情形之一的，劳动各同终止：劳动合同期满的；劳动者开始依法享受基本养老保险待遇的；劳动者死亡，或者被人民法院宣告死亡或者宣告失踪的；用人单位被依法宣告破产的；用人单位被吊销营业执照、责令关闭、撤销或者用人单位决定提前解散的；法律、行政法规规定的其他情形。

另外，劳动合同期满，有本法第四十二条规定情形之一的，劳动合同应当续延至相应的情形消失时终止。但是，在本单位患职业病或者因工负伤并被确认丧失或者部分丧失劳动能力的劳动者的劳动合同的终止，按照国家有关工伤保险的规定执行。

十二、劳动合同解除或终止后的补偿

(一)用人单位应当向劳动者支付经济补偿的几种情形

1. 劳动者依照《劳动合同法》第三十八条规定解除劳动合同的。

2. 用人单位依照《劳动合同法》第三十六条的规定向劳动者提出解除劳动合同并与劳动者协商一致解除劳动合同的。

3. 用人单位依照《劳动合同法》第四十条的规定解除劳动合同的。

4. 用人单位依照本法第四十一条第一款规定解除劳动合同的。

5. 因劳动合同期满终止固定期限劳动合同的。

6. 依照《劳动合同法》第四十四条第四项、第五项之规定终止劳动合同的。

7. 法律、行政法规规定的其他情形。

(二)用人单位应当向劳动者支付经济补偿的标准

经济补偿按劳动者在本单位工作的年限，每满一年支付一个月工资的标准向劳动者支付。六个月以上不满一年的，按一年计算；不满六个月的，向劳动者支付半个月工资的经济补偿。这里月工资是指劳动者在劳动合同解除或者终止前十二个月的平均工资。

劳动者月工资高于用人单位所在直辖市、设区的市级人民政府公布的本地区上年度职工月平均工资三倍的，向其支付经济补偿的标准按职工月平均工资三倍的数额支付，向其支付经济补偿的年限最高不超过十二年。

十三、劳动合同的特别规定

(一)集体合同

1.概念

集体合同，是指企业职工一方与用人单位就劳动报酬、工作时间、休息休假、劳动安全卫生、保险福利等事项，通过平等协商，达成的书面协议。它是一种特殊的劳动合同，也被称为“集体协议”。我国《劳动合同法》第五十一条、第五十二条、第五十三条规定，企业职工一方与用人单位通过平等协商，可以就劳动报酬、工作时间、休息休假、劳动安全卫生、保险福利等事项订立集体合同。集体合同草案应当提交职工代表大会或者全体职工讨论通过。企业职工一方与用人单位可以订立劳动安全卫生、女职工权益保护、工资调整机制等专项集体合同。在县级以下区域内，建筑业、采矿业、餐饮服务业等行业可以由工会与企业方面代表订立行业性集体合同，或者订立区域性集体合同。

2.集体合同的特征与效力

(1)集体合同是特定的当事人之间订立的协议。在集体合同中，当事人一方是代表职工的工会组织或职工代表；另一方是用人单位。

(2)集体合同内容包括劳动报酬、工作时间、休息休假、劳动安全卫生、保险福利等事项。在集体合同中，劳动标准是集体合同的核心内容，对个人劳动合同起制约作用。

(3)集体合同的双方当事人的权利义务不均衡。其基本上都是强调用人单位的义务，如为劳动者提供合法的劳动设施和劳动条件等。

(4)集体合同采取要式合同的形式，需要报送劳动行政部门方为生效。

(5)集体合同效力高于个人劳动合同，劳动合同规定的职工个人劳动条件和劳动报酬标准，不得低于集体合同的规定。

集体合同订立后，应当报送劳动行政部门；劳动行政部门自收到集体合同文本之日起十五日内未提出异议的，集体合同即行生效。用人单位违反集体合同，侵犯职工劳动权益的，工会可以依法要求用人单位承担责任；因履行集体合同发生争议，经协商解决不成的，工会可以依法申请仲裁、提起诉讼。

(二)劳务派遣

1.概念

劳务派遣又称“人才派遣”、“人才租赁”、“劳动派遣”、“劳动力租赁”、“雇员租赁”，是指由劳务派遣机构与派遣劳工订立劳动合同，由要派企业(实际用工单位)向派遣员工给付劳务报酬，劳动合同存在于劳务派遣机构与派遣劳工之间，但劳动力给付的事实则发生于派遣劳工与要派企业(实际用工单位)之间。其特点是“你用人，我管人”。

【观念应用 6-5】分析劳务派遣包含几层法律关系。

【观念解析】劳务派遣包括三层法律关系：派遣单位与劳动者之间的劳动合同关系；派遣单位与用工单位之间的劳务派遣关系；用工单位与劳动者之间的实际用工关系，也即劳务关系。

我国《劳动合同法》规定，经营劳务派遣业务应当具备下列条件：

(1)注册资本不得少于人民币二百万元；

(2)有与开展业务相适应的固定的经营场所和设施；

(3)有符合法律、行政法规规定的劳务派遣管理制度；

(4)法律、行政法规规定的其他条件。同时，还应当向劳动行政部门依法申请行政许可；经许可的，依法办理相应的公司登记。未经许可，任何单位和个人不得经营劳务派遣业务。

2.派遣内容

劳务派遣单位派遣劳动者应当与接受以劳务派遣形式用工的单位订立劳务派遣协议。劳务派遣协议应当约定派遣岗位和人员数量、派遣期限、劳动报酬和社会保险费的数额与支付方式以及违反协议的责任。劳务派遣单位应当将劳务派遣协议的内容告知被派遣劳动者。

3.派遣期限

根据《劳动合同法》的相关规定，劳务派遣单位应当与被派遣劳动者订立两年以上的固定期限劳动合同。也就是说，劳务派遣单位不能与劳动者约定订立无固定期限劳动合同和以完成一定工作任务为期限的劳动合同，而应当订立两年以上的固定期限劳动合同。

用工单位应当根据工作岗位的实际需要与劳务派遣单位确定派遣期限，不得将连续用工期限分割订立数个短期劳务派遣协议。

4.报酬及费用问题

(1)劳动派遣单位应按月支付劳动报酬。

(2)被派遣劳动者在无工作期间，劳务派遣单位应当按照所在地人民政府规定的最低工资标准，向其按月支付报酬。

(3)劳务派遣单位跨地区派遣劳动者的，被派遣劳动者享有的劳动报酬和劳动条件，按照用工单位所在地的标准执行。

(4)劳务派遣单位和用工单位不得向被派遣劳动者收取费用。

(5)被派遣劳动者享有与用工单位的劳动者同工同酬的权利。用工单位无同类岗位劳动者的，参照用工单位所在地相同或者相近岗位劳动者的劳动报酬确定。

5. 社会保险问题

劳务派遣单位应按照法律的规定为被派遣劳动者缴纳社会保险。

6. 派遣限制

(1)劳动合同用工是我国的企业基本用工形式。劳务派遣用工是补充形式,只能在临时性、辅助性或者替代性的工作岗位上实施。

临时性工作岗位,是指存续时间不超过六个月的岗位;辅助性工作岗位,是指为主营业务岗位提供服务的非主营业务岗位;替代性工作岗位,是指用工单位的劳动者因脱产学习、休假等原因无法工作的一定期间内,可以由其他劳动者替代工作的岗位。

(2)用工单位应当严格控制劳务派遣用工数量,使用的被派遣劳动者数量不得超过其用工总量(指用工单位签订劳动合同人数与使用的被派遣劳动者人数之和)的10%(依据2014年人社部《劳务派遣暂行规定》)。

(3)用工单位应当根据工作岗位的实际需要与劳务派遣单位确定派遣期限,不得将连续用工期限分割订立数个短期劳务派遣协议。

(4)用工单位不得将被派遣劳动者再派遣到其他用人单位。

7. 其他规定

(1)被派遣者有参加或组织工会的权利。

(2)被派遣劳动者可以依照《劳动合同法》第三十六条、第三十八条的规定与劳务派遣单位解除劳动合同。

(3)被派遣劳动者有《劳动合同法》第三十九条和第四十条第一项、第二项规定情形的,用工单位可以将劳动者退回劳务派遣单位,劳务派遣单位可以与劳动者解除劳动合同。

【观念应用6-6】李某被甲劳务派遣公司派遣到用人单位乙公司,乙公司又将李某再次派遣到自己的子公司丙公司,被李某拒绝。于是,乙公司以李某不服从工作安排为由,将其退回到甲公司。随后,甲公司以李某已无工作为由与之解除劳动合同。问:甲公司、乙公司的做法是否符合我国《劳动合同法》的相关规定?理由是什么?

【观念解析】甲公司与乙公司的做法不符合我国《劳动合同法》的规定。我国《劳动合同法》规定,劳务派遣单位应当与被派遣劳动者订立两年以上的固定期限劳动合同。被派遣劳动者在无工作期间,劳务派遣单位应当按照所在地人民政府规定的最低工资标准,向其按月支付报酬。所以,甲公司不能以李某已无工作为由与之解除合同。《劳动合同法》同时规定,用工单位不得将被派遣劳动者再派遣到其他用人单位。所以,乙公司将李某再次派遣到丙公司的行为也不符合《劳动合同法》的规定。

(三)非全日制用工

非全日制用工,是指以小时计酬为主,劳动者在同一用人单位一般平均每日工作时间不超过四小时，每周工作时间累计不超过二十四小时的用工形式。非全日制用工双方当事人可以订立口头协议。

从事非全日制用工的劳动者可以与一个或者一个以上用人单位订立劳动合同；但是，后订立的劳动合同不得影响先订立的劳动合同的履行。

非全日制用工双方当事人不得约定试用期。

非全日制用工双方当事人任何一方都可以随时通知对方终止用工。终止用工，用人单位不向劳动者支付经济补偿。

非全日制用工小时计酬标准不得低于用人单位所在地人民政府规定的最低小时工资标准。

非全日制用工劳动报酬结算支付周期最长不得超过十五日。

十四、劳动争议的解决

《劳动法》第七十七条规定："用人单位与劳动者发生劳动争议，当事人可以依法申请调解、仲裁、提起诉讼，也可以协商解决。调解原则适用于仲裁和诉讼程序。"

协商，是指劳动者与用人单位就争议的问题直接进行协商，寻求解决纠纷的具体方案。协商程序一般在纠纷发生的初期进行，劳动者和用人单位都可以提出协商。

调解程序，是指劳动争议一方当事人就已经发生的劳动争议向劳动争议调解委员会申请调解的程序。调解程序一般在双方协商未能达成协议之后，提起仲裁之前进行。

《劳动法》第八十条规定："在用人单位内，可以设立劳动争议调解委员会。劳动争议调解委员会由职工代表、用人单位代表和工会代表组成。劳动争议调解委员会主任由工会代表担任。劳动争议经调解达成协议的，当事人应当履行。"

劳动仲裁，是指由劳动争议仲裁委员会对当事人申请仲裁的劳动争议居中公断与裁决。《劳动法》第七十九条规定，劳动争议发生后，当事人可以向本单位劳动争议调解委员会申请调解；调解不成，当事人一方要求仲裁的，可以向劳动争议仲裁委员会申请仲裁。当事人一方也可以直接向劳动争议仲裁委员会申请仲裁。

提出仲裁请求的一方应当自劳动争议发生之日起六十日内，向劳动争议仲裁委员会提出书面申请。仲裁裁决一般应在收到仲裁申请的六十日内作出。对仲裁裁决无异议的，当事人必须履行。

我国法律规定，劳动仲裁是劳动争议当事人向人民法院提起诉讼的前置程序。劳动争议需先经过劳动仲裁，不经仲裁直接起诉的，法院应当依法驳回。

诉讼，指纠纷当事人通过向具有管辖权的法院起诉另一方当事人的形式解决纠纷。劳动争议当事人对仲裁裁决不服的，可以自收到仲裁裁决书之日起十五日内向人民法院提起诉讼。一方当事人在法定期限内不起诉也不履行仲裁裁决的，另一方当事人可以申请人民法院强制执行。

十五、法律责任

(一)用人单位的法律责任

(1)用人单位直接涉及劳动者切身利益的规章制度违反法律、法规规定的,由劳动行政部门责令改正,给予警告;给劳动者造成损害的,应当承担赔偿责任。

(2)用人单位提供的劳动合同文本未载明本法规定的劳动合同必备条款或者用人单位未将劳动合同文本交付劳动者的,由劳动行政部门责令改正;给劳动者造成损害的,应当承担赔偿责任。

(3)用人单位自用工之日起超过一个月不满一年未与劳动者订立书面劳动合同的,应当向劳动者每月支付两倍的工资。

(4)用人单位违反本法规定不与劳动者订立无固定期限劳动合同的,自应当订立无固定期限劳动合同之日起向劳动者每月支付两倍的工资。

(5)用人单位违反本法规定与劳动者约定试用期的,由劳动行政部门责令改正;违法约定的试用期已经履行的,由用人单位以劳动者试用期满月工资为标准,按已经履行的超过法定试用期的期间向劳动者支付赔偿金。

(6)用人单位违反本法规定,扣押劳动者居民身份证等证件的,由劳动行政部门责令限期退还劳动者本人,并依照有关法律规定给予处罚。

(7)用人单位违反本法规定,以担保或者其他名义向劳动者收取财物的,由劳动行政部门责令限期退还劳动者本人,并以每人五百元以上两千元以下的标准处以罚款;给劳动者造成损害的,应当承担赔偿责任。

(8)劳动者依法解除或者终止劳动合同,用人单位扣押劳动者档案或者其他物品的,依照前款规定处罚。

(9)用人单位有下列情形之一的,由劳动行政部门责令限期支付劳动报酬、加班费或者经济补偿;劳动报酬低于当地最低工资标准的,应当支付其差额部分;逾期不支付的,责令用人单位按应付金额百分之五十以上百分之百以下的标准向劳动者加付赔偿金:

①未按照劳动合同的约定或者国家规定及时足额支付劳动者劳动报酬的;

②低于当地最低工资标准支付劳动者工资的;

③安排加班不支付加班费的;

④解除或者终止劳动合同,未依照本法规定向劳动者支付经济补偿的。

(10)用人单位违反《劳动合同法》规定解除或者终止劳动合同的,应当依照《劳动合同法》第四十七条规定的经济补偿标准的两倍向劳动者支付赔偿金。

(11)用人单位有下列情形之一的,依法给予行政处罚;构成犯罪的,依法追究刑事责任;给劳动者造成损害的,应当承担赔偿责任:

①以暴力、威胁或者非法限制人身自由的手段强迫劳动的;

②违章指挥或者强令冒险作业危及劳动者人身安全的;侮辱、体罚、殴打、非法搜查或者拘禁劳动者的;

③劳动条件恶劣、环境污染严重,给劳动者身心健康造成严重损害的。

(12)用人单位违反《劳动合同法》规定未向劳动者出具解除或者终止劳动合同的书面证明,由劳动行政部门责令改正;给劳动者造成损害的,应当承担赔偿责任。

(13)用人单位招用与其他用人单位尚未解除或者终止劳动合同的劳动者,给其他用人单位造成损失的,应当承担连带赔偿责任。

(二)劳动者的法律责任

(1)劳动者违反劳动合同中约定的保密义务或者竞业限制,劳动者应当按照劳动合同的约定,向用人单位支付违约金。给用人单位造成损失的,应承担赔偿责任。

(2)劳动者违反培训协议,未满服务期解除或者终止劳动合同的,或者因劳动者严重违纪,用人单位与劳动者解除约定服务期的劳动合同的,劳动者应当按照劳动合同的约定,向用人单位支付违约金。

(3)劳动者违反《劳动合同法》的规定解除劳动合同,给用人单位造成损失的,应当承担赔偿责任。

(三)劳务派遣者的法律责任

劳务派遣者违反《劳动合同法》规定,由劳动行政部门视违法情形作出如下处罚:责令停止违法行为,责令限期改正,没收违法所得,罚款;吊销其劳务派遣业务经营许可证,与用工单位承担连带赔偿责任。

(四)其他法律责任

对不具备合法经营资格的用人单位的违法犯罪行为,依法追究法律责任;劳动者已经付出劳动的,该单位或者其出资人应当依照本法有关规定向劳动者支付劳动报酬、经济补偿、赔偿金;给劳动者造成损害的,应当承担赔偿责任。

个人承包经营违反本法规定招用劳动者,给劳动者造成损害的,发包的组织与个人承包经营者承担连带赔偿责任。

劳动合同依照《劳动合同法》第二十六条规定被确认无效,给对方造成损害的,有过错的一方应当承担赔偿责任。

任务二　社会保障法

◈任务导入

江某在上班途中骑车摔伤，后入院治疗花费2万余元，单位不给报销。江某可以向单位主张权利吗？如果单位不给，那么江某还有哪些救济途径？

一、社会保障法概述

（一）社会保障法律制度的含义

社会保障法律制度，是指国家立法机关和国家行政机关用法律、法规、命令、条例等形式来肯定、明确、规范社会保障行为规则的总和，是一个多层次的法制系统。它既包括宪法等确立社会保障基本原则的国家大法，又包括各项社会保障制度的专门法律；既包括中央政府及其社会保障职能部门制定的法律、法规，也包括各级地方政府及其社会保障职能部门制定的法规、规章。社会保障法律制度是国家法律制度体系的重要组成部分。

（二）社会保障法律制度的基本内容

1.社会保障法及其调整对象

社会保障法是调整社会保障关系的法律规范的总和。社会保障关系包括国家社会保障职能机构、集体（企事业单位和社区）以及公民在社会保障活动中所发生的各种社会关系。其主要包括社会保险关系、社会救助关系、社会福利关系、优抚安置关系和社会互助关系、个人储蓄积累关系等。

2.社会保障法律关系及特征

社会保障法律关系，是指在社会保障活动中，社会保障法调整人们行为而形成的权利义务关系。社会保障法律关系具有广泛性、强制性和复杂性的特征。

（1）广泛性。广泛性，是指社会保障法律关系涉及面极其广泛，它涉及社会的各个层面与角落，如城镇、农村、企业、机关、团体、个体劳动者，工、农、兵、商、学、城乡一般居民，老、弱、病、残、伤、死、生、失业、天灾，等等，几乎无所不包。

（2）强制性。强制性是社会保障法律关系最主要的特点之一，无论是社会保险制度，还是社会救济制度、社会福利制度、社会优抚制度，凡属覆盖范围之内的，所有单位和公民、职工个人均须无条件参加，不具有参加与否的任意选择权。虽然在社会保险法律关系中，签署保险合同可以有选择的自由，但是合同自由原则在社会保障法律关系中的适用必须要受到限制，这主要是为保证受保障对象的权利不受侵害。

（3）复杂性。复杂性，是指社会保障法律关系既包括行政性法律关系，又包括平等性法律关系，另外还包括涉及社会保障争议处理时的仲裁、诉讼法律关系。它们相互独立，有时却又纠缠在一起，社会保障基金来源不一，筹集方式多样，各项待遇享受的条件和标准各有不同，其中内容纷繁复杂，跟一般法律相比，复杂性更为突出。

3.社会保障法律关系的要素

社会保障法律关系的要素，就是构成每一个具体的社会保障法律关系所必须具备的因素。任何一个具体的社会保障法律关系都必须同时包括主体、内容、客体三个要素，缺一不可。若任何一个要素发生改变，则构成新的社会保障法律关系。

(1)社会保障法律关系的主体。社会保障法律关系的主体，是指参加社会保障法律关系、享受社会保障权利和承担社会保障义务的当事人，主要包括国家、社保机构、企业或用人单位、受托单位和公民等。

①国家或政府。国家不是法人，但在社会保障中，国家直接参与了社会保障活动，并对社会保险、社会福利、社会救助、军人保障等各项社会保障制度的实施给予财政上的支持，从而成为社会保障法律关系中的特殊主体。国家的特殊主体地位大部分是通过各级政府来体现的，因此，各级政府也成为社会保障法律体系中的特殊主体，而各级政府的主体地位又是通过各级政府的职能部门来体现的。

②社保机构。社保机构直接承担着实施各种社会保障事务的责任，既依法享有向企业、个人等征收社会保险费的权利，又承担着具体运作社会保障项目的义务，因而是社会保障法律体系中的当然主体。因此，社会保障实施机构应当作为特定的政府或社会的事业性法人机构而依法成立，并接受政府、社会的监督。

③企业或用人单位。这些单位或组织不仅承担着一定的向社会保障机构提供基金的责任，而且要承担诸如职业福利、集体福利的管理与实施责任，从而对社会保障有着直接的义务与权益，是社会保障法律关系中的当然主体。

④公民。按照我国宪法的规定，每个公民都有享受社会保障的权利，都是社会保障法律关系的主体。具体类型包括：城镇中以工资收入为主要生活来源的劳动者和个体劳动者，他们是按照强制性规定必须参加社会保险的主体；而广大农村人口是农村养老保险、合作医疗保险的参加者；残疾人、农村五保户、城乡特困户等特殊群体公民以及复员军人、退伍军人和军属、烈属等，是社会福利、社会救济、优抚安置的覆盖对象。

(2)社会保障法律关系的内容。社会保障法律关系的内容，是指社会保障主体享有的社会保障权利和承担的社会保障义务。

①社会保障权利，在社会保障法的意义上，是指社会保障法律关系中的权利主体，依照法律规定所享有的权利。它包括以下三层含义：一是权利主体依照法律规定享有某种社会保障给付的权利。二是权利主体有权在法律规定的范围内，要求义务主体为一定行为或不为一定行为，以实现权利主体的某种利益。如要求用人单位为自己参加社会保险，要求社会保障管理机构不得挪用社会保障基金等。三是权利主体有权在自己的社会保障权利遭受侵害或义务主体不履行义务时，通过调解、仲裁、诉讼程序，请求有关方面给予法律保护。

②社会保障义务，是指社会保障法律关系中的义务主体，为了满足权利主体的某种利益而为一定行为或不为一定行为。其也有三层含义：一是义务主体必须按照法律规定为一定行为或不为一定行为，如国家必须根据法律的规定，发展为公民享受社会保障权利所需要的社会保险、社会救济和医疗卫生事业。二是义务主体承担的义务，是在法律规定范围内为一定行为或不为一定行为的义务，权利主体超过法定范围的要求，义务主体不承担责任。如用人单位已经为职工缴纳了全部养老保险费，职工退休后，仍要求用人单位负担养老金，用人单位当然有权拒绝。三是社会保障义务是一种由国家强制约束的法律义务，义务主体对于自己承担的义务，应当自觉履行，否则，将承担相应的法律责任。

(3)社会保障法律关系的客体。社会保障法律关系的客体，即社会保障权利和社会保障义务所共同指向的对象。任何一个法律关系，都不能没有客体，没有无客体的权利和义务。社会保障法律关系的客体与其他法律关系一样，一般包括物、行为、人格身份以及精神财富。作为社会保障法律关系客体的物主要是指社会保障基金等，它们是实施社会保障的物质基础。行为是各种参加社会保障法律关系的主体均应按照法律规定作出的，它包括作为，也包括不作为，这些行为都是享受社会保障权利和承担社会保障义务所必需的。公民的人格尊严和名誉身份等与人身相联系，是人身权利的构成内容，它们在社会保障活动中，应该受到保护和尊重，它们也是客体之一。而智力活动的成果，如著作权、发明权等在社会保障法律关系中均可能出现，它们作为精神财富，有时就会与主体的行为结合在一起，主体的权利义务就会指向这些精神财富，因此，精神财富有时也与物、行为、人格身份一样成为社会保障法律关系中的客体。

二、中华人民共和国社会保险法

(一)概述

社会保险，是指国家通过立法规定用人单位和个人缴纳社会保险费建立社会保险基金，用以保障公民在年老、疾病、工伤、失业和生育等情况下依法从国家和社会获得物质帮助的一种社会保障制度。

社会保险在社会保障体系中居于核心地位，它是社会保障体系的重要组成部分，是实现社会保障的基本纲领。首先，社会保险目的是保障被给付者的基本生活需要，属于基本性的社会保障；其次，社会保险的对象是法定范围内的社会劳动者；再次，社会保险的基本特征是补偿劳动者的收入损失；最后，社会保险的资金主要来源于用人单位劳动者依法缴费及国家资助和社会募集。

《中华人民共和国社会保险法》(以下简称《社会保险法》)于2010年10月28日由十一届全国人大常委会第十七次会议审议通过，自2011年7月1日起施行，共十二章九十八条，涵盖面广，内容丰富。

(二)《社会保险法》的基本内容

我国社会保险制度由基本养老保险与失业保险、基本医疗保险、工伤保险、生育保险等共同构成。

1.基本养老保险

基本养老保险，是指缴费达到法定期限且个人达到法定(退休)年龄后，国家和社会提供物质帮助以保证年老者稳定、可靠的生活来源的社会保险制度，其目标是实现“老有所养”。基本养老保险制度由三部分组成，即职工基本养老保险制度、新型农村社会养老保险制度、城镇居民社会养老保险制度。

公务员和参照公务员管理的工作人员养老保险的办法由国务院规定。

具体来说，用人单位及其职工参加城镇职工基本养老保险；无雇工的个体工商户、未在用人单位参加社会保险的非全日制从业人员以及其他灵活就业人员可以参加城镇职工基本养老保险；城镇未就业的居民可以参加城镇居民社会养老保险；农村居民可以参加新型农村社会养老保险；进城务工的农村居民依法参加社会保险。

基本养老保险筹资渠道：城镇职工基本养老保险基金由用人单位和职工共同缴纳。城镇居民基本养老保险基金由个人缴费和政府补贴构成。新型农村养老保险基金由个人缴费、集体补助和政府补贴相结合。

基本养老保险待遇：

(1)基本养老金由统筹养老金和个人账户养老金组成。根据个人累计缴费年限、缴费工资、当地职工平均工资、个人账户金额、城镇人口平均预期寿命等因素确定。

(2)参加基本养老保险的，达到法定退休年龄时累计缴费满十五年的，按月领取基本养老金。达到法定退休年龄时累计缴费不足十五年的，可以缴费至满十五年，按月领取基本养老金，如果本人不愿意继续缴费至满十五年，则可以转入新型农村社会养老保险或者城镇居民社会养老保险，按照新型农村社会养老保险或者城镇居民社会养老保险的规定享受相应的养老保险待遇。

(3)参加基本养老保险的个人，因病或者非因工死亡的，其遗属可以领取丧葬补助金和抚恤金；在未达到法定退休年龄时因病或者非因工致残完全丧失劳动能力的，可以领取病残津贴。

(4)跨地区就业的劳动者基本养老保险关系随本人转移，缴费年限累计计算。个人达到法定退休年龄时，基本养老金分段计算、统一支付。

【观念应用 6-7】李先生已经到了退休年龄，可是他的养老保险只缴了十四年。问李先生能领取基本养老金吗?

【观念解析】根据《社会保险法》第十六条，参加基本养老保险的个人，达到法定退休年龄时累计缴费满十五年的，按月领取基本养老金。参加基本养老保险的个人，达到法定退休年龄时累计缴费不足十五年的，可以缴费至满十五年，按月领取基本养老金；也可以转入新型农村社会养老保险或者城镇居民社会养老保险，按照国务院规定享受相应的养老保险待遇。

2. 基本医疗保险

基本医疗保险，是指按照国家规定缴纳一定比例的医疗保险费，在参保人因患病和意外伤害而发生医疗费用后，由医疗保险基金支付其医疗保险待遇的社会保险制度，其目标是实现"病有所医"。基本医疗保险制度由三部分组成，即职工基本医疗保险制度、新型农村合作医疗制度和城镇居民基本医疗保险制度。

基本医疗保险筹资渠道：城镇职工基本医疗保险由用人单位和职工共同缴费。城镇居民基本医疗保险实行个人缴费和政府补贴相结合。灵活就业人员参加城镇职工基本医疗保险由个人缴费。新型农村合作医疗保险由个人缴费和政府补贴。

基本医疗保险待遇：基本医疗保险费用直接结算。起付标准以上，最高支付限额以下的医疗费用，由统筹基金和职工个人按"分段计算，累加支付"的办法支付。符合基本医疗保险药品目录、诊疗项目、医疗服务设施标准以及急诊、抢救的医疗费用，按照国家规定从基本医疗保险基金中支付。参加基本医疗保险的个人，达到法定退休年龄时，累计缴费达到国家规定年限的，退休后不再缴纳基本医疗保险费，按规定享受基本医疗保险待遇。未达到国家规定年限的，可以缴费至国家规定年限。

不纳入基本医疗保险基金支付范围的医疗费用：

(1)应当从工伤保险基金中支付的。

(2)应当由第三人负担的；医疗费用依法应当由第三人负担，第三人不支付或者无法确定第三人的，由基本医疗保险基金先行支付。基本医疗保险基金先行支付后，有权向第三人追偿。

(3)应当由公共卫生负担的。

(4)在境外就医的。

个人跨统筹地区就业的，其基本医疗保险关系随本人转移，缴费年限累计计算。

3. 工伤保险

工伤保险，是指由用人单位缴纳工伤保险费，对劳动者因工作原因遭受意外伤害或者职业病，从而造成死亡、暂时或者永久丧失劳动能力时，给予职工及其相关人员工伤保险待遇的一项社会保险制度。《社会保险法》规定，用人单位及其职工都应当参加工伤保险。工伤保险费由用人单位缴纳，职工个人不缴费。

工伤保险费费率是工伤保险管理制度的核心，确定费率应遵循三点原则：

(1)确定工伤保险费率应坚持以支定收、收支平衡的原则；

(2)实行行业差别费率；

(3)实行费率浮动机制。

工伤保险待遇包括：

(1)治疗工伤的医疗费用和康复费用；

(2)住院伙食补助费；

(3)到统筹地区以外就医的交通食宿费；

(4)安装配置伤残辅助器具所需费用；

(5)生活不能自理的，经劳动能力鉴定委员会确认的生活护理费；

(6)一次性伤残补助金和一至四级伤残职工按月领取的伤残津贴；

(7)终止或者解除劳动合同时，应当享受的一次性医疗补助金；

(8)因工死亡的，其遗属领取的丧葬补助金、供养亲属抚恤金和因工死亡补助金；

(9)劳动能力鉴定费。

认定工伤的法定情形：

(1)在工作时间和工作场所内，因工作原因受到事故伤害的；

(2)工作时间前后在工作场所内，从事与工作有关的预备性或者收尾性工作受到事故伤害的；

(3)在工作时间和工作场所内，因履行工作职责受到暴力等意外伤害的；

(4)患职业病的；

(5)因工外出期间，由于工作原因受到伤害或者发生事故下落不明的；

(6)在上下班途中，受到非本人主要责任的交通事故或者城市轨道交通、客运轮渡、火车事故伤害的；

(7)法律、行政法规规定应当认定为工伤的其他情形。

不能认定为工伤的法定情形：

(1)故意犯罪；

(2)醉酒或者吸毒；

(3)自残或者自杀；

(4)法律、行政法规规定的其他情形。

【观念应用6-8】张某是某厂锅炉工。某日午饭时饮酒过量，导致下午上班时操作失误，锅炉爆炸，炸伤了张某的左腿。问：张某可否认定为工伤？

【观念解析】张某炸伤左腿是因为醉酒后工作时操作失误，锅炉爆炸所致，属于不应认定为工伤法定情形当中的第二项：醉酒或者吸毒。故张某不能认定为工伤。

为了更好地保障劳动者的权益，《社会保险法》还规定了工伤保险待遇先行垫付制度，即职工所在用人单位未依法缴纳工伤保险费，发生工伤事故的，由用人单位支付工伤保险待遇。用人单位不支付的，从工伤保险基金中先行支付，然后由社会保险经办机构依照本法规定追偿。

4. 失业保险

失业保险，是指国家为失业而暂时失去工资收入的社会成员提供物质帮助，以保障失业人员的基本生活，维持劳动力的再生产，为失业人员重新就业创造条件的一项社会保险制度。

《社会保险法》规定，职工应当参加失业保险。由用人单位和职工按照国家规定共同缴纳失业保险费。

失业保险的领取条件：失业前用人单位和本人已经缴纳失业保险费满一年的，非本人意愿中断就业的，已经进行失业登记并有求职要求的。

失业保险待遇：

(1)失业保险金的标准由省、自治区、直辖市人民政府确定，不得低于城市居民最低生活保障标准。

(2)失业人员在领取失业保险金期间，参加职工基本医疗保险，享受基本医疗保险待遇。失业人员应当缴纳的基本医疗保险费从失业保险基金中支付，个人不缴纳基本医疗保险费。

(3)职工跨统筹地区就业的，其失业保险关系随本人转移，缴费年限累计计算。

失业保险金领取的期限：失业人员失业前用人单位和本人累计缴费满一年不足五年的，领取失业保险金的期限最长为十二个月；累计缴费满五年不足十年的，领取失业保险金的期限最长为十八个月；累计缴费十年以上的，领取失业保险金的期限最长为二十四个月。重新就业后，再次失业的，缴费时间重新计算，领取失业保险金的期限与前次失业应当领取而尚未领取的失业保险金的期限合并计算，最长不超过二十四个月。

失业人员在领取失业保险金期间死亡的情况处理，参照当地对在职职工死亡的规定，向其遗属发给一次性丧葬补助金和抚恤金。所需资金从失业保险基金中支付。个人死亡同时符合领取基本养老保险丧葬补助金、工伤保险丧葬补助金和失业保险丧葬补助金条件的，其遗属只能选择领取其中的一项。

失业人员在领取失业保险金期间有下列情形之一的，可停止领取失业保险金并同时停止享受其他失业保险待遇：重新就业的；应征服兵役的；移居境外的；享受基本养老保险待遇的；无正当理由，拒不接受当地人民政府指定部门或者机构介绍的适当工作或者提供培训的。

5. 生育保险

生育保险，是指由用人单位缴纳保险费，其职工或者职工未就业配偶按照国家规定享受生育保险待遇的一项社会保险制度。生育保险费用由用人单位缴纳，职工个人不缴费。

用人单位已经缴纳生育保险费的，其职工享受生育保险待遇；职工未就业配偶按照国家规定享受生育医疗费用待遇。所需资金从生育保险基金中支付。

生育保险待遇包括生育医疗费用和生育津贴。生育医疗费用包括下列各项：生育的医疗费用；计划生育的医疗费用；法律、法规规定的其他项目费用。

职工有下列情形之一的，可以按照国家规定享受生育津贴，生育津贴按照职工所在用人单位上年度职工月平均工资计发:女职工生育享受产假;享受计划生育手术休假;法律、法规规定的其他情形。

【观念应用 6-9】陈某和梁某毕业后来到南京。梁某进入某公司上班,陈某没有工作,一直在家当全职太太。现在陈某怀孕马上要生产了,问:陈某的生育费用能报销吗?

【观念解析】《社会保险法》规定,职工应当参加生育保险,由用人单位按国家规定缴纳生育保险费。用人单位已缴纳生育保险费的,其职工享受生育保险待遇;职工未就业配偶按国家规定享受生育医疗费用待遇。所以,陈某能报销生育费用。

6. 社会保险费的征缴与监管

(1)规定了社会保险信息共享机制。为了保证社会保险相关信息的及时性、准确性,《社会保险法》规定,工商行政管理部门、民政部门和机构编制管理机关应当及时向社会保险经办机构通报用人单位的成立、终止情况。公安机关应当及时向社会保险经办机构通报个人的出生、死亡以及户口登记、迁移、注销等情况。

(2)规定了灵活就业人员社会保险登记、缴费制度。《社会保险法》规定,参加社会保险的无雇工的个体工商户、未在用人单位参加社会保险的非全日制从业人员以及其他灵活就业人员,向社会保险经办机构申请办理社会保险登记,可以直接向社会保险费征收机构缴纳社会保险费。

(3)规定了社会保险费实行统一征收的方向。授权国务院规定实施步骤和具体办法。

《社会保险法》规定,国家建立全国统一的个人社会保障号码。个人社会保障号码为公民身份证号码。

(4)建立了社会保险费的强制征缴制度。

①从用人单位存款账户直接划拨社会保险费。

②用人单位账户余额少于应当缴纳的社会保险费的,社会保险费征收机构可以要求该用人单位提供担保,签订延期缴费协议。

③用人单位未足额缴纳社会保险费且未提供担保的,社会保险费征收机构可以申请人民法院扣押、查封、拍卖其价值相当于应当缴纳社会保险费的财产,以拍卖所得抵缴社会保险费。

(5)社会保险费的监管。社会保险基金的管理原则。

①各项社会保险基金按照社会保险险种分别建账,分账核算,执行国家统一的会计制度。

②社会保险基金通过预算实现收支平衡。

③社会保险基金专款专用,任何组织和个人不得侵占或者挪用。

④社会保险基金在保证安全的前提下,按照国务院规定投资运营实现保值增值,从而为社会保险基金投资运营奠定了法律基础。

关于社会保险基金统筹层次的方向,《社会保险法》规定,基本养老保险基金逐步实行全国统筹,其他社会保险基金逐步实行省级统筹。考虑到社会保险基金的统筹层次取决于多方面的因素,本法授权国务院规定提高统筹层次的具体时间和步骤。

对社会保险基金的监管,《社会保险法》规定了3种方式:

①人大监督。《社会保险法》第七十六条规定,各级人大常委会听取和审议本级人民政府对社保基金的收支、管理、投资运营以及监督检查情况的专项工作报告,组织对本法实施情况的执法检查等,依法行使监督职权。

②行政监督。财政部门、审计机关按照各自的职责,对社保基金的收支、管理和投资运营情况实施监督。社会保险行政部门对社保基金的收支、管理和投资运营情况进行监督检查,发现存在问题的,应当提出整改建议,依法作出处理决定或者向有关行政部门提出处理建议。其他行政机关对社保基金的监督。

③社会监督。社会监督,是指社会保险监督委员会的监督。社会保险监督委员会由用人单位代表、参保人员代表以及工会代表、专家等组成。任何组织或者个人有权对有关社保基金的违法行为进行举报、投诉。

7.违反《社会保险法》的法律责任

(1)用人单位不办理社会保险登记的。《社会保险法》规定,用人单位不办理社会保险登记且在社会保险行政部门责令改正期限内不改正的,对用人单位处应缴社会保险费数额一倍以上三倍以下的罚款,对其直接负责的主管人员和其他直接责任人员处五百元以上三千元以下的罚款。

(2)用人单位欠缴社会保险费的。《社会保险法》规定,用人单位未按时足额缴纳社会保险费的,由社会保险费征收机构责令限期缴纳或者补足,并自欠缴之日起,按日加收万分之五的滞纳金;逾期仍不缴纳的,由有关行政部门处欠缴数额一倍以上三倍以下的罚款。

(3)拒不出具证明。用人单位拒不出具终止或解除劳动关系证明的,由劳动行政部门责令改正;给劳动者造成损害的,应承担赔偿责任。

(4)骗取社会保险待遇的法律责任。《社会保险法》规定,有关单位及其工作人员或者个人以欺诈、伪造证明材料或者其他手段骗取社会保险基金支出或者骗取社会保险待遇的,应当退回骗取的金额,并处骗取金额两倍以上五倍以下的罚款;属于社会保险服务机构的,解除服务协议;直接主管人员和其他直接责任人员有执业资格的,依法吊销其执业资格。

复习思考题

1.什么是劳动关系?其特征如何?

2.试述劳动合同的必备条款。

3.试述集体合同的内容及其效力。

4.如何理解劳务派遣中各方之间的法律关系?

5.我国社会保险体系如何构成?简述之。

6. 我国对社会保险费是如何征缴和监管的？

◈技能自测

一、单项选择

1. 根据我国《劳动合同法》的规定，用人单位在用工前与劳动者签订劳动合同的，劳动关系自(　　)建立。

A. 劳动合同订立时　　B. 用工之时

C. 劳动合同公证之时　　D. 双方当事人可以口头协议

2. 下列属于城镇居民基本医疗保险参保范围的是？(　　)

A. 城镇职工　　B. 少年儿童

C. 其他非从业城镇居民　　D. 城镇常住人口

3. 我国生育保险基金来源于(　　)

A. 企业职工　　B. 政府补贴

C. 城镇企业缴纳的生育保险　　D. 妇联机构补贴

4. 劳动行政部门自收到集体合同文本之日起(　　)未提出异议，集体合同即行生效。

A. 10 日　　B. 15 日　　C. 30 日　　D. 60 日

5.《中华人民社会保险法》自(　　)起开始实施。

A. 2011 年 7 月 1 日　　B. 2011 年 10 月 1 日

C. 2011 年 6 月 1 日　　D. 2011 年 12 月 1 日

二、多项选择

1. 国家建立基本养老保险、(　　)等社会保险制度，保障公民在年老、疾病、工伤、事业和生育等情况下依法从国家和社会获得物质帮助的权利。

A. 基本医疗保险　　B. 工伤保险

C. 失业保险　　D. 生育保险

2. 职工在下列哪些情况下导致伤亡的，不能认定为工伤的是？(　　)

A. 故意犯罪　　B. 醉酒或吸毒

C. 自残或自杀　　D. 出差途中遭遇车祸

3. 关于非全日制用工，下列哪些说法符合《劳动合同法》？(　　)

A. 从事非全日制用工的劳动者可与多个用人单位签订劳动合同，但后订立的合同不能影响先订立合同的履行

B. 非全日制用工合同不得约定试用期

C. 非全日制用工终止时，用人单位须向劳动者支付劳动补偿

D. 非全日制用工也须签订书面的劳动合同

4. 下列哪些情形，职工可以按照国家规定享受生育津贴？(　　)

A. 甲生育休产假期间　　　　　　B. 乙怀孕四个月在家静养

C. 丙计划生育手术休假　　　　　D. 丁生育第三个孩子

5. 劳务派遣用工是我国企业用工的补充形式,只能在(　　)工作岗位上实施。

A. 临时性　　B. 辅助性　　C. 替代性　　D. 长期性

三、辨析题

1. 职工依法享有社会保险待遇,有权监督本单位为其缴费情况。(　　)

2. 修订后的《劳动合同法》于 2013 年 1 月 1 日起施行。(　　)

3. 我国社会保险基金按照统筹层次设立预算。(　　)

4. 依据我国《劳动合同法》的规定,所有劳动合同都必须采用书面形式。(　　)

5. 职工参加工伤保险,由用人单位和职工共同缴纳工伤保险费。(　　)

观念应用

1. 某公司招聘业务员,要求应聘者具有大学以上学历。孙某应聘且与公司签订了 3 年的劳动合同。孙某工作认真负责,得到上司和同事的好评和肯定。但 3 个月后,公司人事部门发现孙某应聘时本科学历系伪造。问:孙某与该公司签订的劳动合同效力如何?为什么?

2. 某年 8 月,王某与甲外资企业订立了聘用合同,但甲企业不负责为王某缴纳社会保险。当年 11 月,王某因工作受伤,花去医疗费 5 万元,所以要求进行工伤鉴定。但甲认为双方已就社会保险事项达成协议,王某受伤费用应由其自己承担。王某不服,遂发生争议。问:甲外资企业与王某关于不缴纳社会保险费的约定是否有效?为什么?

实训操作

以班级为单位,分成若干小组,展开讨论。任务:遇到劳动合同纠纷该如何维权?

程序 1:教师介绍一些典型的劳动纠纷案例。

程序 2:将学生分组,分别代表用人单位和劳动者一方。

程序 3:各方分别查找相关资料。

程序 4:在课堂上各方根据各自掌握资料对案例进行讨论。

程序 5:教师进行点评。

模块七
财产权法律制度

◈知识目标

了解物权、工业产权的概念、特征及物权法、商标法、专利法的立法概况及基本原则；熟悉物权的种类、效力和保护方式以及商标权、专利权的主体、内容、取得的条件、取得的程序、使用及其法律保护；理解和掌握所有权概念、内容与分类及所有权使用的限制、用益物权和担保物权的相关法律规定，同时掌握专利权、商标权的实施、管理和保护。

◈技能目标

通过对物权法和工业产权法的学习，能灵活运用所学的知识，分析和处理生活中关于物的归属，对物的占有、使用、收益和处分四项权能的行使，同时，能通过学习用益物权和担保物权明晰生活中相关的法律责任。

◈素质目标

通过本模块的学习，使学生能了解物权法和工业产权法的基本概念和相关法律、法规；理解立法保护物权和工业产权的意义；学会运用物权法解决生活中遇到的相关纠纷，同时能用学习的工业产权法分析和解决经济生活中相关的法律问题，养成良好的遵纪守法习惯，促进市场经济健康、良性的发展。

◈任务分项

任务一　物权法律制度

了解物权的概念、特征及物权法的基本原则；理解物权的种类、效力和保护方式；理解和掌握物权的变动和物权的保护；掌握所有权、用益物权和担保物权的相关法律规定；了解占有的相关法律规定。

任务二　工业产权法律制度

理解工业产权的概念、特点和适用范围；了解我国工业产权的立法状况；掌握专利权、商标权的主体、内容、取得的条件、程序和方式及对这些权利的法律保护。

任务一 物权法律制度

◈任务导入

张某在吃饭时丢失瑞士名表江诗丹顿一块。餐厅经理拾得后交给公安部门。张某未在规定期限内前去认领,公安部门按照有关规定交寄售商店出售。王某从该商店买得该手表,然后将手表送给其侄女作为生日礼物。后来,手表在其侄女乘公交车时被偷去,小偷下车后即以600元的低价卖给蒋某。问题:该手表的所有权属于谁?

一、物、物权及物权法概述

(一)物的概念、特征与分类

1.概念

物,有广义和狭义之分。广义上的"物",泛指世间一切物理上所称的物,是由物的自然属性决定的。狭义上的"物",即法律上所称的物,是指存在于人身之外,能为民事主体所实际控制或支配,并能满足民事主体某种需要的物质实体和自然力。

2.物的特征

物是最主要的民事法律关系客体,物具有以下特征:

(1)存在于人体之外。活人的身体不属于物,不允许对生存的人的身体或身体的一部分具有排他性或全面性的支配权。但是,人体与人体的组成部分有所不同。在法律允许的范围之内,人的某些器官一旦脱离人体,就有可能成为权利义务的客体,如抽出的血液、剪下的头发、取出用于移植的心脏等。不过,人体的器官可否成为权利义务的客体,或者在何种情况下能够成为权利义务的客体,取决于法律的规定,也取决于其行为是否违背社会道德。

(2)主要限于有体物。物具有一般物的基本属性,即占有一定空间,具有固体、液体或气体形态,能够用度量衡(重量、容积、长度、面积等)使之特定化。在特定条件下,电、热、声、光等只要能够为人力所控制,均能成为交易的对象。

(3)能满足人的需要。物能满足人的需要,也就是说,物必须对人有价值。这种价值,不以物质利益为限,精神利益也包括在内。物可以是由劳动创造的,大部分物为劳动产品,也可以是天然存在的,例如,钻石和水。因此,劳动产品和非劳动产品,只要它们具有能满足人的需要的属性,就可以成为民法中的物,换言之,都可以成为交易的对象。

(4)能为人力所实际控制或支配。不能为人所支配的东西,例如,日月星辰,尽管可能具有巨大价值,但不能成为民法中的物。

3.物的分类

物依据不同的标准,可以有不同的分类。物的分类主要有:

(1)动产和不动产。把物区分为动产和不动产，是物最重要的一种分类。在空间上占有固定位置，移动后会影响其经济价值的物，为不动产。凡是能在空间上移动而不会损害其经济价值的物，为动产。

关于不动产的具体类型，各国规定不一。我国《担保法》第九十二条第一款规定："本法所称不动产是指土地以及房屋、林木等地上定着物。"土地包括耕地、建设用地、林地、草原、水面、荒山、荒地、滩涂等。除土地外，不动产还包括房屋、林木、尚未与土地分离的农作物等地上定着物，土地使用权等不动产权利也被视同不动产。区分动产和不动产，其意义在于二者交易等法律制度皆有不同的规定。

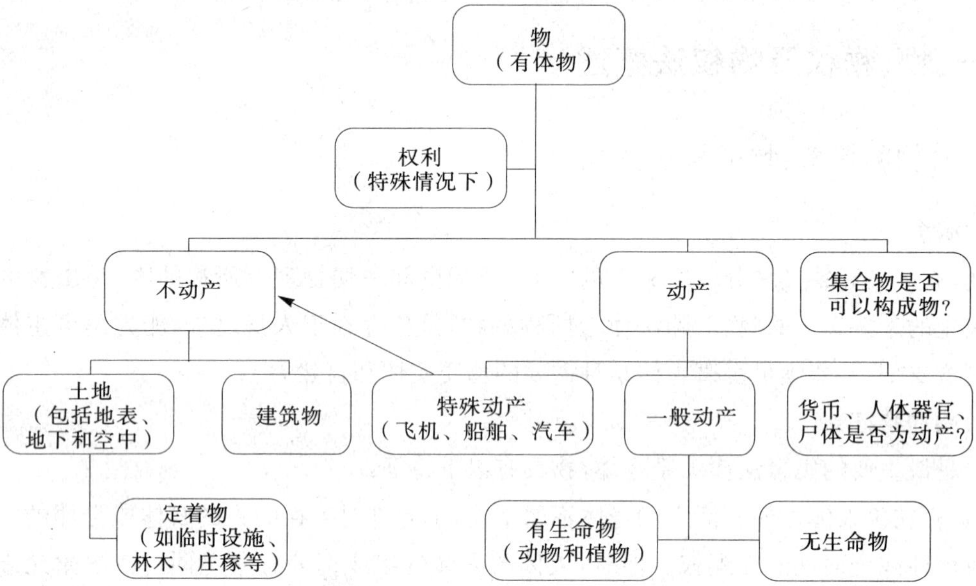

图 7-1　物的基本构成

(2)特定物和种类物。特定物，是指具有独立特征或被权利人指定，不能以其他的物代替的物。它包括独一无二的物（如北京故宫）和从一类物中指定而特定化的物（如从同一型号的电视机中选出的一台）。种类物是具有共同的属性，可以用品种、规格和度量衡加以计算的物，具有可替代性。区分特定物和种类物，其意义在于：在债的关系中，若以特定物为标的物，如其灭失，债务人不需作替代履行，则交付标的物的义务免除。若以种类物为标的物，如其灭失，则债务人须作替代履行。

(3)主物和从物。以物与物之间是否具有从属关系为标准，可以把物区分为主物和从物。凡两种以上的物互相配合、按一定经济目的组合在一起时，起主要作用的物为主物；配合主物的使用而起辅助作用的物为从物。尽管从物是独立的物，而非主物的构成成分，但它在客观上、经济上从属于其他物，补充其他物的效用。区分主物与从物，其意义在于：当事人没有特别约定时，对主物的处分及于从物，以贯彻物尽其用原则。

(4)可分物和不可分物。凡可进行实物分割而不改变其经济用途和价值的物，为可分物。凡经实物分割后，物将失去其原有的经济用途，降低其价值的物，为不可分物。区分可分物与不可分物，其意义在于：在共有关系终止时，这两种物的分割方式不同。对于可分物，可进行实物分割；对于不可分物，只能进行价值分割，有的共有人得到原物，其他的共有人得到金钱补偿。

(5)原物和孳息。原物是指原已存在之物，孳息是由原物所产生的收益。孳息可分为天然孳息和法定孳息。天然孳息，是指果树、动物的出产物及其他依物的使用方法所收获的物。法定孳息，是指利息、租金等因法律关系所获得的收益。孳息都必须是独立的物。区分原物和孳息，其意义在于：通常情况下，原物所有人有权取得孳息之所有权。转移原物的所有权，孳息的所有权应同时转移。

(二)物权的概念、特征及种类

1.概念

物权是民事主体在法律规定的范围内，直接支配特定的物而享受其利益，并享有排除他人干涉的权利。

2.特征

(1)物权是支配权。物权是权利人直接支配的权利，即物权人可以依自己的意志就标的物直接行使权利，无需他人的意思或义务人的行为的介入。

(2)物权是绝对权。物权的权利人是特定的，义务人是不特定的且义务内容是不作为的，即只要不侵犯物权人行使权利就履行义务，所以物权是一种绝对权。区别于债权的相对权是指债权的权利主体和义务主体解释确定的。

(3)物权是财产权。物权是一种具有物质内容的、直接体现为财产利益的权利，财产利益包括对物的利用、物的归属和就物的价值设立的担保。

(4)物权的客体是物。它包括不动产和动产，以及法律规定的可以作为物权客体的权利。

(5)物权具有排他性。其一，物权是对世权，其权利人可以对抗除自己以外的所有不特定的人；其二，"一物一权"，即同一物上不许有内容不相容的物权并存。

3.种类

根据我国《物权法》的规定，物权的类型总共分为三种，即所有权、用益物权和担保物权。

(1)所有权。所有权人对自己的不动产或者动产，依法享有占有、使用、收益和处分的权利。所有权是物权中最完整的、最充分的权利。所有权人有权在自己的不动产或者动产上设立用益物权和担保物权。用益物权人、担保物权人行使权利，不得损害所有权人的权益。

(2)用益物权。用益物权，是指用益物权人对他人所有的不动产或者动产，依法享有占有、使用和收益的权利。如土地承包经营权、建设用地使用权、宅基地使用权、地役权、自然资源使用权(海域使用权、探矿权、采矿权、取水权和使用水域、滩涂从事养殖、捕捞的权利)。

(3)担保物权。担保物权，是指担保物权人在债务人不履行到期债务或者发生当事人约定的实现担保物权的情形，除法律另有规定的外，依法享有就担保财产优先受偿的权利。担保物权主要包括抵押权、质权和留置权。

(三)《物权法》的概念与基本原则

1.《物权法》的概念

《中华人民共和国物权法》(以下简称《物权法》)就是关于物的归属和利用的法律规则。我国《物权法》第二条第一款规定:“因物的归属和利用而产生的民事关系,适用本法。”

《物权法》所说的“物”,是指“有形财产”,即看得见、摸得着的财产,如土地、房屋、汽车、手机等,是与无形财产(如专利技术、商业秘密、商标、著作权)相对应的。

归属,指某项财产的所有权归属于谁。所有权,是对自己的财产的权利。如我们对自己的房屋、汽车、家用电器享有所有权。

利用,指利用他人的财产的权利,包括用益物权和担保物权。

用益物权是“利用”他人财产的“使用价值”,即对他人的不动产进行占有、使用、收益的权利。我国用益物权的种类有:土地承包经营权、宅基地使用权、建设用地使用权、地役权。

担保物权,是“利用”他人财产的“交换价值”,如借款人把自己的不动产、动产或者有价证券抵押、质押给银行,对于担保银行的贷款债权,借款人不能归还借款本息时,银行将拍卖该抵押、质押财产,从拍卖所得价款获得清偿。抵押权、质权、留置权,都属于担保物权。《物权法》,就是关于所有权、用益物权和担保物权的法律规则。

2.《物权法》的基本原则

(1)平等保护原则。国家、集体、私人的物权和其他权利人的物权受法律保护,任何单位和个人不得侵犯。

(2)一物一权原则。一物之上不能设立两个以上内容相冲突的物权。它包括以下两种含义:

一是一个物上只能设定一个所有权(一物的某一部分不能成立单个的所有权)。该所有权可以为单个人独有,也可以为多个人共有。

二是一个物上不能同时设定两个以上内容相冲突的他物权,但可以设定内容不相冲突的他物权。例如:所有权与其他物权可以同时并存;用益物权与担保物权也可以同时并存;同一物之上也可以设定数个担保物权,如顺序抵押等。

(3)物权法定原则。物权的种类、取得、变动、公示、效力与保护等均由法律直接规定,而不许当事人自行创设。

(4)公示与公信原则。公示即以公开方式使公众知晓物权变动的事实;公信即依公示之方法所表现的物权即使不存在或内容有异,但对于信赖此项公示方法所表现的物权而为交易的人,法律仍承认其具有与真实物权存在相同的法律效果。

(四)物权的变动与公示

物权的变动,是指物权的设立、变更、转让与消灭行为。

1. 物权的设立

物权的设立，又称“物权的取得”。物权的取得可分为原始取得与继受取得两种。物权的原始取得，是指不是基于他人的权利而是基于法律规定直接取得物权，如孳息、善意取得、添附、因时效等法律事实取得物权。继受取得，是指基于他人的权利而取得的物权，如因买卖、继承、接受抵押或质押等法律事实取得物权。

2. 物权的变更

我国《物权法》意义上的物权变更仅指物权的客体与内容的变更。物权变更主要因法律行为（单方或双方行为）或法律事实而产生（生产、天然孳息、拾得遗失物等），也因某些公法行为（法院强制执行、征收、没收等）而产生。

3. 物权的转让

物权的转让，是指物的权利主体的变更。物权因买卖、赠与、继承、善意取得、拾得遗失物、征收、法院强制执行而发生权利主体的变动。

4. 物权的消灭

物权的消灭，是指物权与特定主体相分离。它分为绝对消灭与相对消灭。物权的绝对消灭，是指不仅原权利人的物权消灭，并且其他人也不能取得该物权。物权的相对消灭，是指物权虽与原权利主体分离，但又与一新的主体结合。

5. 物权的公示

物权变动因公示而取得公信力。我国《物权法》规定，不动产物权的变动以登记为公示；动产物权的变动以交付为公示；法律另有规定的除外。

《物权法》第九条规定：“不动产物权的设立、变更、转让和消灭，经依法登记，发生效力；未经登记，不发生效力，但法律另有规定的除外。依法属于国家所有的自然资源，所有权可以不登记。”

《物权法》第二十三条规定：“动产物权的设立和转让，自交付时发生效力，但法律另有规定的除外。”

《物权法》第二十四条规定：“船舶、航空器和机动车等物权的设立、变更、转让和消灭，未经登记，不得对抗善意第三人。”

【观念应用 7-1】甲将一所房屋出售给乙，乙在支付了全部价款后拿走钥匙，但未办理过户手续。后甲又持相关权属证书将该房屋抵押给丙，并办理了抵押登记手续。请问，下列正确的说法是（　　）

A. 买卖、抵押行为有效，但乙不得对抗丙的抵押权

B. 甲与丙间的抵押行为无效

C. 因乙取得该房屋所有权在先，丙的抵押行为无效

D. 甲与乙间的买卖行为无效

【观念解析】正确答案为 A。《物权法》第九条规定：“不动产物权的设立、变更、

转让和消灭，经依法登记，发生效力；未经登记，不发生效力。”物权是绝对权，债权是相对权。同一标的物上既有物权，也有债权时，物权具有优先于债权的效力。

(五)物权的效力和保护

1.物权的效力

物权的效力，是指法律赋予物权的强制性作用力。它反映着法律保障物权人能够对标的物进行支配并排除他人干涉的程度和范围。物权的效力包括排他效力、优先效力、追及效力、妨害排除效力。

(1)排他效力。排他效力，是指在同一标的物上不能同时存在两个以上内容不相容的物权，即在同一物上已存在的物权具有排除在该物上再成立与其内容互不相容的物权的效力。

(2)优先效力。物权的优先效力表现在两个方面：一是物权相互间的优先效力。同一物上设立多个物权时，应确定物权实现的先后顺序，这就是物权相互之间的优先效力。二是优先于债权的效力。当物权与债权并存时，物权优先于债权的实现。如企业破产时，有财产抵押的抵押权人就抵押物的拍卖或变卖所得可优先普通债权人实现自己的债权。

(3)追及效力。追及效力，是指物权成立后，其标的物无论辗转归于何人之手，物权人都可以依法请求不法占有人返还原物。

(4)妨害排除效力。妨害排除效力又称“物上请求权”或“物权的请求权”，是指物权人于物权实现有妨害或者可能妨害时，权利人可以请求排除妨害或者消除危险。物权人得请求排除侵害或防止侵害，以恢复其物权的圆满状态的权利。

2.物权的保护

物权的保护，是指通过法律规定的方法和程序保障物权人在法律许可范围内对其财产行为行使占有、使用、收益、处分权利的制度。物权受到侵害的，权利人可以通过和解、调节、仲裁、诉讼等途径解决。我国《物权法》主要规定了五种物权的保护方式：

(1)请求确认物权。《物权法》第三十三条规定：“因物权的归属、内容发生争议的，利害关系人可以请求确认权利。”

(2)请求返还原物。《物权法》第三十四条规定：“无权占有不动产或者动产的，权利人可以请求返还原物。”

(3)请求排除妨碍，消除危险。《物权法》第三十五条规定：“妨害物权或者可能妨害物权的，权利人可以请求排除妨害或者消除危险。”

(4)请求恢复原状。《物权法》第三十六条规定：“造成不动产或者动产毁损的，权利人可以请求修理、重作、更换或者恢复原状。”

(5)请求赔偿损失。《物权法》第三十七条规定：“侵害物权，造成权利人损害的，权利人可以请求损害赔偿，也可以请求承担其他民事责任。”

以上五种物权保护方式，可以单独适用，也可以根据权利被侵害的情形合并适用。侵害物权，除承担民事责任外，违反行政管理规定的，依法承担行政责任；构成犯罪的，依法追究刑事责任。

二、所有权

（一）所有权的概念和特征

1.概念

所有权，是指所有人依法对自己财产所享有的占有、使用、收益和处置的权利。所有权是一种财产权，所以又称“财产所有权”，是物权中最重要也最完全的一种权利。

2.特征

（1）所有权是绝对权。所有权不需要他人的积极行为，只要他人不加干预，所有人自己就能实现其权利。所有权关系的义务主体是所有权人以外的一切人，其所负的义务是不得非法干预所有权人行使其权利，是一种特定的不作为义务。

（2）所有权具有排他性。所有权属于物权，同一物上只能存在一个所有权，而不能并存两个以上的所有权。

（3）所有权是最完全的物权。所有权是最全面、最充分的物权，它不仅包括对于物的占有、使用、收益，还包括了对于物的最终处分权。与之相比较，建设用地使用权、地役权、抵押权、质权、留置权等他物权，仅仅是就占有、使用、收益某一方面的对于物的直接支配的权利，只是享有所有权的部分权能。

（4）所有权具有永久性。这是指所有权的存在不能预定其存续期间。例如，当事人不能约定所有权存续的期限，当事人对所有权存续期间的约定是无效的。

（二）所有权的权能与限制

1.所有权的权能

所有权的权能，又称“所有权的内容”，是指所有人为利用所有物以实现其对所有物的独占利益，而于法律规定的范围内可以采取的各种措施与手段。所有权的权能包括占有、使用、收益和处分。

（1）占有权能。占有权能，是指对所有物加以实际管领或控制的权利。占有权能与占有是两个不同的概念。民法上的占有，是指主体对物的实际控制。占有本身只是一种事实而不是权利。

（2）使用权能。使用权能，是指在不损毁所有物或改变其性质的前提下，依照物的性能和用途加以利用的权利。使用权能也可以转移给非所有人行使，并且使用权能仅适用于非消耗物。

（3）收益权能。收益权能，是指收取所有物所生利息（孳息）的权利。收益权是与使用权有密切联系的所有权权能，因为通常收益是使用的结果，但使用权不能包括收益权。

(4)处分权能。处分权能，是指对所有物依法予以处置的权利。处分包括事实上的处分和法律上的处分。处分权能是所有权内容的核心和拥有所有权的根本标志，其通常只能由所有人自己行使。

2.所有权的限制

所有权尽管是绝对的、最全面的物权，但为了公共利益或者他人合法权益，所有人在行使所有权时，其行为也受到一定的限制。

(1)行使所有权不得违反法律规定。

(2)行使所有权不得妨害他人的合法权益。

(3)行使所有权时必须注意保护环境、自然资源和生态平衡。

(4)根据公共利益的需要，国家可以依法对集体土地实行征用或将其他财产收归国有。

(三)所有权的取得

1.原始取得和继受取得

所有权的取得方式，按照是否以他人所有权为前提，分为原始取得和继受取得。

(1)原始取得。物权的原始取得又称“物权的固有取得”，是指民事主体非依据他人的权利及意思表示而直接依据法律规定取得物权。原始取得主要形式包括：劳动生产、收益、孳息、添附、无主财产、拾得遗失物、漂流物、失散的饲养动物、发现隐藏物、埋藏物、先占、善意取得、没收、征收、税收、征用、时效。

(2)继受取得。物权的继受取得又称“物权的传来取得”，是指基于一定法律事实，依赖于他人意思表示而取得物权。这种方式是以原所有人对该项财产的所有权作为取得的前提条件的。继受取得的根据主要包括：买卖、赠与、互易、继承、接受遗赠、合股集资等。

2.所有权取得的特别规定

(1)孳息的归属。天然孳息，由所有权人取得；既有所有权人又有用益物权人的，由用益物权人取得。当事人另有约定的，按照约定。

法定孳息，当事人有约定的，按照约定取得；没有约定或者约定不明确的，按照交易习惯取得。

(2)所有权人不明的埋藏物、隐藏物。所有权人不明的埋藏物、隐藏物，自发布招领公告之日起 6 个月内无人认领的，归国家所有。

(3)无人认领的遗失物、漂流物、失散的饲养动物。无人认领的遗失物、漂流物、失散的饲养动物，自发布招领公告之日起 6 个月内无人认领的，归国家所有。

(4)无人继承的遗产。无人继承又无人受遗赠的财产归国家所有；死者生前是集体所有制组织成员的，归集体组织所有。

(5)善意取得。无处分权人将不动产或者动产转让给受让人的，所有权人有权追回；除法律另有规定外，符合下列情形的，受让人取得该不动产或者动产的所有权：受让人受让该不动产或者动产时是善意的；以合理的价格转让；转让的不动产或者动产依照法律规定应当登记的已经登记，不需要登记的已经交付给受让人。

(四)国家所有权、集体所有权和私人所有权

1. 国家所有权

国家所有权，是指国家作为民事主体对特定的物依法享有的占有、使用、收益和处分的权利。

《物权法》第四十五条规定："法律规定属于国家所有的财产，属于国家所有即全民所有。"

《物权法》第四十六条规定："矿藏、水流、海域属于国家所有。"

《物权法》第四十七条规定："城市的土地，属于国家所有。法律规定属于国家所有的农村和城市郊区的土地，属于国家所有。"

《物权法》第四十八条规定："森林、山岭、草原、荒地、滩涂等自然资源，属于国家所有，但法律规定属于集体所有的除外。"

《物权法》第四十九条规定："法律规定属于国家所有的野生动植物资源，属于国家所有。"

《物权法》第五十条规定："无线电频谱资源属于国家所有。"

《物权法》第五十一条规定："法律规定属于国家所有的文物，属于国家所有。"

《物权法》第五十二条规定："国防资产属于国家所有。铁路、公路、电力设施、电信设施和油气管道等基础设施，依照法律规定为国家所有的，属于国家所有。"

2. 集体所有权

集体所有权，是指劳动群众集体对特定不动产或动产依法享有的占有、使用收益和处分的权利。根据《物权法》第五十八条规定，集体所有的不动产和动产包括：法律规定属于集体所有的土地和森林、山岭、草原、荒地、滩涂；集体所有的建筑物、生产设施、农田水利设施；集体所有的教育、科学、文化、卫生、体育等设施；集体所有的其他不动产和动产。

3. 私人所有权

私人所有权，是指自然人及其他非公有制主体对特定的动产或不动产享有占有、使用、收益和处分的权利。

《物权法》第六十四条规定："私人对其合法的收入、房屋、生活用品、生产工具、原材料等不动产和动产享有所有权。"

(五)建筑物区分所有权

建筑物区分所有权是我国《物权法》专章规定的不动产所有权的一种形态。所谓"建筑物区分所有权"，指的是权利人即业主对于一栋建筑物中自己专有部分的单独所有权、对共有部分的共有权以及因共有关系而产生的管理权的结合。

根据《物权法》规定，业主的建筑物区分所有权，包括了三个方面的基本内容：

1. 对专有部分的所有权

它是指业主对建筑物内属于自己所有的住宅、经营性用房等专有部门可以直接占有、使用，实现居住或者经营的目的；也可以依法出租、出借，获取收益和增进与他人感情；还可以用来抵押贷款或出售给他人。

2. 对建筑区划内的共有部分享有共有权

它是指每个业主在法律对所有权未作特殊规定的情形下，对专有部分以外的走廊、楼梯、过道、电梯、外墙面、水箱、水电气管线等共有部分，对小区内道路、绿地、公用设施、物业管理用房以及其他公共场所等共有部分享有占有、使用、收益、处分的权利；对建筑区划内，规划用于停放汽车的车位、车库有优先购买的权利。

3. 对共有部分享有共同管理的权利

它是指有权对共有部位与公共设备设施的使用、收益、维护等事项通过参加和组织业主大会进行管理。

业主的建筑物区分所有权三个方面的内容是一个不可分离的整体。在这三个方面的权利中，专有部分的所有权占主导地位，是业主对共有部分享有共有权以及对共有部分享有共同管理权的基础。如果业主转让建筑物内的住宅、经营性用房，则其对共有部分享有共有和共同管理的权利也一并转让。

业主享有建筑物区分所有权的同时，也必须履行相应的义务。如行使专有部分所有权时，不得危及建筑物的安全，不得损害其他业主的合法权益，像装修房子时不能破坏建筑物的整体结构；在住宅里面不得存放易燃易爆等危险物品；对公共部分行使共有权时，要遵守法律的规定和业主委员会的约定；认缴建筑物共有部分的维护资金等。

（六）相邻关系

相邻关系，是指两个或两个以上相互毗邻不动产的所有人或使用人，在行使占有、使用、收益、处分权利时发生的权利义务关系。比较常见的相邻关系有以下几种：相邻土地使用关系；相邻防险、排污关系；相邻用水、流水、截水、排水关系；相邻管线安设关系；相邻光照、通风、音响、震动关系；相邻竹木归属关系；相邻安全关系。

根据《物权法》等相关法律规定，不动产的相邻权利人应当按照有利生产、方便生活、团结互助、公平合理的原则，正确处理相邻关系。

（七）共有

共有，是指两个或两个以上的民事主体对同一项财产所共同享有的所有权。共有可分为共同共有和按份共有。

1. 按份共有

按份共有是共有人按各自的份额对同一财产享有所有权。按份共有的特征和有关权利、义务的关系是：

(1)各共有人有确定的份额，他们按份分享权益，分担费用。

(2)对共有财产的管理，由共有人协商进行。意见不一致时，按多数份额的意见进行管理，但不得损害其他人的利益。

(3)对共有财产除协商处分外，各共有人对自己的份额可以出卖、赠与，并可继承。但在出卖时，其他共有人有优先购买权。

(4)在共有财产受到侵害时，每一共有人都有权请求返还原物、排除妨碍和赔偿损失，以维护共有的权益。

(5)在共有财产分割时按份分配。

2. 共同共有

共同共有是基于共同关系发生的、各共有人对共有财产享有平等的所有权。共同共有的特征和有关权利义务的关系是：

(1)共同共有的基础是共同关系，最常见的是夫妻家庭财产。他们对共有财产不分各自的份额，在共同关系存续期间也不能要求分割。

(2)共同共有人对共有财产有平等的所有权，他们经平等协商进行管理、支配和进行处分。

(3)共同共有人对共有财产也承担平等的义务，对外就共同财产负连带责任。

(4)在共同关系终止时，共有财产进行分割，应经平等协商，确定各自的份额。如果意见不一致，则可诉请法院处理。

3. 按份共有和共同共有的区别

(1)财产份额上：按份共有的共有人从共有关系一开始就有确定的共有份额。而共同共有的共有人只有在共有关系消灭后才协商确定各自的财产份额；

(2)对外债务上：按份共有的共有人对偿还债务超过自己应当承担份额的，有权向其他共有人追偿；共同共有中，共有人之一对外要求共有债权之履行所获得的财产，作为共有财产；共有人之一清偿共同债务后也不存在向其他共有人追偿的问题。

【观念应用 7-2】下列各项属于财产所有权的原始取得的是(　　)

A. 叔叔送给今年刚满 7 岁的小明一辆自行车作为生日礼物

B. 小张继承哥哥的一处房子

C. 小陈的 50000 元存款共得利息 1000 元

D. 10 岁的小高把爸爸买的铅笔刀送给小朋友

【观念解析】正确答案是 C。原始取得，是指非依他人既存的权利而是基于法律规定直接取得所有权，包括先占、生产、收益孳息、添附、无主物和罚没物的法定归属、动产的善意取得、没收等取得方式。

三、用益物权

(一)用益物权的概念和特征

1.用益物权的概念

用益物权是对他人所有的物，在一定范围内进行占有、使用和收益的他物权。常见的用益物权如土地承包经营权、建设用地使用权、宅基地使用权。《物权法》第一百一十七条规定:“用益物权人对他人所有的不动产或者动产，依法享有占有、使用和收益的权利。”

2.用益物权的特征

(1)用益物权以对标的物的使用、收益为其主要内容，并以对物的占有为前提。

(2)用益物权是他物权、限制物权和有期限物权。

(3)用益物权是不动产物权。用益物权的标的物只限于不动产。用益物权的标的物主要是土地，如地上权、永佃权、地役权等。但典权、居住权等权利则主要是以房屋作为其标的物。

(二)土地承包经营权

土地承包经营权就是承包人因从事种植业、林业、畜牧业、渔业生产或其他生产经营项目而承包使用、收益集体所有或国家所有的土地或森林、山岭、草原、荒地、滩涂、水面的权利。

1.土地承包经营权的取得

(1)基于民事行为取得承包经营权的，包括创设取得和移转取得两种情况:

①创设取得，主要是指承包人与发包人通过订立承包经营合同而取得承包经营权，分为家庭承包与以招标、拍卖、公开协商等方式进行的承包。通过这两种方式承包的，都应当签订承包合同，承包合同自成立之日起生效，承包方于合同生效时取得土地承包经营权。县级以上地方人民政府应当向土地承包经营权人发放土地承包经营权证、林权证、草原使用权证，并登记造册，确认土地承包经营权。

②移转取得，是指在土地承包经营权的流转过程中，受让人通过转包、互换、转让等方式，依法从承包人手中取得土地承包经营权。我国《物权法》规定，土地承包经营权人依照农村土地承包法的规定，有权将土地承包经营权采取转包、互换、转让等方式流转。流转的期限不得超过承包期的剩余期限。未经依法批准，不得将承包地用于非农建设。土地承包经营权人将土地承包经营权互换、转让，当事人要求登记的，应当向县级以上地方人民政府申请土地承包经营权变更登记;未经登记，不得对抗善意第三人。

通过招标、拍卖、公开协商等方式承包荒地等农村土地，依照《农村土地承包法》等法律和国务院的有关规定，其土地承包经营权可以转让、入股、抵押或者以其他方式流转。

(2)非基于民事行为而取得承包经营权。这里主要是继承取得。《农村土地承包法》允许两种继承取得承包经营权的情况：

①以家庭承包方式取得的林地承包经营权，承包人死亡的，其继承人可以在承包期内继续承包；

②以招标、拍卖、公开协商等方式设立的承包经营权，承包人死亡的，其继承人可以在承包期内继续承包。

2. 土地承包经营权的期限

根据《物权法》第一百二十六条规定："耕地的承包期为三十年。草地的承包期为三十年至五十年。林地的承包期为三十年至七十年；特殊林木的林地承包期，经国务院林业行政主管部门批准可以延长。"

3. 土地承包经营权的消灭

(1)土地承包经营权的提前收回和交回。

(2)承包地期限届满。

(3)承包地被征收。

(4)承包地价值丧失：包括使用价值丧失和土地灭失。

(5)其他消灭原因：如合同的解除，不可抗力等导致土地承包经营权的消灭。

(三)建设用地使用权

建设用地使用权，是指建设用地使用权人依法对国家所有的土地享有占有、使用和收益的权利，有权利用该土地建造建筑物、构筑物及其附属设施的权利。

1. 建设用地使用权的取得

(1)国有土地建设用地使用权的取得。

①划拨方式。土地划拨，是土地使用人只需按照一定程序提出申请，经主管机关批准即可取得土地使用权，而不必向土地所有人支付租金及其他费用。我国《物权法》规定，严格限制以划拨方式设立建设用地使用权。采取划拨方式的，应当遵守法律、行政法规关于土地用途的规定。

②出让方式。建设用地使用权出让是国家以土地所有人身份将建设用地使用权在一定期限内有偿让与土地使用者。建设用地使用权出让有三种形式：协议、招标和拍卖。

③流转方式。建设用地使用权流转，是指土地使用人将建设用地使用权再转移的行为，如转让、互换、出资、赠与等。建设用地使用权转让、互换、出资或者赠与的，应当向登记机构申请变更登记。

(2)集体土地建设用地使用权的取得。根据我国《物权法》的规定，集体所有的土地作为建设用地的，应当依照《土地管理法》等法律规定办理。

①乡(镇)村公益用地使用权。农村集体经济组织或者由农村集体经济组织依法设立的公益组织，在经过依法审批后，对用于本集体经济组织内部公益事业的非农业用地所享有的建设用地使用权。

②乡(镇)村企业建设用地。农村集体经济组织使用乡(镇)土地利用总体规划确定的建设用地兴办企业,或者与其他单位、个人以土地使用权入股、联营等形式共同举办企业的,应当持有关批准文件,依法向相关部门申请获得建设用地使用权。

2. 建设用地使用权的消灭

(1)因为使用期限届满而未续期。《物权法》第一百四十九条规定,住宅建设用地使用权期间届满的,自动续期。非住宅建设用地使用权期间届满后的续期,依照法律规定办理。

(2)被依法收回。法律规定,因公共利益的需要收回建设用地使用权或者因建设用地使用权人闲置、废弃或不按照批准的用途用地而收回。

(3)土地灭失。作为权利客体的土地不存在,则建设用地使用权自然消灭。

(四)宅基地使用权

宅基地使用权指的是农村集体经济组织的成员依法享有的在该土地上建造个人住宅的权利。根据我国《物权法》的规定,宅基地使用权人依法对集体所有的土地享有占有和使用的权利,有权利用该土地建造住宅及其附属设施。

1. 宅基地使用权的取得

农村村民取得宅基地使用权需要履行一定的法律手续。《土地管理法》第六十二条第三款规定:"农村村民住宅用地,经乡(镇)人民政府审核,由县级人民政府批准;其中,涉及占用农用地的,依照本法第四十四条的规定办理审批手续。"

2. 宅基地使用权的消灭

(1)绝对消灭。它包括宅基地灭失和征收。《物权法》第一百五十四条规定:"宅基地因自然灾害等原因灭失的,宅基地使用权消灭。对失去宅基地的村民,应当重新分配宅基地。"

(2)相对消灭。其主要表现在因房屋的出租、出卖、继承、赠与和遗赠等行为而引起的原宅基地使用权人的使用权消灭和另一方对该使用权的取得。另外,宅基地使用权因放弃和农村集体经济组织收回宅基地而消灭。

(五)地役权

地役权,是指为使用自己不动产的便利或提高其效益而按照合同约定利用他人不动产的权利。他人的不动产为供役地,自己的不动产为需役地。

1. 地役权的取得

根据《物权法》第一百五十七条规定,设立地役权,当事人应当采取书面形式订立地役权合同。地役权合同一般包括下列条款:当事人的姓名或者名称和住所;供役地和需役地的位置;利用目的和方法;利用期限;费用及其支付方式;解决争议的方法。

《物权法》第一百六十四条规定:"地役权不得单独转让。土地承包经营权、建设用地使用权等转让的,地役权一并转让,但合同另有约定的除外。"

《物权法》第一百六十五条规定:"地役权不得单独抵押。土地承包经营权、建设用地使用权等抵押的，在实现抵押权时，地役权一并转让。”

2.地役权的常见种类

(1)通行地役权。即以在他人土地上通行以便到达自己土地为目的的地役权。

(2)取水、汲水或排水地役权。即为了需役地的便利在供役地上取水、汲水或排水的权利。

(3)眺望地役权。即为了确保在自己的土地或建筑物中能够眺望风景，约定供役地的物权人不得建造或种植超过一定高度的建筑物或竹木的权利。

(4)采光地役权。即为了改善自己的土地或建筑物的采光效果，约定供役地的物权人在一定的区域不得建造建筑物或种植竹木，或者建筑物、竹木不得超出一定高度的权利。

(5)竞业地役权。它是指需役地人禁止他人利用供役地从事某种与自己有竞争关系的经营活动权利。

3.地役权的消灭

地役权因下列原因而消灭：土地灭失；抛弃；需役地不需要利用供役地；供役地无法满足需役地的需要；存续期间的届满或其他预定事由的发生；合同解除等。

《物权法》第一百六十八条规定，地役权人有下列情形之一的，供役地权利人有权解除地役权合同，地役权消灭：违反法律规定或者合同约定，滥用地役权；有偿利用供役地，约定的付款期间届满后在合理期限内经两次催告未支付费用。

根据《物权法》的规定，已经登记的地役权变更、转让或者消灭的，应当及时办理变更登记或者注销登记。否则，若因此给第三人造成损失的，则应当承担赔偿责任。

【观念应用 7-3】根据我国《物权法》规定，下列各项中，不属于物权的是？（　　）

A. 土地承包经营权　　　　B. 建设用地使用权

C. 典权　　　　　　　　　D. 地役权

【观念解析】正确答案是 C。尽管典权是一个古老的物权，但目前我国《物权法》并没有规定典权。

四、担保物权

(一)担保物权的概念与特征

1.担保物权的概念

担保物权，指以担保债务的清偿为目的，以债务人或第三人的特定物或权利作为担保物，在债务人不清偿到期债务或者出现约定的情形，债权人就担保物的交换价值所享有的优先于(担保人之普通债权人)受偿的他物权，其包括抵押权、质权和留置权。

2.担保物权的特征

(1)从属性。它是指担保物权以主债的成立为前提，随主债的转移而转移，并随主债的消灭而消灭。

(2)物上代位性。担保期间,担保财产毁损、灭失或者被征收等,担保物权人可以就获得的保险金、赔偿金或者补偿金等优先受偿。被担保的债权的履行期未届满的,也可以提存该保险金、赔偿金或者补偿金等。

(3)不可分性。它是指担保物权所担保的债权的债权人就担保物的全部行使其权利。这体现在债权一部分消灭,债权人仍就未清偿部分的债权对担保物全部行使权利;担保物一部分灭失,残存部分仍担保债权全部。分期履行的债权,已届履行期的部分未履行时,债权人就全部担保物有优先受偿权。担保物权设定后,担保物价格上涨,债务人无权要求减少担保物,反之,担保物价格下跌,债务人也无提供补充担保的义务。

(二)抵押权

1.抵押权的概念

抵押权是债权人对债务人或者第三人不转移占有的担保财产,在债务人届期不履行债务或者发生当事人约定的实现抵押权的情形时,依法享有的就该抵押财产的变价处分权和优先受偿权的总称。债务人或者第三人为抵押人,债权人为抵押权人,提供担保的财产为抵押财产。

2.抵押权的种类

抵押权的种类,根据不同的标准可以进行不同的划分,根据我国《担保法》的相关规定,抵押权主要有以下几种:

(1)不动产抵押。不动产抵押,是指以不动产为抵押标的物而设定的抵押。不动产抵押是最普遍的抵押形式,由于不动产的特殊性,抵押人不转移对其的占有即可达到担保之目的,所以在实践中受到社会的普遍欢迎。

(2)动产抵押。动产抵押,是指以动产为抵押标的物而设立的抵押。动产抵押的特征仍是抵押人不转移对财产的占有,否则将与质押无异。

(3)权利抵押。权利抵押,是指以特定的财产权利作为抵押标的物的抵押。对于何种权利可以成为抵押的标的物,一般法律都会作出明确的规定,我国可供抵押的权利一般是指土地使用权。

(4)最高额抵押。最高额抵押,是指抵押人与抵押权人协议,在最高债权额度内,以抵押物对一定时间内连续发生的债权作担保的抵押形式。我国最高额抵押的适用范围,仅适用于借款合同和债权人与债务人就某项商品在一定期间内连续发生交易而签订的合同。

(5)财团抵押。财团抵押,是指抵押人以其全部的财产,包括动产、不动产和权利为一体共同作为标的物来进行抵押的行为。采用此种抵押方式的抵押人一般是企业。《担保法》第三十四条规定,抵押人可将其合法财产一并抵押。

(6)共同抵押。共同抵押,是指为了同一债权的担保,在数个不同的财产上设置的抵押。共同抵押的突出特点是在数个抵押物上设定数个抵押权,共同担保同一债权。若其中一个抵押权实现，则其他财产上的所有抵押权均消灭。

3. 抵押物

抵押物即抵押合同的标的，是债务人或第三人提供担保的财产。

《物权法》第一百八十条规定，债务人或者第三人有权处分的下列财产可以抵押：建筑物和其他土地附着物；建设用地使用权；以招标、拍卖、公开协商等方式取得的荒地等土地承包经营权；生产设备、原材料、半成品、产品；正在建造的建筑物、船舶、航空器；交通运输工具；法律、行政法规未禁止抵押的其他财产。

根据《物权法》第一百八十四条规定，下列财产不得抵押：土地所有权；耕地、宅基地、自留地、自留山等集体所有的土地使用权，但法律规定可以抵押的除外；学校、幼儿园、医院等以公益为目的的事业单位、社会团体的教育设施、医疗卫生设施和其他社会公益设施；所有权、使用权不明或者有争议的财产；依法被查封、扣押、监管的财产；法律、行政法规规定不得抵押的其他财产。

4. 抵押权的设立

《物权法》第一百八十五条规定，设立抵押权，当事人应当采取书面形式订立抵押合同。抵押合同一般包括下列条款：被担保债权的种类和数额；债务人履行债务的期限；抵押财产的名称、数量、质量、状况、所在地、所有权归属或者使用权归属；担保的范围。

《物权法》第一百八十七条规定，以本法第一百八十条第一款第一项至第三项规定的财产或者第五项规定的正在建造的建筑物抵押的，应当办理抵押登记。抵押权自登记时设立。

《物权法》第一百八十八条规定，以本法第一百八十条第一款第四项、第六项规定的财产或者第五项规定的正在建造的船舶、航空器抵押的，抵押权自抵押合同生效时设立；未经登记，不得对抗善意第三人。

企业、个体工商户、农业生产经营者以现有的以及将有的生产设备、原材料、半成品、产品等法律规定的动产抵押的，应当向抵押人住所地的工商行政管理部门办理登记。抵押权自抵押合同生效时设立；未经登记，不得对抗善意第三人。

5. 抵押担保的范围

抵押权所担保的债权的范围包括主债权、利息、违约金、损害赔偿金和实现抵押权的费用，抵押合同另有约定的，从其约定。

《物权法》第一百八十六条规定，抵押权人在债务履行期届满前，不得与抵押人约定债务人不履行到期债务时抵押财产归债权人所有。

6. 抵押权的实现

《物权法》第一百九十五条规定，债务人不履行到期债务或者发生当事人约定的实现抵押权的情形，抵押权人可以与抵押人协议以抵押财产折价或者以拍卖、变卖该抵押财产所得的价款优先受偿。

7. 抵押权的消灭

《物权法》第一百七十七条规定，有下列情形之一的，担保物权消灭：主债权消灭；担保物权实现；债权人放弃担保物权；法律规定担保物权消灭的其他情形。

（三）质权

1. 质权的概念

质权，是指债权人于债务人不履行债务时，就债务人或第三人移转占有而供担保的特定动产或权利卖得的价金优先受偿的权利，它包括动产质权和权利质权。债务人或者第三人为出质人，债权人为质权人，交付的动产为质押财产。质权也叫"质押权"，其特征如下：

（1）质权的标的物只能是动产和权利，而不能是不动产。

（2）质权是以债权人占有质物为要件的担保物权。

2. 动产质权

（1）动产质权依当事人之间的质押合同而设定。《物权法》第二百一十条规定："设立质权，当事人应当采取书面形式订立质权合同。"质权合同一般包括下列条款：被担保债权的种类和数额；债务人履行债务的期限；质押财产的名称、数量、质量、状况；担保的范围；质押财产交付的时间。《物权法》第二百一十二条规定："质权自出质人交付质押财产时设立。"

（2）动产质权的效力。质权所担保的债权的范围包括主债权及利息、违约金、损害赔偿金、质押财产的保管费用和实现质权的费用。

（3）质权人的权利。主要有：占有、留置质押财产；优先受偿；收取孳息，当事人另有约定者除外；转质，限于原质权的范围之内；保全质权的权利即排除对质权的各种妨害的权利；物上代位权。

（4）质权人的义务。主要有：妥善保管质押财产；于债务人到期清偿债务后返还质押财产；返还超过债权数额的质押财产拍卖、变卖价款。

（5）质权的实现。质权人可以与出质人协议以质押财产折价，也可以就拍卖、变卖质押财产所得的价款优先受偿。质押财产折价或者变卖的，应当参照市场价格。同样"流质契约"无效。

（6）动产质权的消灭。质权消灭的原因有：债权消灭；质权实现；质权的抛弃与质押财产返还；债权人丧失对质押财产的占有，如质押财产毁损灭失；混同。

3. 权利质权

设立质权，当事人应当采取书面形式订立质权合同。不需要登记的，质权自权利凭证交付质权人时设立；没有权利凭证的，质权自有关部门办理出质登记时设立。

（1）债务人或者第三人有权处分的下列权利可以出质：汇票、支票、本票；债券、存款单；仓单、提单；可以转让的基金份额、股权；可以转让的注册商标专用权、专利权、著作权等知识产权中的财产权；应收账款；法律、行政法规规定可以出质的其他财产权利。

（2）以基金份额、证券登记结算机构登记的股权出质，须向证券登记结算机构登记。以其他股权出质，须向工商行政管理部门登记。以知识产权出质，须向专利权、注册商标专用权、著作权主管部门登记。以应收账款出质，须向信贷征信机构登记。质权自有关行政部门办理出质登记时设立。

(四)留置权

1. 留置权的概念

留置权，是指债权人按照合同的约定占有债务人的动产，债务人不按照合同约定的期限履行债务的，债权人有权依照法律规定留置财产，以该财产折价或者以拍卖、变卖该财产的价款优先受偿。债权人为留置权人，占有的动产为留置财产。

2. 留置权成立的要件

(1)须债权人占有债务人的动产。至于债权的发生原因，依《担保法》第八十四条的规定，因保管合同、运输合同、加工承揽合同发生的债权，债务人不履行债务的，债权人有留置权。

(2)须债权已届清偿期。债权人虽占有债务人的动产，但在债权尚未届清偿期时，因此时尚不发生债务人不履行债务的问题，不发生留置权。只有在债权已届清偿期，债务人仍不履行债务时，债权人才可以留置债务人的动产。

(3)须债权的发生与该动产有牵连关系。债权人所占有的债务人的动产必须与其债权的发生有牵连关系，才有留置权可言。《物权法》第二百三十一条规定："债权人留置的动产，应当与债权属于同一法律关系，但企业之间留置的除外。"

3. 留置权人的权利和义务

(1)留置权人的权利。

①占有权。留置权一经成立，留置权人就当然享有继续占有留置物的权利。

②收取权。置权人在占有留置物期间，对留置物所生之自然孳息和法定孳息有权收取。

③使用权。使用留置物须经债务人同意。

④优先受偿权。债务人到期不履行义务，经债权人催告，在合理期限内仍不履行义务的，债权人有权依法变卖留置物，以变卖财产的价款优先受偿。

(2)留置权人的义务。

①留置物的保管。《担保法》第八十六条规定："留置权人负有妥善保管留置物的义务。因保管不善致使留置物灭失或者毁损的，留置权人应当承担民事责任。"

②不得擅自使用、利用留置物。

③返还留置物。当留置权所担保的债权消灭时，留置权人有义务将留置物返还给债务人。

4. 留置权的实现

留置权人与债务人应当约定留置财产后的债务履行期间；没有约定或者约定不明确的，留置权人应当给债务人两个月以上履行债务的期间，但鲜活易腐等不易保管的动产除外。债务人逾期未履行的，留置权人可以与债务人协议以留置财产折价，也可以就拍卖、变卖留置财产所得的价款优先受偿。留置财产折价或者变卖的，应当参照市场价格。

（五）占有

1. 占有的概念和构成要件

占有指占有人对不动产或者动产的实际控制。不管主体对物的管领是否具备据为己有的意思，只要客观上的控制状态形成且主观上有占有的意思就可以构成占有。如：租赁权人对于租赁物的占有、拾得人对拾得物的占有。

占有是一种单纯的事实，不是一种民事权利，也不是一种物权。占有的构成要件是：占有的客观要件，即须占有人的占有行为存在；占有的主观要件，即须占有人主观上有占有的意思。

2. 占有的主体

占有的主体，是指对某物享有占有权，并为占有制度所保护的人，包括物之所有人，与所有人具有某种法律关系的人以及其他一切有占有能力的人。

3. 占有的客体

占有的客体是物。占有是事实状态，以物为媒介，形成人与人之间的绝对法律关系（人与物之间不能形成法律关系）。

4. 占有的内容

占有的内容就是占有人对客观上已经处于控制状态的物在事实上的控制，是一种事实状态。

5. 占有的分类

(1)有权占有与无权占有。

①有权占有，即基于法律上的原因而为的占有。

②无权占有，即欠缺法律上原因的占有，如拾得遗失物。

(2)善意占有与恶意占有。

①善意占有，指占有人不知无占有权而误信有占有权且无怀疑地占有。

②恶意占有，指占有人明知无占有权或对是否有权虽怀疑而仍为占有。

(3)自主占有与他主占有。

①自主占有（完全占有），指以物属于自己所有的意思的占有。.如买受人对标的物的占有、盗贼对于盗赃的占有。

②他主占有（不完全占有），非所有人（无所有的意思）的占有，占有人不享有完全的物权，如承租人对租用的房屋的占有。

(4)直接占有与间接占有。

①直接占有，指占有人事实上占有其物，即直接对物有事实上的管领力。如质权人、保管人对质物、保管物的占有。

②间接占有，指基于一定法律关系而对事实上占有其物之人有返还请求权的占有。如出质人、寄托人对质物、保管物的占有。

【观念应用 7-4】甲遗失一部相机，乙拾得后放在办公桌抽屉内，并张贴了招领启事。丙盗走该相机，并卖给了不知情的丁，丁出质于戊。对此，下列哪一种说法不正确？

A. 乙对相机的占有属于无权占有　　B. 丙对相机的占有属于他主占有

C. 丁对相机的占有属于自主占有　　D. 戊对相机的占有属于直接占有

【观念解析】正确答案为 B。根据民法关于占有的理论，无权占有和有权占有是根据占有人占有某物是否有合法的权利来源所作的分类。承租人对租赁物的占有、保管人对保管物的占有均属于有权占有；小偷对盗赃物的占有、拾得人对拾得物的占有均属于无权占有。因此，选项 A 的说法正确。自主占有与他主占有根据占有意思的不同，即是否具有将占有物据为己有的意思所作的分类，在此种分类中，不考虑占有人是否就标的物享有合法的所有权。丙是根据自己的意思盗走相机，属于自主占有。所以，选项 B 的说法错误，选项 C 的说法正确。直接占有与间接占有是根据占有人是否直接占有其物为标准所作的区分。故选项 D 的说法正确。

6. 占有的取得

占有的取得，指占有人获得对于物的事实上的管领。

(1)依法律行为而取得，如买卖；

(2)因事实行为而取得，如建造房屋、先占；

(3)因自然事件而取得，如树上果实落入邻人院内；

(4)因侵权行为而取得，如抢夺他人财物；

(5)因占有的推定而取得，如无主财产的管理。

7. 占有的消灭

占有和其他物权一样，因标的物的消灭而消灭。另外，直接占有可以因为放弃占有意思或者管领的丧失而消灭。

8. 占有的法律保护

《物权法》二百四十二条规定，占有人因使用占有的不动产或者动产，致使该不动产或者动产受到损害的，恶意占有人应当承担赔偿责任。

《物权法》二百四十三条规定，不动产或者动产被占有人占有的，权利人可以请求返还原物及其孳息，但应当支付善意占有人因维护该不动产或者动产支出的必要费用。

《物权法》二百四十四条规定，占有的不动产或者动产毁损、灭失，该不动产或者动产的权利人请求赔偿的，占有人应当将因毁损、灭失取得的保险金、赔偿金或者补偿金等返还给权利人；权利人的损害未得到足够弥补的，恶意占有人还应当赔偿损失。

《物权法》二百四十五条规定，占有的不动产或者动产被侵占的，占有人有权请求返还原物；对妨害占有的行为，占有人有权请求排除妨害或者消除危险；因侵占或者妨害造成损害的，占有人有权请求损害赔偿。

占有人返还原物的请求权，自侵占发生之日起一年内未行使的，该请求权消灭。

任务二　工业产权法律制度

◇任务导入

2011年初，某大学环境科研所环境化学研究室副主任A，应某市环保局邀请，同意帮助研究有关印染污水处理技术。A一直从事微量元素与健康研究工作，当时分管后勤工作。同年寒假，A在某大学实验室内利用废旧原料、工具及试纸，对有关厂家提供的印染污水进行实验和测试，完成了“印染污水处理方法及工艺”的发明创造。此后，某大学就该项发明创造向中国专利局申请了职务发明专利，并于2013年11月1日获得专利权。而A认为该发明专利权归属有误，于2014年2月向某市人民法院提起诉讼，请求判令该发明专利为非职务发明。问题：

(1)该发明的主体是个人还是单位?

(2)A完成的“印染污水处理方法及工艺”发明创造是职务发明还是非职务发明，该如何判断?

一、工业产权法概述

(一)工业产权的概念和特征

1.工业产权的概念

工业产权，是指人们依法对应用于商品生产和流通中的创造发明和显著标记等智力成果，在一定地区和期限内享有的专有权。按照《保护工业产权巴黎公约》的规定，工业产权包括发明、实用新型、外观设计、商标、服务标记、厂商名称、货源标记、原产地名称以及制止不正当竞争的权利，工业产权主要是指专利权和商标专用权。

工业产权一词最早出现于1791年法国的专利法中。在此以前，英国和法国都称专利权为“特权”或“垄断权”。当时，法国专利法的起草人德布浮拉认为，使用特权或垄断权这样的词，会遭到立法议会和反封建的法国人民的反对，因而提出“工业产权”这个概念。

1883年制定的《保护工业产权巴黎公约》也采用了这个词，工业产权一词现已成为国际通用的专门术语。

我国1986年制定和颁布的《民法通则》里，把工业产权作为一项基本民事权利。我国工业产权主要是指商标专用权和专利权。

2.工业产权的特征

工业产权与著作权(又称版权)，统称为“知识产权”。工业产权属于无形财产权，与有形财产权相比具有以下特征：

(1)专有性。工业产权是国家赋予专利权人和商标专用权人，在有效期内对其专利和商标享有的独占、使用、收益和处分的权利。未经权利人许可，任何第三人皆不得使用，否则，即构成侵权。

(2)地域性。工业产权的地域性，是指工业产权的地域限制，也就是说，一个国家法律所确认和保护的工业产权，只在该国范围内有效，对其他国家不发生效力，即不具有域外效力。如想获得该国的保护，必须依照该国的法律取得相应的知识产权或根据共同签订的国际条约取得保护。

(3)时间性。工业产权的时间性，是指工业产权的时间限制，即工业产权的保护是有一定期限的，也就是工业产权的有效期。法律规定的期限届满，工业产权的专有权即告终止，权利人即丧失其专有权，这些智力成果即成为社会财富。

(二)工业产权法

工业产权法，是指调整因确认、使用和保护专利权和商标权等智力成果而发生的各种社会关系的法律规范总称，其具有国家的确认性和时间性。工业产权法有广义和狭义之分。狭义上的工业产权法，主要是指《商标法》和《专利法》；广义上的工业产权法，包括《刑法》、《民法》、《反不正当竞争法》等保护工业产权的法律制度。目前，我国关于工业产权保护的专门法律主要是《中华人民共和国商标法》(2013 年第三次修订)和《中华人民共和国专利法》(2008 年第三次修订)两部法律。

我国自从建立工业产权法律保护制度以来，同时也进入了国际保护体系。目前，我国已经加入工业产权保护的国际组织及国际公约有：1985 年加入《保护工业产权巴黎公约》；1989 年加入《商标国际注册马德里协定》；1994 年加入《专利合作条约》，1994 年加入《商标注册用商品和服务分类协定》；1995 年加入《商标国际注册马德里协定有关议定书》；1996 年加入《工业品外观设计国际分类协定》(简称《洛迦诺协定》)；1997 年加入《专利国际分类协定》(IPC)；2001 年加入《与贸易有关的知识产权协议》(TRIPS)等，这表明我国的知识产权法律保护已进入了世界知识产权保护的法律体系。

【观念应用 7-5】下列法律、法规对保护我国工业产权不适用的是(　　)

A.《中华人民共和国商标法》　　B.《商标法实施条例》

C.《保护工业产权巴黎公约》　　D.《罗马公约》

【观念解析】正确答案为 D。国际条约，只有在我国加入其中后，才在我国具有法律效力。目前，我国并没有加入《罗马条约》。

二、专利法律制度

(一)专利的概念和特征

专利权(Patent Right)，简称“专利”，是指发明创造人或其权利受让人对特定的发明创造在一定期限内依法享有的独占实施权，是工业产权的一种。根据我国2008年新修订的《专利法》规定，我国的专利权主要包括发明、实用新型和外观设计三种。专利权的特征如下：

1. 专有性

专有性也称"独占性"，指专利权人对其发明创造所享有的独占性的制造、使用、销售和进口的权利。也就是说，其他任何单位或个人未经专利权人许可不得进行为生产、经营目的的制造、使用、销售和进口其专利产品；使用其专利方法；或者未经专利权人许可为生产、经营目的的制造、使用、销售和进口依照其方法直接获得的产品。否则，就是侵犯专利权。

2. 地域性

地域性指一个国家依照其本国专利法授予的专利权，仅在该国法律管辖的范围内有效，对其他国家没有任何约束力，外国对其专利权不承担保护的义务。

3. 时间性

时间性指专利权人对其发明创造所拥有的专有权只在法律规定的时间内有效，期限届满后，专利权人对其发明创造就不再享有制造、使用、销售和进口的专有权，任何单位或个人都可以无偿地使用。

(二)专利法

专利法是确认发明人(或其权利继受人)对其发明享有专有权，规定专利权的取得与消灭、专利权的实施与保护，以及其他专利权人的权利和义务的法律规范的总称。

我国于1984年3月第六届全国人大常委会通过《中华人民共和国专利法》。1992年，进行了一次修改。2000年8月，完成了第二次修改。2008年12月27日，《专利法》进行了第三次修改。2010年1月10日，国务院第二次修订了《中华人民共和国专利法实施细则》。

(三)专利权的主体

专利权的主体，是指有权提出专利申请和获得专利权，并承担相应义务的个人或单位。依据我国《专利法》的规定，专利权的主体可以是非职务发明创造的发明人、设计人及其合法受让人，职务发明创造人所在单位以及外国人。

1. 发明人或设计人

发明人或者设计人，是指对发明创造的实质性特点作出创造性贡献的人。在完成发明创造过程中，只负责组织工作的人、为物质技术条件的利用提供方便的人或者从事其他辅助工作的人，不是发明人或者设计人。

2. 合法受让人

《专利法》第十条规定，专利申请权和专利权可以转让。因此，合法受让人必然享有该发明创造的专利申请权和专利权。转让专利申请权和专利权，当事人必须提出书面合同或其法律文件，经专利局登记和公告后生效；同时，应在专利申请请求书上注明发明人或者设计人的姓名。因为发明人、设计人的专利权中的人身权是不能转移的。

3.发明人或者设计人所在单位

我国《专利法》第六条规定:“执行单位的任务或者主要是利用本单位的物质条件所完成的职务发明创造,申请专利的权利属于该单位。”

本单位,包括临时工作单位。

本单位的物质技术条件,是指本单位的资金、设备、零部件、原材料或者不对外公开的技术资料等。

职务发明创造是指:在本职工作中作出的发明创造;履行本单位交付的本职工作之外的任务所作出的发明创造;退休、调离原单位后或者劳动、人事关系终止后1年内作出的,与其在原单位承担的本职工作或者原单位分配的任务有关的发明创造。

4.外国人

《专利法》第十八条规定:“在中国没有经常居所或者营业所的外国人、外国企业或者外国其他组织在中国申请专利的,依照其所属国同中国签订的协议或者共同参加的国际条约,或者依照互惠原则,根据本法办理。”

《专利法》第十九条规定:“在中国没有经常居所或者营业所的外国人、外国企业或者外国其他组织在中国申请专利和办理其他专利事务的,应当委托依法设立的专利代理机构办理。”

(四)专利权的客体

我国《专利法》第一条规定,保护发明创造专利权为本法的宗旨。第二条又具体规定,本法称的“发明创造”是指发明、实用新型和外观设计。这就明确了我国《专利法》保护的对象包括发明、实用新型和外观设计三种。

1.发明

发明,是指对产品、方法或者其改进所提出的新的技术方案。如:工业制造方法或工艺;机器;仪器;工具或机械装置;制品或工业成果;科学原理的技术应用等。

2.实用新型

实用新型,是指对产品的形状、构造或者其结合所提出的适于实用的新的技术方案。人们习惯地称实用新型为“小发明”。

3.外观设计

外观设计,是指对产品的形状、图案或者其结合以及色彩与形状、图案的结合所作出的富有美感并适于工业应用的新设计。

【观念应用7-6】根据专利法律制度的规定,某汽车制造厂完成的下列新技术成果中,可能获得实用新型专利的是(　　)

A.汽车新燃料　　　　B.汽车防冻液

C. 汽车发动机　　　　　　　　　　D. 汽车节能方法

【观念解析】正确答案为C。实用新型仅限于产品，不包括方法，因此选项D不属于实用新型；实用新型要求产品必须是具有固定的形状、构造的产品。气态、液态、凝胶状或颗粒粉末状的物质或者材料，不属于实用新型的产品范围，因此，选项A和B均不属于实用新型。

(五)专利权的取得

1. 专利权取得的条件

(1)新颖性。新颖性，是指在申请日以前没有同样的发明或者实用新型在国内外出版物上公开发表过、在国内公开使用过或者以其他方式为公众所知。也没有同样的发明或者实用新型由他人向专利局提出过申请并且记载在申请日以后公布的专利申请文件中。

但根据《专利法》规定，申请专利的发明创造在申请日以前六个月内，有下列情形之一的，不丧失新颖性：在中国政府主办或者承认的国际展览会上首次展出的；在规定的学术会议或者技术会议上首次发表的；他人未经申请人同意而泄露其内容的。

(2)创造性。创造性，是指同申请日以前已有的技术相比，该发明有突出的实质性特点和显著的进步，该实用新型有实质性特点和进步。

(3)实用性。实用性，是指该发明或者实用新型能够制造或者使用，并且能够产生积极效果。

我国《专利法》第二十五条规定，对下列各项，不授予专利权：科学发现；智力活动的规则和方法；疾病的诊断和治疗方法；食品、饮料和调味品；药品和用化学方法获得的物质；动物和植物品种；用原子核变换方法获得的物质；对平面印刷品的图案、色彩或者二者的结合作出的主要起标识作用的设计。

2. 专利权取得的程序

(1)申请。我国《专利法》第二十六条规定："申请发明或者实用新型专利的，应当提交请求书、说明书及其摘要和权利要求书等文件。请求书应当写明发明或者实用新型的名称，发明人的姓名，申请人姓名或者名称、地址，以及其他事项。说明书应当对发明或者实用新型作出清楚、完整的说明，以所属技术领域的技术人员能够实现为准；必要的时候，应当有附图。摘要应当简要说明发明或者实用新型的技术要点。权利要求书应当以说明书为依据，清楚、简要地限定要求专利保护的范围。依赖遗传资源完成的发明创造，申请人应当在专利申请文件中说明该遗传资源的直接来源和原始来源；申请人无法说明原始来源的，应当陈述理由。"

《专利法》第二十七条规定："申请外观设计专利的，应当提交请求书以及该外观设计的图片或者照片以及对该外观设计的简要说明等文件。"

《专利法》第二十八条规定："国务院专利行政部门收到专利申请文件之日为申请日。如果申请文件是邮寄的，以寄出的邮戳日为申请日。”

《专利法》第二十九条规定：“申请人自发明或者实用新型在外国第一次提出专利申请之日起十二个月内，或者自外观设计在外国第一次提出专利申请之日起六个月内，又在中国就相同主题提出专利申请的，依照该外国同中国签订的协议或者共同参加的国际条约，或者依照相互承认优先权的原则，可以享有优先权。申请人自发明或者实用新型在中国第一次提出专利申请之日起十二个月内，又向国务院专利行政部门就相同主题提出专利申请的，可以享有优先权。”

《专利法》第三十一条规定：“一件发明或者实用新型专利申请应当限于一项发明或者实用新型。属于一个总的发明构思的两项以上的发明或者实用新型，可以作为一件申请提出。一件外观设计专利申请应当限于一项外观设计。同一产品两项以上的相似外观设计，或者用于同一类别并且成套出售或者使用的产品的两项以上的外观设计，可以作为一件申请提出。”

(2)审查和批准。我国对发明专利审批采用审查制，即必须经过初步审查公开和实质审查才可授予专利权。对实用新型专利和外观设计专利的审批采用登记制，即只经过初步审查就可以授予专利权。实行专利审查审批制度的目的在于统一专利标准，提高专利质量，保证申请人的利益。

①初步审查。初步审查也称“形式审查”或“格式审查”，是国务院专利行政部门对发明、实用新型和外观设计专利申请是否具备形式条件进行的审查。

国务院专利行政管理部门在初步审查中，对于申请文件中不符合专利法要求的，应当给予申请人补正机会，通知申请人在指定期限内补正。申请人无正当理由不补正的，其申请视为撤回。补正后仍不符合要求的，国务院专利行政管理部门应当予以驳回。若申请人不服，则可以请求专利复审委员会复审。

《专利法》第四十条规定：“实用新型外观设计专利申请经初步审查没有发现驳回理由的，由国务院专利行政部门作出授予实用新型专利权或者外观设计专利权的决定，发给相应的专利证书，同时予以登记和公告。实用新型专利权和外观设计专利权自公告之日起生效。”

②早期公开。早期公开，是指经过初步审查对符合形式条件的发明专利申请，在尚未经过实质审查前进行的公开。

我国《专利法》第三十四条规定：“专利局收到发明专利申请后，经初步审查认为符合本法要求的，自申请日(有优先权的自优先权日)起满十八个月，即行公布。国务院专利行政部门也可以根据申请人的请求早日公布其申请。”

早期公开的目的是使公众可以及早自由阅读和索取有关文献，有利于公众对专利申请审批进行监督和协助，也有利于最新技术的迅速传播和利用。

③实质审查。实质审查也称“技术审查”，它是对申请专利的发明是否具有专利性所进行的审查。

我国《专利法》第三十五条规定:“发明专利申请自申请日起三年内,国务院专利行政部门可以根据申请人随时提出的请求,对其申请进行实质审查;申请人无正当理由逾期不请求实质审查的,该申请即被视为撤回。国务院专利行政部门认为必要的时候,可以自行对发明专利申请进行实质审查。”

实质审查的核心内容是判断申请的发明是否具有授予专利权的三个条件,即新颖性、创造性和实用性。

④登记和公告。发明专利申请经实质审查没有发现驳回理由的,由国务院专利行政部门作出授予发明专利权的决定,发给发明专利证书,同时予以登记和公告。发明专利权自公告之日起生效。

⑤复审。国务院专利行政部门设立专利复审委员会。专利申请人对专利局驳回申请的决定不服的,可以自收到通知之日起三个月内,向专利复审委员会请求复审。专利复审委员会复审后,作出决定,并通知专利申请人。专利申请人对专利复审委员会的复审决定不服的,可以自收到通知之日起三个月内向人民法院起诉。

【观念应用 7-7】法国人克利特于 2008 年 10 月 20 日就一项发明在法国申请了专利。2009 年 9 月 30 日,克利特又就该发明向中国专利局提出了申请,并申请优先权。之后,克利特该发明在法国和中国分别于 2011 年 12 月 31 日、2012 年 8 月 5 日被授予专利权。按照《专利法》的规定,在中国的申请日以及专利权有效期截止于下列哪些日期?

A. 2008 年 10 月 20 日　　B. 2009 年 9 月 30 日

C. 2028 年 10 月 20 日　　D. 2018 年 12 月 31 日

【观念解析】正确答案为 A、C。发明的优先权期限为 12 个月。有优先权的,优先权日为申请日,即 2008 年 10 月 20 日为申请日,所以选 A。我国《专利法》规定,发明专利权的保护期限为 20 年,自申请日起计算。

(六)专利权的内容

1. 专利权人的权利

(1)独占实施权。独占实施权,是指发明和实用新型及外观设计专利权被授予后,任何单位或者个人未经专利权人许可,都不得实施其专利,即不得为生产经营目的制造、许诺销售、销售、进口其外观设计专利产品。

这里的“许诺销售”,是指以做广告、在商店橱窗中陈列或者在展销会上展出等方式作出销售商品的意思表示。

(2)转让权。它是指专利权人将其获得的专利所有权转让给他人的权利。转让专利权的,当事人应当订立书面合同,并向国务院专利行政部门登记,由国务院专利行政部门予以公告。专利权的转让自登记之日起生效。中国单位或者个人向外国人转让专利权的,必须经国务院有关主管部门批准。

(3)许可实施权。许可实施权，是指专利权人通过实施许可合同的方式，许可他人实施其专利并收取专利使用费的权利。

(4)标记权。标记权即专利权人有权自行决定是否在其专利产品或者该产品的包装上标明专利标记和专利号。

(5)请求保护权。请求保护权是专利权人认为其专利权受到侵犯时，有权向人民法院起诉或请求专利管理部门处理以保护其专利权的权利。保护专利权是专利制度的核心，他人未经专利权人许可而实施其专利，侵犯专利权并引起纠纷的，专利权人可以直接向人民法院起诉，也可以请求管理专利工作的部门处理。

(6)放弃权。专利权人可以在专利权保护期限届满前的任何时候，以书面形式声明或以不缴纳年费的方式自动放弃其专利权。《专利法》规定，专利权人以书面声明放弃其专利权的，专利权在期限届满前终止。专利权人提出放弃专利权声明后，一经国务院专利行政部门登记和公告，其专利权即可终止。

(7)质押权。根据《担保法》，专利权人还享有将其专利权中的财产权进行出质的权利。以专利权出质的，必须到专利审批部门进行登记。

2. 专利权人的义务

依据《专利法》和相关国际条约的规定，专利权人应履行的义务包括：

(1)实施专利的义务。根据我国《专利法》的规定，专利权人获得法律保护的专利技术必须在中国境内使用，从而使发明创造从智力成果转化为生产力，推动国家经济发展与科技进步，这也是专利权人获得自身收益的主要途径。专利的实施有三种途径：一是自己制造或使用；二是允许他人制造或使用；三是与他人合作制造或使用。

(2)缴纳专利年费的义务。专利权人应当自被授予专利权的当年开始缴纳年费。授予专利权当年以后的年费应当在上一年度期满前缴纳。专利权人未缴纳或者未缴足的，国务院专利行政部门应当通知专利权人自应当缴纳年费期满之日起 6 个月内补缴，同时缴纳滞纳金；滞纳金的金额按照每超过规定的缴费时间 1 个月，加收当年全额年费的 5%计算；期满未缴纳的，专利权自应当缴纳年费期满之日起终止。

(七)专利权的限制

专利权的限制，是指《专利法》规定的，允许第三人在某些特殊情况下可以不经专利权人许可而实施其专利，且其实施行为并不构成侵权的一种法律制度。

1. 专利权的强制许可

专利实施的强制许可，是指并非出于专利权人自愿，而是国家专利行政机关根据法律规定强制专利权人许可他人实施发明或实用新型专利的一种法律制度。我国《专利法》规定了三种强制许可即一般强制许可、特殊强制许可、交叉强制许可。

(1)一般强制许可。《专利法》第四十八条规定："有下列情形之一的，国务院专利行政部门根据具备实施条件的单位或者个人的申请，可以给予实施发明专利或者实用新型专利的强制许可，专利权人自专利权被授予之日起满三年，且自提出专利申请之日起满四年，无正当理由未实施或者未充分实施其专利的；专利权人行使专利权的行为被依法认定为垄断行为，为消除或者减少该行为对竞争产生的不利影响的。”

(2)特殊强制许可。《专利法》第四十九条规定：“在国家出现紧急状态或者非常情况时，或者为了公共利益的目的，国务院专利行政部门可以给予实施发明专利或者实用新型专利的强制许可。”

《专利法》第五十条规定：“为了公共健康目的，对取得专利权的药品，国务院专利行政部门可以给予制造并将其出口到符合中华人民共和国参加的有关国际条约规定的国家或者地区的强制许可。”

(3)交叉强制许可。《专利法》第五十一条规定：“一项取得专利权的发明或者实用新型比前已经取得专利权的发明或者实用新型具有显著经济意义的重大技术进步，其实施又有赖于前一发明或者实用新型的实施的，国务院专利行政部门根据后一专利权人的申请，可以给予实施前一发明或者实用新型的强制许可。在依照前款规定给予实施强制许可的情形下，国务院专利行政部门根据前一专利权人的申请，也可以给予实施后一发明或者实用新型的强制许可。”

取得实施强制许可的单位或者个人应当付给专利权人合理的使用费，或者依照中华人民共和国参加的有关国际条约的规定处理使用费问题。付给使用费的，其数额由双方协商；双方不能达成协议的，由国务院专利行政部门裁决。

2.不视为侵犯专利权的行为

《专利法》第六十九条规定，有下列情形之一的，不视为侵犯专利权：

(1)专利产品或者依照专利方法直接获得的产品，由专利权人或者经其许可的单位、个人售出后，使用、许诺销售、销售、进口该产品的；

(2)在专利申请日前已经制造相同产品、使用相同方法或者已经做好制造、使用的必要准备，并且仅在原有范围内继续制造、使用的；

(3)临时通过中国领陆、领水、领空的外国运输工具，依照其所属国同中国签订的协议或者共同参加的国际条约，或者依照互惠原则，为运输工具自身需要而在其装置和设备中使用有关专利的；

(4)专为科学研究和实验而使用有关专利的；

(5)为提供行政审批所需要的信息，制造、使用、进口专利药品或者专利医疗器械的，以及专门为其制造、进口专利药品或者专利医疗器械的。

《专利法》第七十条规定：“为生产经营目的使用、许诺销售或者销售不知道是未经专利权人许可而制造并售出的专利侵权产品，能证明该产品合法来源的，不承担赔偿责任。”

(八)专利权的保护

1. 专利权的保护期限

根据《专利法》第四十二条规定:“发明专利权的期限为二十年,实用新型专利权和外观设计专利权的期限为十年,均自申请日起计算。”

2. 专利侵权行为

专利侵权行为,也称“侵犯专利权的行为”,是指在专利权的有效期限内,任何他人在未经专利权人许可,也没有其他法定事由的情况下,擅自以营利为目的实施专利的行为。专利侵权行为主要有以下几种类型:

(1)制造专利产品的行为;

(2)故意使用发明或实用新型专利产品的行为;

(3)许诺销售、销售专利产品的行为;

(4)使用专利方法以及使用、许诺销售、销售依照专利方法直接获得的产品的行为;

(5)进口专利产品或进口依照专利方法直接获得产品的行为;

(6)假冒他人专利的行为;

(7)冒充专利的行为。

3. 专利侵权责任

根据《专利法》及其有关法律的规定,侵权行为人应当承担的法律责任包括民事责任、行政责任与刑事责任。

《专利法》第六十条规定,未经专利权人许可,实施其专利,即侵犯其专利权,引起纠纷的,由当事人协商解决;不愿协商或者协商不成的,专利权人或者利害关系人可以向人民法院起诉,也可以请求管理专利工作的部门处理。管理专利工作的部门处理时,认定侵权行为成立的,可以责令侵权人立即停止侵权行为,当事人不服的,可以自收到处理通知之日起十五日内依照《中华人民共和国行政诉讼法》向人民法院起诉;侵权人期满不起诉又不停止侵权行为的,管理专利工作的部门可以申请人民法院强制执行。进行处理的管理专利工作的部门应当事人的请求,可以就侵犯专利权的赔偿数额进行调解;调解不成的,当事人可以依照《中华人民共和国民事诉讼法》向人民法院起诉。

侵犯专利权的诉讼时效为两年,自专利权人或者利害关系人得知或者应当得知侵权行为之日起计算。

《专利法》第六十三条规定,假冒专利的,除依法承担民事责任外,由管理专利工作的部门责令改正并予公告,没收违法所得,可以并处违法所得四倍以下的罚款;没有违法所得的,可以处二十万元以下的罚款;构成犯罪的,依法追究刑事责任。对专利侵权行为,管理专利工作的部门有权责令侵权行为人停止侵权行为、责令改正、罚款等,管理专利工作的部门应当事人的请求,还可以就侵犯专利权的赔偿数额进行调解。

《专利法》第六十五条规定,侵犯专利权的赔偿数额按照权利人因被侵权所受到的实际损失确定；实际损失难以确定的，可以按照侵权人因侵权所获得的利益确定。权利人的损失或者侵权人获得的利益难以确定的，参照该专利许可使用费的倍数合理确定。赔偿数额还应当包括权利人为制止侵权行为所支付的合理开支。权利人的损失、侵权人获得的利益和专利许可使用费均难以确定的，人民法院可以根据专利权的类型、侵权行为的性质和情节等因素，确定给予一万元以上一百万元以下的赔偿。

三、商标法律制度

（一）商标的概念和特征

商标是将某商品或服务标明是某具体个人或企业所生产或提供的商品或服务的显著标志，包括文字、图形、字母、数字、三维标志、颜色组合和声音等，以及上述要素的组合，均可以作为商标申请注册。《中华人民共和国商标法》（以下简称《商标法》）第三条规定：“经商标局核准注册的商标为注册商标，商标注册人享有商标专用权，受法律保护。”

商标具有以下主要特征：

1. 商标是具有显著性的标志

商标既区别于具有叙述性、公知公用性质的标志，又区别于他人商品或服务的标志，从而便于消费者识别。

2. 商标具有独占性

注册商标所有人对其商标具有专用权、独占权，未经注册商标所有人许可，他人不得擅自使用。否则，即构成侵犯注册商称所有人的商标权。

3. 商标具有价值

商标代表着商标所有人生产或经营的商品服务质量和企业信誉、形象，商标所有人通过商标的创意、设计、申请注册、广告宣传及使用，使商标具有了价值，也增加了商品的附加值。

（二）商标法

商标法是调整商标关系的法律规范的总和，即是调整商标因注册、使用、管理和保护商标专用权等活动，在国家机关、事业单位、社会团体、个体工商户、公民个人、外国人、外国企业以及商标事务所之间所发生的各种社会关系的法律规范的总和。

商标法有广义和狭义之分，狭义上的商标法指1982年制定，2013年第三次修改的《中华人民共和国商标法》，广义上的商标法是调整商标关系的所有法律、法规，如刑法、民法通则等关于商标的规定。另外，我国还颁布了《商标法实施细则》、《商标代理管理办法》、《商标评审规则》等法律、法规，不断完善商标法律保护体系。

（三）商标权

商标权是商标专用权的简称，是指商标主管机关依法授予商标所有人对其注册商标受国家法律保护的专有权。商标注册人依法支配其注册商标并禁止他人侵害的权利，包括商标注册人对其注册商标的排他使用权、收益权、处分权、续展权和禁止他人侵害的权利。

1. 商标权的主体

商标权主体又叫“商标权人”，是指依法享有商标权的自然人、法人或者其他组织，包括商标权的原始主体和继受主体。商标权的原始主体是指商标注册人，继受主体是指依法通过注册商标的转让或者移转取得商标权的自然人、法人或者其他组织。

（1）商标注册人。《商标法》第四条规定，自然人、法人或者其他组织在生产经营活动中，对其商品或者服务需要取得商标专用权的，应当向商标局申请商标注册。

《商标法》第五条规定：“两个以上的自然人、法人或者其他组织可以共同向商标局申请注册同一商标，共同享有和行使该商标专用权。”

《商标法》第九条规定：“外国人或者外国企业在中国申请商标注册的，应当按其所属国和中华人民共和国签订的协议或者共同参加的国际条约办理，或者按对等原则办理。”

（2）受让人。商标权的原始主体可以依法转让其注册商标。作为商标权原始主体的自然人死亡后，该注册商标可以依法移转给其继承人；作为商标权原始主体的法人或者其他组织终止后，该注册商标可以依法移转给有关法人或者其他组织。自然人、法人或者其他组织依法通过注册商标的转让或者移转取得商标权后，就成为该商标权的继受主体。

2. 商标权人的权利

商标权人的权利主要有注册商标的专有使用权、禁止权、许可权、转让权等内容。

（1）专有使用权。专有使用权是商标权最重要的内容，是商标权中最基本的核心权利。它的法律特征为，商标权人可在核定的商品上独占性地使用核准注册的商标，并通过使用获得其他合法权益。注册商标的专用权，以核准注册的商标和核定使用的商品为限。

（2）禁止权。禁止权，是指注册商标所有人有权禁止他人未经其许可，在同一种或者类似商品或服务项目上使用与其注册商标相同或近似容易导致混淆的商标。商标权具有与财产所有权相同的属性，即不受他人干涉的排他性，其具体表现为禁止他人非法使用、印制注册商标及其他侵权行为。禁止权的效力涉及容易导致混淆的四种情形：在同一种商品上使用相同的商标；在同一种商品上使用近似商标；在类似商品上使用相同商标；在类似商品上使用近似商标。

（3）许可权。许可权，是指注册商标所有人通过签订许可使用合同，许可他人使用其注册商标的权利。许可使用是商标权人行使其权利的一种方式。许可人是注册商标所有人，被许可人根据合同约定，支付商标使用费后在合同约定的范围和时间内有权使用该注册商标。

（4）转让权。转让，是指注册商标所有人按照一定的条件，依法将其商标权转让给他人所有的行为。转让商标权是商标所有人行使其权利的一种方式，商标权转让后，受让人取得注册商标所有权，原来的商标权人丧失商标专用权，即商标权从一主体转移到另一主体。转让注册商标，应由双方当事人签订合同，并应共同向商标局提出申请，经商标局核准公告后方为有效。

3. 商标权人的义务

(1)依法使用注册商标。我国《商标法》规定,商标经核准注册后,连续三年停止使用的,任何人都可以向商标局申请撤销该注册商标。商标的使用,包括将商标直接使用于商品上、商品包装或者容器上以及有关的商品交易文书上,或者将商标使用在广告宣传、展览以及其他业务活动中。使用注册商标时应当注明"注册商标"字样或者标明注册标记®。

(2)保证使用注册商标的商品或服务的质量。注册商标由于长时间的使用,其法律状态比较稳定,所以在广大消费者心目中可信度比较高;而且,具备法律稳定性的注册商标所代表的商品或服务的质量也应该具有一定的稳定性。因此,商标权人和商标的使用者有义务保证其生产经营的商品或服务的质量,不得欺骗消费者。在商标许可使用中,商标权人必须慎重选择被许可使用人,并随时对使用其注册商标的产品或服务的质量实施监督,绝不允许只顾获得经济利益而损害消费者。

(3)不得自行改变注册商标。《商标法》第四十九条规定,商标注册人在使用注册商标的过程中,自行改变注册商标、注册人名义、地址或者其他注册事项的,由地方工商行政管理部门责令限期改正;期满不改正的,由商标局撤销其注册商标。

(4)商标专用权人许可他人使用其注册商标的备案、监督义务。商标专用权人许可他人使用其注册商标的,应当与被许可人签订商标使用许可合同,并报商标局备案,商标专用权人作为许可人应当监督被许可人使用其注册商标的商品质量。

(5)转让注册商标的申请、保证义务。转让注册商标,商标专用权人应当与受让人签订协议并共同向商标局提出申请,受让人应当保证使用该注册商标的商品质量。

4. 商标权的客体

商标权的客体为注册商标,在我国只有注册商标才能成为商标法律关系的客体,才能成为主体权利义务所指向的对象,受到法律的保护。《商标法》第八条规定:"任何能够将自然人、法人或者其他组织的商品与他人的商品区别开的标志,包括文字、图形、字母、数字、三维标志、颜色组合和声音等,以及上述要素的组合,均可以作为商标申请注册。"

【观念应用 7-8】下列关于商标的叙述中,正确的是(　　)

A. 自然人对其生产的商品,需要取得商标专用权的,应向商标主管机关申请商标注册

B. 三维标志不可以作为商标注册

C. 在中国申请商标注册,应当委托国家认可的具有商标代理资格的组织代理

D. 注册商标连续两年停止使用的,可以由商标局撤销

【观念解析】正确答案为 A。根据《商标法》的规定,商标专用权仅限于注册商标的商标人。商标注册,首先应向商标局申请。

（四）商标的分类

1.根据使用对象的不同，商标可以划分为商品商标和服务商标

(1)商品商标。商品商标是表明商品出处的标志，它能把不同企业生产的相同或类似产品区别开来。

(2)服务商标。服务商标，是指服务的提供者为将自己的服务与他人的服务区别开来而使用的一种标志。

2.根据使用目的的不同，商标可划分为防御商标、证明商标和集体商标

(1)防御商标。防御商标，是指较为知名的商标所有人在该注册商标核定使用的商品(服务)或类似商品(服务)以外的其他不同类别的商品或服务上注册的若干相同或相似商标，为防止他人在这些类别的商品或服务上注册使用相同的商标。原商标为主商标，其余为防御商标。

(2)证明商标。证明商标，是指由对某种商品或者服务具有检测和监督能力的组织所控制，而由其以外的人使用在商品或服务上，用以证明该商品或服务的原产地、原料、制造方法、质量或其他特定品质的商品商标或服务商标，如真皮标志、全羊毛标志、绿色食品标志、免检标记、名优标记等。

(3)集体商标。集体商标，是指以团体、协会或其他组织名义注册，专供该组织成员在商事活动中使用，以表明使用者在该组织中的成员资格的标志。如：八公山豆腐、六安瓜片等。凡集体商标注册人所属成员，均可使用该集体商标，但须按该集体商标的使用管理规则履行必要的手续。集体商标一般不许可转让。

3.按知名度的高低和保护范围的大小可以分为普通商标和驰名商标

驰名商标是有权机关经过法定程序认定的在中国国内为公众广为知晓并享有较高声誉的一种类型商标，受法律的特别保护。

4.商标按构成来划分

(1)文字商标。它是指仅用文字构成的商标，包括中国汉字和少数民族字、外国文字和阿拉伯数字或以各种不同字组合的商标。

(2)图形商标。它是指仅用图形构成的商标。其中又分为：

①记号商标。它是指用某种简单符号构成图案的商标；

②几何图形商标。它是以较抽象的图形构成的商标；

③自然图形商标。它是以人物、动植物、自然风景等自然的物象为对象所构成的图形商标。有的是以实物照片，有的则是经过加工提炼、概括与夸张等手法进行处理的自然图形所构成的商标。

(3)字母商标。它是指用拼音文字或注音符号的最小书写单位，包括拼音文字、外文字母如英文字母、拉丁字母等所构成的商标。

(4)数字商标。用阿拉伯数字、罗马数字或者是中文大写数字所构成的商标。

(5)三维标志商标。其又称“立体商标”，是用具有长、宽、高三种度量的三维立体物标志构成的商标标志。它与我们通常所见的表现在一个平面上的商标图案不同，而是以一个立体物质形态出现，这种形态可能出现在商品的外形上，也可以表现在商品的容器或其他地方。

(6)颜色组合商标。颜色组合商标，是指由两种或两种以上的彩色排列、组合而成的商标。文字、图案加彩色所构成的商标，不属于颜色组合商标，只是一般的组合商标。

(7)总体组合商标。它是指由两种或两种以上成分相结合构成的商标，也称“复合商标”。

(8)音响商标。以音符编成的一组音乐或以某种特殊声音作为商品或服务的商标即是音响商标。

(9)气味商标。气味商标就是以某种特殊气味作为区别不同商品和不同服务项目的商标。目前，这种商标只在个别国家被承认它是商标，在中国尚不能注册为商标。

(五)商标权的申请和取得

1.商标权取得的原则

(1)自愿注册原则。自愿注册原则又称“任意注册原则”，是指商标所有人自行决定是否申请商标注册，欲取得商标权的应提出注册申请，不注册的商标也可以使用，但商标所有人不享有商标权。我国现行《商标法》实行的就是自愿注册原则，同时，对涉及人身健康的极少数商品实行强制注册。

《商标法》第六条规定：“法律、行政法规规定必须使用注册商标的商品，必须申请商标注册，未经核准注册的，不得在市场销售。我国现行法律规定对人用药品和烟草制品等与人身健康有关的少数商品实行强制注册。”

(2)以使用在先为补充的申请在先原则。对于两个或两个以上的申请人，在同一种或类似商品上申请注册相同或近似的商标时，准予先申请人的注册，驳回后申请人的申请，这就是申请在先原则。但对于无法确定谁是先申请人的则采用使用在先原则。

对于无法确定谁是先申请人的，《商标法》第三十一条规定，两个或者两个以上的商标注册申请人，在同一种商品或者类似商品上，以相同或者近似的商标申请注册的，初步审定并公告申请在先的商标；同一天申请的，初步审定并公告使用在先的商标，驳回其他人的申请，不予公告。《商标法实施条例》第十九条规定，两个或者两个以上的申请人，在同一种商品或者类似商品上，分别以相同或者近似的商标在同一天申请注册的，各申请人应当自收到商标局通知之日起三十日内提交其申请注册前在先使用该商标的证据。同日使用或者均未使用的，各申请人可以自收到商标局通知之日起三十日内自行协商，并将书面协议报送商标局；不愿协商或者协商不成的，商标局通知各申请人以抽签的方式确定一个申请人，驳回其他人的注册申请。商标局已经通知但申请人未参加抽签的，视为放弃申请，商标局应当书面通知未参加抽签的申请人。

(3)优先权原则。商标注册申请人自其商标在外国第一次提出商标注册申请之日起六个月内,又在中国就相同商品以同一商标提出商标注册申请的,依照该外国同中国签订的协议或者共同参加的国际条约,或者按照相互承认优先权的原则,可以享有优先权。

商标在中国政府主办的或者承认的国际展览会展出的商品上首次使用的,自该商品展出之日起六个月内,该商标的注册申请人可以享有优先权。

2.商标权取得的程序

(1)申请。根据《商标法》的规定,商标使用人或所有人要取得商标权,必须向商标局申请商标注册,申请人应当按规定的商品分类表填报使用商标的商品类别和商品名称,提出注册申请。申请可以以书面方式或者数据电文方式提出。商标注册申请人可以通过一份申请就多个类别的商品申请注册同一商标。

注册商标需要在核定使用范围之外的商品上取得商标专用权的,应当另行提出注册申请。注册商标需要改变其标志的,应当重新提出注册申请。

(2)商标注册的审查和核准。商标审查是商标主管机关对商标注册申请是否符合《商标法》的有关规定所进行的一系列活动,商标审查是决定授予商标权的关键。

①形式审查。形式审查是对商标注册申请的文件、手续是否符合法律规定的审查,主要就申请书的填写是否属实、准确、清晰和有关手续是否完备进行审查。通过形式审查决定商标注册申请能否受理。

②实质审查。实质审查是对商标是否具备注册条件的审查。申请注册的商标能否初步审定并予以公告取决于是否通过了实质审查。实质审查包括以下几个方面:商标是否违背了《商标法》禁用条款;商标是否具备法定的构成要素;商标是否与他人在同一种或类似商品上注册的商标相混;商标是否具有显著性特征等。

《商标法》第十条规定,下列标志不得作为商标使用:同中华人民共和国的国家名称、国旗、国徽、国歌、军旗、军徽、军歌、勋章等相同或者近似的,以及同中央国家机关的名称、标志、所在地特定地点的名称或者标志性建筑物的名称、图形相同的;同外国的国家名称、国旗、国徽、军旗等相同或者近似的,但经该国政府同意的除外;同政府间国际组织的名称、旗帜、徽记等相同或者近似的,但经该组织同意或者不易误导公众的除外;与表明实施控制、予以保证的官方标志、检验印记相同或者近似的,但经授权的除外;同"红十字"、"红新月"的名称、标志相同或者近似的;带有民族歧视性的;带有欺骗性,容易使公众对商品的质量等特点或者产地产生误认的;有害于社会主义道德风尚或者有其他不良影响的。

县级以上行政区划的地名或者公众知晓的外国地名,不得作为商标。但是,地名具有其他含义或者作为集体商标、证明商标组成部分的除外;已经注册的使用地名的商标继续有效。

【观念应用 7-9】2010 年 3 月,某公司在其生产的床垫上,以长安牌申请商标注册,其商标注册申请能否依法被获准注册?

【观念解析】依法应当获准注册。虽然我国商标规定县以上行政区划名称不能作为商标使用，但《商标法》还有一种例外，即该地名具有其他含义的除外。尽管长安系长安县的名称，但因其具有古都西京的含义，故不在禁用之列，所以可以获准注册。

《商标法》第十一条规定，下列标志不得作为商标注册：仅有本商品的通用名称、图形、型号的；仅直接表示商品的质量、主要原料、功能、用途、重量、数量及其他特点的；其他缺乏显著特征的。

前款所列标志经过使用取得显著特征并便于识别的，可以作为商标注册。以三维标志申请注册商标的，仅由商品自身的性质产生的形状、为获得技术效果而需有的商品形状或者使商品具有实质性价值的形状，不得注册。

③初步审查及公告。商标局对受理的商标注册申请，依照《商标法》及本条例的有关规定进行审查，自收到商标注册申请文件之日起九个月内审查完毕。对符合规定或者在部分指定商品上使用商标的注册申请符合规定的，予以初步审定，并予以公告；申请注册的商标，凡不符合本法有关规定或者同他人在同一种商品或者类似商品上已经注册的或者初步审定的商标相同或者近似的，由商标局驳回申请，不予公告。书面通知申请人并说明理由。

在审查过程中，商标局认为商标注册申请内容需要说明或者修正的，可以要求申请人作出说明或者修正。申请人未作出说明或者修正的，不影响商标局作出审查决定。

④商标异议。对初步审定公告的商标，自公告之日起三个月内，在先权利人、利害关系人认为违反《商标法》可以向商标局提出异议。公告期满无异议的或异议不成立的，予以核准注册，发给商标注册证，并予公告。

商标局作出准予注册决定的，发给商标注册证，并予公告。异议人不服的，可以依法向商标评审委员会请求宣告该注册商标无效。

商标局作出不予注册决定，被异议人不服的，可以自收到通知之日起十五日内向商标评审委员会申请复审。被异议人对商标评审委员会的复审决定不服的，可以自收到通知之日起三十日内向人民法院起诉。人民法院应当通知异议人作为第三人参加诉讼。

对驳回申请、不予公告的商标，商标局应当书面通知商标注册申请人。商标注册申请人不服的，可以自收到通知之日起十五日内向商标评审委员会申请复审。商标评审委员会应当自收到申请之日起九个月内作出决定，并书面通知申请人。有特殊情况需要延长的，经国务院工商行政管理部门批准，可以延长三个月。当事人对商标评审委员会的决定不服的，可以自收到通知之日起三十日内向人民法院起诉。

⑤核准注册。初步审定公告的商标公告期届满，无异议的或经裁定异议不能成立的，予以核准注册，发给商标注册证书，并予公告。

（六）商标权使用的管理和保护

1.注册商标的使用

商标的使用，是指将商标用于商品、商品包装或者容器以及商品交易文书上，或者将商标用于广告宣传、展览以及其他商业活动中，用于识别商品来源的行为。使用注册商标，可以在商品、商品包装、说明书或者其他附着物上标明“注册商标”或者注册标记®。使用注册标记，应当标注在商标的右上角或者右下角。

2.注册商标使用的期限

注册商标的有效期为十年，自核准注册之日起计算。注册商标有效期满，需要继续使用的，商标注册人应当在期满前十二个月内按照规定办理续展手续；在此期间未能办理的，可以给予六个月的宽展期。每次续展注册的有效期为十年，自该商标上一届有效期满次日起计算。期满未办理续展手续的，注销其注册商标。

3.注册商标使用的管理

(1)注册商标需要变更注册人的名义、地址或者其他注册事项的，应当提出变更申请。自行改变注册商标、注册人名义、地址或者其他注册事项的，由地方工商行政管理部门责令限期改正；期满不改正的，由商标局撤销其注册商标。

(2)转让注册商标的，转让人和受让人应当签订转让协议，并共同向商标局提出申请。受让人应当保证使用该注册商标的商品质量。

转让注册商标的，商标注册人对其在同一种商品上注册的近似的商标，或者在类似商品上注册的相同或者近似的商标，应当一并转让。

(3)商标注册人许可他人使用其注册商标，应签订商标使用许可合同。许可人应当监督被许可人使用其注册商标的商品质量。被许可人应当保证使用该注册商标的商品质量。

经许可使用他人注册商标的，必须在使用该注册商标的商品上标明被许可人的名称和商品产地。

许可他人使用其注册商标的，许可人应当将其商标使用许可报商标局备案，由商标局公告。商标使用许可未经备案不得对抗善意第三人。

(4)注册商标成为其核定使用的商品的通用名称或者没有正当理由连续三年不使用的，任何单位或者个人可以向商标局申请撤销该注册商标。

4.商标权的保护

(1)商标侵权行为。商标侵权行为，是指侵犯他人注册商标专用权的行为，注册商标专用权以核准注册的商标和核定使用的商品为限。

将他人注册商标、未注册的驰名商标作为企业名称中的字号使用，误导公众，构成不正当竞争行为的，依照《中华人民共和国反不正当竞争法》处理。

根据我国《商标法》规定，有下列行为之一的，均属侵犯注册商标专用权：未经商标注册人的许可，在同一种商品上使用与其注册商标相同的商标的；未经商标注册人的许可，在同一种商品上使用与其注册商标近似的商标，或者在类似商品上使用与其注册商标相同或者近似的商标，容易导致混淆的；销售侵犯注册商标专用权的商品的；伪造、擅自制造他人注册商标标识或者销售伪造、擅自制造的注册商标标识的；未经商标注册人同意，更换其注册商标并将该更换商标的商品又投入市场的；故意为侵犯他人商标专用权行为提供便利条件，帮助他人实施侵犯商标专用权行为的；给他人的注册商标专用权造成其他损害的。

(2)商标侵权的法律责任。按照我国现行的《商标法》规定，商标侵权的法律责任既有行政责任，也包括刑事责任和民事责任。

①民事责任。侵犯商标专用权的赔偿数额，按照权利人因被侵权所受到的实际损失确定；实际损失难以确定的，则可以按照侵权人因侵权所获得的利益确定；权利人的损失或者侵权人获得的利益难以确定的，则参照该商标许可使用费的倍数合理确定。对恶意侵犯商标专用权，情节严重的，可以在按照上述方法确定数额的一倍以上三倍以下确定赔偿数额。赔偿数额应当包括权利人为制止侵权行为所支付的合理开支。

人民法院为确定赔偿数额，在权利人已经尽力举证，而与侵权行为相关的账簿、资料主要由侵权人掌握的情况下，可以责令侵权人提供与侵权行为相关的账簿、资料；侵权人不提供或者提供虚假的账簿、资料的，人民法院可以参考权利人的主张和提供的证据判定赔偿数额。

权利人因被侵权所受到的实际损失、侵权人因侵权所获得的利益、注册商标许可使用费难以确定的，由人民法院根据侵权行为的情节判决给予三百万元以下的赔偿。

②行政责任。工商行政机关认定侵权行为成立的，责令立即停止侵权行为，没收、销毁侵权商品和主要用于制造侵权商品、伪造注册商标标识的工具，违法经营额五万元以上的，可以处违法经营额五倍以下的罚款，没有违法经营额或者违法经营额不足五万元的，可以处二十五万元以下的罚款。对五年内实施两次以上商标侵权行为或者有其他严重情节的，应当从重处罚。销售不知道是侵犯注册商标专用权的商品，能证明该商品是自己合法取得并说明提供者的，由工商行政管理部门责令停止销售。

③刑事责任。未经商标注册人许可，在同一种商品上使用与其注册商标相同的商标，构成犯罪的，除赔偿被侵权人的损失，还依法追究刑事责任。

伪造、擅自制造他人注册商标标识或者销售伪造、擅自制造的注册商标标识，构成犯罪的，除赔偿被侵权人的损失，还依法追究刑事责任。

销售明知是假冒注册商标的商品，构成犯罪的，除赔偿被侵权人的损失，还依法追究刑事责任。

商标代理机构违反《商标法》规定，构成犯罪的，依法追究刑事责任。

从事商标注册、管理和复审工作的国家机关工作人员玩忽职守、滥用职权、徇私舞弊，违法办理商标注册、管理和复审事项，收受当事人财物，牟取不正当利益，构成犯罪的，依法追究刑事责任。

复习思考题

1. 简述物权取得的方式。

2. 试论述建筑物区分所有权的法律性质。

3. 简述专利授予的条件。

4. 简述商标侵权行为的类型。

◇技能自测

一、单项选择题

1. 甲购买乙的一辆二手车，但双方没有办理过户手续。甲付款购车后，驾驶该车到某汽车空调配件经销部丙处，购买汽车空调配件并安装。安装好并付清款项后，甲驾车离开。途中，因空调泵线圈短路引起电源线起火造成火灾，所以该车被全部烧毁。经有关部门认定，丙作为汽车空调提供者对火灾负有间接责任。下列说法中正确的是(　　)

A. 甲和乙之间的买卖合同未生效，因为双方没有办理车辆过户手续

B. 甲取得该车的所有权，因为动产所有权转让自交付时发生效力

C. 甲不能向丙请求损害赔偿，因为其不是该车的所有权人

D. 甲不可以向丙请求损害赔偿，因为该车转让没有登记，不得对抗第三人

2. 农民甲一家4口承包了本村6亩家庭承包地，并取得土地承包经营权证。后甲的女儿乙结婚嫁到外村，由于其夫家所在村农地紧张，所以致其在夫家始终未取得家庭承包地。甲所在村村委会依据自定的村规民约，抽回了乙1.5亩承包地，并作为家庭承包地补给本村村民丁经营管理。甲多次要求村委返还却遭拒绝。下列说法错误的是(　　)

A. 村委会侵害了甲的土地承包经营权

B. 女儿外嫁后收回承包地是村规民约，村委会并未侵权

C. 甲可以请求丁返还该承包地

D. 甲可以请求村委会赔偿其相应的损失

3. 甲公司2000年获得一项外观设计专利。乙公司未经甲公司许可，以生产经营为目的制造该专利产品。丙公司未经甲公司许可以生产经营为日的所为的下列行为，构成侵犯该专利行为的是(　　)

A. 使用乙公司制造的该专利产品

B. 销售乙公司制造的该专利产品

C. 许诺销售乙公司制造的该专利产品

D. 使用甲公司制造的该专利产品

4. 甲公司于2000年以来一直使用“红枫”商标经营服装，但一直没有申请注册。2012年5月，经营服装的乙公司将“红枫”商标申请注册，用来生产服装，甲公司提出异议。以下处理正确的是(　　)

A. 甲公司先使用，因此乙公司注册不当

B. 甲公司有权在原有范围内继续使用“红雨”商标

C. 甲公司应当停止使用“红雨”商标

D. 甲应当将“红雨”商标转让给乙，由乙公司支付转让费

二、多项选择题

1. 下列各项中，属于《物权法》上“物”的有(　　)

A. 无线电频谱　　B. 水流　　C. 海域　　D. 空气

2. 甲委托乙办理房产证，但乙将房产证办成了自己的名字，则下列说法中正确的是(　　)

A. 甲可以要求登记机关更正登记，然后行使所有物的返还请求权

B. 因登记错误，给甲造成损害的，登记机构应当承担赔偿责任

C. 登记机构赔偿后，可以向乙追偿

D. 甲可以直接根据委托合同起诉要求乙返还房屋

3. 2012年2月，李某获得一项发明专利，同年11月，李某发现和悦公司制造的产品与其发明专利相同，于是向法院提起侵权之诉，则和悦公司在诉讼中可以采用作为抗辩其不构成侵权理由的是(　　)

A. 和悦公司证明其实施的技术或者设计属于现有技术或者现有设计的

B. 和悦公司证明其专为科学研究和实验而使用有关专利的

C. 和悦公司证明其在专利申请日前已经制造相同产品并且仅在原有范围内继续制造、使用的

D. 和悦公司证明其为生产经营目的使用、许诺销售或者销售不知道是未经专利权人许可而制造并售出的专利侵权产品，并能证明该产品合法来源

4. 下列属于违反《商标法》行为的有(　　)

A. 自行转让注册商标

B. 自行改变注册商标的文字、图形或者组合的

C. 未经注册商标所有人许可，在同一种商品或类似商品上使用与其注册商标相同或相近的商标

D. 自行改变商标的注册人名称、地址或者其他注册事项

三、辨析题

1. 甲、乙农民共同购买了农用车一辆。后因两人之间发生矛盾，甲欲分割其份额，所以甲只有经过乙的同意才能分出其份额。

2. 甲与乙签订一份质押合同，合同约定在债务履行期届满甲未受清偿时，乙所交付给甲的物质归甲所有。此约定符合法律的规定。

3. 我国《专利法》规定，一项发明与已有技术相比，该发明应有突出的实质性特点和显著的进步，是指该发明的新颖性。

4. 我国新修订的《商标法》规定，声音不可以作为商标申请注册。

5. 经裁定异议不能成立而核准注册的，商标注册申请人取得商标专用权的时间从核准注册之日起计算。

观念运用

1. 张某因临近大学毕业，决定将自己的电脑卖掉，于是在学校布告栏张贴广告，表示愿

意以1600元的价格转让该电脑。赵某见到该广告后当即拿出1600元钱交给张某，并说由于宿舍目前没有电脑桌难以放置，让张某妥善保管2天。张某收下钱并答应替赵某保管。第二天，另一同学姚某知道此事后找到张某，表示愿意以2000元购买该电脑，张某考虑再三，收下姚某的钱并让她将电脑搬走了。第三天，赵某来搬电脑，张某要将1600元钱退给她。赵某表示非要电脑不可，不要退钱。请问：

(1)根据法律，赵某是否取得了该电脑的所有权？

(2)姚某能否以善意取得为由，获得该电脑的所有权？

2. 日本一家汽车公司研发出一种新能源汽车，并于2010年7月在日本为该汽车申请外观专利。为了开发中国市场，该汽车公司在2010年4月23日北京国际汽车展上将此款车在中国首次公开。随后，该汽车公司于2011年6月15日向中国知识产权局提交了此款汽车的外观专利申请。依据我国《专利法》的规定，此次外观专利申请是否丧失新颖性？请说明理由。

3. 2010年3月，旺旺服装厂以“太太乐”三字作为商标文字予以注册，用于本厂生产的中年女性服装产品。2012年5月，财运服装公司以“大大乐”三字作为商标文字予以注册，用于本公司生产的10类服装商品。旺旺服装厂发觉后，即致函财运服装公司，说明自己的商标已经注册，认为这2个商标构成了近似商标，要求对方停止使用。而财运服装公司则认为自己的商标也已注册且与对方的商标并不相同，没有侵害旺旺服装厂的商标权，因此，对此置之不理。请回答：

(1)旺旺服装厂是否可以要求撤销财运服装公司的注册商标？如果可以，则应该向谁提出？

(2)旺旺服装厂直接向法院起诉，请求法院判决撤销财运服装公司的注册商标。法院应不应受理？

(3)旺旺服装厂可否要求财运服装公司承担商标侵权的法律责任？

实训操作

任务：讨论注册商标和非注册商标的使用，哪个对普通群众更加有益处。要求：以班级为单位，分成若干小组，展开辩论。

程序1：教师介绍目前我国市场商标使用的情况。

程序2：将学生分组，每组列举生活中使用商品的商标3～5例。

程序3：通过网络查询，甄别注册与非注册商标，查询注册商标的使用是否符合规定。

程序4：查找相关资料，依据所学知识，通过小组辩论，分析注册商标与非注册商标的优劣。

模块八
程序法

◇知识目标

了解解决经济纠纷的不同法律制度；掌握仲裁的基本原则、仲裁的程序等内容；掌握民事诉讼的基本原则、管辖制度、第一审程序、第二审程序、审判监督程序、执行程序等规定。

◇能力目标

运用所学知识，学会选择适当的方式解决经济纠纷案件，用学过的知识解决简单的经济和民事纠纷。

◇素质目标

每一个公民和法人都应当知法、懂法、守法，学会运用法律武器维护自身的合法权益，知晓哪种方式是最佳的解决方式，注重维权的成本。提高守法的意识和依法办事的思路。

◇任务分项

任务一　经济诉讼

了解民事诉讼的基本原理；重点掌握民事诉讼的概念、基本原则、管辖制度、第一审程序、第二审程序、审判监督程序、执行程序等规定。

任务二　经济仲裁

掌握仲裁的基本原则、仲裁的程序等内容，掌握仲裁协议的概念及仲裁协议的内容。

任务一　经济诉讼

◇任务导入

2014 年 6 月 10 日，位于合肥庐阳区的飞达汽车维修有限公司与位于珠海香洲区的恒昌汽车配件有限公司签订汽车配件购销合同。合同约定：由恒昌汽车配件有限公司给飞达汽车维修有限公司提供一批汽车配件，交易金额为 26 万元，交货地是合肥庐阳区。2014 年 6 月 15 日，卖方送货，双方共同在交货地验收。飞达汽车维修有限公司应于 2014 年 6 月 20

日前支付货款;若发生争议,则双方协商解决,协商不成的由原告住所地和合同履行地法院管辖。合同签订后,因恒昌汽车配件公司未按期发运汽车配件,所以双方发生纠纷。飞达汽车维修公司决定起诉。本案中的协议管辖约定是否有效?为什么?本案应由哪个法院管辖?为什么?

一、经济纠纷的概念与经济纠纷的解决方式

(一)经济纠纷的概念

经济纠纷,是指经济主体间在经济活动中,因权利和义务关系而发生的争议。在市场经济的大背景下,经济主体的多元化与主体利益的相对独立化使得经济纠纷的数量呈不断上升趋势。经济纠纷与纠纷解决机制之间的矛盾日显突出,倘若解决不好,势必对我国的经济发展产生消极的影响。在新的社会环境下,如何应对日益增加的经济纠纷,将成为一个亟待解决的问题。

(二)经济纠纷的解决方式

经济纠纷是多种多样的,解决方式也不同,主要包括下列四种方式:

1.协商

协商方式指经济争议当事人之间根据互让的原则,直接进行磋商解决。由于协商是纠纷主体自行解决纠纷,所以因协商而达成的解决纠纷的协议,其性质相当于契约,对于纠纷双方具有契约上的约束力。

2.调解

调解方式指第三方对当事人的经济争议依法进行协调或调停,促成争议双方达成和解协议。我国现有的调解形式主要有:法院调解、仲裁调解、人民调解、行政调解和其他社会团体组织的调解等。

3.经济仲裁

仲裁,又称"公断",是指纠纷双方在纠纷发生前或者纠纷发生后达成协议或者根据有关法律规定,将纠纷交给中立的民间组织进行审理,并作出约束纠纷双方的裁决的一种解纷机制。

4.经济诉讼

诉讼,是指根据司法机关在当事人及其他诉讼参与人的参加下,依照法定的程序和方式,解决具体争议的活动。

民事诉讼,是指法院、当事人以及其他诉讼参与人,在依据《民事诉讼法》和适用民事实体法等解决民事案件的过程中,进行的各种诉讼活动以及由此而产生的各种法律关系的总和。经济纠纷、民事和商事纠纷的诉讼都适用《民事诉讼法》的规定。

经济诉讼属于民事诉讼的范畴,我国在立法上采用民事诉讼法而不是经济诉讼法。经

济纠纷的解决要依照《民事诉讼法》的有关规定来解决纠纷。

二、民事诉讼的基本原则

民事诉讼，是指人民法院在双方当事人和其他诉讼参与人参加下，受理和解决民事案件纠纷的一种方式。民事诉讼的基本原则是法律规定的在整个民事诉讼过程中起指导作用的基本准则。其主要包括以下几个原则：

（一）当事人诉讼权利平等原则

《中华人民共和国民事诉讼法》（以下简称《民事诉讼法》）第八条规定："民事诉讼当事人有平等的诉讼权利。人民法院审理民事案件，应当保障和便利当事人行使诉讼权利，对当事人在适用法律上一律平等。"这表明：其一，当事人在民事诉讼中享有平等的诉讼权利；其二，人民法院应当依法保障和便利当事人平等地行使诉讼权利。两者缺一不可。

（二）同等原则

无论是本国人还是外国人，无论是原告还是被告，都享有同等的诉权。

（三）对等原则

当外国法院对我国公民、法人和其他经济组织的民事诉讼权利加以限制时，我国人民法院对该国的公民、法人和其他经济组织的民事诉讼权利也加以限制，以维护我国主权和尊严及我国公民、法人和其他经济组织在该国的正当权益。

（四）法院调解原则

法院调解又称"诉讼中调解"，是指在法院审判人员的主持下，双方当事人就民事权益争议自愿、平等进行协商，达成协议，解决纠纷的诉讼活动和结案方式。《中华人民共和国民事诉讼法》规定，人民法院审理民事案件，应遵循查明事实，分清是非、自愿与合法的原则，调解不成的，应及时判决。法院调解，可以由当事人的申请开始，也可以由人民法院依职权主动开始。

（五）辩论原则

当事人在人民法院主持下，有权就案件的实体方面和程序方面的事实、理由和适用法律等问题，陈述各自的主张，以维护自己的合法权益。

（六）处分原则

民事诉讼当事人在法律规定的范围内自由支配自己一方享有的民事权利和诉讼权利。

三、经济审判机构收案范围及案件管辖

(一)经济审判机构收案范围

经济审判的收案范围共有以下几类:合同纠纷案件、涉外或港澳台经济纠纷案件、农村承包合同纠纷案件、经济损害赔偿纠纷案件、企业破产案件、企业承包合同和企业租赁经营合同纠纷案件等等。

以上各类经济纠纷均由各级人民法院经济审判庭受理。我国人民法院除地方各级人民法院和最高人民法院外,还有一些专门法院(军事法院除外)受理某些方面的经济案件。如铁路运输法院受理与铁路运输有关的经济合同纠纷案件和侵权纠纷案件;海事法院受理海事、海商案件等。

【观念应用 8-1】各级人民法院经济审判庭的收案范围包括(　　)

A. 海事执行案件

B. 经济合同纠纷案件

C. 企业破产案件

D. 企业承包、租赁经营合同纠纷案件

E. 铁路货物运输合同纠纷案件

【观念解析】正确答案为 B、C、D。根据我国《诉讼法》的规定,海事执行案件由海事法院受理,铁路货物运输合同纠纷案件由铁路运输法院受理。

(二)案件管辖

根据《民事诉讼法》的规定,经济纠纷案件的管辖分为级别管辖、地域管辖和专属管辖等。

1. 级别管辖

级别管辖,是指不同级别人民法院受理第一审民事纠纷案件的分工和权限。

根据《民事诉讼法》的规定,基层人民法院管辖第一审民事案件,但法律另有规定的除外。

中级人民法院管辖下列第一审民事案件:重大涉外案件;在本辖区内有重大影响的案件;最高人民法院确定由中级人民法院管辖的案件。

高级人民法院管辖在本辖区内有重大影响的第一审民事案件。

最高人民法院管辖下列第一审民事案件:在全国有重大影响的案件;认为应当由自己受理的案件。

2. 地域管辖

地域管辖,是指同级人民法院受理第一审民事经济案件的分工和期限。它分为一般地

域管辖和特殊地域管辖。

(1)一般地域管辖。一般地域管辖以由被告住所地法院管辖,即“原告就被告”为主,“被告就原告”为辅。

对公民提起的民事诉讼,由被告住所地人民法院管辖;被告住所地与经常居住地不一致的,由经常居住地人民法院管辖。

对法人或者其他组织提起的民事诉讼,由被告住所地人民法院管辖。

同一诉讼的几个被告住所地、经常居住地在两个以上人民法院辖区的,则该人民法院都有管辖权。

根据《民事诉讼法》第二十二条的规定,下列民事诉讼,由原告住所地人民法院管辖;原告住所地与经常居住地不一致的,由原告经常居住地人民法院管辖:对不在中华人民共和国领域内居住的人提起的有关身份关系的诉讼;对下落不明或者宣告失踪的人提起的有关身份关系的诉讼;对被采取强制性教育措施的人提起的诉讼;对被监禁的人提起的诉讼。根据最高人民法院《关于适用〈中华人民共和国民事诉讼法〉若干问题的意见》的第十一条的规定,非军人对军人提出的离婚诉讼,如果军人一方为非文职军人,由原告住所地人民法院管辖。离婚诉讼双方当事人都是军人的,由被告住所地或者被告所在的团级以上单位驻地的人民法院管辖。

(2)特殊地域管辖。特殊地域管辖,是指某些特殊的经济案件,只能依法由特定的人民法院管辖。我国《民事诉讼法》具体规定了特殊管辖的受案范围和内容。

表 8-1 特殊地域管辖一览表

序号	纠纷类别	管辖地
1	合同纠纷	被告住所地或合同履行地法院
2	票据纠纷	票据支付地或被告住所地
3	保险合同纠纷	被告住所地或者保险标的物所在地
4	公司设立、确认股东资格、分配利润、解散等纠纷	公司住所地
5	铁路、公路、水上、航空运输和联合运输合同纠纷	运输始发地、目的地或者被告住所地
6	侵权行为	侵权行为地或者被告住所地
7	铁路、公路、水上和航空事故请求损害赔偿	事故发生地或者车辆、船舶最先到达地、航空器最先降落地或者被告住所地
8	共同海损	船舶最先到达地、共同海损理算地或者航程终止地
9	船舶碰撞或者其他海事损害事故请求损害赔偿	碰撞发生地、碰撞船舶最先到达地、加害船舶被扣留地或者被告住所地
10	海难救助费用	救助地或者被救助船舶最先到达地

【观念应用 8-2】根据《民事诉讼法》的规定,下列哪一种案件被告所在地没有管

辖权？

A. 因海难救助费用纠纷提起的诉讼

B. 因票据纠纷提起的诉讼未诉讼

C. 双方都是军人提起的离婚诉讼

D. 被监禁的人对被监禁的人提起的

【观念解析】正确答案是D。根据《民事诉讼法》第二十二条的规定，对被监禁的人提起的诉讼，由原告住所地人民法院管辖；原告住所地与经常居住地不一致的，由原告经常居住地人民法院管辖。

3. 专属管辖

专属管辖，是指法律强制规定某些案件只能由特定的人民法院管辖。对专属管辖的案件，其他任何法院都无管辖权，当事人也不得协议变更管辖法院。

表8-2 专属管辖一览表

序号	纠纷类别	管辖地
1	不动产纠纷	不动产所在地
2	港口作业中发生的纠纷	港口所在地
3	继承遗产纠纷	被继承人死亡时住所地或者主要遗产所在地

4. 协议管辖

合同或者其他财产权益纠纷的当事人可以书面协议选择被告住所地、合同履行地、合同签订地、原告住所地、标的物所在地等与争议有实际联系的地点的人民法院管辖，但不得违反本法对级别管辖和专属管辖的规定。

【观念应用8-3】海丰县居民刘汉与大禹县长江房地产公司在神木县售房处签订了房屋买卖合同，购买长江房地产公司在洪洞县所建住房3套。双方约定合同发生纠纷后，可以向海丰县法院或者神木县法院起诉。后因房屋面积发生争议，刘汉欲向法院起诉。下列关于管辖权的说法正确的是（　　）

A. 海丰县和神木县法院有管辖权

B. 只有洪洞县法院有管辖权

C. 大禹县和神木县法院有管辖权

D. 神木县和洪洞县法院有管辖权

【观念解析】正确答案是B。《民事诉讼法》第三十四条规定，合同或者其他财产权益纠纷的当事人可以书面协议选择被告住所地、合同履行地、合同签订地、原告住所地、标的物所在地等与争议有实际联系的地点的人民法院管辖，但不得违反本法对级别管辖和专属管辖的规定。《民事诉讼法》第三十三条规定："因不动产纠纷提起的案件，由不动产所在地人民法院管辖；因港口作业中发生纠纷提起的诉讼，由港口所在地人民法院管辖；因继承遗产纠纷提起的诉讼，由被继承人死亡时住所地或者主要遗产所在地人民法院管辖。”

四、民事诉讼参加人

(一)当事人

当事人，是指与民事争议有利害关系，以自己的名义参加诉讼并受人民法院裁判约束的人。其主要指原告、被告和第三人。

原告，是指因民事权利发生争议，以自己名义向人民法院提起民事诉讼，并引起诉讼程序发生的人；被告，是指被原告指称侵犯其合法权利或者与原告发生权利义务争议，被人民法院通知应诉的人；民事诉讼的第三人，是指对他人争议的诉讼标的有独立请求权，或者虽无独立的请求权，但案件的处理结果与其有法律上的利害关系，而参加到原告、被告已经开始的诉讼中进行诉讼的人。

在诉讼中，当事人享有以下权利：申请回避权、了解权、参加诉讼活动和庭审活动的权利、委托代理权、答辩权、在诉讼中提出某些诉讼请求、陈述权、质证权、提出异议权、申请保全或先与执行权、上诉权和撤回上诉权、申诉权、申请执行权、改变被诉行为权(此项权利属于被告专有)、撤回起诉权(此项权利属于原告专有)。

(二)诉讼代理人

以当事人的名义，在一定权限范围内，为当事人的利益进行诉讼活动的人，称为“诉讼代理人”。被代理的一方当事人称为“被代理人”。诉讼代理人代理当事人进行诉讼活动的权限，称为“诉讼代理权”。

(三)共同诉讼

共同诉讼指当事人一方或者双方为二人以上，其诉讼标的是共同的，或者诉讼标的是同一种类、人民法院认为可以合并审理并经当事人同意的。

共同诉讼的一方当事人对诉讼标的有共同权利义务的，其中一人的诉讼行为经其他共同诉讼人承认，对其他共同诉讼人发生效力；对诉讼标的没有共同权利义务的，其中一人的诉讼行为对其他共同诉讼人不发生效力。

当事人一方人数众多的共同诉讼，可以由当事人推选代表人进行诉讼。代表人的诉讼行为对其所代表的当事人发生效力，但代表人变更、放弃诉讼请求或者承认对方当事人的诉讼请求，进行和解，必须经被代表的当事人同意。

诉讼标的是同一种类、当事人一方人数众多在起诉时人数尚未确定的，人民法院可以发出公告，说明案件情况和诉讼请求，通知权利人在一定期间向人民法院登记。

向人民法院登记的权利人可以推选代表人进行诉讼;推选不出代表人的,人民法院可以与参加登记的权利人商定代表人。

代表人的诉讼行为对其所代表的当事人发生效力,但代表人变更、放弃诉讼请求或者承认对方当事人的诉讼请求,进行和解,必须经被代表的当事人同意。

人民法院作出的判决、裁定,对参加登记的全体权利人发生效力。未参加登记的权利人在诉讼时效期间提起诉讼的,适用该判决、裁定。

五、民事诉讼的回避制度

(一)回避制度的含义

回避制度,是指在民事诉讼中,为了保证公正地审理案件审判人员、书记员、翻译人员、鉴定人、勘验人在有法律规定的情形时不得参与案件的审理和诉讼活动的一种制度。

(二)回避的情形

一是指本案当事人或者当事人、诉讼代理人近亲属的;

二是指与本案有利害关系的;

三是指与本案当事人、诉讼代理人有其他关系,可能影响对案件公正审理的。

审判人员接受当事人、诉讼代理人请客送礼,或者违反规定会见当事人、诉讼代理人的,当事人有权要求他们回避。

(三)回避的方式

1. 自行回避

审判人员、书记员、翻译人员、鉴定人、勘验人,认为自己具有回避制度法定情形之一而主动提出回避。

2. 当事人申请回避

当事人认为审判人员有回避制度法定情形之一的,用口头或者书面形式申请他们退出该案的审理。

当事人提出回避申请,应当说明理由,在案件开始审理时提出;回避事由在案件开始审理后知道的,也可以在法庭辩论终结前提出。

被申请回避的人员在人民法院作出是否回避的决定前,应当暂停参与本案的工作,但案件需要采取紧急措施的除外。

(四)回避的决定

院长担任审判长时的回避,由审判委员会决定;审判人员的回避,由院长决定;其他人员的回避,由审判长决定。

人民法院对当事人提出的回避申请，应当在申请提出的三日内，以口头或者书面形式作出决定。申请人对决定不服的，可以在接到决定时申请复议一次。复议期间，被申请回避的人员，不停止参与本案的工作。人民法院对复议申请，应当在三日内作出复议决定，并通知复议申请人。

六、民事诉讼的证据

民事诉讼的证据包括当事人的陈述、书证、物证、视听资料、电子数据、证人证言、鉴定意见、勘验笔录。当事人对自己提出的主张，有责任提供证据并应当及时提供证据。

当事人及其诉讼代理人因客观原因不能自行收集的证据，或者人民法院认为审理案件需要的证据，人民法院应当调查收集。

人民法院根据当事人的主张和案件审理情况，确定当事人应当提供的证据及其期限。当事人在该期限内提供证据确有困难的，可以向人民法院申请延长期限，人民法院根据当事人的申请适当延长。当事人逾期提供证据的，人民法院应当责令其说明理由；拒不说明理由或者理由不成立的，人民法院根据不同情形可以不予采纳该证据，或者采纳该证据但予以训诫、罚款。

证据应当在法庭上出示，并由当事人互相质证。对涉及国家秘密、商业秘密和个人隐私的证据应当保密，需要在法庭出示的，不得在公开开庭时出示。

人民法院应当按照法定程序，全面地、客观地审查核实证据。证据必须查证属实，才能作为认定事实的根据。

七、诉讼时效

(一)诉讼时效的概念与特征

诉讼时效，是指权利人在法定提起诉讼的期间内不行使其权利，即丧失请求法院依诉讼程序强制义务人履行义务的权利。法定提起诉讼的时效期间，称为“诉讼时效期间”。诉讼时效具有以下特征：

1.诉讼时效属于消灭时效

诉讼时效届满时，除有延长时效的正当理由外，若向人民法院起诉，则人民法院一般应驳回起诉。

2.诉讼时效届满消灭的胜诉权

诉讼时效届满消灭的是权利人的胜诉权，即丧失了依诉讼程序强制义务人履行义务的权利，并不消灭实体权利。时效届满后，义务人如果自愿履行义务，权利人仍有权受领，并且义务人不得以时效已过为由请求返还。

3.诉讼时效具有强制性

当事人之间关于诉讼时效期间的缩短、延长，以及预先放弃时效利益的协议均属无效行为。

(二)诉讼时效的种类

诉讼时效按其适用范围和时效期间长短的不同，可以分为普通诉讼时效、特别诉讼时效和最长诉讼时效。

1.普通诉讼时效

普通诉讼时效，是指由民法规定的具有普遍意义的诉讼时效期间，一般为两年。

2.特殊诉讼时效

特殊诉讼时效，是指由民法或特别法规定的，仅适用于特定民事法律关系的诉讼时效期间。如根据《中华人民共和国民法通则》(以下简称《民法通则》)第一百三十六条规定，下列的诉讼时效期间为一年：身体受到伤害要求赔偿的；出售质量不合格的商品未声明的；延付或者拒付租金的；寄存财物被丢失或者损毁的。《合同法》规定，国际货物买卖合同和技术进出口争议提起诉讼或者申请仲裁的期限为四年。除此之外，还有其他一些法律，如《保险法》、《票据法》、《海商法》等也有特殊诉讼时效的规定。

3.最长诉讼时效

《民法通则》规定，从权利被侵害之日起超过二十年的，人民法院不予保护。即当权利人不知道权利被侵害的情况下，自权利被侵害之日起超过二十年的，不再保护。在二十年内，权利人如果知道权利被侵害，则可以随时向人民法院起诉，请求保护。

(三)诉讼时效的起算

诉讼时效的起算，是指从何时开始计算诉讼时效。普通诉讼时效和特殊诉讼时效从权利人知道或者应当知道权利被侵害时起计算，最长诉讼时效从权利被侵害之日起计算。约定有履行期间的民事法律关系，如约定有还期的债，从到期之日起开始计算；没有约定履行期间的民事法律关系，如未约定还期的债，则从债发生当日起开始计算。

【观念应用 8-4】李某的儿子 4 岁时与王某的儿子打架，被击中头部，缝了 6 针。王某当即支付了全部药费与营养费。此后，李某的儿子总感觉头晕。14 年后，李某的儿子高考，头晕症状频繁发生。后来做脑 CT 时，才发现其头部内有一团状物，经专家确诊是因当年头部受伤异物落入所致。试分析：

(1)14 年过去了，李某能否向王某主张手术费？为什么？

(2)最长诉讼时效与普通诉讼时效、特殊诉讼时效有什么区别？

【观念解析】(1)能向王某主张手术费。14 年前，李某的儿子受到的内伤侵害，本人并不知道，适用最长 20 年的诉讼时效。14 年后，他得知实情，并未超过 20 年，仍受法律保护。

(2)诉讼时效的起算不同。一旦知道权利受侵害，最长诉讼时效就转为普通诉讼时效或特殊诉讼时效。如在本例中，14 年后，他得知权利受到侵害，则应从知道之日起（专家确诊日）1 年（身体受伤害属于特殊时效）内向王家主张手术费。

（四）诉讼时效的中止、中断和延长

诉讼时效的中止，是指在诉讼时效进行中，因一定的法定事由发生阻碍了权利人行使其权利或提起诉讼，暂时停止时效的进行，待阻碍事由消失后，时效继续计算。《民法通则》规定，在诉讼时效期间的最后 6 个月内（包括发生于 6 个月前但持续到了后 6 个月内），因不可抗力或者其他障碍不能行使请求权的，诉讼时效中止。如果法定事由消除后，那么时效期间不足 6 个月，应补足 6 个月。

诉讼时效的中断，是指在诉讼时效进行中，因一定事由的发生阻碍时效的进行，致使以前经过的时效期间全部无效，从中断时起，诉讼时效期间重新计算。《民法通则》规定，诉讼时效因提起诉讼、当事人一方提出要求或者同意履行义务而中断。

诉讼时效的延长，是指权利人因为正当理由未能在诉讼时效期间内行使权利，在诉讼时效期间届满后，人民法院依法延长诉讼时效期间。

【观念应用 8-5】刘某是软件开发有限公司的董事长，2012 年 5 月，因其个人债务急需用钱，找王某借款 10 万元，王某同意借款。2012 年 5 月 15 日，刘某与王某签了 10 万元借款合同，还款期限未写。在借款人一栏，刘某填上了软件开发有限公司的名称，签名并加盖了公司的公章。刘某拿到款后即偿还了个人债务。2013 年 4 月 5 日，刘某偿还了 3 万元借款。2014 年 2 月 12 日，王某找刘某追要余款，才发现刘某因违纪已被公司开除，刘某以诉讼时效已过为由拒绝还款。王某遂找软件开发有限公司要求偿还余款，软件开发有限公司以该笔借款是刘某个人债务为由拒绝偿还。试分析：

（1）诉讼时效是否已过？为什么？

（2）软件开发有限公司的理由是否成立？为什么？

【观念解析】（1）该案件的诉讼时效为 2 年。刘某 2013 年 4 月 5 日的部分偿还行为，造成诉讼时效的中断，诉讼时效将重新计算，即 2015 年 4 月 5 日到期。

（2）软件开发有限公司的理由不成立。刘某是软件开发有限公司的法定代表人，该笔借款是以软件开发有限公司的名义借入的，软件开发有限公司应对其法定代表人以公司名义从事的活动承担责任。

八、民事诉讼程序

（一）第一审程序

第一审程序，是指人民法院审理民事、经济案件时普遍适用的程序，包括普通程序和简

易程序。

1.起诉和受理

起诉是公民、法人和其他经济组织，认为自己的民事、经济权利受到侵犯或与他人争议，以自己的名义，请求人民法院依法审判，给予司法保护的诉讼行为。根据《中华人民共和国民事诉讼法》(以下简称《民事诉讼法》)第一百一十九条规定，起诉必须符合下列条件：原告是与本案有直接利害关系的公民、法人和其他组织；有明确的被告；有具体的诉讼请求和事实、理由；属于人民法院受理民事诉讼的范围和受诉人民法院管辖。

根据《民事诉讼法》第一百二十一条规定，起诉状应当记明下列事项：原告的姓名、性别、年龄、民族、职业、工作单位、住所、联系方式，法人或者其他组织的名称、住所和法定代表人或者主要负责人的姓名、职务、联系方式；被告的姓名、性别、工作单位、住所等信息，法人或者其他组织的名称、住所等信息；诉讼请求和所根据的事实与理由；证据和证据来源，证人姓名和住所。

受理，是指人民法院通过审查原告的起诉，认为符合起诉条件，决定立案的行为。

人民法院受理后，认为符合条件的，应在七日内立案，并通知当事人；认为不符合条件的，应当在七日内裁定不予受理，原告对裁定不服的，可以上诉。

2.审理前的准备

如将起诉书副本在立案之日起五日内送达被告，被告在收到起诉书之日起十五日内提出答辩状。被告不提出答辩状不影响审理。

3.开庭审理

开庭审理，是指人民法院在当事人和其他诉讼参与人的参加下，全面审查、认定案件事实，并依法作出裁定或调解的活动。它由庭审准备、宣布开庭、庭审调查、法庭辩论、评议和判决几个阶段组成。人民法院审理第一审民事案件，由审判员、陪审员共同组成合议庭或者由审判员组成合议庭。

宣布判决分为当庭宣判和定期宣判。当事人在判决书送达之日起十五日内不上诉的，判决即发生法律效力。

第一审程序包括普通程序和简易程序。基层人民法院和它派出的法庭审理事实清楚、权利义务关系明确、争议不大的简单的民事案件，适用简易程序。当事人双方也可以约定适用简易程序。简易程序由审判员一人独任审理。在审理过程中，发现案情复杂，需要转为普通程序审理的，可以转为普通程序，由合议庭进行审理并及时通知双方当事人。审理期限从立案的次日起计算。

(二)第二审程序

第二审程序，是指当事人不服第一审人民法院的判决和裁定，依法请求上一级人民法院对案件进行审理所适用的程序。

人民法院审理第二审民事案件，由审判员组成合议庭。二审的合议庭必须由三人以上单数的审判员组成。

上诉必须在法定期限内作出，判决的上诉期限是判决书送达之日起十五日内，裁定的上诉期限是裁定书送达之日起十日内。上诉不能以口头形式必须提交上诉状。上诉法院只对上诉请求的有关事实和适用的法律问题进行调查。

第二审法院对所受理的上诉案件经过审理，应作出如下处理：确认原判决认定事实清楚、适用法律正确、程序合法的，应判决驳回上诉，维持原判；认为原判决认定事实清楚，但适用法律错误的，应依法改判；认为原判决认定事实不清、证据不足或违反法定程序，可能影响案件正确判决的，应裁定撤销原判，发回原审法院重审，也可以查清事实后改判。

第二审人民法院的判决、裁判是终审的判决、裁判，当事人不得再上诉。当事人对第一审重审案件的判决、裁定不服的，仍可上诉。

(三)审判监督程序

审判监督程序，是指人民法院发现已发生法律效力的判决、裁定和调解书确有错误，依法决定对案件进行再审的程序。它不是每一个案件必经的程序，而是人民法院纠正已发生生效判决的一种补救程序。

审判监督程序不同于一审程序与二审程序，一审程序是基于合法权益受到侵犯或者发生争议的当事人的起诉而引起的诉讼程序，而二审程序是基于不服一审裁判的当事人的上诉行为而引起的诉讼程序，一审程序与二审程序是基于两审终审的审级制度而设立的正常的审判程序，而审判监督程序则是对确有错误的生效裁判与内容违法或者违反自愿原则的调解书再次审理时所适用的特殊程序。因此，审判监督程序的提起不仅要求生效法律文书具有法定需要再审的情形，而且还要求具有审判监督权的组织或者公职人员才能依法定程序提起。

根据《民事诉讼法》规定，有权启动审判监督程序的是以下特殊主体：

(1)各级人民法院院长对本院已生效的判决、裁定发现确有错误，认为需要再审的，应当提交审判委员会讨论决定。

(2)最高人民法院对地方各级人民法院已生效的判决、裁定，上级人民法院对下级人民法院已生效的判决、裁定发现确有错误的，有权提审或指令下级人民法院再审。

(3)各级人民检察院对各级人民法院已生效的判决、裁定发现确有错误，可按审判监督程序提出抗诉。对人民检察院提出的抗诉案件，人民法院应当再审。

当事人对已经发生法律效力的判决、裁定，认为有错误的可以向原审人民法院或者上一级人民法院申请再审，但不停止判决、裁定的执行。

人民法院按照审判监督程序再审的案件，发生法律效力的判决、裁定是由第一审法院作出的，按照第一审程序审理，所做的判决、裁定，当事人可以上诉；发生法律效力的判决、裁定是由第二审法院作出的，按照第二审程序审理，所做的判决、裁定，是发生法律效力的判决、裁定；上级人民法院按照审判监督程序提审的，按照第二审程序审理，所做的判决、裁定是发生法律效力的判决、裁定。

【观念应用 8-6】下列何种民事诉讼案件的生效判决，人民检察院应当提出抗诉?

A. 某案的审判长在审理案件过程中犯交通肇事罪，在民事判决作出后被追究刑事责任

B. 某案的生效调解书认定的事实不正确

C. 某案证人在诉讼过程中接受一方当事人价值200元的礼品，但其证言是真实的

D. 某案的审判长在审理案件过程中接受一方当事人价值200元的礼品，但其判决认定事实和适用法律正确

【观念解析】正确答案是D。根据《民诉法》第二百条和二百零八条的规定，对于下列情形，人民检察院可以提出抗诉:有新的证据，足以推翻原判决、裁定的;原判决、裁定认定的基本事实缺乏证据证明的;原判决、裁定认定事实的主要证据是伪造的;原判决、裁定认定事实的主要证据未经质证的;对审理案件需要的主要证据，当事人因客观原因不能自行收集，书面申请人民法院调查收集，人民法院未调查收集的;原判决、裁定适用法律确有错误的;审判组织的组成不合法或者依法应当回避的审判人员没有回避的;无诉讼行为能力人未经法定代理人代为诉讼或者应当参加诉讼的当事人，因不能归责于本人或者其诉讼代理人的事由，未参加诉讼的;违反法律规定，剥夺当事人辩论权利的;未经传票传唤，缺席判决的;原判决、裁定遗漏或者超出诉讼请求的;据以作出原判决、裁定的法律文书被撤销或者变更的;审判人员审理该案件时有贪污受贿，徇私舞弊，枉法裁判行为的。

(四)执行程序

执行程序，是指保证具有执行效力的法律文书得以实施的程序。它是审判程序完成之后的一个独立的程序，但不是审判程序之后的必经程序。

法院设立专司的执行庭，执行庭由执行员负责。人民法院执行所依据的是具有给付内容的生效法律文书，具体包括:判决书、裁定书、支付令等。执行对象只能是被执行人的财产和行为，而不是被执行人的人身。

发生法律效力的民事判决、裁定，当事人必须履行。一方拒绝履行的，则对方当事人可以向人民法院申请执行，也可以由审判员移送执行员执行。

调解书和其他应当由人民法院执行的法律文书，当事人必须履行。一方拒绝履行的，则对方当事人可以向人民法院申请执行。

对依法设立的仲裁机构的裁决，一方当事人不履行的，则对方当事人可以向有管辖权的人民法院申请执行。受申请的人民法院应当执行。

对公证机关依法赋予强制执行效力的债权文书，一方当事人不履行的，则对方当事人可以向有管辖权的人民法院申请执行，受申请的人民法院应当执行。

申请执行的期间为两年。申请执行时效的中止、中断，适用法律有关诉讼时效中止、中断的规定。

前款规定的期间，从法律文书规定履行期间的最后一日起计算。

根据《民事诉讼法》的规定，执行措施主要有以下几种：查询、冻结、划拨被执行人的存款；扣留被执行人的收入；查封、扣押、冻结、拍卖、变卖被执行人的财产；搜查被执行人隐匿的财产。

【观念应用 8-7】试比较第一审程序、第二审程序和审判监督程序。

【观念解析】比较内容如下表所示：

比较内容	一审程序	二审程序	审判监督程序
程序性质不同	正常性审判程序	正常性审判程序	非正常性纠错程序
审理法院	基于级别管辖取得管辖权的各级法院	不同一审的上一级法院	原审法院、上级法院以及最高人民法院
审理对象不同	当事人之间的争议	一审未生效裁判	已生效的法律文书
程序的启动不同	基于当事人的起诉权	基于当事人的上诉权	基于法院审判监督权、检察院法律监督权以及当事人的再审申请权
遵守的时间不同	诉讼时效	上诉期	除当事人申请再审受两年限制外，其他无时间
适用的程序不同	适用普通程序或者简易程序	适用二审程序	对于一审案件的再审，适用普通程序；对于二审案件的再审或者提审案件，适用二审程序

任务二　经济仲裁

任务导入

甲公司与乙公司签订一份买卖合同。合同约定：若发生合同纠纷，则须提交南京市仲裁委员仲裁。后因乙公司违约，甲公司依法解除合同，并要求乙公司赔偿损失。双方对赔偿额发生争议，甲公司就该争议向南京市仲裁委员会申请仲裁。乙公司认为，因合同被解除，合同中的仲裁条款已失效，故甲公司不能向南京市仲裁委员会申请仲裁。乙公司的观点是否正确，为什么？

一、仲裁和经济仲裁

(一)仲裁

仲裁，是指争议双方在争议发生前或争议发生后达成协议，自愿将争议提交第三者作出裁决的一种解决争议的方法。

(二)经济仲裁

经济仲裁，是指公民、法人和其他组织之间因经济合同发生纠纷或其他财产权益发生纠纷，为了保护当事人的合法权益，由仲裁机关为解决当事人双方的争议而作出的裁决。

实行经济仲裁制度，有利于当事人的团结及巩固发展双方的经济协作关系。因为由仲裁机关通过仲裁解决争议，比通过诉讼解决争议，更容易为双方当事人接受，感情不易发生裂痕。另外，仲裁解决纠纷，手续比较方便，程序比较简单，方法比较灵活，能够更及时解决经济纠纷。

按照《仲裁法》的规定，下列纠纷不能仲裁：

(1)婚姻、收养、监护、扶养、继承纠纷；

(2)依法应当由行政机关处理的行政争议。

此外，根据《中华人民共和国仲裁法》(以下简称《仲裁法》)第七十七条的规定，劳动争议和农业集体经济组织内部的农业承包合同纠纷的仲裁，另行规定。

(1)劳动争议。劳动争议涉及就业制度，适用国务院颁布的《企业劳动争议处理条例》中劳动争议仲裁制度。

(2)农业承包合同。农业集体经济组织内部的农业承包合同纠纷面多量广，情况比较复杂，涉及广大农民的切身利益和国家的稳定。目前，这类纠纷的仲裁主要由地方性法规、规章调整。

二、仲裁的原则

1.当事人自愿原则

该原则是指合同当事人有权协议选择是否采用仲裁方式解决争议。根据《仲裁法》规定，该原则的主要内容包括：当事人采用仲裁方式解决纠纷，必须出于双方自愿，并以书面表示；仲裁地点和仲裁机构，均由双方当事人共同选定，不再实行法定管辖；仲裁事项指定；仲裁是否开庭与公开进行，由当事人协议决定；在仲裁过程中，当事人可以自行和解和自愿调解；裁决书是否写明争议事实和裁决理由，由当事人协议决定等。

2.仲裁独立公正原则

该原则是指仲裁机构的仲裁纠纷应依法独立进行，不受行政机关、社会团体和个人的干涉。独立是公正的前提，也是公正的保障。公正是仲裁理应达到的效果，是仲裁所追求的最高目标。公正要求仲裁机构尊重事实,依法作出公正的裁决。

3.根据事实、符合法律规定、公平合理解决纠纷原则

根据事实、符合法律规定、公平合理解决纠纷原则,是解决当事人之间争议应当依据的基本原则,是公正处理民事、经济纠纷的重要保障。

根据事实,是指当事人和其他仲裁参与人参加仲裁活动应当注重客观事实,仲裁庭对纠纷作出裁决只能以经过查证属实的案件事实为基础。

符合法律规定,是指仲裁庭在查明案件事实的基础上,应当根据法律的有关规定确定当事人各方的权利义务,包括承担赔偿责任的方式以及赔偿数额的大小,并制裁违法行为,保护合法权益。

公平合理,是指仲裁庭处理纠纷应当公正和合乎常理。公平合理以根据事实、符合法律规定为前提,但又有其独立体现。仲裁员应当处于中立地位,无论其由哪一方当事人选定,均不能代表该方当事人的利益,而应公平对待双方当事人。

4.或裁或审和一裁终局原则

或裁或审,是指纠纷发生后,双方当事人可以根据协议,或者选择仲裁解决,或者选择诉讼解决。二者只能选择其一,而不得仲裁之后再向法院起诉。

一裁终局制,是指当事人的纠纷一旦提交仲裁,仲裁机构作出的裁决,即具有终局的法律效力,对双方当事人均具有约束力。双方必须自动履行,而不得要求该仲裁机构或其他仲裁机构再次裁决或向法院起诉,也不得向其他机关提出变更仲裁裁决的请求。该制度的确立和适用,有利于体现当事人的意思自治,肯定仲裁裁决的法律效力,发挥仲裁迅速、及时、有效的优势,提高解决争议的效率。

三、仲裁机关

目前,我国对经济合同纠纷和其他财产权益纠纷的仲裁机关有仲裁委员会和仲裁协会。

(一)仲裁委员会

仲裁法规定,仲裁委员会可以在直辖市和省、自治区人民政府所在地的市设立,也可根据需要在其他设区的市设立。

设立仲裁委员会,应当经省、自治区、直辖市的司法行政部门登记。

仲裁委员会应当具备以下条件:

(1)有自己的名称、住所和章程。

(2)有必要的财产。

(3)有该委员会的组成人员。

(4)有聘任的仲裁员。

(二)仲裁协会

中国仲裁协会是仲裁人员的自律性组织，根据章程对仲裁委员会及其组成人员、仲裁员的违纪行为进行监督。仲裁委员会是中国仲裁协会的会员，中国仲裁协会的章程由全国会员大会制定。中国仲裁协会依照《仲裁法》和《民事诉讼法》的有关规定制定仲裁规则。

四、仲裁协议

(一)仲裁协议的概念

仲裁协议，是指双方当事人同意把他们之间可能发生或已经发生的争议交付某仲裁机构仲裁的共同意思表示。仲裁协议具有以下法律特征：

(1)只能由具有利害关系的合同双方当事人或其他财产权益争议双方当事人自愿订立；

(2)仲裁协议是某一仲裁机构受理争议案件的主要依据；

(3)仲裁协议是排除法院对争议案件管辖的重要依据；

(4)仲裁协议是仲裁裁决得以执行和承认的前提条件；

(5)仲裁协议既可将已经发生的纠纷提交仲裁解决，又可约定将可能发生的纠纷提交仲裁解决。

(二)仲裁协议的形式

仲裁协议必须采用书面形式，比如，仲裁条款、仲裁协议书及其他可以说明双方当事人同意将争议提交仲裁的书面文件，例如，信函、电报、电传等。

(三)仲裁协议的内容

一份完整、有效的仲裁协议必须具备法定的内容，否则，仲裁协议将被认定为无效。根据我国《仲裁法》第十六条的规定，仲裁协议包括合同中订立的仲裁条款和以其他书面方式在纠纷发生前或者纠纷发生后达成的请求仲裁的协议。

一般仲裁协议应当包括下列内容：

1.请求仲裁的意思表示

请求仲裁的意思表示是仲裁协议的首要内容，当事人以仲裁方式解决纠纷的意愿正是通过仲裁协议中请求仲裁的意思表示体现出来的。对仲裁协议中意思表示的具体要求需明确、肯定。因此，当事人应在仲裁协议中明确地肯定将争议提交仲裁解决的意思表示。

请求仲裁的意思表示还应当满足三个条件：

(1)以仲裁方式解决纠纷必须是双方当事人共同的意思表示，而不是一方当事人的意思表示；

(2)必须是双方当事人在协商一致的基础上的真实意思表示，即当事人签订仲裁协议的行为是其内心的真实意愿，而不是在外界影响或强制下所表现出来的虚假意思；

(3)必须是双方当事人自己的意思表示，而不是任何其他人的意思表示。

2.仲裁事项

仲裁事项指当事人提交仲裁的具体争议事项。在仲裁实践中，当事人只有把订立于仲裁协议中的争议事项提交仲裁，仲裁机构才能受理。同时，仲裁事项也是仲裁庭审理和裁决纠纷的范围。仲裁庭只能在仲裁协议确定的仲裁事项的范围内进行仲裁，超出这一范围进行仲裁所作出的仲裁裁决，经一方当事人申请，法院可以不予执行或者撤销。

仲裁协议中订立的仲裁事项，必须符合两个条件：

(1)争议事项具有可仲裁性。仲裁协议中双方当事人约定提交仲裁的争议事项，必须具有法律规定的可仲裁性，即属于仲裁立法允许采用仲裁方式解决的争议事项，才能提交仲裁，否则会导致仲裁协议的无效。这已成为各国仲裁立法、国际公约和仲裁实践所认可的基本准则。

(2)仲裁事项的明确性。由于仲裁事项是仲裁庭要审理和裁决的事项，所以仲裁事项必须明确。按照我国《仲裁法》的规定，对仲裁事项没有约定或者约定不明确的，当事人应就此达成补充协议，达不成补充协议的，仲裁协议无效。

基于仲裁协议既可以在争议发生之前订立，也可以在争议发生之后订立，因此，仲裁事项也就包括未来可能性争议事项和现实已发生的争议事项。但不论争议事项是否已经发生，在仲裁协议中都必须明确规定。对于已经发生的争议事项，其具体范围比较明确和具体；对于未来可能性争议事项要提交仲裁，应尽量避免在仲裁协议中作限制性规定，包括争议性质上的限制、金额上的限制以及其他具体事项的限制。

【观念应用 8-8】根据我国《仲裁法》的规定，平等主体的公民、法人和其他组织之间发生的合同纠纷和其他财产纠纷，可以仲裁解决。下列各项中，符合我国《仲裁法》规定，可以申请仲裁解决的是(　　)

A. 甲与其任职单位的劳动合同争议

B. 甲、乙两人的继承遗产纠纷

C. 甲某与村民委员会签订的土地承包合同纠纷

D. 甲企业与银行签订的流动资金贷款合同纠纷

【观念解析】正确答案为D。根据我国《仲裁法》的规定，平等主体的公民、法人和其他组织之间发生的合同纠纷和其他财产纠纷，可以仲裁解决。不适用《仲裁法》的情形包括：与人身有关的婚姻、收养、监护、扶养、继承纠纷；行政争议；劳动争议；农业承包合同。

3.选定的仲裁委员会

仲裁委员会是受理仲裁案件的机构。由于仲裁没有法定管辖的规定，所以仲裁委员会是由当事人自主选定的。如果当事人在仲裁协议中不选定仲裁委员会，仲裁就无法进行。

对于仲裁委员会的选定，原则上应当是明确、具体，即双方当事人在仲裁协议中要选定某一仲裁委员会进行仲裁，如当事人选定发生争议由北京仲裁委员会仲裁。但如果当事人约定了两个以上的仲裁委员会，根据最高人民法院的司法解释，只要这一约定是明确的，就是可以执行的，当事人选择约定的仲裁机构之一，即可进行仲裁。

仲裁的意思表示、仲裁事项和选定的仲裁委员会这三项内容必须同时具备，仲裁协议在内容上才能符合《仲裁法》的规定而成为有效的仲裁协议。

【观念应用 8-9】根据我国《仲裁法》的规定，仲裁协议应当包括的内容有(　　)

A. 请求仲裁的意思表示

B. 有仲裁事项

C. 有具体的仲裁事由

D. 有选定的仲裁委员会

【观念解析】正确答案为 A、B、D。由于仲裁协议一般是在发生纠纷之前订立的，所以其中不应该包括具体仲裁的事由。

五、仲裁程序

仲裁程序，是指双方当事人将所发生的争议根据仲裁协议的规定提交仲裁时应办理的各项手续。详细步骤如下：

1. 提出仲裁申请

这是仲裁程序开始的首要手续。各国法律对申请书的规定不一致。在我国，《中国国际经济贸易仲裁委员会仲裁规则》规定，当事人一方申请仲裁时，应向该委员会提交包括下列内容的签名申请书：申诉人和被诉人的名称、地址；申诉人所依据的仲裁协议；申诉人的要求及所据的事实和证据。

申诉人向仲裁委员提交仲裁申请书时，应附具本人要求所依据的事实的证明文件，指定一名仲裁员，预缴一定数额的仲裁费。如果委托代理人办理仲裁事项或参与仲裁的，则应提交书面委托书。

2. 组织仲裁庭

根据我国仲裁规则的规定，申诉人和被申诉人各自在仲裁委员会仲裁员名册中指一名仲裁员，并由仲裁委员会主席指定一名仲裁员为首仲裁员，共同组成仲裁庭审理案件；双方当事人也可在仲裁委员名册共同指定或委托仲裁委员会主席指定一名仲裁员为独任仲裁员，成立仲裁庭，单独审理案件。

3. 审理案件

仲裁庭审理案件的形式有两种：一是不开庭审理，这种审理一般是经当事人申请或由仲裁庭征得双方当事人同意，只依据书面文件进行审理并作出裁决；二是开庭审理，这种审理按照仲裁规则的规定，采取不公开审理，如果双立事人要求公开进行审理时，那么由仲裁庭作出决定。

4. 作出裁决

裁决是仲裁程序的最后一个环节。裁决作出后，审理案件的程序即告终结，因而，这种裁决被称为“最终裁决”。根据我国仲裁规则，除最终裁决外，仲裁庭认为有必要或接受当事人之提议，在仲裁过程中，可就案件的任何问题作出中间裁决或者部分裁决。中间裁决，是指对审理清楚的争议所做的暂时性裁决，以利于对案件的进一步审理；部分裁决，是指仲裁庭对整个争议中的一些问题已经审理清楚，而先行作出的部分终局性裁决。这种裁决是构成最终裁决的组成部分。仲裁裁决必须于案件审理终结之日起四十五天内以书面形式作出，仲裁裁决除由于调解达成和解而作出的裁决书外，应说明裁决所依据的理由，并写明裁决是终局的和作出裁决书的日期地点以及仲裁员的署名等。

当事人对于仲裁裁决书，应依照其中所规定的时间自动履行，裁决书未规定期限的，应立即履行。一方当事人申请执行仲裁裁决，另一方当事人申请撤销仲裁裁决的，人民法院应裁定中止执行。一方当事人不履行的，另一方当事人可以根据中国法律的规定，向中国法院申请执行，或根据有关国际公约或中国缔结或参加的其他国际条约的规定办理。

当事人达成和解协议的，可以请求仲裁庭根据和解协议作出裁决书，也可以撤回仲裁申请。如果当事人撤回仲裁申请后反悔的，则仍可以根据原仲裁协议申请仲裁。

【观念应用 8-10】仲裁裁决作出以后，一方当事人不履行的，另一方当事人可以向人民法院申请执行。此命题正确吗？为什么？

【观念解析】此命题正确。根据《仲裁法》的规定，当事人应当履行裁决，一方当事人不履行的，另一方当事人可以依照《民事诉讼法》的有关规定向人民法院申请执行。

5. 无效仲裁裁决情况

按照各国际仲裁规则的一般规定，仲裁裁决如存在以下情况，则当事人可在法定期限内，请求仲裁地的管辖法院撤销仲裁裁决，并宣布其无效。

(1)在无仲裁协议的情况下作出的或以无效(过期)的仲裁协议为据作出的裁决；

(2)仲裁员的行为不当或越权所作出的裁决；

(3)以伪造证据为依据所作出的裁决；

(4)裁决的事项是属于仲裁地法律规定不得提交仲裁处理的裁决等。

复习思考题

1. 简述民事诉讼的管辖。
2. 简述审判监督程序的提起主体。
3. 简述仲裁协议的内容。
4. 简述解决经济纠纷的四种方式。

5. 简述经济仲裁的基本原则。

◇技能自测

一、单项选择题

1. 合同的变更、解除、终止或者无效将(　　)

A. 导致仲裁协议无效　　B. 导致仲裁条款部分无效

C. 不导致仲裁协议无效　　D. 由双方当事人协商决定仲裁协议是否依然有效

2. 我国实行的是(　　)审判制度。

A. 或裁或审　　B. 一审终局　　C. 两审终审　　D. 一裁终局

3. 人民法院审查当事人的诉讼申请后,认为符合起诉条件的,应当在(　　)内立案;认为不符合起诉条件的,应当在(　　)内裁定不予受理。

A. 3 日;5 日　　B. 5 日;7 日　　C. 5 日;5 日　　D. 7 日;7 日

4. 甲、乙两公司因贸易合同纠纷进行仲裁,裁决后甲公司申请执行仲裁裁决,乙公司申请撤销仲裁裁决,此时,受理申请的人民法院应如何处理?(　　)

A. 裁定撤销裁决　　B. 裁定终结执行

C. 裁定中止执行　　D. 将案件移交上级人民法院处理

5. 甲公司与乙公司之间的买卖合同纠纷,双方在仲裁过程中达成和解协议,在此种情况下,甲公司不具有下列哪一种权利?(　　)

A. 请求仲裁庭根据和解协议作出裁决书

B. 撤回仲裁申请

C. 对仲裁协议进行反悔,请求仲裁庭依法作出裁决

D. 请求法院执行仲裁过程中达成的和解协议

6. 仲裁一般应当(　　)、(　　)进行。

A. 开庭　公开　　B. 不开庭　不公开

C. 不开庭　公开　　D. 开庭　不公开

7. 我国仲裁实行(　　)原则。

A. 只能仲裁　　B. 又审又裁　　C. 或裁或审　　D. 只能审判

8. 经济仲裁所作的裁决,当事人一方或双方对仲裁不服时,在收到仲裁决定之日起,(　　)日内向人民法院起诉。

A. 5　　B. 10

C. 15　　D. 无权提起诉讼,仲裁裁决为终局裁决

9. 在我国,第一审程序包括(　　)和简易程序两种。

A. 特殊程序　　B. 一般程序　　C. 主要程序　　D. 普通程序

10. 当事人不服地方人民法院第一审判决的,有权在判决书送达之日起(　　)内向上级

法院提起上诉。

A. 5 日　　B. 10 日　　C. 15 日　　D. 20 日

二、多项选择题

1. 根据《民事诉讼法》第一百八十五条的规定,人民检察院可以提起抗诉的情形有(　　)

A. 有新的证据,足以推翻原判决、裁定的

B. 原判决、裁定认定的事实的主要证据不足的

C. 法院违反法定程序,可能影响案件正确判决、裁定的

D. 原判决、裁定适用法律有错误的

2. 仲裁委员会可以在(　　)设立。

A. 省一级政府所在地的市

B. 任何市

C. 任何设区的市

D. 任何根据需要而确定的市

E. 根据需要而确定的设区的市

3. 人民法院的执行措施包括(　　)

A. 拍卖被申请执行人的财产　　B. 搜查被申请执行人隐匿的财产

C. 划拨被申请执行人的存款　　D. 强制申请执行人从事劳务

4. 仲裁协议的主要内容,一般包括(　　)

A. 提交仲裁的事项　　B. 仲裁地点

C. 仲裁机构　　D. 仲裁员

E. 仲裁规则

5. 人民法院审理民事案件,依照法律规定实行合议、回避和(　　)制度。

A. 缺席判决　　B. 公开审判　　C. 撤诉　　D. 两审终审

6. 当事人对第一审人民法院的判决不服提出上诉,上诉状应当提交(　　)

A. 第一审法院　　B. 第一审法院的上级人民法院

C. 第一审法院的上一级人民法院　　D. 中级法院

7. 中国仲裁协会是(　　)

A. 仲裁机构　　B. 仲裁委员会会员

C. 社会团体法人　　D. 仲裁委员会的自律性组织

8. 根据《民事诉讼法》第一百八十五条的规定,人民检察院可以提起抗诉的情形有(　　)

A. 有新的证据,足以推翻原判决、裁定的

B. 原判决、裁定认定的事实的主要证据不足的

C. 法院违反法定程序,可能影响案件正确判决、裁定的

D. 原判决、裁定适用法律有错误的

9. 经济纠纷是多种多样的,解决方式也不同,主要方式有(　　)

A. 协商　　　　B. 调解　　　　C. 经济仲裁　　　　D. 民事诉讼

10. 被执行人未按执行通知履行法律文书确定的义务，人民法院有权(　　)被执行人应当履行义务部分的财产。

A. 查询　　　　B. 查封、扣押　　　　C. 拍卖　　　　D. 变卖

三、辨析题

1. 只要有仲裁协议，就只能申请仲裁，但仲裁协议无效的除外；没有达成仲裁协议的可以仲裁，也可以诉讼，二者选择一种。(　　)

2. 民事判决或裁定的执行工作由审判员执行。(　　)

3. 如果当事人达成仲裁协议，一方向人民法院起诉未声明有仲裁协议，人民法院受理后，另一方在首次开庭前未对人民法院受理该案提出异议的，则视为放弃仲裁协议，人民法院应当继续审理。(　　)

4. 仲裁庭开庭审理案件一般是不公开的，如果当事人双方或一方申请，则仲裁庭也可以决定公开进行。(　　)

5. 仲裁裁决一经作出，当事人应当依照裁决规定的期限和内容自动履行。如果一方当事人逾期不履行，则另一方当事人可以向仲裁委员会申请强制执行。(　　)

6. 简易程序是对普通程序的简化，因此，它是普通程序的附属程序。(　　)

7. 依照法律规定，第一审涉外民事案件，由中级人民法院管辖。(　　)

8. 裁决作出后，当事人就同一纠纷不得再申请仲裁或向法院起诉；当事人一方不履行裁决的，另一方可向法院申请强制执行。(　　)

9. 具有不同国籍、无国籍的当事人在我国进行民事诉讼时，其诉讼地位与我国民事诉讼的当事人是不同的。(　　)

10. 当事人不服民事裁定的上诉期间为五天。(　　)

观念应用

1. 案情：绿地房屋开发公司经营房地产开发，2014 年 1 月，在有偿取得南京市雨花区住宅建设用地 1000 亩的土地使用权之后，由于资金困难，所以与大地房地产开发公司签订了合作开发合同，约定由双方共同投资并分享该开发项目的利润，但双方未实际履行。此后，大树置业开发股份公司就同一幅土地以更优惠的条件与绿地房屋开发公司签订了一份合作开发合同并开始实际履行。三方之间由此发生纠纷。大树置业开发股份公司根据其与绿地房屋开发公司签订的合同中的仲裁条款申请仲裁，请求裁决确认其与绿地房屋开发公司签订的合同有效，并裁决绿地房屋开发公司继续履行。双方在仲裁委员会受理后自行达成了继续履行合同的和解协议，请求仲裁委员会根据和解协议制作裁决书。仲裁庭三名仲裁员中一名认为应当否定和解协议，一名认为应当制作调解书，首席仲裁员认为应当制作裁决书，最后按仲裁庭首席仲裁员的意见，根据和解协议的内容作出了裁决书并送达给了双方当

事人。此后，大地房地产开发公司向法院起诉，请求确认本公司与绿地房屋开发公司签订的合同有效并履行该合同。问题：

(1)大地房地产开发公司在得知大树置业开发股份公司申请仲裁后，能否申请参加绿地房屋开发公司与大树置业开发股份公司正在进行的仲裁程序？为什么？

(2)大树置业开发股份公司在仲裁裁决书生效后，能否在绿地房屋开发公司与大地房地产开发公司的诉讼中成为当事人？为什么？

(3)仲裁委员会制作裁决书在程序上是否合法，为什么？

(4)在仲裁裁决已确认绿地房屋开发公司与大树置业开发股份公司的合同有效的情况下，法院能否判决绿地房屋开发公司与大地房地产开发公司之间的合同有效？为什么？

(5)大地房地产开发公司是否有权以仲裁的程序违反法定程序为由申请法院撤销仲裁裁决？为什么？

(6)对仲裁裁决中已经认定的事实，绿地房屋开发公司在诉讼中能否免除举证责任？为什么？

2. 合肥市豪达建设工程有限公司与南京市通达建筑材料股份有限公司在南京市签订了一份钢材购销合同，约定合同履行地在合肥市。同时，双方还商定因履行该合同所发生的纠纷，提交武汉市仲裁委员会仲裁。后因南京市建筑材料股份有限公司无法履行该合同，经合肥市豪达建设工程有限公司同意，南京市建筑材料股份有限公司的债权债务转让给长沙市的丰达建筑材料股份有限公司，但丰达建筑材料股份有限公司明确声明不接受仲裁条款。请分析本案仲裁条款的效力。

3. 长城房地产开发公司(以下简称开发公司)将其位于开封市黄河区“海市蜃楼”小区的两栋住宅楼承包给绿林建筑工程有限公司(以下简称工程公司)建造，双方签订了建设工程承包合同。工程完工后，长城房地产开发公司因资金不足仅支付了50%的工程款，承诺余款3个月后支付。3个月后，长城房地产开发公司未付余款，1年后，长城房地产开发公司仍未支付。2003年3月，绿林建筑工程有限公司向法院提起诉讼，请求法院判令开发公司支付工程余款并承担违约责任。

一审法院经审理作出判决，判决长城房地产开发公司向原告绿林建筑工程有限公司支付工程余款及违约金。长城房地产开发公司不服一审判决，认为原审法院认定事实不清，其不应当承担违约责任而提起上诉。绿林建筑工程有限公司也不服一审判决，认为一审法院漏判一个请求事项，而后提起上诉，要求二审法院补判并维持原判。上诉过程中，该长城房地产开发公司被楼兰楼房地产开发公司兼并。

问题：

(1)应当如何确定本案的管辖法院？

(2)本案的当事人应当如何列明？

(3)对绿林建筑工程有限公司声称的漏判事项，法院应当如何处理？

(4)长城房地产开发公司被楼兰楼房地产开发公司兼并后诉讼该如何进行？

◈实训操作

以班级为单位，分成若干小组，分角色模拟起诉。

任务一　接待咨询，初步了解当事人及案件的基本情况

程序1：询问当事人的基本情况和案件的基本事实。

程序2：依据案件的基本情况，审查案件是否符合起诉条件。

程序3：审核诉讼时效，了解与案件有关的法律规定。

任务二　制作民事起诉状，编制民事证据目录

程序1：按照起诉状的要求制作民事起诉状。

程序2：制作民事证据目录。

任务三　提起诉讼

程序1：递交诉讼文书和相关材料。

程序2：收受受理文书，缴纳诉讼费用。

参考文献

[1] 中国法律法规检索系统 http://law.npc.gov.cn:87/home/begin1.cbs

[2] 中国注册会计协会.经济法.北京:中国财政经济出版社,2014.

[3] 法律出版社法规中心.中华人民共和国反垄断法注释本.北京:法律出版社,2008.

[4] 韦静.新编经济法教程.天津:南开大学出版社,2012.

[5] 殷洁.经济法.北京:法律出版社,2013.

[6] 财政部会计资格评价中心.经济法基础.北京:经济科学出版社,2013.

[7] 李洁丽.经济法概论.青岛:中国海洋大学出版社,2011.

[8] 黎艳阳,黄海鹰.经济法实训教程.大连:东北财经大学出版社,2010.

[9] 张冬云,唐树伶,刘树艺.实用经济法.北京:清华大学出版社、北京交通大学出版社,2009.

[10] 吴弘.证券法教程.北京:北京大学出版社,2012.

[11] 王小能.票据法教程.北京:北京大学出版社,2001.

[12] 中国证券监督管理委员会网站 http://www.csrc.gov.cn/

[13] 王晓晔.反垄断法.北京:法律出版社,2011.

[14] 全国注册税务师执业资格考试教材编写组.税法(Ⅰ).北京:中国税务出版社,2013.

[15] 全国注册税务师执业资格考试教材编写组.税法(Ⅱ).北京:中国税务出版社,2014.

[16] 刘宇,彭文.新编经济法.广州:华南理工大学出版社,2009.

[17] 王立法,王泉.经济法教程.苏州:苏州大学出版社,2008.

[18] 王河,彭真军.经济法学.广州:暨南大学出版社,2008.

[19] 钱光明.经济法基础.南京:南京大学出版社,2010.

[20] 姜发根,韦静.新编经济法教程.北京:北京交通大学出版社,2008.

[21] 高桂英,张陆庆.经济法.天津:南开大学出版社,2010.

[22] 欧阳克松.经济法.天津:南开大学出版社,2010.

[23] 陈佩虹,郑翔.经济法案例教程.北京:清华大学、北京交通大学出版社,2009.

[24] 财政部会计资格评价中心.经济法.北京:中国财政经济出版社,2013.
[25] 中华会计师网校.中级经济法.北京:人民出版社,2012.
[26] 费梅苹.社会保障概论(第三版).上海:华东理工大学出版社,2008.
[27] 焦娇.经济法概论.上海:复旦大学出版社,2010.
[28] 曲振涛,王福友.经济法(第四版).北京:高等教育出版社,2012.